Anlatmasam Olmazdı

Geniş Toplumda Yahudi Olmak

Türk Musevi Cemaati Onursal Başkanı
Bensiyon Pinto

ANLATMASAM OLMAZDI
Geniş Toplumda Yahudi Olmak

Türk Musevi Cemaati Onursal Başkanı
Bensiyon Pinto

Derleyen: Tülay Gürler

Yayın hakları: © Doğan Egmont Yayıncılık ve Yapımcılık Tic. A.Ş.

1. baskı / eylül 2008
8. baskı / eylül 2008 / ISBN 978-975-991-859-0
Sertifika no: 1105-34-002002

Kapak tasarımı: Yavuz Korkut
Baskı: Mega Basım, Baha İş Merkezi A Blok,
Haramidere - Avcılar / İSTANBUL

Doğan Egmont Yayıncılık ve Yapımcılık Tic. A.Ş.
19 Mayıs Cad. Golden Plaza No. 1 Kat 10, 34360 Şişli - İSTANBUL
Tel. (212) 246 52 07 / 542 Faks (212) 246 44 44
www.dogankitap.com.tr / editor@dogankitap.com.tr / satis@dogankitap.com.tr

Anlatmasam Olmazdı

Geniş Toplumda Yahudi Olmak

Türk Musevi Cemaati Onursal Başkanı
Bensiyon Pinto

Derleyen
Tülay Gürler

Hayatımın hakiki anlamda hayat olmasını sağlayan;
eşim, yol arkadaşım, dostum ve sevdiğim kadın,
Eti Pinto'ya...

İçindekiler

Önsöz

Cemaat başkanlığı yapmış birinin sorumluluğu yaşam boyu sürer. Başkanlık görevi, edinilen tecrübelerin yeni nesillere aktarılmasını da gerektirir. Cemaat başkanı, bunu görevinin parçası saymalıdır. Başkanlık görevimi bıraktığım 18 haziran 2004 tarihinden sonra, yapacağım en doğru işin anılarımı çocuklarıma, torunlarıma, cemaatim ve milletimin gençliğine aktarmak olduğunu düşündüm. Cemaatime bugüne kadar hep kültürlü, altyapısı çok sağlam, kendilerinden sonraki nesillere örnek olacak nitelikte insanlar önderlik etti. Ama benim onlara ait anıları dinleyip okuma şansım olmadı. Cemaat içinde geçirdiğim yarım asrın on beş yılında başkanlık onurunu taşımış biri olarak, gelecek kuşaklara rehber olma amacıyla Türkiye'nin benim tanıklığımda kat ettiği yolu, anılarımla birleştirerek anlatmak istedim.

Bu yolculuğun daha en başında, sevgili gelinim Nil bana bir tavsiyede bulundu. "Anlattıklarını kaleme alacak kişi hem seni, hem de cemaatimizi çok yakından tanıyan biri olmalı" diyerek, bana Ulus Özel Musevi Okulları'nın gözbebeği, Türkçe-Edebiyat Bölüm Başkanı Tülay Gürler'i önerdi. Bu karar benim için büyük bir şans oldu. Tülay bana her zaman kızım gibi davrandı, beni anlayış ve sabırla dinledi, konuşmak istemediğimde zorlamadı; kimi zaman gece yarılarında, kimi zaman sabahın erken saatlerinde, günlerce anlattıklarımı dinledi; fikirler verdi ve kendine has üslubuyla bu kitabı kaleme aldı. Bu çalışmanın sonunda hem bir kitabım, hem de gelinlerimin yanında bir kızım daha oldu. Ona minnettarım.

Bunca yıllık cemaat hayatımda bir gün olsun benden yardımını esirgemeyen çocuklarım Benjamen ve Hayim'e, gelinlerim Megi ve Nil'e, hayatımın asıl anlamı, torunlarım Yoni, İris, Eytan ve Yoel'e, kırk yedi senedir beni sırtında taşıyan değerli eşim Eti'ye de bu süreçteki desteklerinden dolayı bütün kalbimle teşekkür ederim.

Bu kitapta yazılı olan her şey gerçektir.

Elbette tüm yaşadıklarımı kapsamıyor. Özellikle gençlere faydalı olacağını düşündüğüm anı ve örneklerden oluşuyor. Hem geniş kitlele-

12

re, hem de Türk Musevi cemaatine faydası olmasını, yol göstermesini ve geleceğe hoş bir seda bırakmasını dilerim.
Sevgi ve Saygılarımla.

Bensiyon Pinto
Onursal Başkan
Türk Musevi Cemaati
ağustos 2008

Sunuş

Bir insanı tanımak bir hayata dokunmakmış. Bensiyon Pinto'yu tanımanın hayatımdaki en önemli deneyim olduğunu düşünüyorum. Engin tecrübesi, bilgi birikimi, sevgi dolu kocaman kalbi, babacan kişiliği, iyi niyeti, işine olan profesyonel tavrı, inancı, toleransı, yenilikçiliği ve hayatı boyunca üstlendiği tüm rollerle bana örnek bir insan modeli çizdi, çok kısa bir zaman içinde, kaybettiğim babamın boşluğunu doldurdu.

Birlikte hayatı nasıl tanımlayabileceğimizi düşündük. Sonra anladık ki, hayatın tanımı yok; ayrıntısı çok... Hayat, Tanrı tarafından hepimiz için ayrı ayrı düşünülerek yazılmış... Bu yazıyı doğru zamanda doğru noktalama işaretleriyle yazmaksa bizim elimizde... Bensiyon Pinto'nun sevdiklerini, korkularını, endişelerini, sevinçlerini, tecrübelerini, hayallerini, hayal kırıklıklarını, acılarını, şaşkınlıklarını, memnuniyetini ve anlatmak istediklerini tek tek düşündük, konuştuk, sıraladık, eledik ve yazdık.

Bensiyon Pinto'nun düzyazısında doğru yerlere, doğru noktalama işaretleri koyduk.

Her yaşam, bir hikâye...

Bu hikâyenin ana kahramanı, dizlerinde kapanmayan yaralarla bir çocuk, âşık bir eş, sevgi dolu bir baba, yüreği torunları için çarpan bir dede, sıkı bir dost, kendini cemaatine ve memleketine adamış bir başkan; Türk Musevi Cemaati Onursal Başkanı Bensiyon Pinto.

Önce hayatımda var olduğu için kendisine, sonra attığımız her adımda bütün desteğiyle yanımızda olan değerli eşi Eti Pinto'ya, bu güzel çalışma için bizi bir araya getiren sevgili arkadaşım Nil Pinto'ya, kitabın her adımında yardımını bizden esigemeyen Hayim ve Benjamen Pinto'ya, kitabımızdaki bilgi ve emekleri için Rav İzak Alaluf'a, verdiği tarihi ve terminolojik bilgiler için Yusuf Altıntaş ve Rıfat Bali'ye; *Hürriyet* Gazetesi Genel Yayın Yönetmeni Ertuğrul Özkök'e, değerli fikirleriyle bize yol gösteren Jeffi Medina'ya, kitabın editörlüğünü yapmayı kabul eden İzzeddin Çalışlar'a, fotoğraflarımızı yeniden düzenleyerek kitaba renk katan Alberto Modiano'ya, çocukluk anılarını bizimle paylaşan Rozi Maya Gambaş'a, emekleri için Beti Birant'a ve bu çalışma boyunca bana verdiği sonsuz destek için annem Nermin Gürler'e çok teşekkür ederim.

Tülay Gürler
ağustos 2008

1. bölüm: İki nokta

İki nokta;
açıklamalar, örneklemeler öncesi kullanılan noktalama işareti.
Mademki alınyazısına "hayat" diyoruz,
mademki her hayat aynı zamanda bir yazı,
mademki hayatımın en önemli,
en seçilmiş ayrıntılarını anlatmaya başlıyorum.
O zaman ilk bölümün adı bu olmalı.

Kuledibi, Büyük Hendek Caddesi, Menda Kohen Apartmanı, No: 73, Daire: 6.

Bütün hikâye bu adreste başladı. İnsanların hikâyeleri hep bir adreste başlar. Benim adresim, o dönemin en nadide semtlerinden, en gözde caddelerinden biri olan Kuledibi'ndeydi. Pera, cumhuriyetin ilk yıllarında İstanbul'un en modern semtiydi. Oradaki evim, yıkılmış olmasına rağmen hâlâ aklımda ve yüreğimdedir. Çocukluğun yaşamın başka hiçbir döneminde sahip olunamayan büyük bir hazine olduğunu yaşım ilerledikçe daha iyi anladım.

Korin ve Binyamin Pinto'nun ilk çocuğu olarak 8 ekim 1936'da, Sukot'un* ikinci günü, perşembeyi cumaya bağlayan gece, saat onda Fransız Hastanesi'nde dünyaya gelmişim. Ailenin ilk torunu olarak. Annem anlatırdı... O zamanın en iyi hekimi Dr. Sinay'mış. Ulaşmak da çok zormuş. Babam her zamanki girişkenliğiyle harekete geçip, sadece kadın doğum uzmanı değil, her alanda bilgisi olan bu çok güvenilir uzmana ulaşmayı başarmış. Doğumumun sorunsuz geçtiğini düşünmek beni mutlu etmiştir. Çünkü annem ben doğmadan önce yakalandığı kanseri atlatmış olmasına rağmen, her zaman naif, hastalıklı, güçsüz bir kadın olarak yaşadı. Bütün bu yaşananların şahidi olan küçük evimiz iki oda, bir salon, bir mutfaktan ibaretti. Küçüktü ama bizimdi... Kendimizin.

O dönemde kendi evine sahip olmak çok önemliydi. Binanın yarısı dedeme, yarısı Menda ailesine aitti. Dedem Kohen karşı dairede otururdu. Mendalar ise çocukları olmayan, bizleri kendi çocukları gibi gören, sevgi dolu bir aileydi. Onlara Madam ve Mösyö Menda diye hitap ederdik. Görmüş geçirmiş insanlardı. Onlardan çok şey öğrendim ve evlerinde çok keyifli zamanlar geçirdim. Dedem ve Mendalar, binanın ön dairelerinde oturduğundan, pencereleri Büyük

---

* Çardaklar Bayramı. İsrailoğulları Mısır'dan çıkışlarından sonra çölde kırk yıl göçebe olarak yaşamak zorunda kalmışlardır. Sukot, Musevilerin bu dönemde gördükleri Tanrısal himaye anısına kutladıkları ve sekiz gün boyunca günlük yaşamlarının önemli bir bölümünü kurdukları çardaklarda geçirdikleri bayramdır.

Hendek Caddesi'ne bakardı. Bu ev şimdiki Neve Şalom Sinagogu'nun* yanındaydı. Evin karşısında balıkçı dükkânları, yanında bir bakkal, onun yanında Berber Vitali, sağ taraftaki caminin yanında ise Manav İshak... Biraz ilerde Kuledibi'ne doğru, Eliya Pardo adında bir tuhafiyeci, köşede de şarap satan dükkânlar... Pencerelerden madamların, ikindi vakitleri akşam yemeğini hazırlamak üzere balıkçılara seslenmelerini duyardım:

"Dos pişkados Avram!"

Biz arka dairelerden birindeydik. Pencereden Bankalar Caddesi ile Unkapanı görünürdü. Bugün ne zaman Unkapanı Köprüsü'nden geçsem, artık olmayan evimizin penceresinden köprüye bakarak çayını yudumlayanları düşünürüm. Eskiden kalma her şey hoşuma gider. Acı tatlı ne olursa olsun, bana aittir çünkü. İnsan yaşı ilerledikçe geçmişe daha bir değer veriyor. İpek bir bohçayı açıp da geçmişin kalıntılarını ortaya sermek, yaşananları hatırlamak, tek tek onlara dokunmak istiyor. Zaman, bizim sözümüzü dinler gibi görünse de her zaman bildiğini okur. Bunu baştan kabul etmek, yenilikleri daha kolay kabul edebilmeyi sağlıyor. Kuledibi, zaman içinde ne kadar değişmiş olsa da, ne zaman gitsem, o sokağın sesleri tüm canlılığıyla bana çocukluğumu yaşatmıştır.

Kendimi bildim bileli evin ihtiyaçlarını babam karşıladı. Alışveriş, kardeşimle benim okul ihtiyaçlarımız, hatta zaman zaman yemek hazırlığı... Annem genellikle yatardı. Nadiren de olsa, misafir geldiğinde büyük bir gayret gösterir, hazırlık yapar, misafirleri ağırlar, sonra günlerce onun yorgunluğunu atamazdı. Ne zaman çocukluğumu düşünsem, üstünde çiçekli güzel bir elbise, ela gözleri, siyah saçları ve kendine has edasıyla anneciğimi hatırlarım: Korin Pinto. Saçlarını ensesinde toplardı. O zamanın annelerinin şimdikiler gibi modayı takip edebilme gibi bir lüksü yoktu. Hepsi yaşından büyük görünürdü. Yaşadıkları hayat yüzünden erkenden büyümek zorunda kalmışlardı. Ayakta kalma mücadelesi onları vaktinden önce yaşlandırmıştı. Her işi kendileri yapardı. Temizliğe birinin geldiğini hiç görmedim.

Yıllarca, sebebi anlaşılmayan bir ateşle mücadele etti. Altı sene yatakta kaldı. Sabahları babam yanına gelir, kahvesini getirir, ona güzel sözler söylerdi. Ayağa kalkacak gücü olmadığında yemeğini odasında ve yalnız yerdi. Yüzünde hastalığın bitkin ifadesi okunurdu her zaman. Buna rağmen hiçbir zaman ümitsiz olmadı. Bize hayatı sevdirmek için elinden geleni yaptı. Onu makyajlı gördüğümü neredeyse hiç hatırlamıyorum. Ama her zaman mis gibi sabun kokardı. Kuaföre çok nadir giderdi. Maşaların saçları yaktığını söylerdi hep. Dönemin en ünlü kuaförü Cevdet'ti. Bazı bayramlar oraya gittiğini hatırlıyorum. Annemi ba-

---

* Türk Musevi Cemaati'nin en büyük sinagogu olarak Şişhane'de inşa edilmiş, 25 mart 1951 tarihinde ibadete açılmıştır. Bugün Yahudilerin bütün büyük tören ve ibadetlerinin merkezi durumundadır.

kımlı görmeyi çok severdim. İyi olsun, gezsin, eğlensin, diğer anneler gibi Beyoğlu'na çay içmeye, alışverişe gitsin isterdim. O ise pek evden çıkamazdı. Gücü olmadığını seziyordum ve bu benim çocuk kalbimi çok yoruyor, en mutlu anlarımda bile hüzünlendiriyordu. Bu durum yıllarca böyle sürdü. Benim gibi duygularıyla yaşayan bir çocuk için dayanılmazdı. Düşündükçe hâlâ içim sızlar.

Evler annelerle anlam kazanır. Bir eve hayat veren, o evi ayakta tutan annedir. Bir ailede önce baba vefat ederse evin direği gidiyor ama vefat eden anne olduğunda evin temeli çöküyor, aile darmadağın oluyor. Benim annem de evin sessiz, her şeyi kabullenmiş, bütün sıkıntılara göğüs geren ve bu konuda tek kelime etmeyen temel taşıydı.

Babama gelince... Binyamin Pinto orta boylu, annemden kısaydı. Avurtları çökük, ince yüzlüydü. Çok iyi giyinir, kendine özen gösterirdi. Gözlüklerinin arkasından derin bakan, konuşkan, az gülen, ciddi biriydi. Evlatları için her şeyi yapan, "Önce ailem" diyen bir babaydı. Lise mezunuydu ve bu o dönemde yüksek tahsil sayılıyordu. Çok çalışkan ve akıllı olduğu için, Genoto'nun başveznedarı yapmışlardı. "Bir kuruş, bin lira fark getirir" der, gece yarılarına kadar çalışırdı. Bir dönem müstahdemlik yaptı. Bir dönem de sigortacılık. Viktorto De Berlin sigorta şirketindeyken yedi yaşımdaydım. Bir gün babamın Karaköy'deki işyerine gitmeyi kafama taktım. Bir çocuk için oldukça uzaktı. Şimdiki Osmanlı Bankası Müzesi'nin oralardaydım. Karşıya geçmek için birden yola fırladım. Karşıdan gelen arabayı görmedim. Çarpmanın etkisiyle havalanıp hızla yere düştüm. Kendimden geçmişim. Hastaneye götürmüşler. Ateşim varmış, iğne yapmışlar. Babama haber vermişler. Koşup gelmiş, beni alıp eve getirmiş. Akşam alt katta oturan hatırı sayılır hekimlerden Bay Beja gelip muayene etmiş ve "Bu çocuk ölüyor" demiş.

Ben de bir baba olduğum için, evde yaşanan korkuyu anlayabiliyorum. Sınırlı imkânlar içinde, babamın aklına Dr. Mandil'e başvurmak gelmiş. Annem perişan olmuş. Durmadan ağlıyormuş. O zaman kimselerde telefon olmadığından, Tünel'de adamı bulup çağırmışlar. Muayene etttikten sonra, "Bu çocukta bir şey yok. Biraz dinlensin. Ateşi korkudan çıkmıştır. Merak etmeyin, sabaha düşer" demiş de ev halkı sakinleşmiş. Başta zavallı annem, bu teşhis konana kadar kim bilir neler çekmişlerdir.

Çocuklar işyerinde babalarının yanına gidince kendini biraz büyümüş zanneder. Bu yetişkinliğe bir adım daha yaklaşmaktır. Böyle bir duygu yaşamak istemiş olacağım ki, gözümü karartmışım. Babamın işyerine gittiğimde kendimi prens gibi hissederdim. Babamın arkadaşları beni çok şımartırdı. Kolaro adlı şık restoranda yemek ısmarlar, şeker verirlerdi. Bütün ilgi üzerimde toplanırdı. Bütün bunların babamı çok sevip saygı duymalarından kaynaklandığını bugün daha iyi anlıyorum. İnsanı var eden, ona geçmişini veren, temiz bir sicil hazırlayan, güzel bir çocukluk yaşatan, hayatına en renkli anıları ekleyen anne ve babadır. Onurlu bir yaşam her şeyden önemlidir. Sözünü tutabilmek, uyumlu bir kişiliğe sahip olmak, dürüstlük ve haram yememek... Annem ve babam daha küçücük bir çocukken bana bunları öğretmişti. O zamanlar mektup göndermek ve cevap almak büyük heyecandı. Mektupların bir kuşun ayağına takılıp geldiğini zannederdim. O yüzden, postaneye gittiğimde kuşların nerede olduğunu merak ederdim. Bir gün babamla postaneye gittiğimizde, pul alırken babamın ayağının dibinde bir miktar para buldum. Hatırladığıma göre o zaman için büyük miktardaydı. Eğilip aldım. "Baba, para düşürmüşsün" deyip ona verdim. Babam paraya baktı ve "Benim değil oğlum" dedi. "Para düşüren var mı?" diye etrafa sordu. Paranın sahibi bulunamayınca müdüriyete gittik. Müdür de paraya sahip çıkmak istemedi. Bunun üzerine babam, "Biri gelir de sorarsa para bende" diyerek adres verdi ve çıktık. Uzun zaman paranın sahibi çıkmadı. Bir gece annemle konuşurlarken duydum:

"Korin, ben bu paradan rahatsız oluyorum. Kimse gelip sormadı. Yarısını fakir fukaraya, yarısını da caminin imamına vereceğim. Haberin olsun. Sorarlarsa sen de bilmiş ol. Adam parayı aldı, cebine attı demesinler."

Babam böyle bir adamdı. Çocuk aklımla bile annemin sağlığı için verdiği mücadeleyi, eve birkaç kuruş fazla para girsin diye nasıl durmadan çalıştığını çok iyi bilirdim. Belki de bundan dolayı, her zaman en fedakâr babanın o olduğunu düşünmüşümdür.

Annemle babam hakkında aklımda kalan en özel anlar, evimizin salonunun penceresi önünde oturup bir yandan kahvelerini yudumlarken, bir yandan ettikleri sohbetlerdir. Evimiz, sanki dili varmış da konuşacakmış gibi canlı ve yaşanmışlık doluydu. Dar koridorun sonundaki o minik mutfak, sağda duşlu banyo ve salonun sağına ve soluna açılan iki oda. Beyoğlu'nun birbirine benzeyen eski evlerinden biri. Cephesi dar olduğu için, yan yana dizilmiş odaları birbirine bağlayan kapılar... Salonun sağındaki oda annemlerin, solundaki benimdi. Yıllar sonra bu paylaşım yüzünden, kardeşim Daryo salonda yatmak zorunda kaldı. Odamda o zamanlar "yukri" denen bir yüklük vardı. Evin bütün eşyası orada dururdu. Yüklükten bir şey almak isteyen odama dalardı. Bu evde, güzel bir hikâyenin kahramanları gibi yaşadık. Film şeridi gibi geçen bir hayat...

Bir diğer önemli kişilik de dedemdi. Annemin babası David Kohen, karşı dairede ikinci eşiyle oturuyordu. 1934 yılında borsada büyük paralar kaybederek iflas etmişti. Bir gecede her şeyini kaybedip hayata sıfırdan başlamak zorunda kalmıştı. En tepeden en dip noktaya inmiş, ama sahip olduğu görgü ve asaleti kaybetmemişti. Dedemi eski paraları tamir ederken hatırlıyorum. İflasından sonra, onu seven ve kaybetmek istemeyen bazı firma sahipleri ona bu işi bulmuştu. Eski paraları toplayıp ona getirirler, o da yapıştırır yenilerdi. Yanına gider, saatlerce hayranlıkla onu izlerdim. Az konuşur, çok düşünürdü. Arada bana hayatla ilgili bazı dersler verir, soru sorar, cevabını dinlerdi. Verdiğim cevaplar hakkında yorum yapmazdı. Anlattıklarımı beğenip beğenmediğini yüz ifadesinden anlardım. Bazen kaşları çatılır, bazen belli etmek istemese de verdiğim cevabı beğendiğini gözlerinden anlardım. Bir gün, "Haydi bakalım, sen de bir dene Bensiyon" dedi. Büyük bir heyecanla masanın yanına bir sandalye çekip oturdum ve verdiği parayı eklerinden birleştirmeye çalıştım. O gün onunla çalışmaya başlamış oldum. Okul çıkışlarında her gün dedeme gider olmuştum. İşimi iyi yaptığıma inanmış olacak ki, yine bir gün beni yanına çağırdı, "Al bakalım evlat, bu senin" diyerek avucumun içine birkaç madeni para bıraktı. Bana haftalık vermeye başladığına inanamıyordum. Ben de yetişkinler gibi para kazanmaya başlamıştım. Elimde kazandığım ilk paralar vardı. Bir iş yapmış ve para kazanmıştım. Ne büyük bir mutluluktu. Haftalığım, altmış kuruştu. Bu paraya sinemaya gidilebilirdi. Kırk kuruşum daha olsa, iki de sandviç alabilirdim. O gün yollarda ayaklarım yerden kesilerek yürüdüm. Ne istesem alabilirmişim gibi geliyordu. Kendimi dünyanın en zengin adamı zannediyordum.

Okulların tatil olduğu bir gün, arkadaşlar sinemaya gidelim diye tutturdu. Benimse param yoktu. Bir arkadaşım, "Dedenin yapıştırdığı paralardan bir lira al, nasıl olsa fark etmez. Haftalığını alınca yerine koyarsın" dedi. Çocuk aklı işte... Dedemin masasının üstünde para kutuları vardı. Altı üstü bir lira alacaktım. Parayı aldım. Önce sinemaya, sonra da sandviç yemeye gittik. Akşam yine dedeme gittiğimde, dedemin yerlerde sürünerek o bir lirayı aradığını gördüm. İçimde yavaş yavaş bir korku birikmeye başladı. Beni görünce sordu:

"Bir lira eksik. Gördün mü Bensiyon?"

Sesim titreyerek, "Bilmiyorum dede, görmedim" dedim. Çok sert kuralları olan bir adamdı. Şöyle bir yüzüme baktı, "Yarın bakarız o zaman" dedi ve konuyu uzatmadı. Sakinliğinden dolayı korkum biraz olsun yatıştı. Benden şüphelenmemişti. Oturduk, çalışmaya başladık. Ben okulda olanı biteni dedeme anlatmayı çok severdim ama o akşam ağzımı bile açamadım. Bir saat sonra babam işten gelince dedem olan biteni anlattı. Eve dönünce babam bana dönüp, "Bugün ne yaptın?" diye sordu. "Sinemaya gittik baba. Sonra da sandviç yedik."

"Hangi parayla gezdin bugün sen bu kadar?"

Gözlerimin içine bakarak sormuştu. Hiç cevap veremedim. Yüzümün alev alev yandığını hissediyordum. Babam gözlerimin içine bakmaya devam ediyordu. Dakikalar uzadı da uzadı. Bir şey söylemediğimi görünce ekledi:

"Bildiğim kadarıyla senin sinemaya gidecek paran yoktu. Eğer parayı dedenin kutusundan aldıysan bana söyleyebilirsin. Bir şey olmaz.

Ema eğer yalan söylersen, hayat boyu dargın kalırız."
Çok utanmıştım. Zaten miğdeme kramplar giriyordu. Ağlayarak babama gerçeği söyledim. "Buraya gel" dedi. Yavaşça yanına yaklaştım. "Bak oğlum, bu yaptığının affedilir yanı yok, ama bana doğruyu söylediğin için seni bu defaya mahsus affediyorum. Bir daha böyle bir şey yaparsan seninle asla konuşmam."
Cebinden bir lira çıkardı.
"Al bunu cebine koy. Yarın yerde bulmuş gibi yapar, dedene veririsin."
"Tamam babacığım, çok teşekkür ederim. Sana söz veriyorum, bir daha böyle bir hata yapmayacağım."
Bir lira iyi paraydı. Ekmek, peynir ve meşhur bulema böreği alınır, bir kahvaltı sofrası kurulurdu. Babamın onurumu korumak için olmayan parasından çıkarıp bir lira vermesi beni hâlâ duygulandırır ve utandırır. Afacan bir çocuktum. Sonra anladım ki, yaramaz bir çocuğun ebeveyni olmak zormuş.
Ertesi sabah dedeme uğradım. "Parayı buldun mu dede?" diye sordum. "Hayır" dedi. O zaman beraber yeniden arayalım" dedim ve babamın söylediği gibi parayı bulmuş gibi yaptım. Dedem bir şey söylemeden parayı aldı ve içeri gitti. Biraz sonra elinde bir iple geri döndü.
"Gel buraya Bensiyon."
Ne olduğunu anlamadım, peşinden yürüdüm, daire kapısını açtı ve ipi apartmanın merdivenlerinin tırabzanına bağladı.
"Geç bakalım, daya sırtını bu tırabzana."
Dayandım ve beni oraya bağladı.
"Sen gelirken biz dönüyorduk küçükbey. Yalan söylemek, hırsızlık yapmak ne demekmiş düşün bakalım. Burada bol bol vaktin var."
Beni apartmanın boşluğunda iple merdivenin demirine bağlanmış bir halde bırakıp evine girdi ve kapıyı kapadı. Öylece kalakaldım. Biraz sonra ışık da söndü. Dayanacak gücüm kalmamıştı. Karanlıktan oldum olası korkardım. Ağlamaya başladım. Hem korkuyor, hem de çok utanıyordum. Annem duymuş olacak ki, "Bensiyon, ne oldu oğlum!" diyerek kapıyı açtı. Beni görünce yüzü bembeyaz oldu. Ağlamaktan cevap bile veremiyordum. Koşarak yanıma geldi.
"Ne oldun oğlum, kim bağladı seni buraya?"
Ağlamaktan cevap veremiyordum. O sırada kapı açıldı, dedem bütün haşmetiyle kapıda göründü.
"Ben bağladım. Akşama kadar da böyle kalacak. Belki o zaman aklı başına gelir. Utanmadan hem para çalmış, hem de bana yalan söyledi. Beni aptal yerine koyup parayı benimle birlikte yerlerde aradı. Anlasın bakalım dedeye yalan söylemek neymiş. Çeksin cezasını."
Annem zavallı, ne yapsın? Babasının sözünün üstüne söz söyleyecek değildi. Bana kıyamasa da eve girip orada bırakmak zorunda kaldı. Ağlamaktan sesim kısılmıştı. Akşam babam dönene kadar bağlı kaldım.

Babamın hayretler içinde bana baktığını görünce utancımdan tekrar ağlamaya başladım. Olanları anlattım. Beni dinledi ve "Gördün mü? Parayı almandan çok, onu kandırmana içerlemiş deden. Seni çözeyim ve hemen git, özür dile." Beni çözdü. Bileklerim ipten kızarmıştı. Canım yanıyordu. Ama acı umurumda değildi. İçimdeki vicdan azabı çok daha kötüydü. Bir an önce dedemden özür dilemek ve güvenini yeniden kazanmak istiyordum. Kapısını çaldım. Dedem kaşları çatık bir suratla açtı ve kapıyı açık bırakarak salona geri döndü. Bana "Gelme" dememesi umutlandırıcıydı. Yavaş yavaş yürüdü ve koltuğuna oturdu. Radyodan Müzeyyen Senar'ın, "Akşam oldu, hüzünlendim ben yine" diyen sesi geliyordu. Dedem rakısını, kavun ve peynirini çoktan hazırlamıştı.

"Eee Bensiyon Paşa, aklınız başınıza geldi mi? Sorduğum soruların cevabını buldunuz mu?"

"Dedeciğim" diyerek boynuna atıldım. Belki de hayatımda ilk defa bu cesareti bulmuştum kendimde. "Lütfen affet beni. Bir daha asla böyle bir şey yapmayacağım..."

Kolumdan tutup beni kendinden uzaklaştırdı.

"Ne olursa olsun, hiçbir zaman hiçbir şey için kimseye asla yalan söyleme. Sinemaya gitmek için paraya ihtiyacın olduğunu bana söylemen lazımdı. Hoş, yine sana para vermezdim ya, neyse... Koca adam oldun. Paranı idareli harcamayı, hepsini bir günde bitirmemeyi, ihtiyacın olacağı zamanlar için saklamayı öğrenmen lazım."

"Bir daha söz, dedeciğim. Asla yapmayacağım. Yemin ederim. Bak mezuzayı* öpeyim senin için."

"Gel buraya" diye arkamdan adeta gürledi. Yerimde çakılı kalakaldım, ona döndüm.

"Bir daha asla sözünün doğru olduğunu ispat için yemin etmeye kalkma. İyi bir ders aldın. Bundan sonra, eminim ki her zaman doğruyu söyleyeceksin."

Ona sarılmama izin verdi. Eskilerde çocuklara sarılmak, öpmek pek âdet değildi. Terbiye anlayışları öyleydi. Bir kâbus yaşanıp bitmişti. Dedeminki tuhaf bir cezaydı. Şimdi bunun oldukça ağır bir ceza olduğunu düşünüyorum. Yine de dedemin bu cezayla bana çok şey öğrettiğini göz ardı edemem. O zaman için belki de doğrusu buydu. O böyle bir terbiyeyle yetişmişti. Doğruları farklıydı. Çıktım ve eve geldim. Yüz ifademden dedemin affettiğini anlamış olacaklar ki, bir daha ne annem ne de babam bu konuda bir şey sordu. Annem "Hadi oğlum, git yüzünü yıka da sofraya oturalım" dedi, o kadar. İnsan küçükken hiç yaşlanma-

---

* Musevi inançlıların ev ve iş yerlerindeki kapılarının pervazlarına raptettikleri; muhafaza içinde, küçük bir deri parçası üzerindeki elyazması. Tevrat metinleri. Bu metinlerde insanlara Tanrı sevgisine öncelik vermeleri ve Tanrısal buyruklar çerçevesinde bir yaşam sürmeleri telkin edilir.

yacağını, yakınlarına bir şey olmayacağını, tüm kayıpları başkalarının yaşayacağını düşünüyor. Dedemi kaybettiğimde yüreğimde bir kapı kapandı ve bir daha hiç açılmadı.

Babamın babasına gelince... Büyükbabam Bensiyon Pinto, Fratelli Hayim adlı, zamanın en büyük matbaasının müdürüydü. İş yaşamının da etkisiyle Türkçesi mükemmeldi. Alyans Okulu'ndan* mezun, çok akıllı bir adamdı. Otoriterdi ama kimseyi kırmaz, herkesle mesafesini korurdu. Çok iyi bir adamdı, içkiye ve keyfine de düşkündü. İlk eşi ölünce yeniden evlenmişti. Babam, ilk eşinden olan dört çocuğundan biriydi. İkinci eşinden de üç çocuğu olmuş ama büyükbabamın yeni eşi, babamlara asla üvey annelik yapmamış. İşinde çok başarılı olmuştu. Ona bağlı üç yüz çalışan vardı. "Hayatın tadını çıkarmak" cümlesinin hakkını vermiştir. Müzik dinlemek, yemek yemek, aileyi her vesileyle bir araya getirmek hep onun işiydi. Evi çocukluğumun en güzel anılarıyla doluydu. Salonunda, sağ duvara dayalı kocaman bir piyano vardı. Halalarım, gençliğin verdiği duygusallıkla piyanoya dokunduklarında ezgiler içime işlediği için piyano benim için hep gizemli bir enstrüman olmuştur. Duvarlardaki tablolar, piyanonun üstündeki gümüş şamdanlar, gramofon, bir rüya gibiydi. Her gece müzik vardı o evde. Mutfakta dünyanın en güzel yemekleri pişerdi. Yemekler kocaman salonda kurulan büyük sofrada yenirdi. Büyükbabam yaşlandıkça akşamcılık alışkanlığını eve taşıdı. Şimdi bile klasik müzik dinlerken gözlerimin önüne o ev gelir. Benim için bir masal gibiydi. O masal her zaman benim masalım olarak kaldı. O eve gitmek benim için sarayda geçen bir film seyretmekti adeta. Yerdeki halılardan büfenin üstündeki aile fotoğraflarına, pencereden görünen alabildiğine geniş Haliç manzarasına kadar her şey sanki kalemle çizilmiş gibiydi. Salon çok geniş bir balkona açılırdı. Büyükbabam bu balkonda rakı içmeyi çok severdi. Tam bir ehlikeyifti. Bize göre zengin bir evdi. Uzun koridorun sonunda, solda banyo, sağda da amcam Baruh'un odası vardı.

Amcam entelektüel bir adamdı. Odasında dünya kadar kitap vardı. Tam bir kitap kurduydu. Duvarında askerlikten kalma kılıçlar asılıydı. O kılıçlar 27 Mayıs ihtilalinde askeriyeye teslim edildi. 1917 doğumluydu. Genoto, Grümberg Ticaret gibi büyük firmalarda üst düzey yöneticilik yaptı. Bence asıl başarısı araştırmacılığıydı. Onunla gurur duyarım. Kültürüyle, bilgisiyle inanılmaz bir adamdır. Üç kitap yazdı. Dördüncüsünün üzerine çalışıyor. Babamla tavla oynarlardı. Zarları eğlenerek ve nükteler yaparak atarlardı. Babam bağırırdı:

"Penc ü se!"

Amcam da cevap verirdi:

---

* Fransa kökenli, öncelikle Doğu ülkeleri Musevilerini eğitme amaçlı, Fransız kültürüne öncelik veren, kimi ülke ve yörelerde zenaat kursları da düzenleyen eğitim kurumları zinciri.

"Severim güzeli gencüse!"

Alyans okulları, Yahudi yasalarının öğretileri Talmut'a ağırlık veren gelenekçi eğitim yerine, Fransız kültürünü benimseyen eğitim sistemine sahip okullardır. 1863 sonrası Osmanlı İmparatorluğu'nda Selanik, İstanbul, İzmir, Gelibolu, Edirne, Bağdat, Şam gibi önemli kentlerde açılmıştır. 1924 yılında TC Maarif Vekaleti okula bir talimat göndererek okulun Paris'le olan ilişiğinin son bulmasını istemiş, bu da Alyans'ın Türkiye'deki varlığının hukuken son bulmasına neden olmuştur. Bu okullar 1924 yılının haziran ayında Türkçe eğitim veren kurumlara dönüşmüştür.

İki kardeş her zaman çok iyi anlaştı. Halalarım Sare ve Sultana da onların bu hallerine bakarak çok mutlu olurlardı, kavgası gürültüsü olmayan, geniş bir aileydik.

Amcam, tam bir Pinto'dur. Sabırsız ve heyecanlı... Şimdi İsrail'de tek başına yaşıyor. Kızı Ofra Fridman da ona çok yakın oturuyor ve yakından ilgileniyor. Torunları Yasemin ve Lian onun yaşama sevinci. Amcam, yengem Sonya'ya çok bağlıydı. Yengem zaman zaman onun bu sabırsız hallerinden şikayet ederdi ama ona her zaman sevgi duyardı. Ben de çok sabırsız bir adamım ve bir tek bu noktada Pintolara Kohenlerden daha çok benzediğimi düşünüyorum. Büyükbabama hiç çekmemişim. İçkiden oldum olası anlamadım. Ortama uymak için her zaman karşımdakine eşlik ettim; ama hiçbir zaman içtiğimden keyif almayı beceremedim.

Bu evin hikâyesi 1949'da bitti. Halalarımın ikisi de İsrail'e gitti. Arkalarından da büyükbabam... Onu 1956'da kaybettik. O zaman İsrail'de bir yasa vardı. Oraya yerleşenler eğer belli bir tarihe kadar müracaatta bulunmazsa, İsrail'den önce yaşadıkları ülkedeki vatandaşlık haklarını kaybediyorlardı. Bizim aile de nasıl olmuşsa atlamış olacak ki, dedem bu yüzden Türk vatandaşlığını kaybetti. Bu ona çok ağır geldi. Zamanla akli dengesini kaybetti ve yattığı hastanede rahmetli oldu. Memleketine hasret gitti, diyebilirim. Bu korku babamda da yer etmiş olacak ki, son zamanlarında ona, "Git biraz İsrail'de gez, kardeşimi gör" dediğimde, gitmekten korktuğunu söyledi. Babası gibi vatandaşlığını kaybetmekten korkuyordu. "Bu oğlan beni İsrailli yapar, hiçbir yere gitmem" demişti.

Büyükbabamın etkisiyle, babamın da pek dindar olmadığını düşünmüşümdür. Evde cuma akşamları kiduş* okunduğunu hatırlamıyorum. Bu alışkanlığı ben kayınpederimden öğrendim ve her zaman uyguladım. Çok da iyi oldu. İnsanın geleneklerine ve dini vecibelerine gereken değeri vermesi çok önemli.

Babaannem Belinda'ysa bambaşka biriydi. Tam bir İstanbul hanımefendisi... Son zamanlarını dedemle birlikte İsrail'de geçirdi. Gözleri iyi görmediği için dizinin dibine oturarak sohbet ederdim. Bana do-

---

* Kutsama. Şabat Bayramı ve özel günlerde sofrada yemek öncesi şarapla yapılan kutsama duası. Musevi inancı gereği şarap neşe ve sevinci simgelemekte ve kutlamaya başlangıç sayılmaktadır.

kunur, sırtıma vurur, anlattıklarıma yüksek sesle gülerdi. İsrail'e her gittiğimde onun için Akko'ya uğrardım. Onu alır, dolaştırırdım. Bana, "Dedenin mezarına gitmeyecek misin?" derdi. Bu onun için çok önemli bir ziyaretti ve yapılması şarttı. Yazıcı Sokak'ta da dedem Pinto'nun evi vardı. Orada da piyano eşliğinde, mum ışığında yemek yenirdi. Dedim ya, çocukluğumun bu yılları bir masal gibiydi. Herkes hayattaydı, herkes mutlu ve neşeliydi. Bir tek annem rahatsızdı ama onun için de durmadan dua ediyordum... Sokağımızda sabahlar erken başlardı. Galata'da birçok Musevi komşumuz vardı. Esnaf, bütün mahalleliyi tanırdı. Binalar birbirine omuz veren eski dostlardı adeta. Yaşlı ama görmüş geçirmiş, olanı biteni biriktirmiş, çok şey bilen ama bilmezden gelen bir tavırla ayakta durmaya çalışıyorlardı.

Kuledibi, seçkinliğinin yanında, tuhaf bir hüzne de sahipti. İnsanlar bugünkünden farklıydı. Para yerine söz, menfaat yerine vefa geçerliydi. Söz senetti. Yaşanmışlıkların önemi büyüktü. Komşuluk çok önemliydi. Mahallede çamaşır yıkandığında herkes birbirinin terasına çamaşır asardı. Bizim için en büyük eğlence binaların teraslarında oyun oynamaktı. Annem, çamaşırlara değip kirleteceğiz diye bağırırdı:

"Bensiyon, Binyo'ya söylerim bak!"

"Binyo", annemin genellikle kızgınken babama hitap ediş şekliydi. Binyamin Pinto'nun kısaltılmışı... Sesinin tonundan bunun gerçek bir kızgınlık olmadığını, eğleniyor olmamızdan mutlu olduğunu anlardım. Banyo yapmak için hamama gidilirdi. Küçükken annemle, sonraları babamla gitmeye başladım. Yıllar sonra oturduğumuz apartmanın ön dairesine taşındığımızda bir duşumuz oldu. Hep soğuk su akardı ama olsun... Bu bizim için bir nimetti. Evde taraba denen bir tel dolap vardı. Et, peynir gibi malzemeler orada dururdu. Nasılsa, bütün yiyecekler onun içinde soğuk kalırdı. Evin sağındaki yokuşta, Şekerci Moiz Belifante'nin dükkânı vardı. Moiz Usta, sade ve kakaolu çevirme tatlısı yapardı. Kırmızı loğusa şekeri ve pandispanyası meşhurdu. Brit millalar* evlerde yapılırdı. Herkes sünnet şekerlerini Moiz Usta'dan alırdı. Selofan kâğıdı içine pandispanya, hakiki badem ezmesi, bir çikolata, iki de badem şekeri konurdu. Bu bir klasikti. Yıllar sonra ikiz torunlarımın sünnetinde annesinin tavsiyesiyle oğlum Hayim de bunu uyguladı. Yumurtalar elle çırpılırdı. Mahallenin çocukları toplanır, Moiz'in yumurtaları nasıl çırptığına bakar, kol kuvvetine hayran kalırdık. Sapsarı yumurtalar bir süre sonra bembeyaz bir köpüğe dönüşürdü. On kuruşa çevirme tatlısı, beş kuruşa da parmak çikolata alınırdı. Moiz'in en büyük uzmanlığı akide şekeriydi. Bir daha o kadar lezzetli şeker yeme-

---

* Sünnet. Sünnet töreni anlamında da kullanılır. Musevi bebeği eğer sağlığına ilişkin bir sakınca yoksa doğumunun sekizinci gününde özel bir dini törenle ve bu konuda eğitim almış bir din adamı tarafından sünnet edilir.

dim. Belki de çocuklukta her şeyin tadı başkaydı. Bütün akide şekerini soğuk mermerin üzerine atar, akide donduktan sonra elle keserdi. Vitrine koyulduğunda ışıkların altındaki akideler kıpkırmızı parlardı. Yan taraftaki dar sokak, tavukçular sokağıydı. Tavuğu orada keser, tüylerini yolar, satarlardı. Yom Kipur'dan* önce horoz kesmek âdetti. O kadar çok fakir vardı ki, insanlar bayram günü hibe etleri adeta kapışırdı. Cumaları ise balık yenirdi. Balıkçılar cuma gelsin diye dua ederdi. İtalyan Sinagogu'na varmadan önceki sokaklar, 1945'teki Bereketzade yangınında kül oldu. Yangının sıcağı bize kadar geldi. Bayram olunca, hangi bayram ve kimin bayramı olduğu hiç fark etmezdi. Gece üçe kadar sokakta kalınırdı. Biz sokağı dedemin penceresinden seyrederdik. Gece pudra şekerli gözleme yenirdi. Küçük olduğum için gece dışarı çıkmam yasaktı. Babam gözlemeleri eve getirir, biz de balkonda yerdik.

Şanslı, ümitli bir gençlik geçirdik. Şimdiki gençlerin mutlu olmaları için çok çalışmaları da, ümit etmeleri de, dürüst olmaları da yetmiyor... Hayatın içinde uyanık olmak, tökezlememek ve işlerin menfi taraflarını da bilmek gerekiyor. Çocukken hayat, büyüklerin koyduğu kurallarla sınırlıydı. Belki de bu yüzden kurallara uymakta şimdiki gençlik kadar zorluk çekmedik. Kural ve sınırları sorgulamayı düşünmezdik.

Futbol oynamayı her şeyden çok severdim. Tek oyuncağım topumdu. Bir gün kulenin orada her zamanki gibi kendimden geçmiş halde futbol oynarken kafamı duvara öyle bir patlattım ki, yüzüm gözüm kan içinde kaldı. Canımın acısını, anneme ne diyeceğim korkusundan hissedemedim bile. O gün annem yaramı temizledi, biraz söylendi ama korktuğumu anlayıp çok da üstüme gelmedi.

1945-1950 yılları arasında en moda alışkanlık hafta sonları Yalova'ya, Gökçedere'ye gitmekti. Karaköy'den yandan çarklı vapurlara binilir, iki buçuk saat yol gidilir, Yalova'da vapurdan inilir, burunlu otobüslere binilir, Gökçedere'ye varılırdı. Yalova, lüks otellerin bunduğu bir yerdi. Milletvekilleri ve bakanlar hafta sonu için gelirdi. Gökçedere'de Yalova'daki gibi lüks oteller yoktu. Küçük, temiz pansiyonlarda, son derece mütevazı odalarda kalınırdı. Köylüler evlerinin bazı odalarını kiralardı. Genellikle cumartesi sabahı gidilir, pazar akşamı dönülürdü. Bu zaman zarfında piknik yapılır, civar köylere yürünür, eğlenceli vakit geçirilirdi. Maddi durumu daha iyi olanlar ise Yalova'daki lüks otellere çay içmeye giderdi. Bazen de Çınarcık'a gider, deniz kıyısında fotoğraf çekerdik. Her an başkalarıyla iç içe yaşanır, ne varsa ortaya konur, her şey paylaşılırdı. İnsanlık mı başkaydı, zaman mı farklı işliyordu bilmiyorum. Bildiğim, bakışların daha sıcak olduğu. İnsanların

* Kefaret Günü. Musevilerin oruç ve ibadetle geçirdikleri İbrani takvimine göre yeni yılın 10. günüdür. Bu günde Museviler bir önceki yılda bireylere karşı işledikleri hatalar için Tanrı' ya kendilerini bağışlatmaya çalışırlar ve Tanrı' ya sığınırlar. Geleceğe yönelik olarak, Tanrı buyrukları doğrultusunda bir yaşam sürmeye söz verirler.

sevgisi de öfkesi de gerçekti. Heyecanlar, üzüntüler, sevinçler sözcük anlamlarına uygun şekilde, sahici yaşanırdı.

Yaramaz bir çocuk olduğumu pek düşünmüyorum ama uslu çocuk sınıfına da girmezdim. Benim için hayat oyundan ibaretti. Akşama kadar top peşinde koşmaktan ve oynamaktan yorgun düşer, daha yemeği yerken masada uyuklamaya başlar, ertesi günkü oyunların hayalini kurardım. Hayal kurmayı çok severdim. Bu yaşa geldim, hâlâ severim. İnsanı geliştiren bir tarafı vardır. Yeter ki başkalarına veya kendine zarar verecek kadar ileri gitmesin. Bunun dozunu o küçücük aklımla bile ayarlayabiliyormuşum demek ki...

Dini bir azınlık olduğumuzu pek anlamazdık. Sinagog burnumuzun dibindeydi. Herkes tanıdıktı. Dar bir çevrede, hem dindaşlarımızla iç içe yaşamaktan hem de geniş toplumla ve diğer dini azınlıklarla kardeş gibi yaşamaktan olsa gerek, kimliğimiz üzerine çok düşünmezdik. Kimse de bize düşündürmezdi. Herkes o kadar iç içe yaşardı ki, hangi bayram Morislerin, hangisi Yorgoların, hangisi Mustafaların bilmezdik, ayırt etmezdik. Bayram, adı gibi bayramdı işte. Bazı bayramlar boyalı yumurtalarla, bazıları içi şekerli mendillerle, bazıları hamursuzla geçerdi. Hepsinden nasibimizi alırdık. Farklarını sormak aklımıza gelmezdi. Hep beraber yaşamaya o kadar alışmıştık ki, birbirimiz olmadan yaşanacak bir mahalle düşünemezdik. Şimdi ise insanlar farklı bir ad duyar duymaz, hemen karşısındakinin dinini soruyor. O zaman böyle bir alışkanlık yoktu. Belki de bu yüzden bu soru bana çok tuhaf geliyor. Bugünün Türkiye'sinde neden bu kadar hassasiyet olduğunu anlamak benim için gerçekten çok zor. Avrupa veya Amerika'da kimse kimsenin dinini veya milliyetini sormaz. Çünkü inanç, kişinin kendinden başka kimseyi ilgilendirmez. Din de bu anlamda saklı bir değerdir. Ben dua ettiğim zaman dünyaya ilan etmiyorum. "Dinleyin ey ahali, ben dua ediyorum" demiyorum. Benim yardımcım bir yere çekiliyor namazını kılıyor, kimsenin haberi bile olmuyor. İbadet çok şahsi bir şeydir. Hesabı kimseye verilmez. Türkiye'de bu soruyu sadece Müslüman Türkler değil; Rum'u, Yahudi'si, Ermeni'si de soruyor. Bu toprağın insanı bu soruyu sormayı yeni bir alışkanlık haline getirdi:

"Adın ne?"

"Albert."

"Türk değil misin?"

"Türk'üm."

"E, adın nasıl Albert oluyor o zaman?"

"Türk'üm, ama Musevi'yim."

"Bir insan nasıl ikisi birden olabilir ki?"

Albert, kendinin ne olduğunu en az Mustafa kadar biliyor. Yorgo da, Agop da biliyor.

"Keşke sen de bilsen... Biraz daha hayata hâkim, biraz daha yaşadığı dünyaya anlam katan biri olursun. Peki bilmesen ne olur? Yetişkin olmana rağmen hayata yetişememiş biri olursun. Böyle boş sorular sorarsın, dünya globalleşmeye giderken, üstelik bu insanlarla aynı toprağın insanıyken, yarı yolda bile kalamadan yaşarsın." İçimden bazen bunları söylemek geliyor.

Amin Maalouf *Ölümcül Kimlikler* adlı kitabının bir yerinde, "Hâlâ ben Sırp'ım, Yahudi'yim, Müslüman'ım diye kendini tanıtmak son derece yaygın ve benim gözümde son derece sakıncalı düşünme alışkanlığıdır" diyor. Ben de aynen katılıyorum. Dünyanın başına ne gelmişse bu alışkanlıktan gelmiş. Bu alışkanlık çatışmadan çıkarı olanların da işine geliyor. Ötekileştirmek kadar yanlış ve insanlara düşmanlık aşılayan, ırkçılığa, din karşıtlığına sürükleyen bir şey olamaz. Kimimiz bilgili, kimimiz bilgisiz; kimimiz iyi yürekli, kimimiz ilerici, kimimiz gericiyiz. Ama ne olursa olsun, her birimizde bir diğerimizde olmayan, bizi diğerinden farklı kılan bir şeyler var. Hepimizi ayrı ayrı değerli kılan da bu değil mi? Karşımızdakinin bu farklılığının ne olduğuyla değil, nasıl biri olduğuyla ilişkili olduğunu unutmamak gerek.

O zamanın insanları, karşısındakinin dininin ne olduğuyla ilgilenmezdi. Bu sayede, birbirimize entegre bir şekilde yaşamayı öğrenmeye de gerek yoktu. Her şey doğal akışında gelişiyordu. Kulenin yanında bir çeşme vardı. Su doldurmak için oraya giderdim. Annem çok genç yaşta meme kanserinden ameliyat olduğu için ona gözümüz gibi bakıyorduk. En sevdiği şey de taze günlük su içmekti. Her gün anneme su taşırdım. Çocuk olduğum için bana hep, "Çekil bakalım" derlerdi. Bir gün aşağı mahallenin çocukları çeşmenin orada top oynuyordu. Çeşmenin altına bidonu koydum, beklemeye başladım. Su çok yavaş akıyordu. Çocuklardan biri,"Çek şu bidonu su içeceğim" dedi. "Sıranı bekle" dedim. Arkadaşları da oyunu bırakmış, onun yanına gelmişti. Bir anda beni iteklemeye başladılar. Mahallede herkesin deli dediği bir adam vardı. Bir baktım köşeden göründü, sopasını çıkardı, bize doğru hızlı hızlı yürümeye başladı. "Eyvah" dedim, "Şimdi yandım!" Halbuki adam sopasını çocuklara salladı. "Ne istiyorsunuz çocuktan be, bu çocuk her gün anasına su taşıyor, bırakın alsın. Bir daha sizi bu çocuğun etrafında görürsem bu sopayla kafanızı kırarım" dedi. Bana döndüğünde, gözündeki şefkati gördüm. "Geç oğlum, al sen suyunu" dedi. "Her zaman suyunu buradan dolduracaksın. Bu veletler seni rahatsız ederse, gelip bana haber vereceksin." Suyu doldurdum. Eve doğru yürürken adamın aslında deli olmadığını düşündüm. Bir daha da beni çeşme başında kimse rahatsız etmedi.

Babam inançlıydı ama dinin gereklerini sıkı bir şekilde yerine getirmezdi. Ona göre inancın yolu ayrı olsa da imanın yolu birdi. Hangi dine inanırsak inanalım, yüzümüzü döndüğümüz Allah, aynıydı. O bize bu kadar yakınken, bizi bu kadar severken, insanların birbirinden ayrı olmasını ne anlıyor ne de kabul edebiliyordu. "İçinde Allah korkusu olmayan, yüreğinde merhamet olmayan, küçük bir çocuğa şefkatle bakmayan, düşkünlere yardım etmeyen bir zihniyet, hangi dinin mensubu olursa olsun, insan değildir" derdi. İnsan küçükken başkalarının ona "öteki" gözüyle baktığını anlayamıyor neyse ki... Babam, "İnsanı insan yapan en önemli iki değer akıl ve merhamettir. Merhametiniz varsa ve aklınızı da kullanıyorsanız, Tanrı her zaman sizinledir" diyerek bize öğüt verirdi. Din konusunda da demokrattı. Hiçbir konuda zorlamazdı. Ne yapmamız gerektiğini bize öğretti ve yapıp yapmamak konusunda tamamen serbest bıraktı. Devrine göre çok modern biriydi.

Mutlu, karışık bir insan topluluğuyduk. Birbirine sonsuz güveni olan insanların yaşadığı bir sokağa açılırdı kapılarımız. Biraz loş, biraz gri, biraz dar; ama bir o kadar da "insan" dolu bir sokağa. Adım attığımız anda da hayat mücadelesi başlardı. Evimizde ne kavga olurdu ne huzursuzluk. Para azdı ama savaş yılları hepimize hayatın aslını anlatıyordu. Reçelin en iyisi yoktu soframızda, ama bulama denen marmelat türü bir tatlı vardı. Kimse para içinde yüzmüyor, herkes kıt kanaat geçiniyordu. Yalnız bayram sabahları sinagoga giden beyler ile hanımefendiler, senede bir kere de olsa o şık kıyafetleri giyebilmek ve ibadethaneye yakışır bir şekilde gidebilmek için kenara para koymayı ihmal etmezdi. Bunun sayesinde de ışıl ışıl, rengârenk bir sokak olurdu bayram günleri Büyük Hendek. Yenilikleri kabul etmek, eskiyi unutmak demek değil. Ben eskiyi unutmadım. Mutlu yaşamış bir adamsam, bundandır. Geçmişimiz, hazinemiz... İşte geçmişe dair hatırladığım en canlı anılar, bu evlerin duvarlarına, merdivenlerine, odalarına, bu sokağa, çevresine ve bütün Kuledibi'ne sinmiş gibi.

1940 yılında kardeşim Davit doğdu. Ona kaç kişi Davit dedi, bilmiyorum. Davit, ben kendimi bildim bileli Daryo'dur. Benim kadar sabırlı bir bebek olmadığı için hastaneye yetişemedi. Dünyaya gelmek için oldukça aceleci davrandı, evde doğdu. Doğumuna az bir zaman kalmıştı. Annemin kendini pek iyi hissetmediği bir gün, ben de inadına yerimde duramıyor, dışarı çıkmak istiyor, huysuzlanıyordum. Zavallı babam, çaresiz, "Hadi seni gezmeye götüreyim" diyerek beni evden çıkardı. Balat'ta annemin Dora adındaki arkadaşına götürdü. Dora'ya gitmeyi severdim. Sokakta oynayacak benim yaşımda çocuklar vardı. Onları görünce babamın elinden kurtulup aralarına karıştım. Günlerden 18 ağustostu. Hava çok sıcaktı. Güneş ortalığı kavuruyordu. Bütün bunlar olup biterken annemin sancısı tutmuş, babam eve gidip onu öyle gördüğünde ne yapacağını şaşırmış. Hastaneye yetiştirmek için çok geçmiş. Daryo evde doğmuş. Akşam olup da babam beni almaya geldiğinde, yüzündeki sevinç ve şaşkınlık ifadesinden olağanüstü bir şeyler olduğunu anladım. Babam, Dora'ya müjdeli haberi verdi:

"Bir Pinto Bey daha dünyaya geldi."

Yüzü sevinçten ışıl ışıldı. Dora Teyze, "Korin nasıl?" diye sordu. "Korin iyi çok şükür. Bebek de iyi." Babamın yüzündeki sevinç bana hiç de tanıdık gelmemişti. Çok şaşırmıştım. Bu bebeğin doğmasına daha çok zaman yok muydu? Neden böyle zamansız gelmişti? Bir an önce annemim yanına gitmek istiyordum. Bu istek annemi görmekten çok, yeni gelen bebeği merak etmemden kaynaklanıyordu şüphesiz. Otobüste babamın kucağında otururken, yol boyunca bundan sonra nelerin değişeceğini düşünüp durdum. Ama dört yaş, bu soruların cevabını bulmak için yeterli değildi. Eve geldiğimizde komşuların bizde olduğunu gördüm. Annem yatağında yatıyordu. Yüzü biraz solgundu ama iyi görünüyordu. Her şeyden önemlisi çok mutluydu. Beni görür görmez hemen elini uzattı, "Gel benim paşikom"* dedi. O arada annemin yanında yatan Daryo'nun küçücük yüzünü gördüm. O kadar küçüktü ki... Önce boş boş baktım. Sonra yavaş yavaş annemin yatağına yaklaştım. Daryo'nun yüzüne dikkatle baktım. Gözleri yarı açık gibiydi. Dudaklarını kıpırdatıyordu. Arada bir küçücük dilini dışarı çıkarıyordu. Ellerini sımsıkı yumruk yapmıştı. Elimi uzattım, parmaklarına dokundum.

Küçük parmaklarını araladı. Parmağımı tuttu. Abi olduğumu o anda anladım. O günden beri iki kardeş, birbirimizin elini hiç bırakmadık. Hayat bize ne getirirse getirsin, her zaman yan yana, omuz omuza durduk.

Daryo her zaman uyumlu ve uslu bir çocuk oldu. Benim gibi yaramazlıkları ve vukuatı olmadı. En azından benim gibi orada burada kafasını gözünü yarmadı. Çok iyi, dürüst, insan gibi bir insan, tam bir kardeş oldu. Eşi Fani, oğulları Benny ve Avi ile İsrail'de yaşıyor. Benim hayattaki en önemli dayanaklarımdan biri. Onsuz bir hayat düşünemem. Daryo'yla her zaman çok iyi anlaştık. Dört yaş, küçükken epey bir farktır, büyüdükçe kaybolur. Bizde abi kardeş sevgi ve saygısı hiç değişmedi, azalmadı. Onunla hiç kavga etmedik. Her ailede olduğu gibi ufak tefek tartışmalarımız olmuştur ama onunla küsüp günlerce konuşmadığımızı hatırlamam. Ona sadece bir kere vurdum. Bir gün okulda top oynuyorlardı. Ben de uzaktan onlara bakıyor, arkadaşımla muhabbet ediyordum. Bir ara, Daryo'nun arkadaşlarından biri, oyuna almadıkları bir çocuğun şapkasını kaptı ve diğerine fırlattı. O ona, o ona derken şapka Daryo'nun ayağına geldi. Baktım, çok eğleniyordu. Seslendim:

"Daryo, şapkasını ver çocuğa!"

Beni dinlemedi, top gibi şapkaya vurdu. Koştum ve havada yakaladım şapkayı. Yürüdüm ve Daryo'nun yüzüne bir tokat attım. "Sana çocuğun şapkasını ver dedim mi, vereceksin. Onunla dalga geçme hakkını size kim veriyor?" diye bağırdım. Çok utandı. Yüzü kıpkırmızı oldu. "Özür dilerim abi" dedi. Budur. Başka kavga bilmem. Aramızda dört yaş olmasına rağmen, bana "abi" demekten asla vazgeçmedi. Bana ne

* Paşacık.

zaman böyle seslense çocukluğa geri dönerim. Onun küçüklüğünü, birlikte parka gidişimizi hatırlarım. Benden daha küçük olduğu için annem onu pusete koyardı, ben de kenarından iterdim puseti. Abi olmanın ne demek olduğunu ilk anladığım zamanlardı. Büyüdükçe arkadaş olduk. Daryo bazen salonda, bazen holde yatardı. Benim yüzümden onun odası olmadı. Ben odanın sefasını sürdüm. Biraz da sen kal demedim. Daryo da bundan hiç şikâyet etmedi. Birbirimize her zaman anlayışlı olduk. Beni hiç üzmedi. Her şey iyi kötü yürüyordu ve hayatımın en karanlık günlerini yaşayacağımdan habersiz, emeklemeye başlayan ve yarım yarım konuşan kardeşimle oynuyordum.

O günü hiç unutamadım. Moiz Amcam ve Dedem David Kohen bize gelmişlerdi. Güpegündüz böyle ziyaretler pek olmazdı. Nedenini anlamaya çalışıyordum. Babam da işe gitmemişti. Babalar hafta içi evde olmazlardı oysa... Bir ara dedemin babama dönerek, "Üzülme Binyamin, gidişi senden, gelişi Allah'tan" dediğini duydum. Bu nasıl bir gidişti ki, gelişi Allah'a kalmıştı? Annem ağlıyordu. Daryo annemin kucağında olup bitenden habersiz, elindeki oyuncağıyla yeni çıkmaya başlayan dişlerini kaşıyor, sevimli sevimli gülüyordu. Yirmi sınıf askerin toplanacağı haberi, kulaktan kulağa yayılmaya başlamıştı. Fısıltı gazetesi ne yazık ki her zaman doğruyu söylerdi.

"Yirmi Kura İhtiyatlar" olarak da bilinen bu olay, daha önce askerlik yapmış olmasına rağmen, yaşı yirmi ile kırk beş yaş arasındaki gayrimüslimlerin 1941'in mayıs ayında yeniden askere alınması anlamına geliyordu. Silah ve üniforma verilmeyen bu askerler nafıa askeri olarak, yol yapımı ve inşaatlarda çalıştırılacaktı. Türkiye'nin II. Dünya Savaşı yıllarında halkı yirmi sınıfa ayırıp askere gitmeye mecbur bırakmasıydı. Yirmi sınıf askerin tamamı gayrimüslimdi. İçlerinde babam gibi daha önce askerlik yapan çoktu. Bu hiçbir zaman sorgulanmadı. 1941'de alınan bu kararın tek amacı vardı; gayrimüslimlerin ticaret yapmalarına engel olmak.

Böyle olmasaydı bu askerlere kıyafet ve silah verilir, hepsi düzenli ordunun birer eri olarak görevlerini yerine getirirdi. Tam tersine hiçbirine silah verilmemiş, askeri üniforma giydirilmemişti. On dört ay süren bu durum 1942'de sona erdi ve gidenler evlerine dönebildiler.

İnsan düşünüyor, neden bize? Bu insanlar, bu vatanın iyiliği için çalışan, bu ülkeye vergi veren namuslu insanlardı. Kimsenin malına göz dikmeden kendi işlerinde çalışıyorlardı. Dünya acımasız bir savaşın içindeyken sadece küçük hesaplar uğruna, askerliğini yapan yapmayan bakılmaksızın onca insanı askere almak adı altında bir yerlere göndermenin, onları korkutmanın, hayatlarını altüst etmenin ne anlamı olabilirdi?

Babam ve birkaç arkadaşı Sirkeci'ye gidip teslim olmaya karar verdi. Teslim olmanın ne demek olduğunu anlamamıştım. Babama göre, nasıl olsa birkaç gün sonra birileri evden almaya gelecek, bu hepimiz için çok daha zor olacaktı. Babamın ikinci kez askere gittiği gün, hayatımın en korku dolu günüydü. Nereye gittiğini, ne zaman döneceğini, ne kadar kalacağını, onu özlersem ne yapacağımı bilmiyordum. Kapıdan çıkarken annemi ve beni öptü. Daryo'nun başına bir öpücük kondurdu. Ağlıyordu. Babamı ilk ve son kez, o gün ağlarken gördüm. Anneme dönerek, "Kendine de çocuklara da iyi bak Korin" dedi, arkasını döndü ve merdivenlerden hızla indi. Annemin benden gizlediğini zannederek saatlerce ağladığını hatırlıyorum. Daryo'yu uyutmak bahanesiyle odasına kapandığında, anahtar deliğinden baktığımda hıçkıra hıçkıra ağladığını gördüm. Daryo uyanıncaya kadar da dua etti.

Neden ikinci defa askere alındığı konusunda babamın da bilgisi yoktu. Dönüp dönmeyeceği konusunda herhangi bir fikri de olamazdı. Teslim olduklarında onlara kötü muamele edildiğini sonradan öğrendim. Dini azınlıklarda tedirginlik gitgide büyüyor, herkesin yüzünde büyük bir endişe okunuyordu. 1934 yılında yaşanan Trakya Olayları'nın ardından, daha yaralar sarılmadan böyle bir askere alma uygulaması büyük bir korku yaratmıştı.

18 temmuz 1934'e kadar Trakya'da yaşayan on üç bin Yahudi'nin büyük kısmı yaşananlardan sonra İstanbul'a göç etmiş, bir yıl içinde bine yakını İsrail'e yerleşmişti.

Annemin bana anlattığına göre Trakya Olayları 1934 yılının haziran ayında patlak vermiş, temmuz ayı başında çok sayıda Yahudi'nin İstanbul'a göç etmesine sebep olmuş. Çanakkale, Edirne, Tekirdağ, Keşan, Uzunköprü ve özellikle Kırklareli'nde pek çok ev yağmalanmış, insanlar hırpalanmış ve evlerinden gitmek zorunda bırakılmıştır. Bunun sebebi, o dönemde iyice güçlenen aşırı milliyetçi tutumlardır. "Yahudi'de çok para var, çarşıda en büyük kârları onlar elde ediyor, buna müsaade etmeyelim, Türk'ün parası Türk'te kalsın" düşünceleri esnafı esnafa, komşuyu komşuya düşman etmiş. O dönemde pek çok Yahudi kızının can ve namus korkusundan İstanbul'a çarşaf giydirilerek gönderildiği söylenirmiş. İnsanlar, evlerini satmak zorunda kalınca bazı iyiliksever komşuları o evlere sahip çıkmış, geri dönenlere evlerini iade etmişler; bazılarıysa evleri sahiplenmiş ama bir daha asla onları asıl sahiplerine vermemişler.

Halkı kışkırtan yayınlarla, halkın kendi arasında zamanla geliştirdiği yorumlarla Türkçe konuşmayan dini azınlıklar tartaklanmış, dayak yemiş o zamanlar. "Vatandaş Türkçe konuş!" sloganlarıyla insanlar Türkçe konuşmak zorunda bırakılmış, konuşmayanlara cezalarını yine halk vermiştir. Evler yakılmış, yağmalanmıştır. Hatta işin belki de en acı tarafı bazı kişiler komşularının evinden aldıkları eşyaları sanki kendi evlerine aitmiş gibi yıllarca kullanmışlar, olaylar dindikten sonra evlerine geri gelen Yahudilerin bunları fark etmesinden rahatsız olmamışlar.

Mala kastın amaç olduğu ve Yahudilerin Trakya'dan gönderilmesini hedefleyen bu olaylarda cana kastedilmemesiyse sadece şanstan ibarettir. İnsan, tarihini bilmezse, o tarih altında ezilmeye mahkûmdur. O güne kadar yaşananlar insanların kaderlerini çizmişti. Şehrinden, sokağından, evinden, tüm yaşanmışlıkları bırakarak çekip gitmek zorunda kalanlar vardı. Büyükler başımıza yeniden bunların gelmesinden korkuyordu. Kimse hiçbir şeyi, hiç kimseyi bırakıp gitmeyi istemiyordu. Bunları maalesef yaşadık. Tarihin tekerrür etmemesi için mutlaka neler yaşandığını bilmek gerekir. "Böyle bir şey olmadı" diyerek kimse elini yıkayıp gidemez. İnsanın ruhunda yeniden başlayabilme, affedebilme, anlayabilme, anlayamasa da anlamış olmayı seçme gibi özellikler vardır. İyi ki de vardır. Bizi insan yapan en büyük erdemlerin başında bu özelliklerimiz gelir.

Yirmi sınıf askerin ardından gelen Varlık Vergisi Kanunu, Türkiye'de yaşayan dini azınlıkların kaderini tamamen değiştirdi. Meclis, 11 kasım 1942'de çıkardığı bir yasayla savaş koşullarından yararlanarak elde edilen sözde haksız kazancı vergilendirmek amacıyla, bazı vatandaşlardan varlık vergisi alacağını açıkladı. Bu öncelikle dini azınlıkları hedef alan bir yasaydı. Amacı da sermayenin bir grup insandan diğerine geçmesini sağlamaktı. Uzun uzun izah etmeye veya buna geçerli bir sebep aramaya gerek yok. Varlık Vergisi, dini azınlıkları yıldırma politikasıydı. Onları kendi memleketlerinden soğutma, dostu dosta düşman etme, "biz farklıyız" düşüncesini topluma yayma politikasıydı. Bu vergiyi bazıları varını yoğunu yok pahasına satarak ödeyebildi. Ödeyemeyenler Aşkale'deki kamplarda işçi olarak çalışmaya alındı. İçlerinde yaşlı başlı, görmüş geçirmiş insanlar da vardı. İstanbul Defterdarı Faik Ökte yapılan bu zulmü "facia" olarak nitelendirmiş. Varlık Vergisi'nin önemli iki özelliği vardı: Birincisi, belli bir sınırı yoktu; kimden ne kadar vergi alınacağı konusundaki belirsizlik, çok büyük haksızlıkları da beraberinde getiriyordu. İkincisiyse kararın kesin olmasıydı, bundan geri dönüş yoktu. Verginin ödemeleri hemen ve nakit olacaktı. Vergi kanununda en fazla vergiyi dini azınlıkların vermesi öngörülmüştü. Oysa o zamanlar Yahudilerin büyük çoğunluğu fakir semtlerde yaşıyordu. Üç beş tüccar yüzünden adı zengine çıkan cemaat, her şeyini yok pahasına satmak zorunda kalmıştı. Çok kişinin evinde mezatlar yapılmış ve eşyaları üç kuruşa alınarak adeta yağmalanmıştı. Her şey bir yana, insanın kendi memleketinde bir günde, üstelik hiçbir şekilde tartışılmadan alınan bir kararla ikinci sınıf vatandaş durumuna düşmesi, para ödemek zorunda bırakılması, ödeyemeyince de Aşkale'ye çalışmaya gönderilmesi kadar ne olabilir? Amacı II. Dünya Savaşı yüzünden oluşan ağır koşulları ortadan kaldırmak olan bu verginin sonuçları dini azınlıklar için her açıdan çok ağır olmuştur. 1943'te 1 229 kişi çalışmak üzere kamplara gönderilmiş, bunların bazıları dokuz on ay sonra evlerine gönderilmiş, bazılarıysa orada hayatını kaybetmişti. Verginin büyük bir bölümü İstanbul'da yaşayan dini azınlıklardan toplanmıştı.

Bu hâlâ aklımın almadığı bir iştir. Bir devlet, durup dururken nasıl ve neden kendi vatandaşına ayrımcılık yapar? Aynı havayı solumuş, sevinçlerde beraber gülüp acılarda beraber ağlamış insanların hayatı nasıl altüst edilebilir? Bu karar, geniş topluma da bazı gerçekleri gösterme açısından acı sonuçlar doğurdu. Çocuklarımıza kötü örnek oldu ve her şeyden önemlisi, yanlış bir karar olduğu anlaşılıp geri dönülmüş olsa da tarihimizi lekeledi. Yine de Yahudi toplumu bunu geçmişinin bir köşesine koydu ve yaşanmamış olarak görmeyi tercih etti. Sürekli hatırlatarak yaşamayı seçmedi. Kötülükten kimseye yarar gelmez. Tarihi okur ve öğreniriz ama her zaman güzel şeyleri yazmaz. Hayatı buna göre planlamanın ve dünya görüşünü buna göre belirlemenin kimseye bir faydası olamaz.

Dedemin Menda Kohen Apartmanı'ndaki hissesi yüzde elliydi. Apartman üç katlıydı. Büyükbabamın evindeki gibi kıymetli eşyalarımız da yoktu. Bu vergi çıkınca herkes gibi biz de korkmaya başladık. Evde büyük bir telaş vardı. Kim ne verecek? Nasıl verecek? Verebilecek mi? Veremezse ne olacak? Hayat, yatağında akan su gibi normal seyrinde giderken, birdenbire her şey altüst olmuştu ve insanlar bambaşka şeyler düşünmeye başlamıştı.

1943 yılında Varlık Vergisi bir sabah bizim de kapımızı çaldı. Daha doğrusu Mendaların kapısını... Onlarda kahvaltıdaydık. Madam Menda çok güzel çörek yapar, bizi de mutlaka çağırırdı. Çocukluk tuhaftır, komşuda pişen her zaman evdekinden daha lezzetli gelir. Masaya oturmuş, çörek yiyordum. Ufak tefek bir çocuk olduğum için de ayaklarım sandalyeden sallanıyordu. Maliyeden gelen iki adam salonun ortasına yürüdü. Adamlardan biri Mösyö Menda'ya dönerek "Yahudi, sen bu parayı niye ödemiyorsun?" diye sordu. "Yahudi!" Ayaklarımı sallamayı kestim. Ağzımdaki lokmayı yutamadan öylece kalakaldım. İlk defa birinin diğerine "Yahudi" diye seslendiğine şahit oluyordum. Acaba Yahudi olmak kötü bir şey miydi? Bir suç muydu? Neden bu kadar öfkeliydi bu adam? Yahudi olmanın ne farkı vardı? Bu soruların cevapları kimdeydi? Kime sorabilirdim? Birden içim rahatladı. Tabii ki babama sorabilirdim. Hele askerden bir dönsün, nasıl olsa bütün soruların cevaplarını verirdi. Menda, İstanbul'da yaşayan nereyse tüm Yahudilerin sahip olduğu o hoş aksanla cevap verdi:

"Yok bende para, nasil öderim bu parayi?"

Adam büyük bir soğukkanlılıkla konuştu:

"O zaman bu evi satışa çıkaracağız. Bazı eşyayı da alacağız. Evden alınan para, senin vergi borcunu öder."

İnanılır gibi değildi. Zavallı Menda'nın iyi kötü başını sokacak bu evi, bir de diğer dairesinden aldığı kira vardı. Başka geçim kaynağı yoktu. Şimdi hem evi gidiyordu elinden, hem de parası. Nasıl, neyle geçinecekti? Adam birtakım kâğıtlara bir şeyler yazdı, sonra yazdıklarından birini Menda'ya uzattı:

"İmzala bakalım şurayı!"

Zavallı Mösyö Menda, gözleri dolu dolu, titreyen elleriyle adamın gösterdiği yeri imzaladı. Ne hissettiğini Allah bilir; ama bu konuda bir daha asla konuşmadı. Hem de ölene kadar... Adam kâğıtları aldı, çantasına yerleştirdi, sonra bize doğru dönerek, "Haydi, toplayın bakalım" dedi. Neyi toplayacaktık acaba? Ben o sırada masadan kalkmış, annemin yanına gelmiş, eteğine sımsıkı yapışmıştım. Diğer adam anneme döndü:

"Kenara çekil Madam."

Sonra tuttuğu gibi yerdeki halıyı ayaklarımızın altından çekti. Annem çabuk davranıp kenara çekilmişti. Bense o kadar hızlı davranamadığım için halının kaymasıyla birlikte yere düştüm. O kadar kızgındım ki düşer düşmez kalktım ve hiç ağlamadım. Halbuki başımı fena vurmuştum. Canım çok yanmıştı. Benim yerime, annemin kucağındaki Daryo ağlamaya başladı. Adamlar bundan sonraki sürecin nasıl işleyeceğini anlatıp halıyı alıp gitti. Aradan birkaç ay geçtiğinde, bizim de vergi borcumuzun olduğunu, babamı Aşkale'ye çalışma kamplarına göndereceklerini öğrendik. Halbuki babam yirmi sınıfla askere alınmıştı. Bunu yetkililere bildirince, babamın cezasını önceden çektiğine hükmederek bizim vergi borcumuzu sildiler. Bu iyi bir şey miydi, değil miydi, buna sevinmeli miydik bilmiyorum.

Evin Mendalara ait hissesi, Varlık Vergisi döneminde Reşat Gönül diye birine satıldı. İyi bir adamdı. Önceleri Maçka Palas'ta oturuyordu ama başka yerde oturması sonucu değiştirmiyordu. Sonuçta eve bir ortak daha gelmişti. Çocukluğumun bu dönemi bana göre yaşanmamış bir dönemdir. Mutlu ve sevimli bir çocuk olmama rağmen, babamın askere alınmasıyla hayatımda çok şey değişti. Bir anda nedenini bilmeden babasız kaldım. Babamın benim için ne kadar önemli olduğunu o güne kadar düşünmemiştim. İçimde yavaş yavaş kocaman bir korku birikti. Babam geri gelecek miydi? Kucağında yeniden oturabilecek miydim? Elinden tutup eskisi gibi yürüyüş yapabilecek miydim? Yorulduğumda beni kucağına alacak mıydı? O bilinmezlik duygusunu düşündükçe içim hâlâ bir tuhaf olur ama o duygunun adını koyamam.

Savaş yıllarında annem bize tek başına bakmaya çalıştı. O zaman Büyük Hendek Caddesi çok renkli bir caddeydi ama babam olmadığı için biz caddeye çıkmazdık. Maddi olarak destek veren kimse olmadığı için anaokuluna gidemedim. Kardeşim daha bir yaşındaydı. Yeni yeni yürüyordu. Babam onun bu zamanlarını hiç göremedi. Kırklı yaşlarda askere alınmış olması annemi çok endişelendiriyordu. Askerlik için genç sayılmazdı. Üstelik o zamanki askerlik hiç de kolay değildi. Ya hastalanırsa? Ya babam bir daha hiç gelmezse? Annem için hayat artık çok zordu. O zamana kadar işi gücü olmamış, hayatını neredeyse hep aynı caddede geçirmiş, aile reisliğini hep eşine bırakmış, hasta bir kadının iki erkek çocukla, çalışmadan, kenara konmuş iki üç kuruşla hayatını idame ettirmesi zor işti.

Bir resim göndermişti babam. Siyah beyaz. Ayakta duruyor. Yüzünde ciddi mi, mahzun mu, nasıl anlamlandıracağımı bilemediğim bir ifade. Belki biraz küskün... O resmi elime alır, uzun uzun bakar, babamı gözümde canlandırmaya çalışırdım. Arada bir annem elimden tutar, beni evimize yakın bir parka götürürdü. Orada kendi kendime oynarken, kardeşim bebek arabasından bana bakardı. Çocukluğumun bütün korkularından arınmış, en mutlu saatlerimi geçirdiğim yer o küçük parktı. Eve döndükten sonra annem ikimizi de yıkar, yatırırdı. Kim bilir neler düşünürdü biz uyuduktan sonra? Nasıl bir gelecek hayal ederdi? Eder miydi?

Şimdiki gençler, anneleriyle her şeyi konuşabiliyor. Ben seneler sonra bile o gecelerin hangi düşüncelerle geçtiğini anneme soramadım. Bütün bunları büyüyünce idrak edebildim. Ne olursa olsun bazı şeyler bizim kuşağımızda konuşulmazdı. O mevzular öylece kaldı. Belki de böylesi daha iyi oldu. Kim bilir?. . Oyuncak nedir bilmeden büyüdüm. Bezden bir top yapar peşinden koşardım. Evin önünden ayrılmak yasaktı. Arada bir aşağı iner, kendi kendime turlardım. Annem görmeden de dönerdim. Onu kızdırmayı hiç istemezdim. Ondaki tuhaf sessizlikten aslında olmaması gereken şeylerin olduğunu, için için bir şeylere üzüldüğünü fark ederdim. O zamanki bütün çocuklarda hüzünlü bir farkındalık vardı. Babası askere gitmiş yaşıtlarım beni daha iyi anlar. Oyuncak istenmemesi gerektiğini anlıyorduk sanki. Büyükler, çok ciddi bir hayat mücadelesine girmişti. Buna rağmen annemin bir gün bile, "Of sıkıldım, bıktım artık" dediğini hatırlamıyorum. Hayatı büyük bir tevekkülle kabul etti. "Hayat nasıl gelirse öyle almak lazım" dedi. Bu onun için yaşam felsefesi oldu. Bazen kardeşimle beni bir yerlere çay içmeye götürürdü. Bize ev dışında bulunma kültürü vermeye çalışırdı. Güçlü bir kadındı...

Bir anda bir söylenti dolaşmaya başladı: "Yirmi sınıf geri dönüyor." Babam o sıralar Ilgın'daydı. Dönüş izni çıkınca Ilgın'dan Şile'ye kadar yürümüş. Son durak Kandıra olmuş. Sonra da İstanbul... Yürümekten ayakları su toplamış. Sonunda tezkere var diye, yürürken büyük bir sabır göstermişler. Bir akşamüstü kapı çaldı. Annem mutfakta bize hamur kızartıyordu. Elleri hamurluydu, bana seslendi:

"Bensiyon, kapıya bak oğlum; ama önce kim o de."

"Kim o?"

"Aç oğlum..."

Yavaşça açtım kapıyı. Gözlerim, yırtık postallardan görünen kirli ayaklara takıldı önce. Yavaş yavaş başımı kaldırıp gelen adama baktım. Karşımda sırtında bir çanta, bir de battaniye, üstünde üniforma, saç sakal birbirine karışmış, yorgun bir asker duruyordu. Sakallarının sakla-

38

dığı yüzüne dikkatli bakınca bana gülümseyen gözlerinden onun kim olduğunu anladım. Hemen boynuna sarıldım. Babaların kendine has bir kokusu vardır. O kokuyu içine çeken hayata daha çok güvenir. İşte o kokuyu duydum o an. O kadar uzun zaman babasız kalmış ve o kadar özlemiştim ki... Tek istediğim ona sarılmak ve öylece kalmaktı. Beni kucağına aldı. Yüzünü, gözünü öpücüklere boğdum. Annem çok mutluydu. Gözlerini babamdan ayıramıyordu. Dinledikleri, duydukları, yaşadıkları bir anda uçup gitmişti aklından. O zamanlar fısıltı gazetesi çok hızlı çalışır ve herkesin hayatını karartırdı. Savaş zamanıydı. Türkiye savaşa girmemiş olsa bile çekilen sıkıntılar ortadaydı. "Bunların gidişi var, dönüşü yok" diyordu herkes. İnsan her zaman iyi olana inanmak ister. Annem de onu seçmişti ama insanın içinde ne de olsa bir kuşku oluyor ve bunu engellemek pek de mümkün olmuyordu.

Birkaç yıl sonra da duyuldu ki Aşkale'ye gönderilen sivillere halk çok iyi davranmış. Hastalara bakmış, bazılarına yemek vermiş ve elinden geleni yapmaya hazır olduğunu her fırsatta söylemiş. Bu da ne olursa olsun insanlığın var olduğunu ve kişinin hayata güvenmesi gerektiğini öğretiyordu.

Babam da hayata sımsıkı sarıldı yeniden ve hemen işinin başına geçti.

Birkaç işi beraber yapmaya ve hayatını yeniden kazanmaya, bizi ayakta tutmaya çalıştı. Şimdi düşünüyorum da, hiçbir zaman hayata yenilmemişiz. Annem çok güçlü bir kadınmış. İki çocuğuyla babamın bıraktığı parayı son derece idareli harcayarak bizi hiç kimseye muhtaç etmeden, babamın dönüşüne kadar idare edebilmişti. Babamın askere gitmeden önce çalıştığı Sahibinin Sesi şirketi bir müddet babamın aylıklarını ödemiş, annem o parayı biriktirmiş ve çok ama çok dikkatli harcamıştı. Yılbaşı gecelerimiz, bayramlarımız diğer ailelere göre sönük geçmişti. Sonradan eşimin ailesinde gördüğüm bayram sıcaklığını kendi evimde yaşamadığımı anladım. Bunda kimsenin kabahati yoktu. O günün şartları öyleydi. Annemin büyük sofralar hazırlayacak hali yoktu. Bayram veya 31 aralık geceleri bir iki komşu bize gelir, tombala oynar, radyo dinlerdik. Bir tahtaya çiviler çakar, madeni parayla futbol oynardık.

İbrani takvimine göre yılbaşı, Roş Aşana* Bayramı'dır ve eylül ayının sonlarına denk düşer. Ay takvimi olduğu için, bayramın tarihi her sene bir iki gün oynar. Yine de miladi takvimin yılbaşı gecesi bizde ayrı bir havada geçerdi. Her konuda olduğu gibi bu konuda da aşırılığımız yoktu.

Eskiden İslamiyette olduğu gibi bizde de "Bu gece bizim bayramımız değil" gibi bir telkin vardı. Sonra o gecenin sadece bir sayı dizisinin bitişi olduğunu hepimiz anladık. Bunun bir dine bağlı olmadığını gördük. O zaman farklıydı, hele biz küçükken...

* Musevi takvimine göre dini yılbaşı ve yeniyıl bayramı. Musevi inançlılar için Roş Aşana, sıradan bir yılbaşı olmanın ötesinde, bireyin bir tür vicdan muhasebesine girişerek hata ve günahlarından arınma, geleceğe yönelik olarak da Tanrısal buyruklar doğrultusunda bir yaşam sürme iradesini gösterdiği özel ve önemli bir gündür. Bu bayram vesilesiyle her aile, aile bireyleri ve akrabalarıyla bir araya gelir, eğer aile içinde dargınlık varsa son verilir.

Neve Şalom'un sokağında oturanların mali gücü, diğer semtlerde, mesela Küçük Hendek'te oturanlara oranla daha iyiydi. Refik Saydam Caddesi çok gösterişliydi. Orada kaloriferli ve asansörlü evler vardı. Cuma günü, saat beş olduğu zaman Yahudilerin cumasının başladığı anlaşılırdı. Dükkânlar kapanır, herkes yıkanmış, tıraş olmuş, şabatı karşılamaya hazırlanırdı. Her cuma adeta bir bayramdı.

1952'de Neve Şalom'un açılışı da çok önemli bir bayramdı. Açılış günü bugün gibi aklımda. Kravatlı, fraklı, başlarında Borsalino şapkalarla selam verenler, son derece seçkin ve nazik insanlar... O gün bütün görkemiyle gözümün önünde. Neve Şalom bizim eve bitişik olduğundan terasa çıkar, onun damını, balkonunu, pencerelerini görürdüm. İçerde okunan duayı dinler, eşlik ederdim. Pencereler açık olduğu için dua terastan duyulurdu. Cuma akşamı duası bittiği ve herkes dışarı çıktığı zaman orada oynanan filmin devamını izlemek mümkün olurdu.

Önce acıbakla satan bir amca görünürdü sokağın başında. Deli gibi koşardık yanına. Külahta satardı ama bazen avucumuza birkaç tane bıraktığı olurdu. Çocukları çok severdi. Bir külah acıbakla almak da meseleydi o zaman... Zavallı adam bize kıyamadığından elindekinin neredeyse yarısını bedava dağıtırdı. Satıcıların sesleri akşama karışırdı: "Aki şabat, aki şabat!" Neve Şalom'dan çıkanlar fındık, fıstık, leblebi alsınlar diye... Bu insanların hemen hemen hepsi varlıklıydı. O gün o sokakta neşe ve mutluluk sarardı her yanı. Şabat akşamı ve ertesi, bizim için her hafta özlemle beklenen anlardı. Bu yüzden Neve Şalom'la bütünleştim. Neve Şalom evimin, çocukluğumun, gençliğimin en önemli parçası oldu. Orası bu yaşananların en önemli anlarını içinde barındıran, bütün Yahudiler için büyük önem taşıyan bir binadır. Bina olmanın çok ötesinde, kazançlarımızın, kayıplarımızın, en değerli anılarımızın fotoğraflandığı yerdir. Biz orada, geniş toplumla iç içe dua ettik.

İnsanların insanlara faydasını bilmek çok önemli. İnsan ne yaparsa yapsın, yaptığı şeyin bir başkasına faydası olmalı. Bizim dinimizden olsun olmasın, kim olursa olsun, önce insan olsun. Bununla ilgili bir menkıbe vardır: Adamın biri, şafak vakti yolda giderken toprakla cebelleşen yaşlı bir adam görür. Sabahın bu erken saatinde yaşlının toprakla uğraşması tuhafına gitmiştir, ona sorar:

"Sabahın bu erken vaktinde ne uğraşırsın toprakla be ihtiyar?"

Yaşlı adam bir yandan işine devam ederken bir yandan da cevap verir:

"Harup (keçiboynuzu) sürgünü dikip duruyorum. Görmez misin a evlat?"

"Görüyorum, görüyorum da bu sürgünden erecek harupu yese yese torunların yer, bilmiyor musun?"

Yaşlı adam hiç istifini bozmaz. Bir eliyle toprağı eşelerken öbür eliyle yakındaki harup tarlasını göstererek yanıt verir:

"Bilmez miyim, bilirim elbet. Ben de dedemgillerin diktiği harup sürgününden yiyorum ya..."

İnsan, bir iş yapacağı zaman yalnız kendini düşünerek yapmamalı, insanlığa hizmet için yapmalı. İnsan yaptığı işi kendi için değil, gelecektekiler için yapmalı. O zaman bu bir devamlılık arz eder ve her nesil başı gölgede, rahat yaşar. Yapılan iş size yetişmese de başkalarına yetişir. Neve Şalom da işte böyle bir abide. Babamların zamanında dikilmiş bir fidandı, bizim zamanımızda bir çınar oldu ve gölgesiyle torunlarımın ve onların çocuklarının da başlarını serinletecek yaşlı bir ağaç gibi ayakta.

Alışveriş yaptığımızı da pek bilmem. Yine de senede bir defa bayram olduğunda babam beni Beyoğlu'ndaki Hacupulo Pasajı'ndaki Armao adlı terziye götürür ve bir takım elbise diktirirdi. Kendimi adam olmuş sayardım. Her sene biraz daha fazla. Boyumun ne kadar uzadığını boy aynasının önünde ölçüm alınırken anlardım. O elbiseyi bütün bir yıl önemli gün ve gecelerde giyer, tertemiz saklardım. Yenisi dikilince eskisi günlük elbise olarak diğerlerinin yanındaki yerini alırdı. Kendi kendine yeten bir aileydik ama yaşanan maddi sıkıntılarla savaşın izleri bizim çocukluğumuzu biraz gölgeledi. Babam, savaştan sonra, geçinmek için kişiliğine uymayan işler bile yaptı. Gerektiğinde sırf evine, çocuklarına ekmek getirebilmek için karaborsada bir şeyler bile sattı.

Bazen Büyükada'ya giderdik. Büyükada'nın bizim cemaat için ayrı bir yeri ve önemi vardır. O zaman da vardı. Evden çıkar, Şişhane'den vapur iskelesine yürür, sonra vapura binerdik. Büyükada'da çamların bulunduğu alanda yere halı serer, piknik yapardık. O gün durum müsaitse gazinoda oturur bir şeyler içerdik. Denize girerdik, dönüşümüzde Karaköy'e gelirdik ve tünelle evimize çıkardık. Çok mutlu geçen zamanlardı pazar öğleden sonraları... İşin tuhaf tarafı biz daha fazlasını istemeyi bilmeyen çocuklar olarak büyüdük. İyiyi istemeyi yetişkinlikte öğrendik. İçinde yaşadığımız dönem daha iyiyi istemeye müsaade etmedi. Hiç oyuncak arabam olmadı. Bir erkek çocuk için aslında ne büyük özlemdi oyuncak... Ne kadar çocuk olmak denebilirse, bizimki o kadar çocukluktu. Her şeye rağmen güzeldi. İstanbul'un o el değmemiş güzellikleri, temiz havası, saygın insanları, nezih toplumu içinde büyümüş olmak, kişiliğimin şekillenmesinde çok etkili oldu.

Hayat önemlidir ve ciddidir. Yaşıtlarımın hepsi bunu bilir. Hayatın anlamı yanımıza kâr kalanlar... Onları da fark etmek için gören bir göze ve zengin bir gönüle sahip olmak gerekir. Tanrı'ya şükür ki, böyle bir adamım. Her zaman benim için değerli ve özel olanı fark ettim. Hayattaki en büyük zenginlik bu.

Hayat zor. Çünkü bir kere yaşarsınız ve sizin için önemli, öncelikli, vazgeçilmez olanı bilmek zorundasınız. Benim için en önemli değer sağlık. İnsan sağlıklı olmalı ki, sevdiklerine, çevresine ve kendine yararlı olabilsin, tanımadıklarına iyilikte bulunabilsin.

Bütün bu yaşananlardan ve artan göçten sonra, Yahudilerin çoğu 1950'lerde Kuledibi'nden Şişli'ye taşındı. Bir kısmı durumunu düzelttiği, bir kısmı da yaşananları unutmak ve hayata yeniden başlamak için semt değiştirmeyi tercih etti. Biz hiçbir yere gitmedik.

Okul çocuğu

Babam askere gitmeden önce, sözde yuva faaliyeti gösteren evlere gönderilirdim. Meraklı kişilerin evlerinde çocuklar için hazırladığı odalar vardı. Annem nadiren beni halk arasında "maestra" denen bu evlere yollardı. "Ron ron makaron!" diye şarkı söyler, elişi yapardık. Giderken evden sefertasıyla yemek götürürdük. Oradaki arkadaşlarımdan küfretmeyi öğrenmiştim. Annem duyar diye korkudan ölürdüm. Böyle terbiyesizliklere asla tahammülü olmazdı. Eğitim kurumu seçme şansımız yoktu. Evimizin yakınında cemaate ait bir ilkokul vardı. Daha çok Yahudi çocukları giderdi. Maddi olanağımız olmadığı için bu okula gideceğim kesindi. Benden büyüklerin gittiği en eski okul Alyans İsrailit Okulları'ydı. Bense yeni neslin seçimi olan bu İkinci Karma İlkokulu'na gidecektim. Çok iddialı bir okuldu. Yazıcı Sokak'ta, şimdiki Barınyurt'un yerindeydi. Birinci Karma İlkokulu ise Şişhane'de, Şair Ziya Sokak'ta, lise bölümü de Musevi Lisesi adı altında Bankalar Caddesi'ndeydi. Birinci Karma'ya gitmeme karar verildi.

Kahverengi bir sırt çantası alındı. İçine alfabemi, defterimi, kalemimi, silgimi ve kalemtıraşımı koydum. Dünyanın en mutlu çocuğu bendim o gün. Çünkü hayatımda ilk defa yalnızca kendime ait bir şeylerim olmuştu. Babam elimden tutup okula götürdü. Ufak tefek bir çocuktum. Etrafımda ağlayanlar, sızlayanlar vardı ama bende en ufak bir tepki yoktu. Herkes bir bahçede toplandı. Okula, bugünkü Neve Şalom Kültür Merkezi'nin eski bahçesindeki küçük bir kapıdan giriliyordu. Şimdiki sinagog kapısı, okulun ana kapısıydı. Neve Şalom Sinagogu yoktu. Hepimizi sıraya dizdiler. Anne babalar kenara çekildi. İstiklal Marşı okundu. Kürsüden yapılan konuşmada, okulun bizi hayata hazırlayacağı, öğretmenlerin sözünden çıkmamamız gerektiği söylendi. Artık büyüdüğümüzü, bu binanın içinde anne babalarımıza ihtiyacımızın olmadığını söyleyerek onları gönderdiler. İçimde tuhaf bir boşluk hissetmeme rağmen, ağlayan çocukların durumunu hiç beğenmediğim için ağlamamaya karar vermiştim. Sınıfa girdik ve derse başladık. İkişerli sıralarda oturduk. Yanıma ilk defa kimin oturduğunu hatırlamıyorum ama zannederim Moşe Behar'dı. Çok iyi arkadaşlıklar kurdum. Savunmasız bir çocuk olduğum için genellikle kenarda durur, suya sabuna pek dokunmazdım. Bütün okul, kısa süre sonra benimle "kepçe kulak" diye dalga geçmeye başladı. Bir gün annem evde beni aynanın karşısında kendime boş boş bakarken yakaladı:

"Ne yapıyorsun oğlum?"

"Kulaklarıma bakıyorum."

"Ne varmış kulaklarında?"

"Anne, herkes benimle dalga geçiyor, kepçe kulak diyorlar bana."

Eğildi, beni kucağına aldı, yanağıma bir öpücük kondurduktan sonra: "Bak Bensiyon, sana kim ne derse desin, sen çok güzel, akıllı ve iyi bir çocuksun. Bunu hiç unutma. Kimse bir çocuğu severken onun kulaklarını, burnunu, gözlerini sevmez. Aklını sever. Arkadaşların, öğretmenlerinin seni ne kadar çok sevdiğini gördükleri için seni kıskanıyor, kızdırmak istiyorlar. Sen onlara aldırma ve sakın kimseyle kavga etme."

Bu öğüde ancak iki sene dayanabildim. O yaştaki bir çocuk için yine iyi sabır göstermişim. Üçüncü sınıftan sonra kavgalara karışmaya başladım. O zamana kadar sakin bir öğrencilik hayatım varken, birdenbire böyle delirmem bütün öğrencileri şaşırttı. Yine de sokakta ürkektim. Harp yıllarında biraz ürkek olmak bütün çocukların kaderiydi. Eve gittiğimizde mavi storlar kapanıyor, şehre karanlık izlenimi verilmeye çalışılıyordu. Hava kasvetliydi. Ne olacağı ya da olmayacağı konusunda kimsenin bir fikri yoktu. Her şey bulanık bir gelecekte saklıydı. Kelimenin tam anlamıyla harp çocuğuyduk.

Okuldaki öğrenciler çoğunlukla aynı çevredendi. Zaten o zamanlar Yahudiler genellikle Balat, Hasköy, Kuledibi civarında; az bir kısmı Taksim'de, Ortaköy'de, Refik Saydam Caddesi'nde, Şişhane'de ve Kuzguncuk'ta yaşarlardı. Siyah önlük, beyaz yaka giyerdik. Yakalar tek tip değildi. Kızlarınki bizimkilere göre daha süslüydü. Herkes bu önlük ve yakaları evde kendi dikerdi. Okulda bedava okuyanlar başka üniforma giyerdi. Bu uygulama 1971 yılına kadar böyle devam etti. Ne kadar yanlış olduğunu şimdi anlıyorum. Oysa üniformanın tek amacı eşitliği sağlamaktır. Bir çocuğun küçücük yaşında, giydiği kıyafetin rengi ve modeliyle paralı veya parasız okuduğunun hesabını vermek zorunda kalması kadar acı bir şey olabilir mi?

Okul paralıydı. Öğle saatlerinde yemek de verilirdi. Evi yakın olan yemek yemek için okuldan çıkıp evine gidebilirdi. Ben okulda yemezdim. Mevlit yapanlar, mevlitten sonra maddi olanakları müsait olmayan çocuklara yemek verirdi. Buraya kadar her şey çok güzel ve normal gibi görünse de işin aslı öyle değildi. Yemek bittikten sonra okulda bu yemeği yemiş çocuklardan ailelere teşekkür etmeleri beklenir ve o aile için onlara dua ettirilirdi. Bu çocuklar yemekten sonra dua eder gibi ellerini açarak o ailelere teşekkür ederlerdi.

Bir çocuk düşünün. Bir okulda bedava okuyor, çünkü ailesinin okul parasını karşılayacak maddi gücü yok. Bir gün bir mevlit sonrası öğle yemeği yiyor. Biri ona biraz sonra bu yemeği getirenler için dua edeceksin deyince anlıyor ki o yemek okula hibe edilmiş. Yemeği kim getirdiyse ona teşekkür etmesi gerekiyor. İki lokma yemeğe, iki saatlik törensel teşekkür! Kaşıkla verip sapıyla gözünü çıkarmak. O büyükler için çocuğun kendini nasıl hissedeceği hiç mühim değildi, mühim olan sadece sevap işlemekti. Oysa gönül kırarak sevap kazanılmaz. Yunus'un dediği gibi: "Bir kez gönül kırdın ise, o kıldığın namaz değil." Sadaka Umarpe adında bir kurum da çocuklara yemek verirdi. Ben bu kurumu ilerde yönetici olduktan sonra kaldırdım. Kaldırabilmek için büyük savaş verdim. Mişne Tora da liseye yemek verirdi. Bugün öğrencilere tam anlamıyla yardım eden ama onları okul dışından destekleyen bir kurumdur. Kime yardım edildiği son derece gizlidir. Çocukların gururu incitilmeden ailelerine yardım edilir. O günlerin bir başka acı yanı da okula para ödeyenlerin ödemeyenlerden ayrı bir yerde yemek yemesiydi. Bir cemaat okulunda olacak iş mi? Cemaat olmak, topluluk olmak demektir. Beraber yaşamak demektir. Mesela fakirler çocuklara ayakkabı, elbise verirlerdi ve tüm bu verilenleri almayanlar, alanlara yukarıdan bakardı. Bu adaletsizlikleri ortadan kaldırmak ve okulu Ulus'a taşımak yıllar sonra bana nasip oldu.

Sınıfta kırk kişi kadardık. İki tane birinci sınıf vardı. Her derse farklı farklı öğretmenler girerdi. İbranice dersi çok sıkıcı geldi. Türkiye'de Türkçe konuşuyorduk. Anadilimizdi. İbranice ise atalarımızın dili. Onu da öğrenip, hiç olmazsa ettiğim duanın ne anlama geldiğini öğrenirim diye düşenecek kafada değildim. Aklım fikrim oyundaydı. İlk iki sene sus pus oturduktan sonra herkesten nasibimi aldım. Dayak da yedim. İlk kavgam zil için oldu. Ziller elle çalınırdı. Bu görev öğrencilere verilir, pirinçten yapılmış, ağır, kocaman kampanayı sağa sola sallaması istenirdi. Çalınacağı zaman yerimden ok gibi fırlar ve kapmaya çalışırdım. Çok hızlı koştuğum için kimse bana kolay kolay yetişemezdi. Bir müddet sonra bu zil çalma merakı yüzünden bana "zil budalası" denmeye başladı. Koşuda beni geçmeyi başaramadıkları için kızdırmaya çalışıyorlardı. Zil çalma hırsımın sebebini düşününce, şimdi liderlik ruhuyla bağlantılı olduğunu sanıyorum. Ufak tefek kalıbıma ve çekingen hallerime rağmen içimde başkalarına önderlik etme güdüsü vardı. "Ben yapayım, ben çalayım, ben haber vereyim!" Devamlı bu duygu içindeydim. Bir gün yine okul çıkışında herkesten önce koşup o koca çanı durduğu yerden aldım. Tam çalmaya başlayacağım sırada çocuğun biri zili elimden aldı. Bir an boş bulunduğum için ne olduğunu tam anlayamamıştım. Karşıma geçmiş, elinde çan bir yandan gülüyor, bir yandan da, "Hadi bakalım, alabilirsen al, zil budalası, ne olacak" diyordu. Çok sinirlendim. Çocuğun arkasından hızla koşarak yetiştim. Çanı kaptığım gibi kafasına geçirdim. Canı çok yanmış olacaktı ki avazı çıktığı kadar bağırıp ağlamaya başladı. Yere düşmüştü ve başı kanıyordu. Çok korktum. Kafasının kanayacağını nereden bilebilirdim? Bütün okul başımıza toplandı. Gürültü ve kalabalığı gören iki öğretmen de koşup geldi. Çocuğu yerden kaldırdılar, su verdiler, başını sardılar ve annesini çağırıp eve gönderdiler. Bu arada ben elimde zil, sırtımı duvara dayamış, korku dolu gözlerle olanı biteni seyrediyordum. Kimse benle ilgilenmiyordu. Birden öğretmenlerden biri benim orada olduğumu fark etti. Bana yaklaştı ve daha ne olup bittiğini anlayamadan iki tokat attı. Neye uğradığımı şaşırdım. Kızmakta yerden göğe kadar haklıydı, hayatımın ilk tokatlarını yemiştim. Evde çok yaramaz bir çocuk olmadığım için mi, yoksa babam çok yufka yürekli olduğu için midir, bana asla el kaldırmamıştı. Başkalarının önünde tokat yemek çok ağırıma gitti. Başımı eğdim. Zili kenara koydum ve okuldan çıkıp eve gittim. Anneme olan bitenden hiç bahsetmedim. O gece benim için çok zor geçti. Bir yandan utanıyor, bir yandan dayak yediğim için sinirleniyor, bir yandan da çocuğu merak ediyordum. Ertesi gün çocuğun arkadaşlarının okulun kapısında beni beklediğini gördüm. Anlaşılan iş büyümüştü. Keşke babama anlatsaydım dedim ama artık çok geçti. O sırada bizim sınıfın birkaç öğrencisi de, yanlarında yan sınıfın en yaramazlarıyla geldi. İki sınıfın öğrencileri bir kavgaya tutuşuldu ki tarifi mümkün değil! Kıyamet koptu. Okulun içinde olmadığımız için kimse öğretmenlere şikâyet etmedi. Kavganın galibi yoktu. Herkes dayağı yedi, oturdu. Bu mesele de bir müddet sonra unutuldu. Bizi barıştırdılar. Onların elebaşı olan İshak Kasuto'yla hayat boyu dost olduk. İshak, lider ruhlu bir çocuktu. Herkes ona yaranmaya bakardı. Bizim yakın arkadaş oluşumuzu pek çekemiyorlardı. Sonradan bu anıları beraber hatırlayıp çok gülmüşüzdür.

On iki on üç yaşındayken İshak Kasuto ile bir iş yapmaya karar verdik. Okulun karşısındaki dar sokakta bir sayacı dükkânı vardı. Sayacının karşısında da meşhur koşer* kahve ve defter kitap satan bir dükkân. Burası İshak'ın eniştesinindi. Yanında da küçücük bir yer vardı. Baktı ki çok hevesliyiz, orayı bize verdi. Ben ve Yaşar Sagez, yanımıza Selim Albukrek'i de alarak bir pulcu dükkânı açtık. Bende çok zengin ve titizlikle biriktirilmiş bir pul koleksiyonu vardı, Yaşar'da da... Ortak olduk. Zaman içinde Selim'i ortaklıktan çıkardık, Yaşar'la kaldık. Para da kazandık. İlk kazandığım parayla mandıraya gittim, sosisli sandviç yedim. Nasıl büyük bir keyif olduğunu anlatmama imkân yok. Dedemin verdiği parayı saymazsak, bu benim ilk gerçek işimdi.

Para kazanmak benim için önemliydi. Cemaat içindeki mutlu azınlıktan değildik ama kimseye muhtaç olmayan, çok şükür istediğini alıp yiyebilen bir aileydik. Evimize havyar girmezdi ama etimiz, balımız

---

* Yenmesi mübah olan, caiz, helal. Musevi inanç disiplini, özellikle hayvansal gıda ürünlerinin tüketilmesini belli koşullara bağlamıştır. Buna göre örneğin; sürüngenler, yırtıcılar, deniz ve kara kabukluları, deniz yumuşakçaları yenemeyeceği gibi, gıda olarak tüketilecek hayvanların sadece tahir, yani temiz olmaları yetmez. Bu gıdaların tüketilmesi için bunların usulüne göre kesilmesi, sakatlıklarının bulunmaması ve etindeki kandan tamamen arındırılması gerekmektedir. Kesimler, hem dini kimliği olan hem de bu eğitimi almış kişilerce gerçekleştirilir.

vardı. Yine de para kazanma fikri beni çok rahatlatmıştı. Ev hayatını seven, ailesine düşkün bir çocuktum ama kazandığım parayla eve bir şey götürüp götürmediğimi hatırlamıyorum. Sonradan bize katılan ve bir sürü hır gür çıkartan Selim Albukrek aklımıza girmeye, bizi Türkiye'yi terk etmemiz konusunda ikna etmeye çalıştı. Her gün dükkânın önüne iki üç sandalye atar, Selim'i dinlerdik: "Bu memlekette gelecek yok bize kardeşim. Vakit varken siz de kendinize bir yol çizin. Amerika olur, Avrupa olur, gidin buradan. İş açın kendinize, hayatınızı yaşayın..." Onla sıkı bir kavgaya tutuşurduk. Ben ve Yaşar, ısrarla buradan ayrılmayacağımızı anlatmaya çalışırdık. O da bize karşı tezler üretirdi. Bu atışma ve fikir tartışmaları bir müddet devam etti. Sonunda kimse kimseyi ikna edemedi. Biz kaldık, o gitti. Şimdi herhalde Brezilya'dadır.

Babamın dönüşüyle annem kendini koyuverdi sanki. Babamın yokluğundaki dayanma gücünden eser kalmadı. Bütün gücü tükenmiş gibiydi. Bizimle hep babam ilgilendi. Okula babam götürdü. Babam gezdirdi... Benim aklımsa hep annemdeydi. Hiçbir eğlenceye kendimi tam olarak veremezdim.

Çok parlak bir talebe değildim, ama kötü de değildim. Evde hep Fransızca konuşulduğundan, Fransızcada benimle yarışacak kimse yoktu. Okula başladığım zaman hiç Türkçe bilmiyordum. Biraz kapıcının oğlundan, biraz da arkadaşlarımdan öğrendim. Kısa sürede söktüm. Beden eğitimi dersleriyle aram çok iyiydi. Bir tek takla atamazdım. Bugün bile torunlarımı takla atarken gördüğümde içim gider. Hâlâ korkarım. Ne zaman takla atılacaksa ben ortadan toz olurdum. Bu sebeple çok tek ayak cezası alıp, kapının arkasında kırk beş dakika durdum. Böyle cezalar aldığımda, sınıfta çok büyük bir birlik ve beraberlik olur, kimse dalga geçmezdi. Hocalara küsen ve hayat boyu küçük düştüğü için bu cezaları unutamayanlar da var. Şimdiki sistemle dağlar kadar fark vardı. Çocuk psikolojisi diye bir şey düşünülmezdi. Üçüncü sınıftan sonra silkelenmeye başladım. Kendime geldim. On yaş önemli bir kırılma noktası. Hayatta bir şeyler yapabileceğime inanıyordum ama ne yapabileceğimi henüz bilmiyordum. Türkçe dersinde de çok iyiydim. Cemile Hanım diye bir hocamız vardı. Bize Türkçeyi o sevdirdi. Yine de bir zaafı vardı. Her sene çocuğuna doğum günleri yapar, bizi de çağırırdı. Üstelik hediye de beklerdi. Bir gün yine doğum gününe davetliydik. Bir kutu çikolata yaptırdım, Sirkeci'den trene bindim. Yenimahalle'ye gidene kadar, kalabalık ve sıcaktan hepsi eridi. Partiye elim boş gidince hocamın biraz bozulduğunu sezdim. Olan biteni eve gelince babama anlattım. Anlattıklarıma çok sinirlendi ve "Üzülme oğlum, ben sana bir kutu daha yaptırırım, okula götürürsün" dedi. Onu zorlamak istemiyordum ama şekeri yaptırdı, okula getirdi ve öğretmenime verdim. Bu olay da kapandı. Küçük bir şey bile insanın ruhunda derin izler bırakabiliyor. Bırakmasa, yıllar sonra bu kitapta yeri olmazdı. Onun için insan herhangi bir konuda tutum belirlerken çok ince düşünmeli, bilmeden başkalarını incitmemeli.

Sınıfta çok konuşmaktan dolayı cezaya kaldığım günler de oldu. Haksızlığa tahammül edemeyen bir çocuktum. Haklı cezaları sonuna kadar çeker, sesimi çıkarmazdım. Gerçi tek ayak üstünde durmak zordu ama sınıf tahtadan çok güzel görünürdü. Durduğum yerden öğretmene belli etmeden dalga geçer, çok eğlenirdim. Kızlara ancak beşinci sınıfta dikkat etmeye başladım. Çok iyi kız arkadaşlarım vardı ve yaşananlar gerçek arkadaşlıktı. Okul bittikten sonra o arkadaşlar sanki daha önemli oldu. Çünkü kız arkadaşlarımıza her zaman farklı bir mesafe ve çekingenlikle yaklaştık.

İnsan beşinci sınıfı bitirdiği zaman kendini imparator gibi görüyor. Diploma törenine annem de gelmiş, bu beni her şeyden daha çok mutlu etmişti. Veliler için hazırlanan sandalyelerden birine oturdu. Saçlarını yaptırmış, yakasına mor renkli bir sümbül iliştirmişti. Zarafeti, güzelliği hâlâ gözlerimin önünde. Babam da son derece yakışıklıydı. Özel günlere hak ettiği değeri vermeyi çok küçükken öğrendim. Yataktan pek kalkamayan anneciğim o gün oraya gelmiş, hatta kendisi için alışveriş yapmayı ihmal etmemişti. Daryo yedi yaşındaydı. Onun gelip gelmediğini hatırlamıyorum. Törende müdür çok güzel bir konuşma yaptı. Bana diplomayı verirlerken şöyle dedi:

"Bu diplomayı alan çocuk, haksızlığa tahammülü olmayan, ayrımcılığı sevmeyen, farklı düşünen, kişiliği gelişmiş bir çocuktur."

O an öğretmenin hayatta ne kadar önemli olduğunu anladım. Çocuklara evdekilerden bile daha yakındı. Öğretmene her yaşta saygılı olmak benim düsturum oldu. Torunlarıma da söylerim. Öğretmenlik apayrı bir iştir. Öğretmen, bir çocuk için hem anne, hem baba, hem de arkadaştır. Bütün bunlar da öğretmenin kişiliğine bağlıdır.

O yaz sonu benim için yeni bir okul araştırmaya başlandı. Dönemin gözde okullarından biri olan Şişli'deki Saint Michel'e gitmemi annem çok istiyordu. Fransızca eğitim verdiği için tam anneme göreydi. İyi bir eğitim verdiği de biliniyordu. Annem, "Bu çocuk, Kuledibi'nden kurtulup Şişli'ye gitsin" diyordu. Yahudiler Fransız kültürüne önem verirdi. Saint Michel'e kaydoldum. Giriş sınavı yoktu. Parayı verebilenler giriyordu. Evden uzakta bir okula gitmek benim için yepyeni bir macera olacaktı. Pahalı bir okuldu, yol masrafı da çoktu. Param ancak gidiş dönüş tramvay biletine yeterdi. Bazen eve dönüşte Osmanbey'den Tünel'e tramvaya asılarak gitmek zorunda kalırdım. Mavi ve gri renklerde ceket, pantolon ve şapkamız vardı. Okuldan sıraya girerek çıkardık. İnanılmaz bir disiplin anlayışı hâkimdi. Disiplin müdürü okuldan çıkarken hepimize Fransızca emirler verirdi. Üç öğretmen Osmanbey'deki durağa kadar farklı yerlerde durup öğrencileri takip eder, güvenliklerini sağlardı. Örneğin bir çocuk tramvaya binemiyorsa niye binemediğini sorarlardı. Çocuğun parası yoksa verirlerdi. Yeşil tramvay üç kuruş, birinci mevki kırmızı tramvay beş kuruştu. İki semt arasında dünya kadar fark vardı. Okula gittiğimde çok farklı bir ortama girdiğimi anladım. Soğuk bir havası vardı. Macera hevesim kursağımda kalmıştı. Türk insanı sıcaktır. Ben buna alışmışım. Tipik bir Türk insanı olarak, okulu soğuk bir yer olarak gördüm. Birbirini bağrına basan, seven, merhaba diyen kimse yoktu. Herkeste bir resmiyet, mesafe vardı. Müstahdemler bile insanın yüzüne ciddi bakıyordu. Fransızların hayata bakışı, bizi idare ediş şekli, bizden beklentileri bambaşkaydı. Okulumdan hiç arkadaşım olmamasında bunun etkisi olabilir. Okuldaki arkadaşlarımın hepsi Nişantaşı, Maçka, Şişli gibi aristokrat semtlerinde otururdu. Rum çocukları Kurtuluş'tan, Şişli'den gelirdi. Okulda sörler, frerler ve mösyöler vardı. Hıristiyan dünyasının ağırlığı seziliyordu. Din derslerinde kiliseye gidenlere on puan veriyorlar, on kere kiliseye giden on tane on alabiliyordu. Bu puanları toplayan "parfait" alabilir ve iftihar tablosuna geçebilirdi. Bizim için en büyük ödül oydu. Bu benim için çok zordu çünkü din derslerine katılmıyordum. Bu durum da ister istemez beni bir adım geriden başlatıyordu. Haksızlığa uğramak içimi kurt gibi kemiriyordu. Üzülmesinler diye evdekilere bir şey söylemiyordum.

Hep ortalama bir öğrenci olmayı sevdim. Biraz da işime geldi böylesi. İlkokulda olduğu gibi matematik ve Türkçe en sevdiğim derslerdi. Tarihe de yavaş yavaş yakınlaştım. Malazgirt Savaşı'nın tarihini ezberlemek ya da bilmem ne anlaşmasının maddelerini saymak bana göre değildi ama Osmanlı'nın ya da diğer devletlerin stratejilerini dinlemek hoşuma gidiyordu. Siyasi tarihi sevdiğimi seziyordum. İki hazırlık sınıfı olmasına rağmen, Fransızcam iyi olduğu için bir yıl hazırlık okudum. Yıllar sonra küçük oğlum orada okurken veli olarak okula gittiğimde, spor alanının, bahçelerin, kantinin aynı olduğunu gördüm. Merdiven tırabzanları bile değişmemişti.

Saint Michel'de on birlere ve sekizlere diploma töreni yapılırdı; tam bir şölendi o günler. Sene sonunda da bir tiyatro oynanır ve o tiyatroda görev alan herkese ödül verilirdi. Kendi kendime hep "Ben bu okulda okumaya devam edeceksem muhakkak bu sahneye çıkıp ödül almalıyım" derdim ama nasip olmadı. Yıllar sonra devlet büyüklerinden, kurum ve kuruluşlardan, cemaatimden defalarca ödül aldım. Belki de yıllar önce alınamamış ödüllerin yetişkinlikte aldığım haliydi onlar.

Şu anda emekli olmuş bir öğretmen olan Mösyö Pierre, oğlum için okulu ziyaret ettiğim bir gün bana "Bay Pinto, bak" dedi, "iyi talebelerimin çok azı hayatta başarılı olmuştur. Ders durumları öğrencilerin yaşamlarıyla ilgili her zaman doğru ipuçları vermez. Ortada oynayan bir talebe her zaman daha çok başarılı olur. Ben bunu sende de gördüm. Sen bugün bütün Türkiye'de bilinen, sevilen ve takdir edilen bir adamsın."

Maddi durum her şeyden önemliydi o zamanlar. Anne babam beni ve kardeşimi okutmak için yıllarca üstlerine başlarına bir şey almadı. Ben bunu istismar etmek istemedim. "Bu okulda sıkılıyorum" dedim. Bir akşam düşündüklerimi ve içimdekileri bir bir anlattım. Bunun üzerine altıncı sınıfı, Saint Benoit'da okumama karar verildi. Bunun en önemli sebebi o okuldaki ortamın daha sıcak olması ve din derslerinin bende yarattığı adaletsizlik duygusunun bir an önce ortadan kalkmasını istemeleriydi. Yeni okulda beni bu dersten muaf tutacaklardı. Yeni okulda altıncı sınıf hocam Teofil Sargologo'ydu. Türkiye'de yetişmiş, Türk pasaportuna sahip bir Fransız'dı ve tabiri caizse çok baba bir adamdı. İyi hoca ölçüsünü bana o öğretti. Benim gibi ders çalışmayan bir çocuğu bile adam etti. İki ikmal getirdim ama o öğretmen beni yedinci sınıfa taşıdı. Yedinci sınıfta bombayı patlattım. Çok iyi bir talebe oldum. Jean-Batiste Diguet diye, tuhaf hallerinden dolayı bütün okulun dalga geçtiği öğretmen bir gün beni kenara çekti. "Acaba ne yaptım?" diye düşünürken, "Aferin Pinto, notların fevkalade. Gözüme girdin artık" dedi. O yıl ilk defa sınıfı takıntısız geçtim. Yaşım on üçtü.

Bizimki siyasetin konuşulduğu bir evdi. Yıllar sonra ailemizden birinin siyasete girmesi, İmralı'ya daha yakından bakmamıza neden oldu. İzak Altabef cemaat lideriydi ve uzak bir akraba olmasına rağmen bayram gecelerinde genellikle bizde olurdu. Yıllar sonra Demokrat Parti'den İstanbul milletvekili oldu, Yassıada koşullarından dolayı çok hırpalandı. Kayseri'de hapis yattı, Kasımpaşa'ya geldi ve orada hayatını kaybetti. Bunun nasıl bir hukuk anlayışı olduğunu hâlâ sorgularım. Koca ülkede dini azınlıktan bir ya da iki milletvekili varken, onlara sahip çıkmak ve o rengi soldurmamak gerekmez miydi? Şimdi zaten seçilmiyorlar. O zamanki değişik bir sosyal düzendi. Maalesef kayboldu gitti.

On üç, Yahudi erkek çocuklar için çok önemli bir yaştır. Artık çocuk olmaktan çıkar, dini törenlerde büyükleri kadar etkin, Allah'ın emirlerini yerine getirmekle yükümlü bir yetişkin haline gelir. On üç yaşın bir erkek çocuğa yüklediği sorumluluklar çok önemli ve değerlidir. O günden sonra vereceği her karardan kendi sorumludur. On üç yaşında bir Yahudi çocuğu, artık Tora (Tevrat) okuyacak kişiler arasında sayılır. Bunun için önce sinagogda, sonra da ailenin durumuna göre herhangi bir mekânda törenler yapılır. Sinagogdaki törende bar mitsvası* yapılan Tanrı huzurunda bir yetişkin olduğunu kabul eder, onu bugüne ulaştıran anne, baba ve yakınlarına teşekkür eder. Gece kutlaması yapılır. Benim bar mitsvam sadece gündüz yapıldı. O zamanlar böyle şaşaalı düğünler, partiler varsa da biz bilmezdik. Union Française diye bir yer vardı. Kutlamalar daha çok orada yapılırdı. Bizim gücümüz bu-

---

* Ergin yaşa gelmiş Musevi genç erkeği. Bar mitsva; ergin yaşa gelme kutlamaları ve töreni anlamında da kullanılır. Musevi din disiplinine göre on üçüncü yaşını tamamlamış her erkek dini ödevlerin tümünden sorumlu duruma gelmiş sayılır.

na yeterli değildi. Bana o gün için siyah bir takım elbise ile beyaz bir gömlek alındı. Eskilerin deyimiyle bayram çocuğu gibi oldum. Babam yakama beyaz bir çiçek iliştirdi. Başımda kipamla* ehalin önünde duamı okudum. Tüm davetlilerin tebriklerini kabul ettikten sonra sinagogdan çıktık, bütün aile bizim evde toplandık. Sadece aile fertlerinden oluşan bir topluluk vardı. Yabancı olarak annemin babamın arkadaşları Beharlar vardı. Komşular da gelmişti. Misafirlere limonata, pasta, küçük kanepeler ikram edildi. İnci'den o gün için özel ısmarlanan profiterol geldi.

Babacığım, olmayan parasıyla bu önemli günü eksiksiz kutlamak için elinden geleni yaptı. Gerçekten çok mutluydum. Artık ben de büyük bir adam olmuştum. Bana on üç yaş hediyesi olarak çok güzel bir saat almışlardı. Okul araç gereci de alınmıştı. O zamanın çocukları olarak bu kadar masrafa ve tantanaya alışık değildik.

Bu sebeple her şeyin kıymetini bildik, yapılan organizasyonun tadını herkesten daha iyi çıkardık. Her şey çok simgesel, çok da değerliydi. Parti geç saatte bitti. Gece yatağıma yattım. "Allahım sana çok teşekkür ederim, ben de bar mitsvamı en iyi şekilde yaptım" dedim. Bu dua, o güne kadar ettiğim duaların hepsinden daha anlamlı geldi. Kim bilir bu artık yetişkin olduğum ve o gün ilk defa Tora'yı yüksek sesle başkalarına okuduğum içindi. Bir güven ve şükür hissiydi. Bu mutluluğu yaşayabileceğim, annemle babamla o yaşta paylaşabileceğim aynı güzellikte bir geceyi bir daha yaşamadım. O gece sadece üçümüze ait ilk ve tek geceydi. O günün izleri hiç silinmedi. Yediklerimizin içtiklerimizin lezzeti, yüreğimizin lezzetiyle orantılı olsa gerek ki, limonatalar bir daha hiç aynı lezzette olmadı.

Allah'a her zaman yakın oldum. Ona hep şükrettim. Allah'a dua etmekte ve ona sığınmakta sonsuz bir güç buldum. Dua ederken kendimi çok rahat hissederim. Çocuklarım için, torunlarım için, tüm ailem için, onların sağlığı, varlığı, başarısı ve mutluluğu için dua etmek bana her zaman iyi geldi. Ona daha da yaklaştım.

On üç yaşından sonra yazları elektrik piyasasında çıraklık yapmaya başladım. Yazın biraz da para kazanmak için Senpiyer Han'da, Leon Finzi ve Nesim Palti'nin yanında çalışmaya başladım. Sabah dükkânı açar, süpürür, patronun masasını temizlerdim. Rafların tozunu alırdım. Patronun evine et götürürdüm. Ayakkabılarını boyacıya götürürdüm. Bir yandan cep harçlığımı çıkarıyor, bir yandan da silikon işini öğreniyordum. Patronum İsak Fis'ti. Aslında "patroncuğum"du. Ona her zaman böyle hitap ettim. Neve Şalom Vakfı başkanı olan, iş ahlakını, ça-

---

* Takke. Musevi inançlı erkekler, her an Tanrı'nın gözetimi altında oldukları inancıyla her zaman ve her yerde başlarını örtmek zorundadırlar. Kipa, Musevi inançlı erkeklerin diğer şapka türlerinin yanında geliştirdiği, kullanım ve taşıma kolaylığı olan, başın en üst kısmına hafifçe geri kaydırılarak takılan bir tür başlıktır.

lışma prensiplerini öğrendiğim kişi o oldu. Hâlâ ardından dua ederim. İsak ve David Razon da vardı. Yıllar sonra iş kurdum, fabrika açtım ama onlar hep benim patronlarım olarak kaldı. Durmadan top oynuyordum. Hem çalışıp hem oynuyordum. Hayalim Galatasaray'da futbol oynamaktı. Çalıştığım handa Galatasaray'ın idari heyeti üyelerinden Suat Bey'in de işyeri vardı. Bir gün bütün cesaretimi toplayıp yanına gittim;

"Ben çok iyi top oynuyorum, beni Galatasaray'ın genç takımına alır mısınız?"

Yüzüme şöyle bir baktı.

"Öyle mi?"

"Evet efendim, bir görseniz, anlarsınız muhakkak."

Beni aldılar, götürdüler, sahada çocuklarla bir deneme maçı yaptık. İzlediler ve beğendiler. Özellikle de sol ayağımı. "Tamamdır evlat" dediler. O günden sonra Galatasaray genç takımının antrenmanlarına çıkmaya başladım. Bu hayatımın dönüm noktalarından biri oldu. Hayatımın en mutlu günleriydi. Formam, eşofmanım, ayakkabılarım... Olanlara inanamıyordum. Babam da futbolu seven, benim topa çok meraklı olduğumu bilen biri olarak bu kararıma karşı gelmedi. Hatta destekledi.

"Yalnız bir şartım var, okulunu asla ihmal etmeyeceksin."

Takımdan arkadaşlarla Adalet Sahası'nda, Galatasaray'ın lokalinde çamur içinde maç yapardık. Duşlardaki muhabbet bir başka güzeldi. Hava kötü olduğunda Hasnun Galip Sokak'taki binanın en üst katında oynardık. O maçların keyfini anlatamam. Galatasaray benim hayatım olmuştu. Bütün maçlarını izliyor, on birinin, hatta yedeklerinin hayatını biliyor, yöneticilerinin kulüp politikalarını yakından takip ediyordum. Bir gün futbolcu olup büyük para kazanma hayalim vardı. Hakikatten iyi oynuyordum. Sol ayağım çok kuvvetliydi. Hedefim yıldız takımda oynamaktı. Kendi kendime, "Oğlum Bensiyon, sen çok meşhur bir futbolcu olacaksın. Dünya kadar para kazanacaksın. Gol kralı olacaksın. Şimdi bu işi öğren, bugünler kısa zamanda bitecek" diyordum. Geceleri yatağıma yattığımda kendimi yeşil sahalarda hayal ediyordum. Gol kralı olmuşum. Tribünler beni ayakta alkışlıyor. Üstümde sarı kırmızı forma, tribünleri selamlıyorum.

Daryo'nun dünyasıysa apayrıydı. Benim sosyal çevrem çok genişti, o birkaç arkadaşıyla hayatını sürüyordu. Akşam eve gelince benden tüm takımın havadislerini alıyordu. Ailece Galatasaraylıydık. Daryo Fenerbahçeliydi. Büyükler hayat gailesinden maçlara pek gidemezlerdi ama tüm ayrıntıları yakından takip ederlerdi. Milli takım seçmelerinde adaylardan biriydim. Bir gün Galatasaray'ın bir maçına gittik. Şükrü Gülesin'in kornerden attığı golle bütün stadyum inlemişti. Biz de sahanın kenarında genç milli takımın adayları olarak oturuyorduk. Bir anda disiplin hocası Florent Siffrid'i gördüm. Louis Marcoul adlı felsefe hocasıyla yan yana oturuyorlardı. Sifrid'le göz göze geldik. Ben de züppeliğimden döndüm, elimi salladım. Tavrımda biraz kendini beğenmişlik de vardı. Hiç cevap vermedi, hatta orada yokmuşum gibi davrandı. Ertesi gün okula gittiğimde kapıda bekliyordu. "Gel bakalım" dedi ve bana bir tane patlattı. Sonra bir daha, bir daha... Ağzımı burnumu dağıttı. Beni kan revan içinde bıraktı. Bir yandan da bağırıyordu: "Sen kimsin ha, oradan bana selam verecek!" Bu defa hatamı fena yakalamıştı. Koşa koşa eve gittim. Akşam babam beni o halde gördüğünde kan beynine sıçradı. Ertesi gün okula geldi. Siffrid'i buldu: "Ne yaptın be adam? Bu çocuk para mı çaldı? Adam mı dövdü? Ne yaptı da bu kadar dayak yedi?" Siffrid ve okul dairesi babamdan özür diledi ama babam vazgeçmedi. Kanuni yollara da başvurdu. Bir sonuç çıkmadı. Bu adamın benimle başka bir derdi mi vardı, bilmem. Hem okul, hem iş, hem futbol... Hepsi beraber zor gidiyordu. Yine de vazgeçmiyordum. Yazın iş dışındaki bütün zamanlarımı kulüpte geçiriyordum. Ayağımda top, ter içinde antrenmandan antrenmana koşuyordum. Antrenörüm benden çok memnundu. Kış döneminde okul olduğu için daha yoğundum, derslerde zorlanıyordum ama neyse ki yıl bitiyordu... O dayağın üstünden bir ay geçmişti. Her şey yolunda giderken, hayalime adım adım yaklaştığımı düşünürken her şey altüst oldu. Öyle bir kırılma noktasıydı ki hayatımın yönünü tamamen değiştirdi.

Hasnun Galip Sokak'taki Galatasaray Kulübü'nde antrenmandaydım. Dar bir koridor vardı. Ben de maç sonrası kramponlarımı çıkartmadan koridorda takır tukur yürüyordum. Aslında bunu yapmamam lazımdı ama soyunma odasına kadar bazen ayakkabıları çıkarmadan yürürdük. Büyükler de bir şey demezdi. Ayrıca benim gibi belki on kişi vardı o gün öyle yürüyen. Bir antrenör geldi: "Yürüme ulan burada bunlarla, Yahudi!" dedi, "çıkar onları!" İkinci defa duyuyordum bunu: "Yahudi!"

Ama artık birilerine bir şey sormaya gerek yoktu. Bana bu ses tonuyla Yahudi denmesinin nedenini anlayacak yaştaydım artık. Ayrımcılığın ta kendisiydi bu. Irkçılıktı. Onca genç defalarca yürümüştü o koridorda kramponlarıyla. Sadece bana yürüyemeyeceğimi söylemişti. Üstelik Yahudiliğimi işin içine katmıştı. Onu rahatsız eden kramponlar değildi, Yahudiliğimdi. Bakakaldım yüzüne. O kadar insan varken beni bulmuştu. Yahudi olmak suçmuş gibi hâlâ büyük bir nefretle bağırıyordu bana. Hiçbir şey demedim. Bir müddet daha aynı hırsla bağırıp çağırdıktan sonra çekti gitti. Boş koridorda ayak seslerinin uzaklaşmasını dinledim. Bir sıranın üstüne oturdum. Kramponlarımın bağını çözdüm, formamı çıkardım, katladım, çantama koydum. Duş aldım, giyindim ve kulüpten çıktım. Çıkış o çıkış. Galatasaray hayalim o gün orada bitti. Eve dönerken bütün yol boyunca hem yürüdüm hem düşündüm. Bu ülkedekiler artık bizi sevmiyordu. Selim Albukrek haklı çıkmıştı işte. Bize vatandaş gözüyle bakmıyorlardı. Ne yaparsak yapalım, ne kadar yakın olursak olalım, bizi ellerinin tersiyle itiyorlardı. Bunu daha o halı ayağımın altından çekilirken anlamıştı çocuk aklım, ama adını koyamamıştım. Belki de ilerleyen yaşlarda bu olayı hatırladıkça işin aslını anlatabilirim diye düşünmüştüm. Anlatamamıştım. Anlatamayacaktım da. Dinlemek, anlamak istemiyorlardı çünkü. Ben ötekiydim onlar için. Eski komşuluklardan, eski bayramlardan eser kalmamıştı. Kararımı, akşamın o alacakaranlığının içinde eve yürürken bir başıma vermiştim. Gidecektim buralardan.

Eve gittim. Akşam olmak üzereydi. Babam işten dönmüş, elindeki günlük gazetenin iş ilanlarına bakıyordu. Hâlâ ek bir şeyler yapabilir miyim diye düşünüyor olmalıydı. Birden aklıma, askere gitmek için bir akşamüstü yanında arkadaşlarıyla kapıyı yavaşça çekip çıkması geldi. O benden daha cesur çıkmıştı. Ben onun kadar kararlı değildim. İçimdeki kızgınlığı ona söylemeye de hiç niyetim yoktu. Yanındaki koltuğa oturdum. Yüzüne baktım. Yorgundu. Bütün günlerin, yılların, düşüncelerin, hayat gailesinin yorduğu yüzündeki çizgiler ne kadar da artmıştı. Birkaç sene içinde ne hale gelmişti hayatımız. Babamın eve dönmesi için dua ettiğim geceler daha dün gibiydi. Yeniden aile olmak, o sıcacık güveni yeniden hissetmek için değil miydi bütün o dualar? Peki şimdi ben bu yeni kararın altından nasıl kalkacaktım? Bilmediğim bir yere nasıl gidecektim? Bunu babama nasıl söyleyecektim? Gözlüklerinin üstünden baktı. Önemli bir şeyler düşündüğümü anlamış olacak ki büyük bir ciddiyetle sordu:

"Hayrola Bensiyon?"

"Ben bu ülkeden gitmeye karar verdim baba."

İnsan hayatında hiçbir zaman duymayacağını düşündüğü bir gerçekle yüz yüze kalınca ne hissederse, babam da onu hissederek kaskatı kesildi. Bu kadar kötüsünü beklemiyordu muhakkak. Yüzü bir anda bembeyaz oldu. Yine de beni daha fazla germemek için bozuntuya vermeden "Nereye be oğlum?" dedi.

"İsrail'e."

Babam şaşkınlığını gizleme gereği duymadı.

"İyi düşündün mü oğlum? Yol iz bilmiyorsun. Her zaman burada yaşadın. Orası çok farklı bir iklim, başka bir coğrafya... Nasıl yapacaksın? Okulun ne olacak?"

"Düşündüm baba. Düşünmüyordum da düşündürdüler sonunda! İstedikleri oldu. Bir okul için başvuruda bulunacağım. Konsolosluk bu konuda gençlere yardımcı oluyormuş. Bakacağım bir şeyler."

Babam kararlı olduğumu anlamış olacak ki sorusunu hemen sordu:

"Kim düşündürdü bunları sana?"

"Boş ver baba. Ben kararımı verdim."

Çok üstelediyse de sebebini anlatmadım. Kalkar gider, orayı da birbirine katardı. Siffrid için okulu birbirine katmıştı da ne olmuştu sanki? İsrail'e gitmeyi seçmemin aslında iki nedeni vardı. Birincisi öğrencilere çok kolaylık gösteriyorlardı. İkincisi halamlar oradaydı. Başıma bir şey gelse, en azından onlardan yardım isteyebilirdim. 1954 yılı şubat ayıydı. Okulu bıraktım. Okuldan bana İsrail'de bir okula devam edebilmek için öğrenci olduğuma ve belli dersleri okuduğuma dair bir kâğıt verdiler. Konsoloslukla görüştüm ve uçak biletimi aldım. Sadece gidiş bileti! İsrail uçağında düşünüyordum. Şehrim aşağıda küçücük kalmaya ve yavaş yavaş gözden kaybolmaya başlamıştı. Nereye ve nasıl bir geleceğe ilerlediğim konusunda hiçbir fikrim yoktu. İstanbulum, Kuledibim, anam, babam, kardeşim, her şey geride kalmıştı. İçimde bir yer gizli gizli kanıyordu. Artık geri dönemezdim.

2. bölüm: Soru işareti

Soru işaretini sorduğumuz soruların sonuna koyarız.
Benim de zaman zaman hayata, insanlara, kendime
sorduğum sorular oldu.
Bazılarına cevap buldum, bazılarına bulamadım.
Ama zaman içinde bir şey öğrendim:
Soru sormayanların cevapları yoktur.

Gece saat 22:15 uçağıyla İsrail'e uçtum. On yedi yaşında bir çocuk hayatla ilgili ne bilebilir ki? Ama ben o yaşta bir çocuk için fazla şey yaşamıştım. Savaşın içinde değilken, savaşta gibi babasının yolunu gözlemiş, en büyük hayaline son derece haksız bir şekilde veda etmiş, okulda bir türlü hak ettiği ilgi ve sevgiyi görememiş on yedi yaşında büyük bir adamdım. Gidiyordum; ama nereye? Nasıl bir coğrafyaya, nasıl bir iklime? Tanıdık çıkacak mıydı, yoksa herkes yabancı mıydı? İsrail'in zorluklar içinde olduğunu duyuyorduk. Telaviv'in de kumlar içinde bir şehir olduğunu...

Batyam yakınlarında Ber Yaakov Yohanna Jabotinsky adında bir okul buldum kendime. Memnun kalmayınca da Hertzlehia adlı, tarım teknisyeni yetiştiren bir başka okula geçtim. Okul değiştirmek kaderim olmuştu. Bu okulu bitirince ne olacağıma dair fikrim yoktu. Gençken harekete geçmeden önce böyle ciddi mevzular üzerine düşünmek gerekmiyor. Tek düşündüğüm, aklıma koyduğumu yapmaktı. Bir zamanlar dedemin de dediği gibi, elimdeki parayla idare etmeyi öğrenmem lazımdı. Babam o zamanın parasıyla iki yüz dolar para vermişti, hepsi o kadar. Aklımı kullanıp bununla idare etmem lazımdı. Bir yandan da buraya gelmeme bu kadar kolay ikna olduğu için babama gücenmiş gibiydim. Zavallı annem ise günlerce ağlamıştı. "Bir çocuk bu yaşta evinden çıkarsa, bir daha o eve girmez" deyip durmuştu. Babamda da aynı duyguların olduğunu bilmek istiyordum. Oysa o bana bu konuda ne düşündüğünü yıllar sonra söyledi. Şimdi anlıyorum ki, benden daha ileri görüşlü bir babam varmış. Gençlere makul istekler karşısında hayır dememek gerektiğini bilmek ve ona göre davranmak, hele o zaman için büyük bir erdemdi. Bu sebeple babama bu konuda minnettar kaldım.

İsrail'e gitmeden önce arkadaşlarla bir yerde toplanmıştık. Bana "Oğlum İsrail'e iner inmez insanın etrafını güzel kızlar sarıyormuş, orada herkes hayatını yaşıyormuş" dediler. O yaşta biri için bu çok cazipti. Burada gerçekten kapalı bir dünyada yaşanıyordu. O zaman Nişantaşı'nda olan İsrail Konsolosluğu, bugün olduğu gibi okula gitmek isteyenleri yönlendirirdi. İsrail'e varınca, anlaşmalı olduğum okuldan beni karşılamaya geldiler. Uçaktan iner inmez beni ve birlikte gelenleri bu okuldan bir grup görevli karşıladı. Bir bardak portakal suyu verdiler. Kız filan yoktu tabii etrafta. Hayal kırıklığına uğramadım dersem yalan olur. Zaten içimde tuhaf bir boşluk duygusu vardı. Bu biraz da kendimden kaçmaktı. "Allah attı, toprak buldu" diye bir deyim vardır. Aynen öyle olmuştu benim gidişim. Gecenin bir vakti elimde portakal suyuyla, etrafımda hiç tanımadığım insanlarla yaptığımın doğru mu yanlış mı olduğunu bilmeksizin duruyordum. İstanbullu Bensiyon Pinto adamın birine kızmış, hayata küsmüş, çekmiş İsrail'e gitmiş, kimin umurunda! Ama gençlik işte! Meselelerin kaçılarak değil, tartışılarak çözüleceğini bilemeyecek kadar gençtim.

Bir misafirhaneye götürdüler beni. Bir gece orada yattım. O kadar gergin ve yorgundum ki hemen uyumuşum. İlk sabah perdeyi açtığımda, karşımda alabildiğine uzanan bir deniz ve o güne kadar hiç görmediğim bitkiler vardı. İstanbul'dakilere benzemiyordu hiçbiri. Şehrin göbeğinde yetişen sabra bitkileriymiş meğer. Ancak kumda yetişebilen bir ağaç... İsrail'in toprağı son derece verimsizdi. Yerdeki toprak değil kumdu. Sözünü ettiğim yer, şimdi Telaviv'in en modern otellerinin olduğu bölgeydi.

O zaman sahil boyunca, hiçbirinin beğenilecek yanı olmayan, ufak, iki katlı evler sıralanıyordu. Arka mahalleler çok daha bakımsız ve geri kalmıştı. Kaldığımız yer, en elit muhitlerden biriydi.

Ertesi sabah gelip beni Kudüs'e götürdüler. Kendimi çok yalnız ve zavallı hissettim. Yalnız hissetmem doğaldı. Herkesin çoktan kendine bir hayat kurduğu; masasını, iskemlesini ayırdığı bir okula gökten düşmüş gibi gelmiştim. Halbuki benim bir evim, bir ailem, arkadaşlarım ve bir geçmişim vardı. Yeni bir başlangıç yapmak için ne kadar hakiki bir sebep olabilirdi ki benimki? Türkçe bilen kimse yoktu. Ben de İbranicenin 'i'sini bilmiyordum. Fransızca ve İspanyolca da bilen yoktu. Kiminle ne konuşacaktım? Moralim altüst olmuştu. Burada ne işim vardı? Okul denen yer, iki katlı iki barakadan ibaretti. İsrail'de insanlar uzun yıllar "mabara" denen bu barakalarda yaşadı. Bakanlıklar bile bu tür binalardaydı. Dışişleri Bakanlığı ancak 2004 yılında büyük bir binaya taşındı.

Yaz sıcağı havasıydı. Hiç tanıdık yoktu. Bir müddet sonra halalarıma ulaşmayı başardım. Halalarımdan biri okula bir saat uzaklıkta, diğeriyse Lübnan sınırında yaşıyordu. Akko'daki halama gitmeye bayılırdım. Kârgir, iki katlı bir evi vardı. Eniştem süt, tereyağı, bal üretirdi. Tam bir çiftlik hayatı yaşıyorlardı. Mahallelere "şikun" denirdi. Blok blok evler yan yana dizilmişti. Halamın evinde bana ait bir oda vardı. Bir divan, küçük bir masa, bir dolap ve bir başucu lambası. Bu odayı, sonradan Süveyş'te şehit düşen kuzenimle paylaştım. Denizaltı komandosuydu, çok genç öldü. Halama gitmek de zordu. Tren okula uzaktı. Otobüsle gitmek çok zordu. Trenin saatini bilmek gerekiyordu. Zamanında da gelmezdi. Halamların durumu pek parlak değildi. Ancak kendilerine yetiyorlardı. Sık gidip halamı zor durumda bırakmak istemiyordum. Elde avuçta yoksa misafir ağırlamak zordur. Ben de imtihanlarımı ve arkadaşlarımla yaptığım programlarımı bahane edip, bilinçli olarak ziyaretlerimin arasını açardım.

Tanıdık olmadığından için için şikâyet ederken, bir müddet sonra etrafımda hiç tanıdık istemediğimi fark etmeye başladım. Yepyeni bir hayata başlamak, yaşadığım son tecrübeyi tamamen unutmak istiyordum. İnsan gençken çok derin düşünemiyor. Aklınızda ve yüreğinizde ne varsa onları gittiğiniz yere beraberinizde götürürsünüz. Ben de tüm incinmişliğimi beraberimde götürmüştüm. Tabii aile sevgimi, arkadaşlarıma olan bağlılığımı ve İstanbul'u da... Öyle kaçacağım deyince kaçamıyor insan. Bunları düşünmemeye çalışıyordum ama her geçen gün daha iyi anlıyordum. Orası benim vatanım değildi... Benim vatanım Türkiye'ydi.

Aşağılanmak çok ağırıma gitmişti. İnsan çok sevdiği birinin ihanetine uğradığında ne hissederse ben de aynı duygular içindeydim. Ülkemi çok seviyor, çok özlüyordum; ama ona kırgındım. Bana zaman lazımdı. Fakat ne kadar bir zaman? Bilmiyordum. Çok ürkektim. Dünyanın yetmiş yedi milletinden insan vardı. Tek ortak noktaları Yahudi olmalarıydı. Hiç Müslüman ya da Hıristiyan yoktu. Gider gitmez herkesle arkadaş olanlar vardı. Bense hemen samimi olamadım. Zamanla yabancı bir yerde olmanın getirdiği ürkeklik yanında, tuhaf bir sıcaklık da oluşmaya başladı. Yaşadığım en büyük tezat buydu. Bir zaman sonra aslında yalnız kalmaktan hiç hoşlanmadığımı anladım. İçimde paylaşmadan, anlatmadan, sormadan, cevap vermeden duramayan bir çocuk vardı. Ben de herkesle arkadaş olmaya başladım. Sınıfımdakilerle, öğretmenlerimle, idarecilerimle... Türkiye'de o zaman biz gençler için olan kısıtlamaların hiçbiri burada yoktu. Kimseye, "Hadi oğlum geç kaldın, içme, yatma, kalkma" denmiyordu. O yaşta bir genç için tarifi mümkün olmayan bir özgürlük vardı. Bu özgürlük çok tuhaf bir şekilde bana iyi gelmiyordu.

İlk geldiğim okulda lise birinci sınıfı okudum. Onuncu sınıfı diğer okulda bitirdim. On biri de muhtelif köylerde çalışarak geçirdim. Bir nevi stajdı. Gençler on sekiz yaşında askere alındığı için, asker olmak, adam olmak anlamına geliyordu. Askerlik, bazen gidişi olan, gelişi olmayan bir olaydı. En çok Güney Amerika ülkelerinden arkadaş edindim. Biz Türkler sıcak milletiz. Kendimiz gibi insanlarla karşılaştığımızda mutlu oluruz. Ben de Güney Amerikalıları kendime daha yakın buldum. Onlar da iklim ve yaşam tarzı olarak bize benziyorlardı. Ortak lisan İspanyolcaydı. Tuhaf olan, bir insanla anlaşmak için dindaş olmanın yetmemesiydi. Bütün İsrail o zaman Yahudi'ydi ama benim tek derdim bir Türk'e rastlamaktı. Onunla İstanbul'dan, Boğaz'dan, yemeklerden, memleketten konuşmaktı. Yine de orada çok güzel günler yaşadık. Kimi ailesini özlerdi, kimi dönmek isterdi. Ülkemi anlatırken herkes beni büyük bir heyecanla dinlerdi. Ben de büyük bir heyecanla anlatırdım. "Yahu, sen bu memleketi anlatırken nasıl da heyecanlanıyorsun. Her zaman böyle misin? Yoksa Türkiye'yi mi methediyorsun bize?" derlerdi. Ben de "Methetmiyorum, nereden çıkarıyorsunuz? Siz de kendi ülkenizi sevmiyor musunuz? Ayrıca Türkiye hakkında beni tanıyıncaya kadar hiçbir şey bilmiyordunuz. İnsan böyle yaşar mı? Türkiye'nin adını İngilizce okurken hindi anlamını çıkarmaktan başka bir şey bilmiyorsunuz. Böyle bir ülke var arkadaşlar, benim ülkemde kaç milyon insan yaşıyor sizin haberiniz var mı?" derdim. Sonradan anladım ki bir Türk'ün vatanını sevmesi ile bir başkasının vatanını sevmesi arasında dağlar kadar fark varmış. Brezilyalı bir çocuk da bize Brezilya'yı sevdirmişti. Yine de anlıyordum ki bizdeki sıcaklık, bağlılık, sahip olduklarının değerini bilme başka kimsede yoktu. İyi kötü bir yerler gördüm. İlerleyen yıllarda bol bol seyahat etmek nasip oldu. Hiçbir yerde Türk insanı gibisine rastlamadım.

Okulun anıtının durduğu bir alan vardı. O meydancıkta dururken İsrailli bir kahraman olan Vladimir Zeev Jabotinsky'nin büstünü gördüm. Karşısında durmuş boş gözlerle büste bakarken yanıma biri geldi, "Şalom" dedi. "Herhalde İspanyolca konuşuyorsun, Türkiye'deki Yahudilerin çoğunun İspanyolca bildiğini duymuştum."

"Evet, biliyorum."

İsrail'e ayak bastıktan sonra ilk defa içime su serpildiğini hissettim. İsrailli biri benimle İspanyolca konuşuyordu.

"Benim adım Malah. Bu okulun müdür yardımcısıyım. Her derdini bana anlatabilirsin. Her zaman buradayım. Bir şey lazım olursa bana gel."

Teşekkür ettim. Yanından ayrılıp yürümeye başladım. Bir saat içinde biriyle daha tanıştım. Arjantinli bir öğrenciydi.

"Adın ne?"

"Bensiyon."

"Öyle mi? Benimki de... Adım Bensiyon Givoni. Arjantinliyim. Duydum ki Türk'müşsün."

"Evet."

Şaşırmıştım. Arjantinli bir Yahudi benimle adaştı. Bu gencin, okulun öğrenci birliği başkanı olduğunu daha sonra öğrendim.

Bu iki kişinin ilerleyen zaman içinde bana çok büyük katkıları oldu. Okula yakın bir yerde lojmanları vardı. Eşleri ve çocukları orada kalıyordu. Oraya gitmemiz pek hoş karşılanmazdı. Öğretmenlerimle aram her zaman çok iyi olduğu için bazen beni kahve içmeye çağırırlar, çocuklarıyla arkadaşlık etmeme izin verirlerdi. Bu insanların bana yakınlıklarını gördükçe rahatlar gibi oldum. Zaman içinde beni çok güzel yönlendirdiler. On bir yıl öncesine kadar İsrail'e gittiğimde onları görürdüm. Sonra izlerini kaybettim. Petahya Şamir adında bir hocam da bana tam anlamıyla babalık yaptı. Derslerimde problem olunca hemen ona koşardım. Öğrenciliğimde bana çok sıkı bir şekilde sahip çıktı. Bir gün dedi ki: "Bak evlat, sende adını koymadığım bir farklılık, bakışlarında parlak bir ışık var." Oraya asla yerleşmeyi, bir hayat kurmayı düşünerek gitmemiştim. Zaman geçtikçe de farklı düşünmedim. O zamanlar pek çok kişi İsrail'e yerleşmeyi düşünürdü. Bu adeta bir hedefti. Bense biraz o tarafa itilmiştim sanki. Zamanla orada her yeri öğrendim. Lisanı rahat rahat konuşmaya başladım. Dünyanın pek çok yerinden arkadaşı olan ve onlar tarafından çok sevilen bir delikanlı oldum. Ama yetmedi. O ülkede bana ait hiçbir şey yoktu. Tanıdık olan ve bana İstanbul'u hatırlatan tek şey denizdi. Telaviv'e gittikçe saatlerce denizi seyrederdim. Penceremden görünen Haliç'i düşünürdüm. Şişhane'yi, Beyoğlu'nu, İstiklal Caddesi'ni, akşam olduğunda fırınlardan yükselen taze ekmek kokusunu, sokaklarda oynayan çocukların gürültüsünü, o sokaklarda koşturmayı, terlemeyi, babamın eve dönüş saatlerinde onu kapının önünde beklemeyi... İçimdeki yabancılık duygusunu anlatmama kelimeler yetmez. Oysa büyük bir iş başarmıştım. On yedi yaşında bir çocuğun İsrail'e gitmek için başvurması, kalkıp tek başına gitmesi, hiçbir şey bilmeden tutunmaya çalışması mühim işti. Ama içime sinmiyordu işte... Kıyıya gelip de denize atlayamamak gibi bir şeydi. Orada olup bitenler umurumda değildi. Zamanla daha katı ve daha tavizsiz biri oldum. Yaşadıklarım, öğrendiklerim bana yetmiyordu. Bir gece yatağıma yattığımda kendi kendime, "Ben lider olacağım" dedim. "Gazeteci mi, futbolcu mu bilmem ama ne olacaksam o işin lideri olacağım." Cemaat hiç aklımda yoktu. Yılların neler getireceği konusunda da hiçbir şey bilmiyordum.

Okulun yakınlarında Moşav Bulgata denen bir Bulgar köyü vardı. Meğer orada çok sayıda Türk yaşıyormuş. Onlardan biri de Eva ve Moşe çiftiydi. Çocukları yoktu. Haftada iki gün beni yemeğe davet ederlerdi. Bu davetlerin en güzel tarafı gece boyunca Türkçe konuşmaktı. Anadilimizin özlemini gideriyorduk. Özlediğim tüm yemekleri sofralarında yedim. Bana evimin sıcaklığını, annemin şefkatini, babamın güvenini yaşattılar. Cuma günleri onlara şabat yemeğine gitmek içimi ısıtırdı. Bisikletle köye gider, ertesi gün yemeğe geleceğimi haber verirdim. Çok sevinirlerdi. Gece gündüz sıcak su akan iki oda bir evleri vardı. Çatılarda güneş enerjisi sistemi kuruluydu. İstanbul'da böyle bir imkân hiç bulamamıştık. Ev İstanbul tarzı döşenmişti. Eva da annem gibi masasına güzel bir masa örtüsü serer, üstüne de şekerlik koyardı. Radyo sehpanın üstünde dururdu. Volanlı perdeler vardı. Bu ev bana Balat, Hasköy, Şişhane'deki evleri hatırlatırdı.

İsrail'de gençler on sekiz yaşında askere alınıyordu. Yurtdışından gelmiş olmasına rağmen orada yaşayıp yaşamayacağı belli olmayanlara üç sene zaman tanınıyordu. Bunun dışında hiçbir ayrıcalığımız yoktu. Gençlerin daha okul çağında askere gitmelerini aklım almıyordu.

Sonra zamanla bunun zorunluluk olduğunu anladım. İsrail sürekli savaş halindeydi ve yarın ne olacağı konusunda kimsenin fikri yoktu. Yeni gelen öğrencileri yurt binalarındaki ilkel odalara yerleştiriyorlardı. Ben de odamda tek başına yaşamayı öğrendim. İki veya üç kişilik odalarda kalmaktansa böylesini tercih etmiştim. Sonraları fikrim değişse de sesimi çıkarmadım. Saat bir buçukta dersler biterdi. Ben lojmana ders götürmez, okulda bitirirdim. Sonra da gelsin gırgır şamata... İstanbul'da olduğu gibi kız erkek ayrımı yoktu. Herkes herkesle rahatça oturup konuşabiliyordu. Bu özgür ortamı sevmiştim. Çünkü 50'li yıllarda Türk aile terbiyesi çok farklıydı. Bir kız arkadaşla bir yerde oturup bir şey içmek, sohbet etmek, hele de sinemaya filan gitmeye kalkmak bir hayaldi. Dolayısıyla bir kızla nasıl konuşulacağını, nasıl davranılacağını orada öğrendim. Bu konuda elli yıl ileri gitmiş gibiydim. Karşı cinsle arkadaşlık kurmak, bize dikte edildiği gibi ahlaki değerlerin yitirilmesi değildi. Aksine daha medeni olmak, çağa daha uygun yaşamaktı. Bugünkü gençler gibi terbiye sınırlarını aşar şekilde yaşamıyorduk.

Becerilerim, sol ayağımın nasıl iyi olduğu, nasıl futbol oynadığım zamanla anlaşıldı. Kızlar maçlarımı kaçırmıyordu. Bu da yeni yeni gelişen erkeklik gururumu okşuyordu. Her şeye rağmen yanımda getirdiğim Galatasaray eşofmanımla, ayakkabılarımla herkesin gönlünü fethetmiştim. Zayıflamıştım da. Annem halimi görse günlerce ağlardı. Türkiye'de yeniyetme futbolcu olarak genç takımda oynarken, burada birinci sınıf oyuncuydum. Topu alıyor, bir çalım atıyor ve olanca gücümle asılıyordum sol ayağıma! Gol atınca seyirciler "Turki, Turki!" diye bağırıyordu. Omuzlarının üstüne alıp sahada tur attırıyorlardı. Beni hor görüp sevmediklerini düşünürken oluşan samimiyet havası, kendimi iyi hissettirmeye başladı. Sonunda ortama uyum sağlamıştım. İbraniceyi çok az bildiğimiz için aramızda İspanyolca konuşurduk. İstanbul'da Fransızcanın yanı sıra Ladino* da konuştuğumuz için İspanyolca biliyordum. İbranice zor bir lisan olmasına rağmen kısa zamanda onu da okulda öğrendim. Yahudi toplumunun o zamanlar kendi arasında Fransızca ya da İspanyolca konuşması çok doğaldı. Kapıdan çıkınca kasap, bakkal, mefruşatçı Yahudi'ydi. Türkçe konuşmaya çok da gerek duyulmazdı. Konuştukları Türkçeyi kendileri de beğenmedikleri için, konuşabildikleri bir lisanı tercih ederlerdi. Türkçe mecbur kaldıkça konuşulan bir lisandı. Doğduğum yıldan bir önceki sayıma göre, İstanbul'un nüfusu 883 599'ydu ve 47 434 Musevi yaşıyordu. Hepsinin birbirlerine yakın oturduğu düşünüldüğünde, tercih ettikleri lisanın hepsinin konuşup anlayabildiği bir lisan olması doğaldı. Özellikle Kuledibi halkı Musevilerden oluşur, İspanyolca konuşurdu. Mahallede yaşayan Müslümanlar parmakla gösterilecek kadar azdı. Şimdiyse tam tersi. II. Dünya Savaşı'nda, Al-

---

* Balkanlar, Ortadoğu, Kuzey Afrika, Yunanistan ve Türkiye'deki Sefardi Yahudilerinin konuştuğu Roman dili; Yahudi İspanyolcası ya da Sefardi dili.

manlar Selanik'e girinceye kadar halkın neredeyse tamamı Yahudi'ymiş ve oradaki lisan da İspanyolcaymış. Bu yüzden İspanyolca bilmem İsrail'de rahat etmemi sağladı ve hayatımı kolaylaştırdı. İsrail'deki gençlik kültürü de, aile yapısı da alıştığımdan çok farklıydı. Bizdeki anne babaya bağlılık, aile değerleri, gelenek ve görenekleri orada bulmak çok zordu. Bugün de Türkiye'ye has manevi değerleri her yerde bulmak kolay değil. İnsanlara yaş ya da mevkiinden dolayı bey ya da hanım denmiyordu. Bugün de denmez. Bakana bile adıyla hitap edilir. Son İsrail seyahatim sırasında Sayın Tzipi Livni Adalet Bakanı'ydı. Telefon ettim, sekreter bağlamak istemedi. Ben de "Sayın Bakan'a Bensiyon Pinto'nun aradığını söyleyin" dedim. "Sayın Bakan" sözüne hiç alışık olmadığından olsa gerek, sekreter bir gün sonra beni aradığında, dakikada beş kere "Sayın Pinto" deyip durdu. Sanki yaptığı ayıbı benim üslubumla konuşarak telafi etmeye çalışıyordu. Bazı yabancı dillerde sen ve siz farkının olmayışını çok zor kabul etmişimdir. Konuşurken zorlanırım. Buna ihtiyaç duyarım. Çünkü annem bu konuya özellikle dikkat ederdi. Yaşı büyük kişilerle konuşurken özenli davranılmasına çok dikkat gösterirdi. Ben de alışkanlık olmuş demek. Buna benzer küçük örneklerin üst üste gelmesiyle, ne kadar alışsam da orayı kendi ülkemden daha çok benimsemem mümkün olmadı. Mümkün olsaydı bile orada yaşar mıydım, bilmiyorum.

Hayata bakış açıları da çok farklıydı. Yarınlarının ne olacağını bilmemenin getirdiği belirsizlikle günübirlik yaşamaya yönelmişlerdi. Kudüs'te üç dinin temsilcileri vardır: Hıristiyanlık, Müslümanlık ve Yahudilik. Cuma günü Müslümanların; cuma gecesi ve cumartesi Yahudilerin; pazar günleri de Hıristiyanların kutsal zamanıdır. Biz, Arapların köylerini görmeyi de çok istemiştik. YWCA adlı kültür merkezinin bir tarafı Ürdün, bir tarafı İsrail sınırları içindeydi. Bir gün on kişi bu kültür merkezini görmeye gittik. Büyük bir teras ortadan bir sınırla ikiye bölünmüştü. Biz arada böyle bir hudut olduğunu tabii ki bilmiyorduk. "Ürdün'ü göreceğim" diye terastaki yasak bölgeye daldım. Karşımda Arap olduğunu hiç tahmin etmediğim bir grup vardı ve "Gel, gel" diyorlardı. Arkamdan da başkaları bağırıyordu:

"Sakın ilerleme. Geri dön..."

İspanyolca, "Ben Türk'üm!" diye bağırdım. Israrla beni yanlarına çağırıyorlardı. İsraillilerse gitmemem için yırtınıyordu. Aklım sıra cengâverlik yapıp karşı tarafa daha da yaklaştım. Sonunda biri koşa koşa bana yaklaştı, İspanyolca seslendi:

"Hey, aptallık etme! Arapların kucağına düşeceksin. Seni asla kurtaramayız. Dön geri. Seni vururlar oğlum, geri dön!"

O zaman işin ne kadar tehlikeli olduğunu anladım. Geri döndüm ve koşmaya başladım. Hayatımda hiç o kadar hızlı koşmamıştım. Bugün orası İsrail sınırları içinde olmasına rağmen hâlâ oraya gidemem. Canın her şeyden tatlı olduğunu ilk kez o zaman anladım. Orada yaşayanların neden gelecek fikrine sahip olmadıklarını da... Hayat zordu. Bunu fark etmemek imkânsızdı. İnsanlar işinde gücündeydi ama herkesin yüzünde bir tedirginlik vardı. İki millet bir arada yaşamayı öğrenmek zorundaydı. Ama bunun mümkün olup olmayacağını kimse bilmiyordu. Toplumsal yaşamda kadın ile erkek her zaman eşitti. Türkiye'de anne çok önemliydi ama Yahudilerde evin reisi babaydı. Soy kadından yürüdüğünden, ataerkil düzen yoktu ama Türk Yahudilerinde anneye dinen gereken önemi verilirken babaya da gereken saygı gösteriliyordu. Orada yalnız yaşamayı öğrendim. Hasta olunca kendime bakmayı öğrendim. Söküklerimi dikmeyi, yemek pişirmeyi, içtiğim içkinin dozunu ayarlamayı öğrendim. Ama Türkiye'den uzak yaşamayı öğrenemedim.

Bir gün, çok cana yakın Güney Afrikalı bir genç olan Obri'nin üzerinde bir gömlek gördüm.

"Gömleğin çok güzel be Obri, nereden aldın bunu?"

"Ailem Amerika'dan yolladı. Çok beğendiysen yirmi dolar ver, satayım."

Verdim yirmi doları ve gömleği aldım. Bir yandan da onun yerinde ben olsam, ya ona hediye ederim ya da "Kusura bakma, ailemin armağanı" derdim. Satmak aklıma bile gelmezdi. İşte Türk'ün farkı. Bu arada gömlek de felaket bir şeydi ama o zamanlar Türkiye'de öyle naylon giysiler görmediğimizden bana çok güzel gelmişti. Yıllar sonra üstümde gören biri beğendi, ben de ona hediye ettim.

İsrail'de gün çok erken başlardı. Erken kalkılır, kahvaltıya inilirdi. Televizyon yoktu. Bir işe yaramayan askeri bir radyo istasyonu vardı. Gezilecek yer azdı. Hafta sonlarım eski evlerin arasında uzanan dar yollarda geçerdi. Bugün, Telaviv'deki Şukakarmel pazarının önündeki o eski İsrail evlerini Fransızlar restore ediyor. Geri kalanların hepsi yıkıldı. Yerine kocaman binalar, oteller yapıldı. Bizdeki gibi oranın da çehresi kısa zamanda değişti.

Hata yapılmasına çok alışık bir toplum değildi. Yapılan yanlışları başta hoş görebilirlerdi ama aslında gerçek affedicilik yoktu. Buna alışmam çok zaman aldı. Babam yalan söylememe rağmen beni affetmişti. Tüm disiplini ve mesafesine rağmen dedem de affetmişti. Bunlara çok uzaktım. Sözünün arkasında durmak birinci şarttı. "Bak, dayanamadı döndü" demesinler diye elimden geldiği kadar bu düzene alışmaya çalışıyordum. Her şey yolunda gidiyordu. Ama geceleri yatağıma yattığımda annemi, babamı ve Daryo'yu düşünüyordum. Ne yapıyorlardı acaba? Babam her zamanki gibi kahvesini yudumlarken gazetesini okuyor, annem de radyodaki beraber ve solo şarkılara dalıp beni mi düşünüyordu? Daryo benim odamda mı uyuyordu acaba? Onu düşününce içimi bir sıcaklık kaplardı. Canım kardeşim, ne de iyi huylu bir çocuktu. Hiç şikâyet etmez, beni hiç üzmezdi. Burnumun direği sızlıyor, ağlayacak gibi oluyordum... Arada mektup yazıyor, iyi olduğumu söylüyordum ama arada bir de aklıma "Yahudi, çık dışarı" diye bağıran antrenörün yüzü geliyordu. Bazen rüyama bile girdiği oluyordu. Uykumdan ter içinde uyanıyordum. Başımı kollarımın arasına alıp düşünmeye başlıyordum. Galiba bu adama eskisi kadar kızmıyordum. "Keşke ona cevap verseydim. Neden yalnızca bana bağırdığını sorsaydım" diyordum. Belki de utanırdı, kim bilir? Yavaş yavaş düşüncelerin kaçmakla değil tartışmakla, anlatmakla, dinlemek ve dinletmekle, vazgeçmemekle kabul ettirileceğini anlamaya başlamıştım. Yine de içimdeki inatçı çocuk bir türlü baş eğmiyordu. Halbuki doğruları kabul etmenin, işi sakin bir yolla çözüme kavuşturmanın baş eğmek olmadığını sonradan anladım.

Bir öyle, bir böyle düşünmekten yorulmuştum. Ortada kalmış gibiydim. İnadım ile isteklerim arasında gelip giderken, "Gerekirse gider, annemle biraz beraber olur, sonra da İsrail'e dönerim" diyordum. Roş Aşana Bayramı yakındı. Bu bayramı fırsat bilip İstanbul'a gitmek için müdürden izin aldım. Anlayışlı bir adamdı, izin verdi. İlk uçakla İstanbul'a geldim. Ailemin sevincini asla unutamam, hele annemin. Beni tahmin ettiğim gibi çok zayıf bulmuştu, bana durmadan söyleniyordu.

Bense kısa bir süre için bile olsa İstanbul'a gelmenin keyfini yaşıyordum. Gençliğimden olsa gerek bir yandan mutluydum, bir yandan da hâlâ kızgındım; yaşadığım olayı unutamadığımı, öfkemin geçmediğini fark ediyordum.

Ertesi gün evden çıkmış, denizin kokusunu içime çeke çeke Karaköy'den Eminönü'ne gidiyordum. O günler, Türkiye –Yunanistan ilişkilerinin çok gergin olduğu bir dönemdi. Postanenin önündeki gazetecinin "Ekspres, ekspres! Yazıyor, Atatürk'ün Selanik'teki evinin kundaklandığını yazıyor!" diye bağırdığını duydum. Bir anda bütün gazetelerin kapışıldığını gördüm. Yürüdüm, içime bir korku düştü.

Beyoğlu'na geri dönmeye karar verdim. Bir arkadaşımın evine uğradım, sohbet etmeye başladık. Arkadaşımın evi şimdiki İngiliz Konsolosluğu'nun oradaydı. Birdenbire büyük bir insan kalabalığının Beyoğlu'na doğru koştuğunu gördük. Bir yandan da bağrıyorlardı: "Dükkânları yağmalıyorlar, koşun! Koşun!"

Hemen fırladım, gördüklerim tüyler ürperticiydi! İngiliz Konsolosluğu'nun karşı köşesinde Philco adında beyazeşya satan bir yer vardı. Oranın camlarını kırmışlar, yukarı çıkan birkaç kişi yepyeni buzdolaplarını ikinci kattan aşağı atıyordu. O zaman Türkiye'ye yeni girmişti buzdolapları. Hiçbir şey görmüyordu gözleri!

Hemen koşmaya başladım. İstiklal Caddesi'nden eve doğru koşuyordum. Dükkânların camlarını kırmışlardı. Top top ipek kumaşlar yerlerdeydi. Koşarken renk renk şapkaların, kürk parçalarının üstüne bastığımı fark ediyor ama asla durmuyordum. Bir an önce eve ulaşmam lazımdı. Bazı gençlerin Türk bayrağının ay yıldızını kapayarak göğüslerine sardıklarını ve ellerindeki sopalarla sağlam kalan dükkânların camlarını kırdıklarını gördüm. Bir yandan da bağırıyorlardı. Tünel'e geldim, ortalık tam bir cehennemdi. Hedef gayrimüslimlerin mallarıydı; ama Müslümanların dükkânları da yağmalanmıştı. Provakasyon yapanların gözü öylesine dönmüştü ki kimin nesi bakmadan her yeri dağıtıyorlardı. Ali Muhiddin Hacı Bekir'in Karaköy'deki dükkânı da yakılmıştı.

Eve gittim. Annem ile babam pencerede merakla beni bekliyorlardı. "Benso! Nerdesin oğlum!" dedi babam. "Öldük meraktan!"

"Bir şey yok baba" dedim. Tam o sırada bir de baktım ki bir grup Kuledibi tarafından bizim sokağa doğru, "Yakın, her yeri yakın!" diye bağırarak geliyor. Evimizin altında bir kontrplakçı vardı. Her yer tahtayla doluydu. Bir kibrit her şeyin sonu demekti. Ne yapacağımı bilmiyordum. Kapıcımız Hüseyin Efendi benden hızlı davranmış, caminin imamını çağırmaya gitmiş, ama hâlâ dönmemişti. Yüzümden bütün kanın çekildiğini hissediyordum. Evi yakarlarsa kimse oradan sağ çıkamazdı. Evin önünde durdular. Aynı anda kalabalığın içinden Hüseyin Efendi ve imamın sıyrıldığını ve onların önüne geçtiğini gördüm. İmam, "Durun!" diye bağırdı kalabalığa. "Gâvur malı değil burası, durun! Burada oturanların hepsi Müslüman!"

İmamın doğru söylediğini düşündükleri için ona soru bile sormadan yokuştan aşağı koşmaya başladılar ve gözden kayboldular.

İmam efendi bana dönerek "Korkma evladım, geçti" dedi. Babam aşağıya inmişti, beni eve çıkarmak istedi. Kolumu ondan kurtardım. "Bırak" dedim. Koşa koşa kulenin oraya geldim, kaldırımın kenarına oturdum. İmamın sözleri kulaklarımda yankılanıyordu: "Gâvur malı değil burası!"

Yine aynı şey olmuştu işte, gelir gelmez "öteki" olduğum yüzüme vurulmuştu. İmam yetişmeseydi annem, babam ve kardeşim yanarak ölecekti ve ben buna sadece seyirci kalacaktım, tabii beni sağ bırakacaklarının hiçbir garantisi yoktu. Eve geldim. "Bayramı beklemeyeceğim, İsrail'e dönüyorum" dedim. Annem, bütün gece ağladı. Fikrimi değiştirmedim. Dün geldiğim İstanbul'dan yarın ayrılacaktım. Ayrıldım da. İçim sızlayarak...

İsrail'deki hayatıma geri dönmüştüm. Okul beni kolektif bir tarım işletmesine yönlendirdi. Orada çok şey öğrendim. Orada ABD'den, Güney Amerika'dan, Avrupa'dan, farklı ülkelerden gelmiş ailelere devlet kırk dokuz yıllığına toprak kiralıyordu. Onlar da toprağı sürüyor ve geçimlerini sağlıyorlardı. Herkes ortaktı. Böyle çalışan iki kooperatif vardı.

Birinde herkese toprak veriliyor, üründen kazanılanın bir miktarı kooperatife ayrılıyordu. Bu sisteme "moşav şitufi" deniyordu. Diğerindeyse üyeler arasında işbölümü yapılıyor, ürünü kooperatif satıyor, yetiştirenlere gelirden pay veriyordu. Evlerdeki yaşam da eşitlik üzerine kuruluydu. Radyo alınacaksa herkese alınması zorunluydu. Bu sisteme de "moşav ovdim" deniyordu. Gün boyu kan ter içinde çalıştıktan sonra duşlara koşup günde üç kere yıkanmak, giyindikten sonra o binanın kapısında arkadaşlarla buluşup saatlerce sohbet etmek gibi çok keyifli günler de yaşadım. Bunlar Türkiye'de yoktu.

Bir kız arkadaşım da vardı. Genç yaşta bir kız arkadaşla gezebilme şansına kavuşmam dünyaların benim olması anlamına geliyordu sanki. Ne var ki İstanbul'da evlenip yaşamayı aklıma koymuş olmalıyım ki, ortak bir geleceğimiz olamayacağını ona en başından söylemiştim. Onu Türkiye'ye getirmeyi de düşünmemiştim. Sonu belirsiz sıkıntıları göze alacak kadar büyük bir sevgi de duymuyordum. İsrail'den ayrılırken ona haber bile vermediğimi hatırlıyorum da, bu hareketi kendime hiç yakıştıramıyorum. Gençlik işte! Oysa onu ve ortak anılarımızı her zaman saygıyla andım. Bir müddet aynı bardaktan su içtiğiniz birini kötülemek kadar yanlış bir şey olamaz. Şimdiki gençliğe bakıyorum da, iki kişi bir araya geliyor, sevgili oluyor, bir süre sonra ayrılınca hemen birbirlerini kötülüyor. Bizim zamanımızda böyle değildi. Her ilişkiye saygıyla yaklaşılırdı. İlişkide mesafeler korunurdu. Yıllar geçse de o insanlar saygıyla hatırlanırdı. Bana göre de doğrusu budur. İnsan geçmişine, geçmişine ait herkese saygıyla yaklaşmayı bilmeli. Çünkü geçmiş tamamıyla bize aittir. Bizi biz yapan, yetiştiren, büyüten, olgunlaştıran zamandır.

Bir yandan da dönersem Türkiye'de yüksek tahsil yapamayacağımı düşünüyordum. Yaşım geçmiş, fırsatları kaçırmıştım. İsrail'deki eğitim sisteminde gördüğüm akademik ders sayısı çok azdı. Bir okula devam etmem için yeterli altyapım yoktu. Olgunluk sınavını geçemeyeceğim kesindi.

Daha on yaşındayken, evimizin sağındaki Börekçi Hasan Efendi ile solundaki Bakkal Hüseyin Efendi'nin dükkânlarına girip çıkarak yaşamaya alışık birinin bu yalnızlık ve yabancılık içine düşmesi, kolunun kanadının kırılması gibiydi. Böyle hisseden tek kişi ben değildim. Çalıştığım kooperatifte tanıdığım Avusturalyalı bir adam da "Yahu ne soğuk insanlar bunlar" demişti. Elli yıl öncesinin İsrail'i de bugünkünden çok farklıydı. Sadece uçak ve gemiyle ulaşım sağlanan, telefonun nadiren bulunduğu bir ortamdı. Şimdi başta kardeşim olmak üzere, İsrail'de yaşamaktan çok mutlu insanlar var. Hayat artık çok daha kolay, saat başı uçak var, ulaşım ucuz, haberleşme kolay.

Bir gün, okul idaresinden bir yetkili yanıma geldi:

"Müdür seni görmek istiyor."

Bir yandan müdürün odasına doğru ilerlerken bir yandan da bir yanlışlık yapıp yapmadığımı düşünüyordum. "Hayırdır inşallah" deyip, müdürün kapısını çaldım.

"Gel."

Müdür, gözlükleri neredeyse yüzünün yarısını kaplayan, ufak tefek bir adamdı.

"Gel, Bensiyon, otur. Sana İstanbul'dan bir telgraf var."

Ürperdim. Kanımın çekildiğini hissettim. Acaba anneme bir şey mi olmuştu? Ona bir şey olduysa ben ne yapardım? Yüzüm kim bilir ne hale gelmiş olacak ki müdür "Korkma" dedi, "umarım önemli bir şey yoktur. Telgraf Türkçe yazılmış, baktım ama bir şey anlamadım, al bakalım."

Ellerim titreyerek kâğıdı açtım, o kadar heyecanlanmıştım ki, yazılar önce hiçbir şey ifade etmeyecek biçimde gözümün önünde döndü, sonra yavaş yavaş netleşti. Babamdan geliyordu: "Annen hasta, hemen İstanbul'a dön." Başka hiçbir açıklama, ayrıntı yoktu. Bir an, en azından yaşıyor diye rahatladım. Ardından "Ya bana yalan söylüyorsa" diye düşündüm ve kalbim yine sıkıştı. Ya ona bir şey olduysa, ya çok geç kaldıysam?..

"Önemli bir şey mi varmış yavrum?"

"Annem rahatsızmış efendim, babam beni İstanbul'a çağırıyor. Bana bir uçak bileti aldırabilir misiniz?"

"Tabii yavrum."

"Benim birikmiş param var, size hemen getiririm."

Koşa koşa yatakhanelerin bulunduğu binaya geldim. Odama çıktım. Yastık kılıfının içine sakladığım İsrail liralarını* aldım ve aynı hızla müdürün yanına döndüm.

"Ne zaman gitmek istiyorsun?"

"Uçak varsa hemen yarın."

"Tamam yavrum, ben bu akşam sana haber ulaştırırım. Git de eşyalarını topla, arkadaşlarınla vedalaş."

Teşekkür ederek yanından ayrıldım. Kalbimdeki sıkışma bir türlü geçmiyordu. Anneme bir şey olması ihtimali beni delirtebilirdi. Kimseyi görmek, kimseye hoşça kal demek istemiyordum. Yine de aynı yatakhanede kaldığım yan odadaki arkadaşlarıma ve takım arkadaşlarıma allahaısmarladık deme şansım oldu. Sonra eşyalarımı topladım. İşim sandığımdan da çabuk bitti. Zaten ne kadar eşyam vardı ki? Biri kirlenince ötekini giydiğim iki pijama, biri Obri'den aldığım iki gömlek, çamaşır, çorap, iki pantolon, bir kazak. Hepsi o kadar. Annem ve babamla, Daryo bebekken bir Pesah Bayramı'nda** çektirdiğimiz fotoğrafı da çantama koydum. Pasaportumu kimliğimle beraber emanete ver-

---

* O dönemde İsrail'de kullanılan para birimi. Sonradan yerini şekele bırakmıştır.

** Hamursuz Bayramı. İsrailoğullarının Mısır köleliğinden kurtuluşları anısına kutlanır ve sekiz gün sürer. Museviler bu bayram süresince mayalanmış unlu mamuller yemez. Yemeklerini ekmek yerine "matsa" adı verilen özel bir katıkla yerler. Halk arasında bu katığa "hamursuz" adı verilir. Mısır'dan çıkış olayı, Musevi dinsel ve toplumsal yapısının ekseni niteliğindedir. Bu sebeple pesah, Musevi çevrelerinde en çok önem verilen bayramlardan biridir.

miştim. Görevli memur eve gitmeden yakaladım. On dakikada işimi halletti. O okulda okuduğuma dair bir belge bile vermedi. Gerçi ne işime yarardı? Hiç... Bütün gece uyumadım. Uyuduğum zaman da rüyamda annemi ölmüş görüyordum. Birden başını kaldırıyor, "Gitme dedim, beni dinlemedin. Bak seni göremeden öldüm" diyordu. Ertesi gün sabah on uçağında yerim ayrılmıştı. Bileti alandan alacaktım. Okulun bir kamyonuyla beni havaalanına götürdüler. Alana geldiğimde annemi o kadar merak ediyordum ki, eğer hayattaysa onu bir daha asla bırakmayacağıma dair yemin ettim.

Karşılamaya babam geldi. Yanında annemi görememek beni daha da meraklandırdı. Koştum, babamın boynuna sarıldım.

"Hoş geldin oğlum."

"Baba, ne olur bana doğruyu söyle. Anneme bir şey olmadı, değil mi?"

"Yok oğlum. Sana yemin ederim ki annen evde. Yalnız her zamanki gibi hali yok. O kadar."

İnsanın yeniden doğması böyle bir şeydi herhalde. Birdenbire kalbimi sıkıştıran o zincirin kırılıp kalbimi rahat bıraktığını fark ettim. Sahil yolundan taksiyle eve giderken babama baktım. Biraz yaşlanmıştı ama hâlâ çok yakışıklı görünüyordu. Camdan dışarı bakınca kendi denizimi yeniden görmenin beni ne kadar mutlu ettiğini fark ettim. Bu başka bir maviydi, benim denizimin rengiydi. Taksi Karaköy'den yukarı tırmanmaya başlayınca annemi görmeme çok az kaldığını bilmenin heyecanı sardı içimi. Araba sokağın başında durdu. Babam parayı ödeyinceye kadar ben eve vardım bile. Merdivenleri üçer beşer çıkıp evin kapısını çaldım. O kadar hızlı çalmışım ki, zavallı annemin yüreği ağzına gelmiş. Kapı açılıp onu karşımda görünce ağlamaya başladım. Kocaman çocuk! İnsan anne babasının yanında her zaman çocuk kalıyor. Yüzü sapsarıydı. Gözleri karanlıktı. O çok iyi bildiğim gülümsemesiyse aynı... "Hoş geldin paşam" dedi. Boynuna sarıldım. Kokusunu içime çektim. Annemdi işte, aynı sabun kokusu, aynı yumuşak sıcaklık... "Bir daha asla, ama asla seni bırakmayacağım anne" dedim içimden. Öyle de yaptım. Ölünceye kadar her zaman yanında oldum. Her şeyiyle yakından ilgilendim. Onu hiç bırakmadım. Annem akıllı bir kadındı, İsrail'de kalmamı istemediği için hastalığının ağırlaştığı haberini ulaştırarak beni buraya döndürmeye karar vermiş ve bunu başarmıştı. Bir evladın geri dönmesi için annesinin rahatsız olması en büyük sebep sayılabilir, ama bu sebebin gerisinde tükürdüğünü yalayamayan, "Giderim ve dönmem" deyip dönmek için can atan bir adam vardı. Şimdi şu satırları yazarken kendime soruyorum: "Eğer annemin hastalığı sebep olmasaydı, yine de döner miydim?"

Cevabım: "Evet dönerdim." Annem nasıl hastalığını bahane edip de beni buraya çağırdıysa, ben de onun hastalığını sebep yapıp koşup gelmiştim. Kafamın içinde dönüp duran o düşünce yerini bulmuştu. Türkiye'yi çok özlemiştim. Yaşamam gereken yer memleketimdi. Hepimiz hayatta bir yere çengel atmaya bakarız. Tanrı benim çengelimi doğduğum gün buraya atmıştı. Geri geldiğim için sevinçliydim. Her şey aynıydı. Odam, pencceremden görünen gökyüzü, İstanbul'un pencereme sığan parçası... Bir ara Daryo odama geldi.

"Ağabeyciğim, bir daha gitme olur mu?"

Hiçbir şey söyleyemedim, çünkü ağlamak üzereydim. İnsanın annesinin önünde ağlaması başka, kardeşin önünde ağlaması başka... Serde erkeklik varken işler öyle kolay değildi. Ona kemiklerini kıracak kadar sıkı sarıldım. O da bana sarıldı. Kardeş olmanın ne demek olduğunu, o gün bir daha anladım.

İstanbul'u çok özlemiştim. Pazar günü kalkıp köşedeki börekçiden börek almayı, ailecek kahvaltı etmeyi, akşamları kravat takıp Beyoğlu'nda gezmeyi, *Hürriyet* gazetesi okumayı, şabat hazırlıklarında pişen pırasa köftesinin kokusunu, balkonlarda oturan amcaları, onlara çay getiren teyzeleri...

Şimdi görüyorum ki, İsrail'de kalsaydım, iyi bir devlet adamı ya da politikacı da olabilirdim. Milletvekili ve bakan olan birçok arkadaşım var. Hepsi de yaşam içinde kendilerine bir yer buldu. Ama benim için Türkiye Cumhuriyeti'nin bayrağı altında yaşamak her şeyden daha mühim oldu. Bu ülkeyi hiçbir yere değişmedim. İsrail'de birçok idealist insan tanımıştım. Obri, Cape Town'daki servetini bırakıp gelmişti örneğin. İsmini unuttuğum Amerikalı bir genç vardı. O da çok büyük bir serveti bırakıp gelmişti. İdealist insanları severim. İnsanın öncelikleri belliyse ve kararlıysa yolunu çizebilir. Benim içimdeki hissinse idealistlikle ilgisi yoktu. Karşısındakine iki laf edemediği için oralara gitmiş bir adamdım. Onların yaşadıkları toprağa bağlılıkları yoktu. Bense ortada bir servet yokken geri döndüm. Hiçbir zaman ümitsizliğe kapılıp, yenilgiyi kabul eden, havlu atan biri olmadım. Hayatımda bir kere bana söylenmiş bir sözün açtığı yarayı kendim saramayacağımı düşündüğüm için kalkıp gitmiş, yaramı saramadan geri gelmiştim. Bu hayatım boyunca aldığım en yanlış karardı. Yanlış olduğunu anlamak için de oraya gidip memlekete dönmem lazımdı. Zaten insanların bildikleri yoktur, hayat tecrübelerden ibarettir. Babam bütün bunları tahmin etmiş olacak ki, cemaatin sözü geçen büyüklerinden İzak Abudaram'a gitmiş ve "Oğlumu nasıl geri getiririm?" diye sormuş. O da, "Annen hasta dersen döner" demiş. Babam ileriyi gören bir adamdı. Beni orada kendi halime bırakmamakla iyi etti. Geri döndüğümde bir akşamüstü bunları balkonda otururken anlattı ve "Yarın bir gün çocuğun olunca anlarsın" dedi. Doğru söylüyormuş. Benim de çocuklarımdan biri böyle bir karar alsa, aynı şekilde endişelenirdim.

Hayatıma geri dönmüştüm ama o hayatın hangi ucundan tutacağım konusunda pek fikrim yoktu. İş yaşamıyla ilgili bir tecrübem olmamasına rağmen, İsrail'de iş yapmanın neredeyse imkânsız olduğunu anlamıştım. Beyoğlu'nun en gözde semtlerinden birinde yaşamış bir çocuğun tarımla ilgilenmesi düşünülemezdi. Bense tutup tarım eğitimi almıştım. Topraktan hiçbir şey anlamayan bir adamın, tarım tekniklerini severek öğrenmesi de söz konusu olamazdı. Olmamıştı zaten. Bu okula gitmek ne işime yaradı diye düşünmeye başladım. Toprağı gübrelemeyi biliyordum. Üç adım atıp bir avuç koymak, gübrelemenin en önemli tekniğiydi. Defalarca yapmıştım. Ama neye yarardı artık? Yaşıtlarımın hepsi askerdi. Elimde okul bitirdiğime dair bir kâğıt bile yoktu. Dönmek niyetiyle gelmediğim için diploma peşine düşmemiştim. Hayat boyu o diplomaya ulaşamadım zaten. Çalışıp para kazanmalıydım. Yirmi yaşındaydım. Askerliğini yapmış olanlar bir yerlere girmiş çalışıyordu. Benim de askere gitmem lazımdı. "Önce Eli Alaluf'ta iki üç ay çalışır, askere sonra giderim" dedim. Boş oturacağıma çalışmanın daha doğru olduğunu biliyordum. Hiç olmazsa para kazanır, eve biraz katkıda bulunurdum. Bu arada gazeteciliğe merak sardım ve biraz araştırdıktan sonra İsrail'deki *Herud* (hürriyet) gazetesinin Türkiye muhabirliğini aldım. Ayrıca reklam işleri yapan ve dergi çıkaran Şükrü Tunca'nın *İktisadi Politika* gazetesinde de muhabirlik yapmaya başladım. Bu iki iş arka arkaya geldi ve beni bir anda gazeteci yaptı.

Galatasaray genç takımına seçildiğim dönemdeki gibi hayal kurmaya başlamıştım. Bu defa da kendimi büyük bir gazeteci olarak görüyordum. Gazetecilikten büyük paralar kazanmak mümkün değildi belki ama çok itibar kazanabileceğim bir meslekti. Akşamları Beyoğlu'na çıkıyor, üç beş arkadaşla postanenin önünde dikilip muhabbet ediyorduk. Onlara İsrail'de bir kız arkadaşın yoksa ona adam gözüyle bakmadıklarını anlattığımda hepsi hayret içinde kalıyordu. Yaşadıklarım ve biriktirdiklerim beni farklı biri yapmıştı. Gazeteci de olmuştum. Hepsi için örnek biriydim. Hayat tecrübem hepsinden fazlaydı. Bir gece evde otururken kapı çaldı. Açtım, kapıda bir polis vardı.

"Karakoldan geliyorum."

"Buyrun."

"Binyamin oğlu Bensiyon Pinto musunuz?"

"Evet."

"Asker kaçağı olarak aranıyorsunuz."

Şaşırıp kaldım. Onlar beni askerlik zamanım gelince bulur diye düşünmüştüm. Ama polisin birinin bir gece kapıya gelip bana asker kaçağı demesi gücüme gitmişti. Kaçak filan değildim. Buradaydım.

"Benimle birlikte askerlik şubesine geleceksiniz."

"Peki, derhal."

Gittik. O kapı bu imza derken, ben ertesi sabah askere gideceğimi öğrenip eve döndüm. Annem yine ağlamaya başlamıştı. "Anneciğim ağlama. Bu babamın ikinci gidişine benzemez. Ben vatani görevimi yapmaya gidiyorum. Sana söz veriyorum, geri döneceğim." Denizli 4. Er Eğitim Tugayı'na sevk edilmiştim ve artık ben de askerdim.

Denizli'de bir asker: Binyamin Oğlu Bensiyon

Çok sıkıntılı bir devre geçirdikten sonra, tam gazeteci oldum, işler yoluna girdi, biraz da para kazanır hayatımı düzene sokarım derken askere gitmek varmış. Oysa tüm düşündüklerimin yanında, aklımın bir köşesinde olgunluk sınavına girip lise diplomamı almak, sonra da üniversiteye gitmek vardı. Apar topar askere alınınca, bunu aslında ne kadar çok istediğimi fark ettim. Ama bu kez hakikaten çok geçti. Trene bindim. Çuf çuf saatlerce gittim. Yol bir türlü bitmedi. Bütün gece küçük köylerden, daha büyük istasyonlardan geçtik. Anadolu bambaşkaydı, tabiat bambaşka, her şey bambaşka... Denizli'ye sabaha karşı vardım. Taburuma gidip teslim oldum. Yıl 1957, aylardan mayıstı. Ertesi sabah bizi sıraya dizdiler ve ne yapacağımızı anlattılar. Sonra sırayla saçlarımızı kestiler, hepimize üniforma ve postal verdiler. Postallarımı elime aldığım an aklıma babamın yırtık postallarından görünen ayakları geldi. İçinde bulunduğum şartlar için şükrettim. Doğru düzgün bir ortamda, ona kıyasla çok daha iyi şartlar altında askerlik yapacaktım. Koğuşa gittim. Yatağıma çıktım. Ranzanın üstünü bana vermişlerdi. Oturup etrafıma bakındım. Tam o sırada birinin, "Bölük kumandanı geliyor!" diye bağırdığını duydum. Hemen aşağı atladım. Sıraya girdik, hazır ola geçtik. İçeri sarışın, oldukça yakışıklı, uzun boylu bir subay girdi. Bizi selamladı, hepimizin yüzüne tek tek bakarak bizden neler beklendiğini kısa ve öz bir şekilde anlattı. Girdiği gibi aynı kararlılık ve hâkimiyetle koğuştan çıktı. İlk ve en önemli kural, düzen ve disiplindi. Sorgulanamayan ve mutlaka uygulanması gereken bir disiplin zinciri vardı.

Askerliğin ilk günleri iyi geçti. Birkaç kişiyle arkadaş olmuştum bile. Talim, nöbet derken beni altıncı bölüğe verdiler. Orada tanıdığım hiç kimse yoktu. İstanbullu üç beş kişiyle ilerleyen zaman içinde arkadaşlık kurdum. Kantin görevlisi oldum. İki gün içinde yaptığım diğer işlerden ve saatler süren nöbetlerden sonra kantinde görev almak adeta bir rüyaydı. Koğuşlar ayrı bir âlemdi. Herkes ayakkabısını çıkarır, etraf koku içinde kalırdı... Yemekhanede zemin topraktı. Toprağın iki yanı kazılmış, bir boşluğa ayaklar konuyor, boşluğun iki yanında yükselen zemine oturuluyor, arada kalan tümsek de topraktan bir masa oluyor, o tümseğin üstünde yemek yiyorduk. Kendi kendime şöyle diyordum:

"Burası benim ülkem, şartları da bu. Elbette bu şartlara ben de uyacağım."

Bu bir disiplin anlayışıydı. Şartlara çabuk uyum sağladım. Sonuçta herkes aynı yerdeydi ve kimsenin diğerinden farkı yoktu. Orada milyarderin de zibidinin oğlu da vardı... Köylüsü de, şehirlisi de asker elbisesinin altında birdi. Bizim dinimize göre de böyleydi. Tallet* şalını omzumuza koyduğumuz zaman, "O örtünün altında hepimiz eşitiz" derdik. Askerlikte de bir aidiyet, bir maneviyat vardır. Tuhaf bir iştir aslında. Bir yandan evinden ocağından uzakta, en büyük sorumluluğun altında, yerine göre zor şartlar içinde yaşarken, diğer yanda devletin gücünü derinlemesine hisseder insan. Bana değişik bir güven ve kararlılık geldi askerde.

Bir gün öğlen yemeğinde, sıradaki askerlerin arasındaydım. Elimde bir bakraçla sıramı beklerken, bir yandan da çavuşun yemek dağıtışına bakıyordum. Yemeği kaplara çok hızlı bir şekilde eşit ve aynı ölçüde koyuyordu. Bu işi adeta motora takılmış gibi yapıyordu. İlerlemeyi unutmuş bir halde şaşkın şaşkın ona bakarken çavuş başını kaldırdı:

"Niye bakıyorsun öyle?"

"Bilmem, dalmışım, öyle bakıyordum..."

Sıradan çıktı, yanıma geldi.

"Demek bana bakıyordun.

"Evet, yemek dağıtmanıza bakıyordum."

"Sana konuşma iznini kim verdi?" diyerek yüzüme bir tokat patlattı. Hayatımda bu kadar eli ağır bir adam görmemiştim. Adeta beynim yerinden oynamıştı. Şöyle bir sendeledim ama düşmedim. Herkes donmuştu. Koca yemekhanede çıt çıkmıyordu. Çavuş yerine geçti, yeniden yemek dağıtmaya başladı. Sanki hiçbir şey olmamış gibi işine aynı hız ve düzende devam etti. Beni rezil etmiş, hiç sebep yokken bana vurmuştu. Konuşma iznine gerek yoktu, çünkü soruları zaten o sormuştu. Sıra bana geldiğinde beni fark etmedi bile. Yalnızca karavanaya ve tepsilere bakarak işini yapıyordu. Ben de önce yemeği aldım, sonra bütün gücümle tepsiyi ters çevirerek yüzüne fırlattım. Her yeri yemek ve yağ içinde kaldı. Öfkeden deliye döndü. Artık beni öldüreceğinden emindim. Sıradan çıkıp kenara çekildim ve başıma ne gelecekse razı olarak beklemeye başladım. O anda yemekhane karıştı. Üstteğmen geldi. Ne olduğunu sordu. Anlattılar. Dik dik yüzüme baktı ve çavuşu alıp dışarı çıktı. Yanlışın onda olduğunu anlamıştı. Çavuş geri döndüğünde hiçbir şey olmamış gibi yemek dağıtmaya devam etti. Bana orayı sevdirenler işte o subay, o teğmen ve bana tokat atan o çavuş oldu.

Ertesi akşam kantindeydim. Kantin sekiz, en geç sekiz buçukta kapanıyordu. Ben de servis penceresini kapadıktan sonra içeriyi temizliyordum. Saat dokuz civarında birinin cama vurduğunu duydum. Baktım, bana tokat atan çavuştu. Camı açtım.

---

* Yahudilikte dini törenlerde omuzlara atılan ve eşitliği simgeleyen şal.

"Ne var? Bir şey mi istedin?"

"Çok rahatsızım, biraz yoğurt verebilir misin bana? Ateşim var, galiba zehirlendim."

"Tamam."

Camı kapadım. Onu içeri aldım. İstanbul'dan yanımda getirdiğim, her ihtimale karşı bulunsun diye sakladığım iki kutu ateş düşürücü ilacım vardı. Bir tane ondan verdim. Ardından yoğurt, peynir, ekmek... Oturdu, yedi. Yerken hiç yüzüne bakmadım. Başka işlerle ilgilendim. Yemeği bitince, "Bir tas yoğurt da yanına vereyim, gece uyanırsan yine yersin" dedim. Olana bitene biraz şaşırmış gibi görünüyordu. Benden böyle bir yakınlık beklemiyor olacak ki kantinden çıkarken elini kolumun üstüne koydu:

"Dün için kusura bakma. Doğru bir şey yapmadığımın farkındayım, ama o kadar asker içinde geri adım atamadım. Burası asker ocağı. Bir iki derken işin önünü alamayız. Yoksa biliyorum, yalnızca bakıyordun."

O çavuşla terhisine kadar çok iyi bir dostluk yaşadık. Bu da bana göre, Türk insanının ne kadar iyi olduğunun bir simgesiydi. Başka bir yerde, bu iki insan hayat boyu birbirinin yüzüne bakmazdı.

Bir ara ben de hastalandım. Kendi kendime bakmayı, ilaç alıp idare etmeyi, akşamları ılık su içip ayaklarımı sıcak suya koyarak ateş düşürmeyi askerde öğrendim. Kantin çok eğlenceliydi. Acıkan erler, karınları doyunca aralarında çok keyifli sohbetler ederdi. Bu ortamın en güzel yanı, memleketin her yerinden insan tanımaktı. En yakınımda Nuri Engin ve İsmail Yaltırık vardı. Farklı bölüklerin komutanlarıydılar ama aramızdan su sızmazdı. Muhabbet geceleri saatlerce sürerdi. Birlikte maç da yapıyorduk. Böylece Denizli'de de top oynama imkânı buldum. İki üç kez sakatlandım, yine de futboldan vazgeçmedim. Birinin benim iyi futbol oynadığımı anlaması için tek maç yeterliydi. Arkası hemen geliyordu. Bir zamanların en büyük hayali, artık günlük bir keyif halini almıştı.

Askerlikte üstlendiğim iş icabı şehre inememe gibi bir derdim yoktu. Denizli'ye iner, çarşıyı gezerdim. Kantinde kendi yerim vardı. Bir süre sonra orada yatıp kalkmaya başladım. Çok çalışırdım. Mesai biter, herkes yatar, ben gece on birlere kadar çalışırdım. Tek derdim oradaki acemi erata bir faydam olmasıydı. O zamanlar her yiyeceği bulmak mümkün olmuyordu. Mesela karpuz çok pahalıya geliyordu. Ben de karpuzu dilimleyerek sattım. Hem kantin daha çok para kazandı, hem de herkes karpuz yiyebildi. Kantin kâr ettiği için suyu bedava yaptım. O askerlik döneminde bir çığır açtım ve tugay komutanından erbaşa kadar herkesin sevgisini kazandım. Bu samimi ortam bölük komutanının kulağına gitmiş olacak ki bir gün beni görmeye geldi. Bir baktım ki, gelen ilk gün koğuşta bizi ziyaret eden sarışın subay. Hemen ayağa kalkıp hazır ola geçtim.

"Rahat asker. Seni görmeye, biraz da muhabbet etmeye geldim. Çayın var mı?"

"Olmaz mı, Komutanım?"

Bir bardak tavşan kanı çay koydum. Saygıda kusur olmasın diye kendime çay koymadan yandaki sandalyeye iliştim.

"Duydum ki bu kantin senin döneminde kâra geçmiş. Aferin sana oğlum. Bütün askerlere örnek bir davranış oldu bu."

Bir yandan da kantinin temizlik ve düzenine bakıyordu.

"Çok da tertipli bir çocuksun."

Birden İstanbul'daki odamı hatırladım. İyi kötü bir düzenim vardı. Annem her zaman o kadar hastaydı ki ona iş kalmasın diye evdeki herkes kendi işini kendi görmeye alışmıştı.

"Teşekkür ederim, Komutanım."

"Çay çok güzeldi, eline sağlık. Bir derdin olursa bana gel."

"Emredersiniz, Komutanım."

"İyi geceler, ha adın neydi senin?"

"Bensiyon, Komutanım.

"Yahudi misin sen?"

"Evet, Komutanım."

"Biz de Selanikliyiz. Selanik'te Yahudi komşularımız vardı. Onlarla çok güzel günlerimiz oldu. Annen pırasa köftesi yapmayı bilir mi?"

"Bilir, Komutanım. İstanbul'a yolunuz düşerse yemeğe bekleriz."

Gülümsedi, selam vererek gitti. Sonra sık sık kantine çay içmeye ve benimle muhabbet etmeye geldi. Aramızda sıcak bir dostluk başlamıştı.

Askerlik bitinceye kadar ona çay ikram ettim ama bir gün bile karşısına geçip bir bardak çay içmedim. Askerlikte tuttuğum hatıra defterime, terhisime kısa bir süre kala görev yeri değiştiği için birkaç satır yazmasını istedim, o da şöyle yazdı:

Bensiyon Pinto, bölüğümde en yakın yardımcım olarak vazifeli bulunduğun müddet içinde her türlü hizmetinde sadakat gösterdiğine yakınen şahit oldum. Bundan memnunum. Dileğim, emek verdiğim, hizmetini gördüğüm vatan evlatlarımın mukaddes vazifelerini ikmal ettirmek ve uğurlamaktı. Bu benim için zevklerin en büyüğü idi. Takdiri İlahi senin ve arkadaşlarının terhisinden önce beni aranızdan uzaklaştıracaktır. Bu ocağın ölmez hatırası hiçbir zaman unutulmayacak ve daima canlı kalacaktır. Vatan da bunu evlatlarından bekleyecektir. Sivil hayatında bir gün karşılaşmak nasip olursa seni muvaffak olmuş, sıhhatli olarak görmeyi candan temenni ederim. Ayrıca bu defterine yazı yazmamı arzu ettiğin için teşekkürlerimi bildiririm.

Bölük Kumandanın
Rüştü Dinçer
27 03 1958
Denizli

Yıllar sonra, cemaat başkanlığı yaptığım sırada, genç bir hanım Hahambaşılığı arayarak Yahudilik üzerine bir araştırma yaptığını ve yetkili kişilerden bilgi almak istediğini söyledi. Vekilim Lina Filiba, kıza "Sizin hiç Yahudi tanıdığınız yok mu?" diye sormuş. O da "Benim yok ama babamın askerde bir eri varmış. İsmi Bensiyon Pinto'ymuş ama onu bulma imkânım yok. O yüzden ben de cemaatin telefon numarasından size ulaştım" cevabını vermiş. Lina Filiba da, "Hanımefendi, sözünü ettiğiniz kişi bizim cemaat başkanımız" deyince kız çok şaşırmış. Yani arayan, sevgili komutanım Rüştü Dinçer'in kızı İnci Dinçer'miş. O günden beri, hem İnci'yle hem de kardeşi Taci'yle görüşürüz ve rahmetli komutanımdan söz eder, eski günleri anarız. Dünya bazen çok küçülüyor. İnsan bu küçüklükten dolayı kocaman mutluluklar, sevinçler, heyecanlar yaşabiliyor.

İyi ve mutlu bir askerlik yaptım. Yalnız, terhisime çok az kala, ne olduğunu anlayamadığım bir konuda bir komutan bana kızdı. Kantinleri bırakmış, gazinoda görevliydim. Adamın bana karşı neden böyle sinirli olabileceğini düşünürken, beni çağırttı. İçimden "Bazen olur böyle şeyler" diye geçiriyordum ama bir yandan da "Ya askerliğimi uzatırsa" diye düşünmekten kendimi alamıyordum. Askerliğim uzarsa, bunu anneme asla anlatamazlardı. Ne olacak diye beklerken, bana hiçbir şey söylemeden yanındaki askere "Bunun saçlarını kesin!" dedi. Askerliğim uzamamıştı ama sıfır numara tıraşla terhis olmuştum. Tezkere mutluluğuyla nedenini soruşturmadım bile. 1958 yılının kasımında tezkeremi aldım. Tam yirmi bir ay askerlik yapmıştım. Yirmi üç yaşındaydım.

Karanlık bir kış gecesi eve geldim. İnsan askerlik sonrası kendini daha bir büyümüş, daha bir olgunlaşmış hissediyor. Küçük dağları ben yarattım havalarında apartmanın merdivenlerini çıktım. Eve geleceğimi haber vermemiştim. Annemin yüzünü merak ediyordum. Kapıyı onun açması için dua ederek çaldım. Omzunda şalı, saçları ensesinde toplanmış, yüzü biraz yorgun gibi görünse de eskisinden daha sağlıklı bir kadın açtı kapıyı. "Oğlum gelmiş!" diye bağırdı.

"Binyamin, koş Bensiyon geldi."

Daryo da evdeydi. O gece evimizde tam bir bayram havası vardı. Gece üçe kadar muhabbet ettik. Annem benim çok zayıfladığımdan, babamsa oraya oyun oynamaya gitmediğimden bahsedip durdu. Hepsinin yüzüne doya doya bakıyor, alnımın akıyla askerliğimi yapıp geri döndüğüm için gururlanıyordum.

Ev halkı yazları Büyükada'ya gidiyordu. Yaz gelince yine gittiler. Ben yalnız cuma akşamları adaya geçiyor, cumartesi İstanbul'a dönüyordum. Adaya karşı bir sempatim veya bağlılığım yoktu. Şehir hayatı bana her zaman daha cazip, daha renkli ve hareketli geldi. İstanbul'da çok iyi bir arkadaş grubum vardı. Onlarla vakit geçirmeyi tercih ediyordum. Bir yandan da iş arıyordum. İstanbul aynı bıraktığım gibiydi.

Herkes Beyoğlu'nda, Lebon'da, Markiz de akşam çayları içiyor, sabahları tramvayla işe yetişiyor, yağmurun altında sinema bileti almak için kuyrukta bekliyordu. Daryo okulu bitirmiş, çalışıyor; babam işe devam ediyor, annem hastalığıyla uğraşıyor, hayat kendi seyrinde akıp gidiyordu. İş bulabilmek adeta imkânsızdı. Milli koruma politikası çok büyük işsizlik doğurmuştu. Sonradan çok büyüyecek olan Haska Ticaret adlı şirkette müstahdem olarak işe başladım. Tek amacım, şirkette çalışırken piyasayı öğrenmek, getir götür işlerine bakarken işin inceliklerini kavramaktı. Milli korumanın getirdiği yeni piyasada perakende kârının, toptancı kârının ne olduğunu kavramak, sonrasında da kendi işimi kurmak istiyordum. Artık sadece yazın harçlık çıkarmak derdinde bir çocuk değil, amacı para kazanmak olan genç bir adamdım. Askere gitmeden önce İsak Fis'in yanında çalıştığımı anlattığımda, neden bu şirkette müstahdemlik yapmak istediğimi anlayamadılar. Müstahdemlik yapacağıma çalıştığım yerde işe devam etmemi tavsiye ettiler. Bense kararlıydım.

"İşin iyisi kötüsü olmaz. İş iştir. Buradan alacağım para daha iyi. Siz de kabul ederseniz burada çalışmak istiyorum."

"Sen bilirsin" dediler ve beni işe aldılar. Hayat yolculuğumda yeni bir dönemin başlangıcındaydım. Hayatta istediğim tek şey, kendi işimi kurmak ve onu yapmaktı. Çok şükür, bunu gerçekleştirdim. Hayat başka şeyleri de beraberinde getirdi ve herkesin hayatı gibi benim hayatım da mücadelelerle geçti ama ne olursa olsun asla pes etmedim. Her zaman ayakta, dimdik olmaya çalıştım ve ne yaşarsam yaşayayım, onurumu ve şerefimi her zaman korudum. Bunun için Allah'a şükran borçluyum. Hiçbir zaman yalnız önüme bakmadım, ileriye de baktım.

3. bölüm: Tırnak

İyi ki onlar vardı ve iyi ki onlar var...
Herkesin ve her şeyin önünde olanlar...
Hayatımın asıl anlamı onlar...
Hayatın anlamı insanın sevdiği kadın.
Aile, çocuklar ve dostlar.
Etle tırnak gibi bağlı olduklarımız...
Onlar olmasa, hayatımın anlamı olmazdı.
Hayatın bana armağan ettiği en önemli değer, Eti.

Eti, benim için her zaman sevginin, aşkın ve beraberliğin adı oldu. Bana birbirinden değerli iki erkek evlat hediye etti, anneme ve babama, kendi anne ve babasına bakar gibi baktı, onlar için en az benim kadar emek harcadı. Çocuklarımızı bu yaşa o getirdi; çünkü onlar büyürken ben her zaman iş peşinde koşuyor, onlara daha iyi bir hayat sunmak için çalışıyordum. Eti, çocukların hastalıklarıyla, okullarıyla, sosyal hayatlarıyla her zaman yakından ilgilendi. Onların üstünde benden çok hakkı var. Evliliğimizin serpilip gelişmesinde de desteği çok büyüktü. Cemaat işlerine olan merakımı her zaman anlayışla karşıladı, cemaatteki yükselişimde beni çok iyi taşıdı, her yerde en iyi şekilde temsil etmeyi bildi, anlayışlı, mütevazı ve sevgi dolu bir eş oldu. Sevginin, her şeyin üstünde ve gerçek olan tek değer olduğunu bana her koşulda hissettirdi. Karakter olarak bana göre daha sakin, daha sabırlı ve sağduyulu olduğundan, bazı konularda gösterdiğim aşırı hassasiyet ve sabırsızlıkları büyük sakinlik ve anlayışla karşıladı, bana yol gösterdi. Kelimenin tam anlamıyla, iyi ve kötü günde yanımda oldu.

Hayatı bana anlamlandırarak yaşattığı ve her zaman destek olduğu için ona minnettarım.

Tanışmamız, dönemine göre son derece klasik başlamış ama farklı bir boyut kazanarak devam etmişti. 1959'un aralık ayıydı. Aynı şirkette müstahdem olarak çalışmaya devam ediyordum. Bir de çok kültürlü, çok beğendiğim, değer verdiğim bir flörtüm vardı. O yıllarda Türkiye'de arkadaşlıkla ilerleyen yakınlıklar flörte çok rahat dönüşemiyordu. Ben İsrail'de kalmanın avantajını yaşıyordum. Çekingenliği üstümden atmıştım. Yine de evliliği çok başka bir şey olarak görüyordum ve kız arkadaşıma onunla evlenmeyeceğimi en baştan söylemiştim. Hayata bakışımız aynı değildi. Bunu sezdiğim ve ona haksızlık etmek de istemediğim için, baştan dürüst davrandım. İster uzun vadeli bir ilişki, ister evlilik kararı verilmiş bir birliktelik olsun, beraberliğin adı konmalıdır. İki tarafın mutluluğu ve karşılıklı güveni için bu çok önemli bir noktadır. Oğullarıma da aynı şeyi öğütlemişimdir. "İlişki yaşarken kız arkadaşlarınıza gereken özeni, sevgiyi, saygıyı vermenin yanında, onlara kendilerini güvende hissettirmelisiniz. Onlar birer aile kızıdır, yarın öbür gün hepinizin yaşanmışlıklarınızla gurur duyabilmeniz için bu şarttır. Mutlu olmak için önemli meziyetlere sahip olmak ya da birbirini sevmek yeterli değildir. Hayata aynı yönden bakmak önemlidir. Tutku, beğeni ya da birikim sonra gelir." Benim için birini gerçekten sevmek, onunla aynı hamurdan olmak demekti. Bu da çok kolay bir durum sayılmaz.

Bir gün bana, "Tam sana göre bir kız var" dediler.

"Neye göre karar verdiniz buna?"

"Aileyi biliyoruz. Tam sana göre."

O anda ikna oldum. Çünkü aile, bir gencin yetişmesinde gereken her şeyi sağlayan kurumdu benim için. Türkçede "Kızı soydan almak" diye bir deyim vardır. Çok doğrudur. Aileyi yapılandıran, ayakta tutan, ona karakterini kazandıran kadındır. Evinde görmüş olduğu tüm doğruları, farkında olmadan kendi evinde de uygulayacak, çocuklarını o istikamette yetiştirecek, eşine ve evliliğine gereken değeri verecektir. Aile terbiyesi almış bir kadın iyi bir eş, iyi bir anne, iyi bir dost ve iyi bir hayat arkadaşı olur. Terbiye, insanın hayatla mesafesini belirler. Ömür boyu yaşayacaklarının sınırlarını çizer. Sevgiyi ayakta tutan en önemli dayanak saygıdır ve bunun da yolu terbiyeden geçer.

Araya girenlere, "Tamam, bir sinemaya gidelim, bir yemek yiyelim" dedim. İlk buluşmaya kadar Eti'nin yüzünü bile görmedim. Yemeğe çıkacağımız gece bana bir oyun oynandı. Eti'nin o gece çıkamayacağını ama bizim onlara gideceğimizi söylediler. Buna bir anlam veremedim, ama kabul etmekten başka çare yoktu. "Herhalde ailesi böyle bir tanışmaya izin vermedi, önce beni tanımak istiyor" diye düşündüm. Kız evi, naz evi. Türk aile yapısı, geleneklerine her şeyden çok sahip çıkar. Her şeyi adabına göre yapmaktan hoşlanır. Bu durumda kızın ailesi evde bir tanışma tertiplenmesinin daha doğru olduğunu düşünmüşse, tartışacak bir şey olamaz.

Akşam işten erken çıktım. Eve geldim, duş aldım, tıraş oldum, giyindim, kravatımı taktım. O zamanlar şimdikinden daha yakışıklıydım. Oscar Wilde'ın dediği gibi: "Gençlik, sahip olunmaya değer tek şeydir." Yetmiş yaşına gelince insan bunu daha iyi anlıyor. Eti'nin babasının evi Şişli'deydi. O dönemin en gözde muhitlerinden biriydi. Neredeyse İstanbul'un sınırı sayılırdı. Abideyi Hürriyet'e kışın kurtlar inerdi. Abisinin düğününden üç hafta önce, Eti'yle görücü usulü tanıştık. Aile çok varlıklıydı. Her şeyleri çok lükstü. Bir kere kaloriferli bir evde oturuyorlardı. Bizim evin duşundansa hâlâ soğuk su akıyordu. Oldukça geniş bir salonları, kaliteli koltukları vardı. İyi giyimli insanlardı. Eti'nin bana göre çok rahat bir hayatı olduğu görülüyordu. Bu arada salona son derece güzel bir kız girdi. Beni tanıştırdılar. Kendi kendime, "Güzel kızmış!" dedim. Meğer gelen kız baldızım Fani'ymiş. Nereden bileyim?

Bu da yıllarca her hatırladığımızda bizi ailece güldüren bir anı oldu. Baldızımı da kendi kız kardeşim olsa sevebileceğim kadar severim. Son derece hanımefendi ve iyi yüreklidir. Ardından Eti içeri girdi. Hayatımdaki ideal kadın... Sanki benim için dünyaya gelmiş bir kadın. İlk anda âşık olmadım ama çok beğendim. Üzerinde bej bir elbise vardı. Taba bir ayakkabı giymişti. Saçları kızıldı. Neredeyse daha çocuktu. On sekizini yeni bitirmişti. Tokalaştık ama birbirimizi öpmedik. Havadan sudan konuşurken arada bir ona bakıyordum. Nazik, aklı başında, sakin ve kendinden emindi. "Bu kızla görüşeceğim" dedim, kendi kendime. Herkes, her şey gayet iyi, sohbet koyuydu. İki saat oturduk. Sonunda sıkıldım. Hiçbir yerde fazla kalamam. Kalkıp hareket etmem, dolaşmam gerekir. Buna son yıllarda hiperaktivite diyorlar. Bizim gençliğimizde böyle teşhisler yoktu. Olsa olsa, hareketli bir adamdım. Hepsi bu. İzin istedik, kalktık. Kapıdan çıkar çıkmaz, "Nasıl, kızı beğendin mi?" diye sordular. "Bakalım" dedim.

"Sen zaten müşkülpesentsin. Bu kız sana Allah'ın nimeti! Gözünü aç oğlum, bu zamanda böyle kızı nereden bulacaksın?"

Ben bir konuda karar verdiğim zaman çok konuşmam. O gece, Eti'yi görür görmez verdiğim karardan hayatım boyunca pişman olmayacağımdan emindim. İnsan nasıl bu kadar kendinden emin olabiliyor, kestirmek güç... Herhalde kısmet diye bir şey olduğu için.

Dört kardeşlerdi. En büyük ağabeyi Nesim, ablası Fani ve en küçükleri Jojo Behar. Her birinin arası dört yaştı. Eti çok güzel bir çocukluk yaşamıştı. Bunun bir insanın tüm yaşamını etkilediğini düşünürüm. Mutlu bir çocukluğu olan, mutlu bir yetişkin olur ve etrafını mutlu eder. Bunun sadece maddiyata bağlı olduğunu düşünenler yanılır. Çocukluğun mutlu geçmesi, sevgi ve anlayış içinde, huzurlu bir aile ortamında büyümeye bağlıdır. Eti'nin aile ortamı son derece huzurluydu. İlişkiler, sevgi ve saygıya dayanıyordu. Her yaz, Yeşilköy'e yazlığa giden, bisiklete binen, koşan, oynayan, dans etmeyi, eğlenmeyi seven, hayatla barışık bir kız olarak büyümüştü. İnsan nasıl başlarsa öyle gider. Bu, hayata bakışla ilgili bir şey. Eti, öncelikle kendisi mutlu bir kızdı. Bir erkek için bu son derece önemli. Onu görünce aradığım kadını bulduğumu anladım. Evlerinde verilen partilere, davetlere amcaları, halaları, yeğenleri, kuzenleri katılırdı. Eti'nin kalabalık aile ortamına alışık olması, bizim yaşamımızı da bir hayli kolaylaştırdı. Evimizden misafir asla eksik olmadı ve bu Eti için her zaman çok normaldi. Bir gün olsun misafirden şikâyet ettiğini duymadım. Aile içinde kurdukları güzel bağlar beni çok etkiledi. Çocuklarımızın da misafir seven, insanlarla barışık, birbirlerine yakın olmalarını ben hep buna bağladım. Eğer iki kardeş, koşullar ne olursa olsun her zaman aynı yakınlıkta durabiliyorlarsa, bu Eti ve benim ailelerine bağlı insanlar oluşumuzdandır.

29 aralık 1959 cumartesi akşamı Eti'yi, diğer dostlarla beraber ilk

defa yemeğe davet ettim. Bütün akşam çok güzel sohbet ettik. Onun da benden hoşlandığını anladım. Buna da çok memnun oldum. Beğenmek kadar beğenilmek de insanı mutlu eder. Yılbaşı çok yakın olduğu için arkadaşlarla o gece ne yapacağımızı da konuştuk. Herkes ortaya bir fikir attı. Yılbaşı gecesi Sıraselviler'de Özgür Gül Salonu diye bir yere gitmeye karar verdik. Oradaki atmosferin bize uygun olmadığı ikimizin de bakışlarından belli oluyordu. Böyle ayrıntılar insanları birbirine daha çok yaklaştırıyor. Eti'nin kalabalıktan, gürültüden, karışıklıktan fazla hoşlanmadığını, ama gittiği yere uyum sağlamaya çalışan, nazik bir kadın olduğunu da anlama fırsatım oldu. O gece Eti'nin üstünde uzun, kırmızı, dekolte bir elbise vardı. Bundan hiç hoşlanmamıştım. İsrail'de yaşadığım ve savunduğum serbest bir sosyal hayat ile Türk erkeği olmamın verdiği sahiplenme arasında gelip gidiyordum. Bir şey söyleyemedim tabii... İlk buluşmada kıskanç bir erkek intibaı bırakmak istemedim. Düşünüyorum da, evlendikten sonra Eti bir daha asla öyle bir kıyafet giyemedi. Türk erkeği yanım ağır basmış demek ki... Gençler bu satırları okurken belki de gülümseyecektir, ama bunlar hakikattir ve bir evlilik öncesinde dikkat edilmesi gereken noktalardır. Mutluluk, bu ayrıntıların arkasında gizlidir.

O sıkıntılı gece bizi birbirimize daha çok yaklaştırdı. Diğerlerinden daha erken kalktık. Bir arabaya bindik. Evine bıraktım. Yanağına kibarca bir öpücük kondurdum ve döndüm. Bir müddet bu şekilde gezmeye ve davetlere katılmaya devam ettik. O dönemin bir başka özelliği de, evlenme niyetiyle gezen çiftlerin, uzun müddet geçirmeden ailelerine bir cevap vermek zorunda olmasıydı. Bir ay içinde evlenmeye karar verdik. 1960 yılının ocak ayında söz kesildi. Söz gecesine ben gitmedim. Rahmetli dayım ve yengem, annemle babama eşlik etti. Drahomada anlaştılar. Drahoma, Yahudi ailelerinde bir kadınla bir erkek evlenmeye karar verdiklerinde kız tarafının damada verdiği paraydı. O zaman bir geleneğin yaptırımına cevap veren bu düzen, günümüzde gençlere daha kolay ve rahat bir hayat sağlama adına hem erkek hem de kız tarafının katkılarıyla daha anlamlı bir hale geldi. Drahomam ne kadardı hatırlamıyorum. Ama düğün günü, "Bu çocuk pırasa fiyatına gitti" diye benimle çok dalga geçip, gülüp eğlendiler. Sözden sonra aile yemekleri yapıldı; gelindi, gidildi. Bu sırada iki aile birbirini daha yakından tanıma fırsatı buldu. Kayınpederin evinde ziyafetler yapıldı. Protokoller beni sıkar ama koşullar bunu gerektiriyordu. Sonra da bir parti vererek nişanımızı ilan ettik. Bir buçuk sene nişanlı kaldık. Evimizde telefon olmadığı için, Eti'yi yakındaki turşucudan arardım. Büyük turşu küplerinden dolayı, turşucunun adı "küp" kalmıştı. "Nereden arıyorsun?" dediğinde, "Küpten" derdim. Herkes konuşulanları duyduğundan, özel bir şey konuşamazdık. Sadece sözleşip randevulaşmaya yarayan bir aletti telefon. Eti'nin Harbiye'deki Konak Sineması'na senelik kombine bileti vardı ve her hafta sonu sinemaya giderdi. Annesi ona "Bundan sonra sen nişanlı bir kızsın, sinemaya tek başına gitmek yok. Arar nişanlına sorarsın, müsaade ederse gidersin. Zaten artık sinemaya arkadaşlarınla gitmen de yakışık almaz" demiş. Eti bunun üstüne bütün gece, "Evlenmek istemiyorum" diye ağlamış. Oysa sonuç belliydi. Eti'yi bana vermişlerdi. Bu sene zarfında, her şeyin yolunda gitmediğini yavaş yavaş sezmeye başladım. Eti'yle anlaşamamaya başlamıştık. Ara sıra ciddi şekilde tartışıyorduk ama arada aileler vardı. Her konuda anlaşılmıştı. Düğün tarihi belliydi. Herkes çok mutluydu. Bendeyse bir kararsızlık baş göstermişti.

Korkuyor muydum? Yoksa bu işten vazgeçmek mi istiyordum? Tam olarak bilmiyordum ama baştaki kadar memnun olduğum söylenemezdi. Bir müddet sonra, aynı tedirginliğin Eti'de de olduğunu gördüm. Bir gün bir yerde buluştuk ve artık anlaşamadığımıza karar verdik. O zamanlar söz vermiş olmak aileler için o kadar önemliydi ki, evlendikten sonra ayrılmak sözlüyken söz atmaya göre daha kolaydı. Düğüne iki ay kala şu kararı verdik:

"Bir müddet sonra anlaşamıyoruz, der ayrılırız."

O dönem pek çok konuda anlaşamamamıza rağmen bu konuda anlaştık. Ben de epey rahatladım. Nasılsa bu iş bitecekti. Kendimi daha fazla sıkmamın da, Eti'yi üzmemin de bir anlamı yoktu... Nişanlandıktan sonra tam anlamıyla kapağı onların evine attım. Eğlencesi güzeldi. "Hadi gel" derlerdi, "Peki geliyorum" derdim.

Bir perşembe gecesi Eti'nin evinde yemek yedik. Baktım kimse konuşmuyor, canım sıkıldı, suratımı astım. Kayınpederim yüzümdeki mutsuz ifadeyi görünce sebebini sordu.

"Kimse konuşmuyor, çok sıkıcı."

"Ne istiyorsun oğlum? Her gün sana orkestra mı tutacağız eğlenesin diye?"

Bunu duyunca nasıl utandığımı hâlâ hatırlarım. Bu aileyi gerçekten, yürekten sevdim. Kayınpederim Yahudi ilke ve geleneklerine bağlı biriydi. Hep aynı mekânda olmamıza rağmen bizden çok daha resmiydi. Babam ve annemle, bayramlarda sinagogdaki törenlere olabildiğince katılırdık. Fakat kayınpederim daha dindardı. Roş Aşana Bayramı'nda, pesahta, kipurda bütün ritüelleri uygulardı. Bense yıllar sonra, özellikle cemaat başkanlığı görevlerim sırasında bu konularda daha dikkatli olmaya başladım. Koşerut kurallarına uymaya, cuma gecesi dışarı çıkmamaya ve dualara, törenlere katılmaya özellikle gayret ettim. Bunun çok önemli olduğunun bilincindeydim. Liderlerin bu tip konularda hassas davranması çok önemli. Çünkü onlar lider oldukları toplumun aynı zamanda modeli oluyor ve bu model, doğru olmak zorunda.

Çok ilginçtir, Eti'yle yüzüklerimizi, nişan şekerimizi, ona alacağım hediyeyi bile beraber aldık. Hiçbir zaman aramızda ayrı gayrı olmadı.

Parmağımdaki yüzük, o gün alınan yüzük. Onunki de öyle... Bir cüzdanımız vardı. Her şeyimiz ortaktı. Bugün de böyle. Bu alışkanlık o zamandan beri devam ediyor. Bir müddet sonra ayrılırız diye konuşmamıza rağmen, bir gün bile ayrı kalamıyorduk. "Bu gece bize gelme, biraz annenle babanla otur" diyordu. "Peki" diyordum. Akşamına, "Size geliyorum" diye telefon ediyordum. Ya da "Şurada çok güzel bir film oynuyormuş, hadi gidelim" diyordu, gidiyorduk. Bir türlü ayrılamıyorduk. Sözüm ona onunla anlaşamıyordum. Oysa birbirimizi seviyorduk. O kadar gençtik ki henüz bunun farkında bile değildik.

Kendi bütçemize göre bir ev aramaya başladık. O ev senin bu ev benim dolaştıktan sonra, Pangaltı'dan Kurtuluş'a doğru çıkarken kendimize göre minicik bir ev bulduk: Eşref Efendi Sokak, 54 numara. Kapıdan girişte bir hol, küçük bir yemek odası, bir basamak çıkıldığında bir salon. Bir yatak odası, bir çocuk odası, banyo, küçük ve sobalı bir ev.

"Tamam mı Eti?"

"Tamam."

Halbuki Eti sobalı bir evde hiç yaşamamıştı. Yaptığı fedakârlık beni çok etkiledi ama sesimi çıkarmadım. Bankada ikimizin adına düğün hediyeleri için bir hesap açtık. Böylece eksiklerimizi daha kolay alabilecektik. Anneler bu eve karşıydı. "Bu evde dünyada yaşayamazsınız" diyorlardı. Bizse halimizden memnunduk. Zaten onlar bu işin çok da uzun sürmeyeceğini bilmiyorlardı. Fazla masraf etmenin bir anlamı yoktu. Koço Karababa diye bir marangozla tanıştık. Kelimenin tam manasıyla kanımızı emdi. Peşin para verip mobilyalar ısmarladık. Adam bize verdiği sözü tutmayınca, aylarca mobilya bekledik. Düğüne on gün kalmıştı ama hâlâ yatağımız yoktu. Eşyalar ancak iki sene sonra gelebildi. Bütün yemek takımlarımız yatak odasında, dolabın üstünde dururdu. Açılır kapanır bir masamız vardı, iki koltuk, bir radyo...

Düğünle ilgili hazırlık yapmak gerekiyordu. Bütün yük benim omuzlarımdaydı. Âdet öyleydi. Bugün kim varlıklıysa çocuklara o yardım ediyor. Drahoma da sadece gelenekler içinde kaldı. Kız babası elinden geleni elbette yapıyor; ama erkek babaları da en az kız babaları kadar işin içinde artık. Birikmiş üç beş kuruşumu harcadım. Her şeyin güzel olması için elimden geleni yapmaya çalıştım. Kına gecesine ben de gitmek istedim: "Sen karını kırk sekiz saat evvelinden göremezsin" dediler. Gidemedim tabii. Ben de durmadan Eti'yi turşucudan aradım. Maksat konuşmak, o gecenin ayrıntılarını öğrenmekti. Merak ediyordum. 26 kasım 1961 pazar günü saat on dörtte evlenecektik. Düğüne bir saat kala yine turşucudan Eti'yi aradım.

"Ne işin var turşucuda, daha giyinmedin mi?"

"Hayır. Unuttun mu, ev Neve Şalom Sinagogu'nun yan kapısı!"

Doğrudan düğüne gitmiş olmayayım diye, neredeyse Bankalar Caddesi'nde bir tur atıp öyle gidecektim düğünüme!

Yahudi geleneklerine göre sinagogdaki tören, düğün değildir. Düğünden sazlı sözlü eğlence anlaşılır. Bu tören, İslam dininde ya da Hıristiyanlıkta olduğu gibi din görevlisinin Tanrı önünde kıydığı dini bir nikâhtan ibarettir. Bir akit, bir ritüeldir. Yahudiler bu töreni çağdaşlaştırdı. Bulundukları ülkenin medeni kanununa uygun şeklide resmi nikâhla evlendikten ve evlenme cüzdanı aldıktan sonra, sinagogda dini tören yapıyorlar. Dini tören de bir yazılı belgeyle onaylanır. Buna ketuba* denir. Ketuba damat tarafından imzalanır. Gelinin getirdiği drahoma miktarı da ketubaya işlenir. Erkek, eşine hayat boyu bakacağına dair söz verir. Bu tören dini nitelikte olduğu için, nikâha düğün denmesinden yana değilim. Dini törende içeri önce damat, anne ve babasıyla gelir. Anne herkesten önce girer. Yahudilikte anne önceliklidir. Biri öldüğü zaman bile annesinin adıyla zikredilir. Babası kızını getirir ve damada teslim eder. Nikâh kıyılırken çiftin başının üstüne bir şal atılır. Tallet adı verilen bu şal, evliliği diğer evliliklerle eşitler. Onun altına giren kişinin elbisesi, smokini; yani zenginliği ya da fakirliği belli olmaz. Bunların hepsi, Tanrı katında aynı değerde ve önemdedir. Düğünde damat ayağıyla bir bardak kırar. Bu, en zor günlerinde bile aç ve zorda kalan insanları unutma ve yıkılan Ağlama Duvarı'nı hep hatırla, demektir. Ağlama Duvarı, tüm dünyadaki Yahudilerin en kutsal tapınağıdır. Tarih içinde savaşlara hedef olmuş ve yıkılmıştır. Manevi değerini her zaman muhafaza etmiştir. Daha sonra Tevrat'ların bulunduğu "ehal" adı verilen, iki kapısı bulunan duvarın içine yerleştirilmiş özel muhafaza yerinin kapakları açılır. O sırada herkes yüzünü o tarafa dönerek dua eder. Sadece Türk Musevi dini nikâh törenlerine has olan bir özellik de, nikâhlarımızda Türkiye Cumhuriyeti'nin cumhurbaşkanının adının zikredilmesi ve ona dua edilmesidir. Türk Devleti'ne ve halkına refah, mutluluk ve saadetler için dua edilir. Dinimizce emredildiği şekilde Yahudiler, bulundukları ülkenin bayrağına ve kanunlarına saygılı olmak zorundadır. İsrail'de böyle bir dua yapılmaz. ABD ve Fransa'da da yapıldığını görmedim. Yunanistan ve Bulgaristan'da olabilir, çünkü onlar bizlerle aynı ritüellere sahipler.

İçeri önce ben, babam ve annemle girdim. Dayım da yengemle beraber arkamızdan geldi.

Sonra Eti'nin annesi ağabeyiyle beraber girdi, sonra da kardeşleri... Eti babasıyla beraber girdi. O sahneyi yaşayan heyecanlanmadım derse yalandır. İnsanın, müstakbel eşini üç gün önce de görmüş olsa, ilk defa gelinlikler içinde görmesi gerçekten de çok önemli ve unutulmaz bir an.

Eti çok güzeldi. Kabarık bir gelinliği vardı. Babasının kolunda, du-

---

* Evlilik sözleşmesi, nikâh belgesi. Musevi inançlıların erkek egemen toplumsal yapısında ketuba kadının haklarını ve kocanın kadına karşı ödevliliklerini sıralayan ve bunları güvence altına alan bir senet niteliği taşır.

daklarında küçük bir gülümsemeyle bize doğru ilerledi. İnsan, birkaç dakika sonra eşi olacak genç bir kadını kendisine doğru ilerlerken görünce yaşamla ilgili ne kadar önemli bir adım attığını düşünüyor. Eti gelinliğinin içinde çok hoş görünüyor ve kalbim yerinden çıkacakmış gibi çarpıyordu. İçimden bir ses, "Karın olacak kadın geliyor. Hayatını onunla devam ettireceksin" dedi. Nikâhımızı Haham İzak Maçaro kıydı. Büyük bir sesti. Gerçekten insanın içine işleyen bir sesle dua okur ve konuşurdu. Akşam ziyafet vermek gerekiyordu ve bendeki para bitmişti. "Yemeğe gelmek isteyenler kendi parasını versin" dedim. Bu bazı kişilere hoş gelmedi elbette ama yapacak bir şey yoktu. Bazılarının parasını babam, bazılarınınkini kayınpederim ödedi. Bir kısım misafirler de kendi paralarını ödedi. Yeşiköy'deki Çınar Otel'de yetmiş kişilik bir düğün oldu. Bugünkü düğünler gibi şaşaalı bir düğün değildi. Son derece mütevazı ve bize göre bir düğündü. Sevgili arkadaşım İshak Kasuto da bizimle aynı gün evlenmişti. Onların dini nikâhları bizden sonraydı. Balayında aynı yerde buluştuk. Çınar Otel'deki üç günlük balayı, o zamanki şartlarda bizim için bir film gibiydi. O kadar mutlu olmuştuk. Bu işin altından bu kadar güzel bir şekilde kalkacağımızı ikimiz de düşünmemiştik. Ertesi gün kayınvalidemi aradım. Kadıncağızı meraklandırdım tabii. Aslında niyetim onu kızıyla beraber öğle yemeğine davet etmekti. Biz nasılsa her zaman beraberdik. Mutluluğumuzu sevdiklerimizle paylaşmayı da çok seviyorduk. Bu telefon kayınvalidemi o kadar şaşırttı ki, yıllar boyu hatırlayıp güldük. Belki de binlerce düğüne katıldım bugüne kadar. Sevdiklerimiz, dostlarımız bizleri hep hatırladı, davet etti. Yine de düğünlerde aşırı gösterişe ve masrafa kaçılmasından hiçbir zaman hoşlanmadım. Bu paralara hep boşa gitmiş gözüyle baktım. Bunun yerine gençlerin eksikleri tamamlansa daha iyi olur diye düşündüm.

Evliliğin çocuk oyuncağı olmadığını, emek ve fedakârlık istediğini, "Önce evlenelim, sonra nasıl olsa ayrılırız" demekle çözülemeyeceğini çoktan anlamıştık. İnsan eşini seçerken hayatını seçiyor. Eti'yle evlenmek benim için çok doğru ve çok güzel bir seçim oldu. Kırk yedi yıllık evliliğimizde sadece eş değil, çok iyi arkadaş ve sırdaş da olduk. Bir süre sonra insanın evlendiği kişinin her şeyi olduğunu yaşayarak anladık. Evlenmeden önceki tüm anlaşmazlıklar ve kavgalar yerini uyuma, sevgiye ve daha güçlü bir beraberliğe bıraktı. Ayrılma kararı aklımızdan uçup gitti. Fark ettiğimiz halde bunu birbirimize bir müddet söylemedik. Sonraları gerçek hislerimizi ve sevgimizi birbirimize ifade ederken, aslında hayatın zannedildiğinden çok daha ciddi olduğunu fark ettik. Bunu anlamak için insanın hayatın tam anlamıyla içine girmesi gerekiyor. Hayatı yaşamadan ahkâm kesmek kadar yanlış bir şey yok. Bana göre "büyük" denen aşklar çabuk külleniyor, aşk da evlilik içinde bir gün bitiyor. Sonsuza kadar yaşayanlar ise sevgi, saygı ve vefa. Eti'yle birbirimize evlendikten sonra âşık olduk. O kadar mutluyduk ki, biz bile şaşırıyorduk. Sanki sihirli bir değnek değmiş ve her şey yoluna girmişti. Sanki o anlaşmazlık ve çelişkileri yaşayan biz değildik. Nikâhtaki keramet buydu herhalde. İlk evlilik yıldönümünde bunları hatırlayıp bütün gece güldük. Bu yüzden gençler, nişanlılık veya sözlülük döneminde tartıştıklarında, hemen paniğe kapılıp ayrılmayı düşünmemeli. Dünyalarının ayrı olduğuna karar vermek için acele etmemeliler. Bu, benden gençlere gerçek bir öğüt. Neyin ayrı, neyin aynı olduğunu biraz da kader belirliyor. Herkesin artıları, eksileri var. Bu maçtan kaçmak kolay, ama kaçmamak lazım. Ben önce çok uygun bulduğum, sonra da ayrılmaya karar verdiğim bu kızın, hayatımın sonuna kadar yanımdan ayrılmamış olmasını biraz da buna bağlıyorum. Hayatta bizim irademiz dışında var olan, Tanrı'ya ait bir güç daha var. İnsan istese de ona karşı koyamıyor.

Eti'nin benden evlenmeden önce bir ricası oldu. Cemaat işlerine girer ve evliliğimize vakit ayırmazsam benden ayrılacaktı. Ben de ona söz verdim. Böyle bir şey olmayacaktı. Hayat zordu. Biraz kendimizi dinlemek, doğacak çocuklarımıza hazırlanmak istiyorduk. Etrafımızda çok varlıklı akrabalar, eş dost vardı. Durumumu biraz daha düzeltmek ve çocuk sahibi olmak istiyordum. Ailemizin çok değerli büyüğü Sara Teyze, çocuğumuzun olmamasından o kadar çok endişelenmiş ki, bir gün dayanamadı, bana gelip "Sizin çocuğunuz olmuyor galiba, çok üzülüyorum bu halinize" dedi. Ben de onun duygusallığından yararlanarak, "Sorma Sara Teyze, çocuk sahibi olamıyoruz galiba. Böyle giderse Avrupa'ya tedaviye gitmek zorunda kalacağız" dedim. Sara Teyze'nin gözüne üzüntüden günlerce uyku girmemiş. Çok güldük sonradan bu hikâyeye. Yapabileceğim bir şey yoktu. Çünkü ona doğrusunu söylesem, çocuk sahibi olmak için bekliyoruz diye çok kızardı. Kısa süre sonra Eti bana bir bebeğimiz olacağını söyledi. Dünyalar benim oldu. Müstahdemlik dönemi çoktan kapanmıştı, yeni bir iş de kurmuştum. Çocuk için en doğru zamandı.

Evlendikten üç yıl sonra, 19 mart 1964'te Benjamen dünyaya geldi. Seferad Yahudilerinde dedenin ya da büyükbabanın adını ilk çocuğa koymak âdettir. Bu âdet bugün de devam ediyor. Benjamen'e de büyükbabası Binyamin Pinto'nun adını koyduk. Babama böyle bir keyfi yaşattığım için mutluyum. Allah bana da yıllar sonra bu mutluluğu torunlarımla yaşattı. O zaman Pangaltı'da oturuyorduk. Eti'nin bir akşam sancıları tuttu. Şimdi çok başarılı bir kadın doğum uzmanı olan Doç Dr. Moşe Benhabib'in babası, Dr. Şalom Benhabib de zamanın en meşhur doktoruydu. Apar topar hastaneye gittik. Doktorumuza da haber verdik. Hastanede, can acısından olsa gerek Eti beni yanında istemedi. Odadan çıktım. Doğru doktorun yanına gittim. Doktor telaşımı görmüş olacak ki "Bu iş artık bizim işimiz. Ben yanlış bir iş yapmam. Durup dururken sezaryen de yapmam. Sen merak etme, burada otur ve bekle" dedi. İnsan nasıl oturup bekler ki böyle bir durumda? Hayatta beni en çok üzen ve düşündüren şey çaresizliktir. Mutlaka yapabileceğim bir şey olduğunu düşünürüm hep. Ama bu işte yapabileceğim hiçbir şey yoktu. Hakikaten oturup beklemem lazımdı. Benjamen sabaha karşı doğdu. Eti'nin annesi seyahatteydi. Annem, babam, Eti'nin ablası bizimle birlikte hastanedeydi. Bir orkide ve şekerle sabah Eti'nin odasına girdim. Biraz yorgundu ama iyi görünüyordu. Bir insana eşinin verebileceği en güzel hediye çocuklarıymış. Bunu ilk defa Benjamen'in doğumunda yaşadım. Benjamen, Eti'nin bana ilk armağanıydı. Odaya girdikten bir saat sonra bebeğimizi getirdiler. Sarışın bir oğlandı. Küçücük ellerine, yüzüne, açmakta zorlandığı gözlerine baktım. Doğalı beş saat olmuştu. Kime benzediğini düşündüm. Beş saatlik bebek kime benzeyebilirdi ki? Kimseye. Ona baktıkça içim tarif edilmez bir mutlulukla doluyordu.

Benjamen, aslında dayısı Jojo'ya benzer. Çok zeki ve akıllı bir çocuktu. Tam tabiriyle büyük bir adam gibiydi. Yüzünde her zaman son derece ciddi bir ifade vardı. Her zaman ciddi şeyler düşünürdü. Etrafındaki arkadaşları onu her zaman çok sevdi ve bu özelliğinden dolayı fikirlerine değer verdi. Benjamen, iyi yetişmiş, mayasında çok iyi nitelikler taşıyan bir adam oldu. Onun oğlu da Benjamen'in aynısı şimdi. Torunum Yoni'ye baktıkça oğlumun küçüklüğünü görür gibi oluyorum. Benjamen'in düşünce tarzı, ticari anlayışı da aynı dayısı gibidir. Biri biraz sıkıntılıysa, kafasında bin tilki dolaşır. "Bu adama nasıl yardım ederim? Onu bu dertten nasıl kurtarırım?" diye düşünür. Ama hiçbir zaman karşısındakine dokunan biri olmadığı için de gidip boynuna sarılmaz. Benjamen müziğe yatkın değildi. Ona hiçbir zaman "Gitar çalmayı öğren ya da piyano çal" demedim. Kaset dinlemeyi çok severdi. Ona bu şekilde yaklaştım. Bir teyp aldım. Müzik dinledi ve müzik kültürünü, zevkini geliştirdi. Hangi tür müzikten hoşlandığını, ne dinlemek istediğini kendi keşfetti.

Her anne baba çocuğunu kendi aklıyla büyütür. Kendi yapamadığını o yapsın ister. Kendi piyano çalmamış, çocuğuna çaldırır. Bale yapamamış ona yaptırır. Ben buna her zaman karşıydım. Yapamadıklarımı kendimi tatmin edeceğim diye çocuklarıma yaptıran bir baba olmadım. Eşim de öyle bir anne değildi. Komplekslerden arınmıştık. Onların neler yapabileceğini görüp, onları öyle yönlendirdik. Benjamen düşünür ve uygular, çok konuşmaz. Soğuk görünümünün altında yumuşacık kalbi olan bir çocuktur. Mesafeyi korur. Çocukken de öyleydi. İnsanlara onları tanıdıktan sonra yakın olmayı tercih ederdi. Hayim ise bana daha çok benzer. İkimiz de dokunmayı çok severiz. Düşünürken, konuşuruz da. Karakterleri ve davranış biçimleri farklı da olsa, oğullarımın özleri aynıdır. İnsandırlar. Onların diğer güzel nitelikleriyle beraber, en çok bu yönleriyle gurur duyarım. İkisi de güvenilebilecek dost, dayanılabilecek evlattır.

Yedi sene Pangaltı'da oturduktan sonra Şişli'ye taşındık. Benjamen okul çağına gelmişti. Önce Dost İlkokulu'na gitti. Yeğenim İzak, Benjamen ve Hayim farklı zamanlarda aynı öğretmenle okuma şansına sahip oldu. Öğretmenleri Nürge Acar adında bir hanımefendiydi. Bu değerli hanımefendinin çocuklarımın yaşamlarındaki yeri çok önemlidir. Kayınpederim o yıllarda Kocamansur Sokak'ta, Altın Apartmanı'nda otururdu. Tam karşısında bir arsa vardı. Dost İlkokulu'ndan bu arsanın boşluğu sayesinde kayınpederimin evi görünürdü. Okulun eve yakın olması ayrıca bir avantajdı bizim için. Bize göre o zamanının en iyi okulu orasıydı. Çocuklarımızı çağa göre yetiştirmeye gayret ettik ama terbiyeden ödün vermedik. Onları hiç dövmedim. Yalnız bir gün Benjamen'e çok kızdım. Bir Cumhuriyet Bayramı'ydı. Ne olduğunu şu anda hatırlamadığım bir şey istedi, tutturdu. "İstiyorum da istiyorum" diyor, başka bir şey söylemiyordu. Eşref Efendi Sokağı'nın başından eve kadar poposuna vura vura getirdim. Alt katta komşumuz Rikkat Güvenç Hanım otururdu. Ona Rikana derdik. Benjamen'i kendi oğlu gibi sever, adeta tapardı. Bu manzarayı gördüğünde evin kapısına çıktı. Benjamen'i kucağına aldı, "Sen kim bilir neye aksilendin, sinirini çocuktan çıkarıyorsun. Vurma çocuğa" dedi. Aldı Benjamen'i, evine girdi, kapıyı da yüzüme kapadı. Uzun zaman bana bu sebeple içtenlikle merhaba demediğini sezdim. Benjamen onların da çocuğu gibiydi. Benjamen'e yapılacak bir yanlışa hiç müsamahaları yoktu. Uyumlu bir çocuktu oğlum. Arkadaşlarıyla çok güzel oyunlar oynayan, onlara kızamayan, ama yeri geldiğinde hakkını arayan bir çocuk... Çok çalışkan bir talebe oldu. Hiçbir zaman birinci olayım diye çalışmadı ama hep iyi yerlerde oldu. O zaman beşinci sınıf bittiğinde her gün başka bir okulun sınavı vardı. Çok iyi bir öğretmenden ders aldık, onu çok iyi yetiştirdi. Robert Kolej'de yedinci yedekti ve diğer bütün okulları kazandı. "Ben, Avusturya Lisesi'ne gideceğim, burada çalan müziği sevdim, bana verdikleri okul numaramı bile sevdim" dedi ve oraya gitti.

İki çocuğumuzun da isteklerine karışmadık. Onların kararlarına her zaman saygılı olduk. Hazırlık sınıfındayken çok hastalandı. Ateşi bir türlü düşmüyordu. Aile dostlarımız Dr. Aysun Kuşakçıoğlu ile Dr. Öznur Kuşakçıoğlu o gün bir baloya devetliymiş. Bir de baktık ki o gece hiç üşenmeyip baloya giderken bize uğramışlar. Aysun'da gece elbisesi, Öznur'da smokin, papyon... Aysun Benjamen'i muayene etti, ciddi bir soğukalgınlığı geçirdiğini ama ilaç tedavisiyle iyileşeceğini söyleyerek bizi o gece çok rahatlattı. Uzun süre okula gidemediği ve derslerinden geri kaldığı ortadaydı. Devamsızlıktan sınıfta kalması gerekiyordu. Eti müdürle konuşmaya gitti. Müdür ona "Hiç merak etmeyin. Benjamen o kadar mükemmel bir öğrenci ki, sınıfta kalmadan ve hiçbir sorun yaşamadan bir üst sınıfı okuyabilir" dedi. Böylece altıncı sınıfa rahatça geçti. Avusturya Lisesi'ni çok iyi bir şekilde bitirdi.

Eti'nin her iki oğlumuzun yetişmesindeki yeri çok önemli oldu. Bir gün Benjamen'le alışveriş yapmışlar ve dönerken de eve yakın bir manavdan bir şeyler almışlar. Benjamen de tezgâhtan bir tane bezelye almış. Eve geldiklerinde Eti elindeki bezelyeyi fark edip "Nereden aldın onu oğlum?" diye sormuş, manavdaki tezgâhtan aldığını öğrenmiş. "Ama bu senin yaptığına hırsızlık denir, sormadan hiçbir şey alınmaz. Şimdi hemen geri dönüyoruz, sen bezelyeyi tezgâha bırakıyorsun ve manav amcadan da özür diliyorsun" demişti. Eve gelince Benjamen odasına kapanıp utancından ağlamış. Böyle onurlu bir çocuktu. Yanlış yapmayı sevmediği için, bilmeden yaptığı bir yanlış bile onda böyle etkiler uyandırabiliyordu.

Şişli'de Tayyareci Cemal Sokak'taki Dörtler Apartmanı'nda uzun müddet oturduk. Benjamen, bar mitsvasını orada yaptı. Çok güzel, çok mutlu bir hayat yaşadık o evde. Gerçi o evde yaşarken annemi kaybettim ama o ev, yine de bizim hayatımızda önemli olayların yaşandığı bir ev oldu. İkinci çocuğa henüz karar vermemiştik. Benjamen annesine bir gün şöyle demiş:

"Ben bu evde sıkılıyorum. Bir kardeşim yok ki eğleneyim."

Anne baba olmanın keyfini bir kere daha yaşamak için bu çok doğru bir zamandı. 4 haziran 1969'da Hayim dünyaya geldi. Eti'nin bana ikinci armağanı! Ona da kayınpederimin adını verdik. Hastanedeydik. Hayim'in sünneti yapılacaktı. Sünnetlerdeki masrafı bebeğe ismi konulan kişi karşılar. Rahmetli babamın Benjamen'in sünnet masrafını karşılayamayacağını bildiğim için, ben üstlenmiştim. Bu doğumda da aynısını yapmam lazımdı. İnsan hakkaniyet duygusundan koşullar ne olursa olsun vazgeçmemeli. Çok güzel bir sünnet töreni oldu. Servisi Osman Pastanesi yaptı. Erez Kliniği sokağa bakardı. Sokaktan geçenler içeriyi görürdü. Çok kişinin hayranlık dolu bakışlarla bizi süzdüğünü hatırlıyorum. O gün yoldan geçen herkesi içeri çağırdım.

"Bir oğlum oldu. Sünneti var. Lütfen siz de ikramlardan alın."

Böyle günler herkesi doyurmak içindir. İhtiyacı olan olmayan herkes bu paylaşıma katılmalı. Bu bir eğlence değil, dini bir âdet. Bu gerçekleşirken de mutlaka herkesin karnı doymalı. Her dinden adam gelip böyle bir davetten hakkını alıp gitmeli. Bunu söyleyen ben değilim, Allah...

Benjamen, Hayim'i çok iyi karşıladı. İstediği gerçekleşmişti. Ondan mutlusu yoktu. İki kardeşin arasında hiçbir zaman kıskançlık olmadı. Hayim doğduğu zaman, Benjamen benim arkadaşım olmuştu artık. Nasıl ki Hayim'in ikizleri doğduğunda, büyük torunlarım Yoni ve İris benim arkadaşım olduysa, aynı öyle...

Hastaneden çıkınca kayınvalidemin evine geldik. Hayim'in kırkı çıkıncaya kadar orada kalındı. Hayim eve geldiğinde Benjamen kabakulak olmuştu. İkisini bir müddet birbirinden ayrı tutmamız gerekti. İki kardeş arasında beş yaş vardı. Biri ilkokulu bitirdi, öteki başladı; biri üniversiteyi bitirdi, öteki başladı, beş sene arayla evlendiler. İki kardeş arasında ne rekabet yaşandı, ne hırs. Birbirlerine asla kırılmadılar. Beraber çok güzel vakit geçirirdik. Ben her türlü yoğunluğuna rağmen çocuklarıyla oynayabilmiş bir baba oldum. Hayim üç, Benjamen sekiz yaşındaydı. Avrupa Kupası maçları vardı. Almanya'da bir maç oynanıyordu. Biz de aynısını evimizde uyguluyorduk. O zaman isimlere takı ekleme modası vardı. Çocuklar ünlü futbolcuların isimlerini bizim isimlerimize uydururlardı. Hayimovski, Bensiyonoski! Küçük yaşta onları futbol maçlarına götürdüm. Hollanda'dan bir iş seyahati dönüşünde Subuteo diye bir oyun getirmiştim, ailece yere yayılır, saatlerce bu oyunu oynardık. Bazen kayınbiraderim Jojo da bize katılırdı. Bahçede de maç yapardık. Arkadaşları evden eksik olmazdı. Yazlıkta ev çocuktan geçilmezdi. Bazen bize gelenler, "Ne kadar çok çocuk toplanmış eve" diye söylenirdi. "Biz zaten çocuklar için yazlığa geliyoruz" derdik. Öyleydi gerçekten. Onlar mutlu olsun, iyi bir yaz geçirsin, çocukluluklarının tadına varsın diye yazlığa gidiyorduk. Yazlığı kayınvalidem ile kayınpederim ayarlardı ve adım gibi biliyorum ki, kirayı tamamlarlardı. Çocuklar güzel bir yaz geçirsin diye en az bizim kadar uğraşırlardı. Yeşilyurt Deniz Kulübü'ne üyeydik, oradan denize girerdik. Daha sonra Çınar Oteli'nden girmeye başladık. Orada da çok iyi dostlarımız vardı.

Bir gün Benjamen'in başında çıbanlar çıktı. Ne yapsak iyileşmedi. İşin en acı tarafı, bulaşıcı olduğunu zanneden ailelerin, çocuklarının Benjamen'le oynamasına izin vermemesiydi. Bu duruma çok üzüldü. Düşündüğünü belli etmeyen bir çocuk olduğu için, bahçede kendi kendine bisiklete biniyor, top oynuyor, bu konuyla ilgili tek kelime etmiyordu. Tedavi amacıyla saçlarını kazıtmıştık. Başkaları görmesin diye hep şapka takmaya başladı. Bilinçsiz bir aile değildik. Bulaşıcı bir hastalık olsa diğer çocuklarla oynatmazdık. Oysa evhamlı aileler "Neyiniz var? Bu sorunu nasıl çözebiliriz?" demek yerine, çocuklarını oğlumdan uzaklaştırdı. Bundan dolayı ilk defa sokakta yürürken ağladığımı hatırlıyorum. Başımdan o kadar üzücü olaylar geçmesine rağmen her zaman kendime hâkim olabilmiştim, ama söz konusu çocuğum olduğunda kendimi âciz hissetmiştim. Çocuğum yalnızlığa terk edilmişti. İnsanları ikna edememenin ıstırabını çekiyordum. Benjamen'i başasistan Dr. Agop Katoğyan'a götürdük. Şöyle bir baktı: "Bunlar sineklerden olmuş" dedi ve bize reçetesiz satılan iki buçuk liralık bir merhem verdi. Merhemi sürebilmek için saçlarını yine kesmek gerekiyordu. Saçlar kesilince anneler bize bir şey sorma lütfunda bulunmadan çocuklarını yine ondan ayırdı. Bir aile hariç. Sadece bir anne oğlunun onunla oynamasına izin verdi. Sadece bir kişi... Bu mesele bize kimin dost olduğunu, kimin olmadığını gösterdi. Çıbanlar çok kısa süre sonra tamamen geçti. Benjamen'in saçı uzadı. Bu mesele de unutuldu gitti. Ama ben asla unutmadım.

İnsan, zor zamanlarında yakınlarını yanında görmek istiyor. Ne para ne pul, sadece bir kol temasına ihtiyaç duyuyor. Böyle zamanlarda dostlarımı yalnız bırakmamaya elimden geldiğince özen gösterdim. Kardeş, Allah'ın baştan size verdiği bir lütuf. Arkadaş ise hayatın içinde eğer şansınız yaver giderse karşılaşabileceğiniz kişi. Değerini bilmek gerekiyor. İki çocuğumun da arkadaş canlısı olduğunu bilmek beni her zaman mutlu etti. Çevreleri geniş ve sevilen çocuklar oldular. Bundan daha büyük bir hazine olamaz.

Hayim, sıcak, sevgi dolu bir çocuktu. Tam tabiriyle "dokuz kralla barışık"tı. Asla kavgacı olmadı. Oyuncaklara çok meraklıydı. Vurdulu kırdılı oyunları severdi. Ağabeyi elektronik aletlerle ilgilenirken, o nerede hareket varsa onun içindeydi. Çok arkadaşı vardı. Yanlarında kimse olmasa bile ikisi saatlerce oynardı. Çok uyumlu bir kardeşlik yaşadılar. Bir anne baba için bu çok önemli bir ayrıntıdır. Çünkü kardeşler arasındaki ilişki ve uyum nasıl başlarsa öyle gider. Onlarda da öyle oldu. Nasıl başladıysa öyle devam etti. Hayim ile Benjamen, bugün birbiriyle anlaşan, birbirini çok seven, koşullar ne olursa olsun her zaman birbirlerine destek olan kardeşler.

Hayim, tembel sayılmamakla beraber, her konuda bana benzediği için ders çalışmayı hiçbir zaman çok sevmedi. Koltuktan koltuğa atlarken annesi ona ders çalıştırırdı. Aynı ben! Benim de annem benimle bu konuda çok uğraşmıştı. "Gel şu şiiri ezberle be yavrum" diye peşimde koşardı. Bense top peşindeydim! O da benim gibi sınıflarını ucu ucuna geçti. Fakat okulun en sevilen öğrencisi oldu. Lider tabiatlı, çabuk organize olabilen, insanları yönlendiren bir yapısı var Hayim'in... Bir işi üstüne alınca sonuna kadar takip eden, dürüst, biri. Saint Michel'de okurken bütün bir yıl boyunca annesi onun ders durumuyla yakından ilgilendiği için sınıfını geçeceğinden emindi. O yaz da Büyükada'daydık. Yazın sonunda imtihan sonuçları açıklandı ve Hayim'in sınıfta kaldığını öğrendim. Sonucu öğrendikten sonra bir pasta aldım, bir de çiçek yaptırıp adaya geldim. Elimde çiçek ve pasta kutusuyla beni gören Eti, Hayim'in sınıfı geçtiğini sandı ve "Kutlama yapacağız, değil mi?" dedi.

"Evet. Hayim sınıfta kaldı. Ama Allah'a şükür sağlıklı. Ve benim için her şeyden önemlisi bu."

Eti bunu duyunca hayatında ilk ve son kez bayıldı. Bunu Hayim üzülmesin diye yapmıştım. Her çocuk sınıf geçecek, her sene aynı başarıyı gösterecek, her zaman her konuda başarılı olacak diye bir şart yok. Hayat da böyle tekdüze değil zaten. Oğullarımın bunu öğrenmesi benim için her şeyden önemliydi. Önce sağlık gelir. Gerisi nasıl olsa kendiliğinden gelecektir. Sonunda iki oğlum da üniversiteyi bitirdi ve kendi ayakları üstünde duran birer aile reisi oldu. Bir baba için bundan daha büyük mutluluk olamaz.

Hayim, çabuk sinirlenen ve çabuk sakinleşen bir adam. Eşini ve çocuklarını her türlü değerin üstünde tutar ve onlar için her türlü fedakârlığı seve seve yapar. Affedici, olaylara karşı sağduyulu bir tutum içindedir. Bir adım atacağı zaman düşünür, sonuçlarının neler olacağını hesaplar ve ona göre davranır. Duygusal bir adam olmasına rağmen aklıyla hareket etmeyi her zaman tercih eder. Yine de bu seçim onu her zaman başkalarına göre daha çok zedelemiştir. Bana o kadar benzer ki... Duygusal yapısından dolayı benim gibi o da sağlığını bozmuştur. Ben bir miğde rahatsızlığı geçirdim, o da geçirdi. Her şeyi içinde yaşar ve kimseyi üzmez. İyi yürekli, açık sözlü ve dürüst bir insan olmanın zorluklarını zaman zaman yaşasa da, bu prensiplerinden taviz vermemesi ve ilişkilerini her zaman ve her koşulda dengede tutabilmesi, uzlaşmacı bir insan olması bana geç yaşlarımda bile çok şey öğretti.

Bizim evde terbiye ve saygı asla zedelenmedi. Herkes her şeyi rahatlıkla konuştu. Herkes bir yere kadar soru sordu. Soru sorulan soruyu canı istiyorsa cevapladı. Baskı olmadı. Yaşı ne olursa olsun herkese saygı gösterildi. Aramızda paranın lafı bile olmadı. Cüzdanımız ortak bir banka hesabı gibiydi. Her ay oraya para koyardım. Kime lazımsa oradan alır, "Hayim elli lira aldı, Benjamen yüz lira aldı" diye bir not bırakırdı. Bu cüzdan hâlâ kullanılıyor. Çocuklarıma evlenecekleri güne kadar sembolik de olsa haftalık verdim. Oradan her zaman para alabileceklerini de biliyorlardı. Gençleri muayyen bir parayla sınırlamamak gerektiğini düşünmüşümdür. Parayı nasıl harcamaları gerektiğini onlara öğretmek, ama zaman zaman kontrollü bir şekilde inisiyatif bırakmak da lazımdır. Hele erkek çocuklar için bu daha da önemli. Çocuklarım bu dengeyi öğrendikleri için cüzdanı hiçbir zaman boşaltmadılar. Bu dengeyi onlara öğretmek için bulduğumuz cüzdan yöntemi bizi çocuklarımızla para mevzuunda konuşmaktan kurtardı ve onlara para harcamayla biriktirmenin yolunu kolay şekilde öğretmemize yardımcı oldu. Evimize çocukların arkadaşları her zaman gelebildi. Bu konuda kısıtlama getirmedik. Benjamen evde parti yaptığında her şeyi hazırlar, evden giderdik. O zaman on iki on üç yaşlarındaydı. Evin koridorunda maç yapardık. Birbirimize çelme takar, düşürürdük bile... Bazen evde bir şeyleri kırardık, Eti de bize kızardı. Ne güzel, ne değerli anlarmış onlar... İyi ki tadını çıkarmışız.

Zaten yaşamın her anının doya doya tadına varmak lazım. Hayat o kadar kısa ve o kadar güzel ki... İnsanın davranışları, çocuklarının da davranışlarını belirliyor. Yaptıklarımız, gelecekte çocuklarımızın yapacakları. Çocuklarımın yaptıkları doğru ya da yanlış, her şeyi evde öğrendiklerini fark ediyorum. Evlat yetiştirirken insan ne ekiyorsa onu biçiyor. Çocuklar büyüyünce gerçek anlamda arkadaşım oldular. Buna çok sevindim. İnsanın evladıyla her şeyi paylaşmasından daha güzel ne olabilir? Çocuklarımla her zaman, her şeyi konuşabildim. Konuşamayacaklarımı da onlara hiç açmadım. Bazı hassas konularda yanlış yapılmaması için zaman zaman arkadaşlarımı da uyardım. Maçtan, politikadan, hayattan söz edilebilir ama çocukların yanında onları ilgilendirmeyen konulardan konuşulmazdı. Hayim'e de Benjamen'e de sonradan yaklaştım. Eşime bu konuda haksızlık yaptığımı da sonradan gördüm. O çoluk çocukla bütün gün yorulmuşken, akşam misafir geldiğinde, "Eti bir bardak su getir" derdim mesela. Erkek, bazı şeylerin önem ve gerekliliğini ancak yaş ilerleyince anlıyor.

Bugün Eti'nin hayatını kolaylaştırmak için elimden geleni yapıyorum. O zamanlar tecrübesizlikten mi, anlayışsızlıktan mı, nedense yapmazdım. Sorumluluğu eşe yüklemek, çocuklara "Anneniz bilir, annenize sorun" demek kadar kolay ve yanlış bir şey yok. Çocuklarım her zaman yaptıkları her işi benimle olduğu kadar dayılarıyla da paylaşır. Çok geniş bir aileyiz. Ben bunu her zaman tercih ettim. Aile, ailedir. Bırakamazsınız, kopamazsınız. Bırakmamalısınız, kopmamalısınız. Aileyi bir arada tutmak için yapıcı olmak zorundasınız. Uzlaşmacı olmak, her şeyi hepsiyle yeri geldiğinde açık açık konuşmak, bunun doğru olduğuna onları da ikna etmek zorundasınız. Aile reisliği bunu gerektiriyor.

Şabat günü, inancımıza göre Tanrı'nın Musa'ya verdiği on emrin içinde geçen çok önemli bir noktadır. Tevrat'ta şabatla ilgili emir şöyledir:

"Şabat gününü kutsal sayarak anımsa. Altı gün çalışacak bütün işlerini yapacaksın. Yedinci gün bana, Tanrın Rabb'e, şabat günü olarak adanmıştır. O gün sen, oğlun, kızın, erkek ve kadın kölen, hayvanların, aranızdaki yabancılar dahil hiçbir iş yapmayacaksınız; çünkü ben Rab; yeri, göğü, denizi ve bütün canlıları altı günde yarattım. Yedinci gün dinlendim. Bu yüzden şabat gününü kutsadım ve kutsal bir gün olarak belirttim."

Bu, tüm ailelerin yerine getirmeye özen gösterdiği bir emir. Bugünkü dünya düzeninde bu emre uymakta biraz zorluk çekilse de, uymamak söz konusu değil. Esas olan, bu vakti evde ibadetle, Tanrı'yı düşünerek geçirmektir. Cuma akşamları aile bir masanın etrafında toplanır. Sofraya başta balık olmak üzere özel yemekler konur. Anne veya babanın görevlendireceği biri, kiduş adı verilen duayı okur. Ailenin sağlığı ve varlığıyla ilgili dua edilir. Bir arada olunduğu için Allah'a şükredilir ve "amen" denerek ailecek yemek yenir. Evde bazı dini kurallara uyulmamasını babamın çok dindar bir adam olmamasına bağlardım. Ama şabat farklıydı. Kuralı yerine getirmek için yazları her cuma adaya giderdim. Annem ve babam yazı Büyükada'da geçirirdi. Onlarla oturup yemek yer, cumartesi sabahı İstanbul'a dönerdim. O zaman bütün arkadaşlarım İstanbul'daydı. Programım ne olursa olsun önce eve gider, yemeği ailemle yer, öyle dışarı çıkardım. Bunu yapmaktaki amacım, dinimize ve kültürümüze ait olan değerleri yaşatmaktı. Yıllar sonra, iş yaşamının zorunluluklarından dolayı Eti'yle bazı yemek ve davetlere katılmaya başladık. Bu düzen ister istemez bozuldu.

Galiba Benjamen on altı, Hayim de on bir yaşındaydı. Bir cuma gecesi, yine bir davet için dışarı çıkmaya hazırlanıyorduk. Önce yemek masasına oturup kiduşumuzu okuyacak, şarabımızı içecek, ardından çıkacaktık. Masaya oturduk. Dua için çocukları beklerken bir baktım ki Benjamen de giyinmiş, gayet şık bir şekilde sofraya oturmuş.

"Oğlum ne yapıyorsun, nereye gidiyorsun?"

"Arkadaşlarımla buluşacağım baba."

"Olmaz oğlum, bugün cuma. Şabata saygı göstermek lazım, başka akşam gidersin."

Bunu duyunca, yüzüme anlamlı anlamlı baktı ve "Cuma akşamı bana şabat da, sana değil mi baba? Sen de dışarı gidiyorsun..."

Bir an tokat yemiş gibi oldum. Eti'yle bakıştık. Zaten en önemli özelliğimiz bir bakışımızla birbirimizin ne demek istediğini anlayabilmemizdir.

"Haklısın oğlum. Bu akşamlık senden bir ricam var. Bana izin ver, bu davete gideyim, çünkü söz verdim; ama bundan sonra beni bir daha asla cuma gecesi dışarıda göremeyeceksin."

O gün bugündür her şabat günü evde geçirilir. Çocuklarım evlendikten sonra da bu kural değişmedi. Her cuma tüm çocuklar ve torunlar bizde toplanır ve şabatı beraber anarız. Soframız herkese, her zaman açıktır. Birkaç yıldır da şabat duasını, en büyük torunum Yoni okuyor. Anne babalar çocuklarına gelenekleri öğretmek için, önce hayata geçirmeli, bir yaşam biçimi haline getirmeli. Yoksa inandırıcılık ve güvenlerini kaybederler. Bir babanın herhangi bir davranış biçimini öğretmek için, o davranışı önce kendisinin benimsemesi gerekir. Yirmi beş yıldır cumaları evdeyiz. Aynı zamanda turizm bakanı da olan Fas Musevi Cemaati başkanı Türkiye'ye geldiğinde, yıllar sonra ilk kez dışarıda ağırlamak zorunda kaldık. Yirmi beş yıl uzun bir süre. Cumaları evde olmaya o kadar alışmışım ki, dışarı çıkınca kendimi tedirgin hissettim. Cuma akşamı hiçbir daveti kabul etmem. Sevdiklerimi evime davet ederim.

Bu alışkanlığımdan devletin en üst düzey yetkililerinin bile bilgisi oldu. Bir gün bu konuyu Sayın Süleyman Demirel'e de söylemiştim. Bu konuda dikkatli olmam lazımdı, çünkü ben cemaat başkanıydım. Sadece yararlı işler yapmakla cemaate örnek olamazdım. Yaşama şeklimle de örnek olmak zorundaydım. Aldığınız sorumluluk ne kadar büyükse, kararlarınız da o derece tutarlı olmalıdır. İnsan en büyük hesabı kendine verir. Bir yöneticinin etrafındaki kişilerden bazı konularda beklentileri varsa, aynı konularda onlara örnek olmalıdır.

Her zaman beraber olmanın keyfini yaşadık. Mutlu olduğumuz zamanlar çoktur. Büyük hedeflerimiz yoktu çünkü. Kendime hep araba kullanamayacağım gözüyle bakardım. Hayim iki yıl boyunca kelimenin tam anlamıyla başımın etini yedi.

"Baba araba al, ne olursun baba, araba al."

Sonunda dayanamadım. Ders aldım, sınava girdim, ehliyet aldım ve bir Murat 131 aldım. Aslında öğretmen olan ama yaz aylarında şoförlüğümüzü yapan Ümit adlı bir bey vardı. Arabayla eve ilk geldiğimizde eğilip arabayı öptüğümü hatırlıyorum. Kendi kendime, "Allahım sana çok şükür, bana bunu nasip ettin, çocuklarım da mutlu oldu" dedim. O zamanki şartlarda kat kat daha iyi bir araba alabilirdim ama bilerek yapmadım. Çocuklarım her şeyi adım adım yaşasın istedim. Her istediklerine anında, hiçbir şey yapmadan ulaşamayacaklarını öğretmem lazımdı. Benjamen on sekiz yaşına geldiği gün, ona bir araba almak yerine kendi arabamı verdim. "Bu arabayı kullanmak için bundan sonra ben senden izin alacağım oğlum" dedim. Ona araba almak için erkendi. Nasıl olsa zamanı gelecek, en iyi arabalara binecekti. Değişen bir şey olmamakla beraber, arabanın artık kendisine ait olduğunu düşünmek, ona değer verildiğini hissetmesini sağlayacaktı. Gerçekten de öyle oldu. Araba kullanacağım zaman ondan izin istedim. Varlıkla güç gösterisi yapılmayacağını öğretmeye çalışıyordum.

Üçüncü evimiz olan Nişantaşı'ndaki Manzara Apartmanı'nda çok iyi bir ev sahibim vardı. Bir gün bana "Bu evi oğluma istiyorum" dedi. Daha yeni taşınmış, bir de masraf yapmıştık. Ama çıkmaktan başka çare yoktu. Ardından Nişantaşı'nda bir başka ev bulduk ve taşındık. 1991'e kadar orada oturduk. Sonra kira o kadar çok arttı ki, şimdi içinde oturduğumuz eve elektrik bile bağlanmadan taşınmak zorunda kaldık. Bu ev, kendi evimdi.

Yahudilikte sinagogda dua okunabilmesi için on yetişkin erkeğin bir arada olması gerekir. Bar mitsvasını yapmış her erkek bu hakkı kazanır. Amaç onları topluma kazandırma, onlara doğruları anlatmaktır. Çocuklara Allah sevgisini verip onları ortada bırakmamak, neyin ne olduğunu da anlatmak lazımdır. Onu önemserseniz o da kendi çocuklarını önemseyen bir yetişkin olur. Bu konuda da çok mutlu bir babayım. Çocuklarımın gerçek birer yetişkin olduklarını görmek, beni her zaman çok mutlu etti.

Benjamen'in bar mitsvası tam bir düğün havasında geçmişti. Zamanın en önemli mekânlarından olan Kervansaray'da iki yüz seksen kişilik bir davet verdik. Kuzenimizin oğlu Jean Louis Paris'ten gelirken yanında bir trompet getirmiş ve bize müthiş bir müzik ziyafeti çekmişti.

Avi Alkaş –ailemizin çok yakın dostu, oğlum kadar sevdiğim ve çok değer verdiğim, cemaatimize gerçekten büyük yararları dokunmuş bir işadamıdır– gencecik bir çocuktu ve o sıralarda şimdiki eşiyle flört ediyordu. Bar mitsvada okuyacağı duaları Benjamen'e o öğretti. Eşi Cina Alkaş da folklor öğretmeniydi. Onu da davet ettik. Bize çok yardımcı oldu. Çok keyifli, renkli ve eğlenceli bir gece yaşadık.

Bar mistva hazırlıklarını hep beraber yaptık. Tüm davetli listelerini beraber konuştuk, beraber hazırladık. Protokol Şişli'de olmasına rağmen, törenin Bakırköy Sinagogu'nda olmasını çok istedim. Bakırköy Sinagogu çok güzel, küçük ve sevimli bir yerdir. Her zaman güzel günlere ev sahipliği yapmıştır. Bunun için de çok mutluyum. Bu töreni benim en güzel günlerime ev sahipliği yapmış bir yerde yapmak çok büyük bir heyecandı. Bu heyecanımın sebebi, geleneklerime ve yaşanmışlıklara çok değer vermemdi. Yaşadığım acı tatlı hiçbir şeyi unutmam. Böyle mutlu bir günü de aynı yerde tüm sevdiklerimle yaşamak istedim. Yağmur da o günün bereketi oldu.

Şimdi bakıyorum, bazı dindaşlarım önce Hasköy'de, Balat'ta, Kuzguncuk'ta belli sinagoglara giderken, bazı mevkilere geldiklerinde, hemen mekân değiştiriyor, başka sinagogları tercih ediyorlar. Benim ölçülerime göre bu yanlış. İnsan bir yerin müdavimiyse o yere sahip çıkmalı. İbadethanenin sosyal statü belirlediğini düşünenlere ancak gülerim. Makamlar gelir gider, ama ibadet kişinin kendisine aittir ve değişmez. Ne yeri, ne de değeri... Bu ilkeler hiçbir zaman değişmez.

Hayim'in bar mitsvasına gelince, o dönem sıkıyönetim vardı. Cemaatte artık tanınan ve bilinen biri olduğum için, davetli sayısını sınırlı tutma imkânımız yoktu. Dağıtılacak davetiye sayısı Benjamen'in zamanındakinin neredeyse iki misliydi. Bu sebeple töreni Bakırköy'de yapamadık. Şişli'ye aldık. Dernekler, kurumlar, insanlar... Çok kalabalıktı. Tören çok duygulu oldu. Oraya yakın olan dindarlar, yaşlı akrabalar, herkes geldi. Şişli herkese yakındı ve daha büyüktü. Buna rağmen, en az iki yüz kişi ayakta kaldı. Bakırköy'de yapsaydık herhalde bütün bahçe ve cadde dolacaktı. O gün beni oğlumun mürüvvetinden daha çok mutlu eden, beni çok seven Müslüman dostlarımın sinagoga Yahudilerden evvel gelmeleri ve iki buçuk saat süren merasimi sonuna kadar takip etmeleri oldu.

Hayim, Prof. Dr. Selim Kaneti'nin unutulmaz yardımlarıyla çok güzel bir konuşma hazırlamıştı. Şişli'de protokole tam uymak zorundaydık. Çocuklar nutku bitirdikten sonra ona bazı yetkili kişilerce armağanlar verilir ve aileyi öven konuşmalar yapılır. Ritüel budur. Biz bu övgü kısmının yapılmasını istemiyorduk. Cemaatte bir yere gelmiştim ve bunun üstüne basılmasından, oğlumun bar mitsvasında bu kadar üzerinde durulmasından çok rahatsız olacağımı biliyordum. Bu sebeple önceden bir plan yaptık. Plana göre Hayim nutkunu bitirecek ve konuşmalara fırsat vermeden hemen dua kısmına geçecekti. Böylece uzun övgülere engel olacaktık. Öyle de oldu. Hayim hemen duaya geçti. Biz de bu zor kısmı atlattık.

Hayim' in bar mitsva gecesindeyse bize Hilton kucak açtı. Bu sefer Benjamen'inkinde olduğu gibi Kervansaray'a sığma imkânımız yoktu. Gecede hiçbir aşırılık olmadı. Bir aile yemeği oldu. Benjamen kız ve erkek arkadaşlarını getirdi. Kutlamamızı daha sade bir atmosferde yaptık. Hiçbir destek ya da profesyonel yardım almadık. Gereksiz gösterişlere girişmedik. Bu tören on üç yaşına gelmiş gencin törenidir. O kadar. Bunu büyütmeye, amacından uzaklaştırıp başka gençleri üzmeye, diğer aileleri zor durumda bırakmaya hiç gerek yoktur. Bu manevi değeri büyük törenlere çok önem veririm ama aşırılıktan hiç hoşlanmam. Davetlere katılmaya özen gösteririm ama bu tür organizasyonlara harcanan paraları düşündükçe içim sızlar. Çocuklarına bu kadar görkemli partiler yapamayacak o kadar çok aile var ki... On üç yaşındaki çocuk "paramız yok"tan ne anlar? İçine kapanır. Bana neden parti yapılmıyor diye üzülür. Büyük kutlama yapanları, profesyonel yardım alarak o geceyi teatral bir gösteriye çevirenleri kınamıyorum. İnsan hakkını vererek eğlenmek, konuklarına da hoşça vakit geçirtmek isteyebilir. Bir anne baba için çocuğuna unutulmaz bir gece yaşatmak kadar güzeli olamaz ama bu törenler, bir yarış havası içinde yapılmamalıdır. Bizim tercihimiz böyleydi. Sadelikten yanaydık.

Aradan geçen yıllarda çocukların birer ağaç gibi köklerini derinlere salarak büyüdüklerini, geliştiklerini, yetiştiklerini görmenin tatlı ve haklı hazzını yaşadık. Erkek babası olmak, onlara her konuda yol göstermek, yol gösterirken sınırları korumak zor. Benjamen yirmi, Hayim de on beş yaşındayken bir gün karşıma aldım ve şöyle dedim:

"Hayatta hiçbir zaman kız arkadaşınızı üzmeyin. Ona yalan söylemeyin. 'Seninle evleneceğim' diye söz verip yarı yolda bırakmayın. Ne yaşayacaksanız açık açık anlatın. Her şeyi dürüst yaşayın. Niyetiniz neyse söyleyin. İnsanları zayıf noktalarından vurup onlarla oynamayın.

Bunu bütün gençlere söylemek isterim. İnsan gençken, mutlaka karşı cinsten bir arkadaşı olacaktır. Bundan daha tabii bir şey yoktur, ama bütün bunları yaşarken karşısındakini üzmemeli, gereksiz yere ümitlendirmemelidir. Bu erkekliğe, mertliğe yakışmaz. Bir erkek karşısındaki kıza, "Senden hoşlanıyorum ama henüz evliliği düşünmüyorum" ya da, "Bu ilişki evliliğe gidiyor ancak zamanı var" diyebilmelidir. Doğru olan, insana yakışan budur. Sonrası, karşıdaki kişinin tercihine kalır. İster kabul eder ister etmez. Ama en başından beri kendisine dürüst davranıldığını bilir. Aynı şey kızlar için de geçerli. Hiçbir erkeğin gururuyla oynanmamalıdır.

Benjamen çok terbiyeli ve özel yaşamını kimseyle kolay kolay paylaşmayan bir çocuktu. Ailesiyle neyin konuşulacağını, neyin konuşulmayacağını çok iyi bilirdi. Kız arkadaşları vardı ama aralarında özel birinin olup olmadığını anlamıyorduk. Zamanı gelmeden hiçbir şey anlatmayan bir çocuktu. Büyükada'da bazı kız arkadaşları bize gelip gidiyordu. Biz de Eti'yle "Acaba bu kızlardan biri özel bir kız arkadaş olabilir mi?" diye düşünüyorduk. Aslında bunlar çok doğal düşünceler ve beklentiler. Her anne baba çocuğunun mutlu bir beraberliği olmasını, yuva kurmasını arzu eder. Biz de böyle bir heves içindeydik. Kızlardan biri dikkatimizi çekti. "Herhalde bu kızdır" dedik. Yapı ve karakter olarak da birbirlerine hiç benzemiyorlardı. Bir yandan, "Nasıl anlaşacaklar acaba?" diye düşünüyorduk. Bir gün kayınvalidemi ve Benjamen'i İstanbul'dan alıp Bostancı'dan adaya geçecekken, Benjamen sordu: "Baba bir arkadaşım da bizimle gelecek, mümkün mü?" "Tabii oğlum."

Baktım yanında çok hoş, güzel ve kibar bir genç kız var: Megi. Hayatla ilgili bir saptamam vardır. Her konuda ilk intiba çok önemlidir. Eleştiriye de açık bir durum bu ama elimden de başka türlüsü gelmez. Megi'yi görür görmez çok beğendim ve sevdim. Onun da annesi babası adadaymış. Sonra aralarındaki sohbetten özel bir arkadaşlıkları olduğunu anladım ve çok memnun oldum. Akşam eve gidince Eti'ye "Biz yanlış kıza bakıyoruz, Benjamen'in kız arkadaşı Megi" dedim. "Aa, öyle mi, çok sevindim!" dedi. İkimiz de çok sevinmiştik. Hayatta en büyük arzum gelinlerimi oğullarım kadar sevebilmekti. Çok şükür ki, Allah bunu bana her iki gelinimde de nasip etti. Aile olarak hiçbir tahkikat yapmadık. İnsan böyle durumlarda, "Kızın ailesi kimdir? Bu kız bize uygun mudur?" diye düşünerek yakınlarına, tanıdıklarına sorar ve bilgi almak isteyebilir. Bizde böyle şeyler olmadı. Oğlumuz beğenmiş, sevmişse, o zaman güzel olan da, uygun olan da odur. Kim olursa olsun, başımızın tacıdır. Diyelim bir soruşturma yaptınız ve iyi bir sonuç almadınız. Ne yapacaksınız? Çocuğunuza "Kız arkadaşından ayrıl" mı diyeceksiniz? Bu bir tarz meselesidir. Güzel bir ilişkileri oldu ve aradan üç yıl geçti. Benjamen, hem kendi firmasında çalışıyordu, hem de yüksek lisans yapıyordu. Bir gece bütün cesaretimi topladım ve oğluma bu konuyu açtım:

"Bak oğlum, senin bir kız arkadaşın ve anladığım kadarıyla da gayet güzel giden bir beraberliğin var. Üç yıldan fazla bir zamandır birliktesiniz. Eğer sen bu kız arkadaşını seviyorsan, bu işi resmileştirelim. Biliyorsun muhitimiz küçük. Kızı zor durumda bırakmayalım. Benim bir kızım olsa ben bu işin bu kadar uzamasını istemezdim. Bu hanımefendi, benim gelinim olmayacaksa senin de onun hayatına mani olmaya hakkın yok. Hiçbir kız seni yıllarca beklemez. İhtiyacınız varsa biraz daha bekleyin ama bu konuların belli bir zaman içinde adı konmalı. Ailesi de, kız da yıpranmamalı."

Benjamen "Aman baba, bırak bunları. Zamanı gelince düşünürüz bir şeyler" deyip odasına gidince, Eti'ye "Nasıl yapacağız bu işi yahu?" dedim, "Anlatamadım galiba, neyse, dur bakalım, bekleyelim..." Aradan on beş gün geçti. Bir sabah işe gitmeden önce annesine dönüp şöyle dedi:

"Anne, sen gereken hazırlıkları yap, Megi'yi istemeye gidelim."

Bu çok önemli bir andı bizim için. Oğlumuz büyümüş ve evlenmeye karar vermişti. Aile olmanın en güzel taraflarından biri de bu güzel dönüm noktalarıydı. Beni sevindiren bir başka noktaysa oğlumun söylediklerimi dikkate almış, bunların üstünde düşünmüş olmasıydı. Bu tür törenleri pek sevmememe rağmen, ne tuhaf ki, hayatım hep protokol içinde geçti. Kız isteme de ayrı bir tören aslında. Bir akşam ailecek Megi'nin evine gittik. Elimizde bir kutu şeker, bir buket çiçekle... Benjamen de biz de çok heyecanlıydık. Megi'nin ailesi bizden de heyecanlıydı. İki aile de alışılagelmiş bazı gelenekleri yapma taraftarı değildi. Drahoma konusuna temas dahi etmedik. Toplumu, aileyi bir arada tutmaya yönelik gelenekleri bu açıklamanın dışında tutmam lazım. Zorlayıcı olanlara ise reformist bakmakta yarar görüyorum. Ailelerin maddi imkânı varsa, elbette çocuklarına yardım ederler. İmkânları yoksa kimse kimseye "Neden bana yardım etmedin?" diye sorma hakkına sahip olmamalı. Dünürüm Selim Kohen'e rahmet diliyorum. O ve ailesi bizi çok sıcak karşıladı, son derece nazik ve cana yakın davrandılar. Kendimizi evimizde hissettik. Megi'nin, hayat boyu Benjamen'le mutlu olabileceğini o gece anladık. Megi kahveleri getirdi ve ben hemen konuya girdim:

"Selim Bey biliyorsunuz, Bayern Münih'in bu gece çok önemli bir maçı var. Bunu seyredeceğiz nasılsa. Maç başlamadan ben kızınızı isteyeyim."

Salonda bir kahkaha koptu. Arkasından ekledim:

"Çocuklarımız birbirini sevmiş. Kızınızla gerçekten gurur duyabilirsiniz. Ayrıca bize olan saygı ve anlayışınıza hayran olduğumu da belirtmeden geçemeyeceğim. Üç yıl bir ilişki için uzun bir süredir. Oğlumu da evladınız gibi görüp bu beraberliğe izin verdiğiniz ve ona güvendiğiniz için ayrıca teşekkür ederim. Her aile gibi biz de bu işin bir an önce neticelenmesini istiyoruz. Allah mutlu etsin."

Megi bize şeker tuttu. Bir ara baktım, Eti sigarayı çoktan bırakmış olmasına rağmen heyecandan bir sigara yakmış. O günden sonra büyük torunumuz doğuncaya kadar da sigara içmeye devam etti. Her içişinde de o geceki heyecanını hatırladı. Sigarayı bıraktığını bile unutacak kadar kendini iyi ve keyifli hissediyordu demek...

Benjamen, Megi'yi istediğimiz sıralarda bir arkadaşıyla ortak iş yapıyordu. Düğüne on ay kala, "Baba, ben iş ortağımdan ayrılacağım. Bu işten istediğim parayı kazanamıyorum. Askere gideceğim. Döndükten sonra da daha iyi bir iş düşüneceğim" dedi. Düğünden iki ay önce işsiz bir damat olacağını söylüyordu bana. Şaşırdım ama böyle durumlarda ani tepkiler vermenin doğru olmadığını düşündüğümden, "Tamam oğlum, en doğrusunu sen bilirsin" dedim. Bu onun hayatıydı ve en doğrusunu o bilecekti. Koskoca adam olmuştu. İki ay sonra evleniyordu. Bu sorumluluğun ne kadar büyük olduğunu benden daha iyi biliyordu. Bekleyip görecektim. Düzgün bir işi olması şarttı. Askerliğini yaparsa hayata daha da hazır olacaktı.

"Bak oğlum, hayırlısıyla evleniyorsun. Kendinize bir ev açıyorsunuz. Unutmayın ki biz anne baba olarak hep yanınızdayız. Siz kendinizi idare edecek kadar büyük, kültürlü, akıllı ve zeki gençlersiniz. Bunun için Allah'a her zaman şükrediyorum ama hayatta bazen tecrübemizden yararlanmak isteyebilirsiniz. Biz hiçbir zaman sizin evinizin, hayatınızın içine girmeyeceğiz ama ne zaman isterseniz yanınızda olacağız. Yalnız senden bir ricam var. Kardeşinle her zaman birlik olun. İnsan için hayatta en önemli değer ailedir."

Ailecek mütevazılığı severiz. Bu yüzden de düğünü kendi dünya görüşümüzü yansıtır bir şekilde yapmaya karar verdik. Onlara bir gece düğünü yapmam çok ufak bir olasılıktı. Yalnızca ben bile davete bin kişiyle başlamak zorundaydım. Çevrem çok genişti. Bu kalabalığı kaldıracak kapalı bir mekân bulmak imkânsızdı. Çocuklarla oturup karar verdik ve İstanbul Hilton'da yüz kişilik bir düğün planladık. Ne derece başarılı olabileceğimizden de pek emin değildik. Çünkü bana cemaat içinden veya geniş toplumdan gelen düğün davetiyeleri o kadar fazlaydı ki, hepsine gidemezdik. Acaba bize kaç kişi gelecekti? O zaman davetiye dağıtmak da adeta memleket meselesiydi. Bize bu konuda çok kişi yardım etti ve ben davetiyelerin dağıtılmasının sonrasında bir yanlışlık olmasın diye herkesi tek tek aradım ve davetiyeleri alıp almadıklarını sordum. Benjamen ile Megi, 30 kasım 1989 perşembe günü Neve Şalom'da evlendi. Bu kadar büyük bir kalabalığı başka bir düğünde gördüğümü hatırlamıyorum. Herhalde iki bin kişi vardı. Gelen, içeriye giremeyen ve geri dönen çok konuk oldu. Eş dost, bizi bütün sevenler davetimizi kabul etti, onurlandırdı. Her şey yolundaydı ama kalabalık inanılmaz boyuttaydı. Bayılanlar bile oldu. Tebrik kısmı saatler sürdü. Oğlumun yanında tebrikleri kabul ederken, baba olmanın ne kadar büyük bir mutluluk olduğunu düşündüm. Benjamen'in evliliği, ailemizin genişlenmesi ve zenginleşmesinin ilk adımıydı. Bu bakımdan beni de, Eti'yi de çok heyecanlandırdı ve mutlu etti. Bu duygu bambaşkaydı.

Bizde düğünlerin yedi tane duası vardır. "Allah bu çifte mutluluk versin, bereket versin" diye dua edilir. Diasporadaki Yahudiler, cemaat olarak belediyelerin kıydığı nikâh evrakı gelmeden dini nikâh yapmaz. Önce resmi nikâh kıyılır ve nikâh belgesindeki numarasına bakılır, ona göre bir dini akit hazırlanır. Sinagoga geniş toplumdan gelen davetlilerimiz ve dini çok iyi bilmeyen dindaşlarımız düğünde neler yapıldığını eskiden pek anlamazdı. Evet, bir tören vardı ama ne niçin yapıldığını bilmezlerdi. Biri şarap veriyor, biri yüzük takıyor, damat bir belgeye imza atıyor... Tüm bunların geleneklerdeki yerinin ne olduğunu bilmezlerdi. Son birkaç senedir düğünlere bir yenilik getirdik. Düğündeki en kıdemli din adamı, düğünün hangi ritüellerden geçerek yapıldığını, neyin ne olduğunu, gerektiğinde Türkçe, gerektiğinde İngilizce olarak davetlilere açıklamaya başladı. Benjamen'in düğününde bu yoktu ama gördüğüm en güzel düğünlerden biriydi.

Düğünün ardından Benjamen dediğini yaptı ve balayından döner dönmez işinden ayrıldı. Aydın Sitesi'nde bir eve yerleştiler. Benjamen gidince evde çok büyük bir boşluk oldu. İki kardeşin neşe dolu seslerini, atışmalarını, gülüşmelerini, hırlaşmalarını duymaya o kadar alışmıştık ki, onlardan sonraki sessizliği yadırgadık. Yaşadığım bir iş probleminde beni kurtaran ve işine ortak eden dostum Erol Baruh, şu an Finlandiya fahri başkonsolosu olan Ural Ataman'la ağaç işindeydi. Ona, Benjamen'den söz etmişti. Benjamen askerden gelir gelmez Ural Ataman'ın yanında çalışmaya başladı. Uzun süre kömür işi yaptılar. Ural Bey'den çok şey öğrendi. Benjamen halen kendi işini yapmakta ve dünya görüşü çok gelişmiş bir eş ve iyi bir baba olarak hayatını sürdürmekte. Yaptığı her iş ve attığı her adımla da bizi gururlandırmaya devam etmekte.

Hayim de Marmara Üniversitesi Maliye Bölümü'nü bitirdi. Bir gün telefon çaldı. O zamanki genç kızlar ve erkeklerin çoğu "Günaydın, iyi akşamlar" demekten yoksundu. Bunun tam aksine, gayet kibar bir ses, "İyi akşamlar, ben Nil, Hayim'le görüşebilir miyim?" dedi. Hayim telefonu aldı, konuştu. Biz de ona hiçbir şey sormadık. Zamanı gelince anlatır diye bekledik. Erkek çocukları kız çocukları gibi değil. Ne kadar dışa dönük de olsa, Hayim uzun zaman bize hiçbir açıklama yapmadı. Biz de kendi kendimize "Acaba Hayim bu kızla mı arkadaşlık ediyor?" diye konuşurken rahmetli babam lafa girdi:

"Siz hiç merak etmeyin, ben biliyorum. Bu kız Çanakkaleli bir ailenin kızı. Soyadı Kaspi, Yahudi bir kız."

"Baba sen nereden biliyorsun bunları?"

"Ben bilirim."

Hayim babama her şeyini anlatırdı. Dedesiyle arasındaki bağ çok güçlüydü. Onunla hasbıhal etmeyi babam da çok severdi. Hayim, babamın İstanbul'un eski hanımefendi ve beyefendilerinin hikâyelerini anlatmasına bayılırdı. Hayim'le Nil'i beraber, ilk defa Aya İrini'de bir konserde gördüm. "Kim bu güzel sarışın kız?" dedim. Güzel bir gülümsemeyle elini uzattı:

"Merhaba ben Nil."

Dostum Sami Herman'la Hayim konser çıkışı Nil'i evine bırakacaklardı. Gece Sami beni aradı.

"Bu kız senin gelinin olur Ağabey. Çok hanımefendi, aklı başında bir kız. Hayim'le de çok yakışmışlar."

Nil'le Hayim'in arkadaşlıkları bir süre daha devam etti. Hayim iş için Afrika'ya gitmişti. O arada biz de Nil'i farklı ortamlarda aile içine aldık. Her şey kendiliğinden oluyordu. Bir gün adaya gittik. Sonbaharda ada muhteşem olur. Kulüpte yedik, içtik. Tam kalkacakken, bir arkadaş geldi "Gelin, beraber oturalım" dedi. Yanlarında bizim yaşlarda bir çift daha vardı. Arkadaşım bizi bu aileyle tanıştırdı. Uzun uzun sohbet ettik. Çok iyi anlaştık. Bir süre sonra onların oğlumuzun kız arkadaşının ailesi olduğunu anladık. Kısa süre içinde birbirimizi daha yakından tanıma fırsatı bulmuştuk. Nil öz kızımız olsa ailemize bu kadar uyum sağlayabilirdi. Biz de onu ancak bu kadar sevebilirdik. Kaspi ailesiyle çok kısa zamanda yakınlaştık. Çocuklarımızın birbirini sevmesinden son derece mutluyduk. Söz kesildi. Hayim'in çok iyi bir aileye girdiğini, çok hanımefendi bir kızla nişanlandığını görebiliyordum. Hayim benimle çalışmaya devam ediyordu. Bir gün dünürüm aradı: "Bak, Hayim damadım olacak diye söylemiyorum. Damadım olmasa da onun gibi birine ihtiyacım var. Oğlunu bana verir misin?" Düşündüm ve şöyle dedim: "Buna ben karar veremem. O ve müstakbel karısı karar verir. Onlara sor. Onların kararı her şeyden önemlidir."

Konuştular, anlaştılar. Hayim bir gün geldi, "Senin işinden ayrılsam ayıp olur mu baba?" dedi.

"Ayıp olmaz oğlum. Bu hayat senin. İstediğin kararı almakta serbestsin."

Bu konuda Ömer Kılıçer adında çok yakın bir iş arkadaşımızın da fikrini aldık. O da bu kararın doğru olduğunu söyledi. Böylece Hayim işinden ayrıldı. Onunla beraber çalıştığımız zaman içinde bana bir gün bile "baba" dememişti. Onun için hep "Bensiyon Bey"dim. Ben de ona "Hayim Bey" derdim. Odamda ikimiz yalnızken bile bu kuralı hiç bozmamıştı. Bu da örnek bir davranıştı. Kimse buna kolay kolay inanamazdı ama aramızda böyle bir sistem kurmuştuk. Hayim sadece çok özel zamanlarımızda, biz bizeyken, birlikte gırgır geçeceksek bana baba dedi. Güzel günlerdi. Hoş bir tecrübeydi. Oğullarıyla beraber çalışan babaların buna dikkat etmesi gerekir. İş konusunda karşındakine mesafeli durmalı ve örnek davranışlar içinde olunmalıdır. Böylece insan yanında çalışan personeline de iyi örnek olur. İş icabı görüşülen kişiler de işverenin oğlunu zayıf ve küçük görmez, onun iş kimliğine saygı gösterir.

Nikâhı, Nil ve Hayim'in isteğiyle, dostumuz Ayşe Ataman'ın klasik otomobil galerisinde yaptık. Çok değişik bir gündü. Gece vereceğimiz davet için, "Gündüz iki bin beş yüz kişi çağrılmış bir nikâhın düğünü nasıl olacak?" diye düşünmeye başlamıştım. Hiçbir ipi koparamazdım. Herkes dostumdu. Çevrem daha da genişlemişti. Ailem, iş arkadaşlarım, cemaatten dostlarım, devlet kademelerinden arkadaşlarım, yurtdışından gelenler... Büyük bir kalabalığı ağırlamak gerekiyordu. Bu insanların tamamını bir mekânda bir araya getirmek hayaldi. Mecburen dostlarımızın çok az kısmını nikâha, diğerlerini düğüne çağırdık. Yine en yakınlarımızla düğün davetini gerçekleştirdik. Kırılanlar oldu ama zaman içinde bana hak verdiler. Mövenpick Otel'de üç yüz yetmiş beş kişilik bir düğün yapıldı. 23 şubat 1995'te Hayim ve Nil çok güzel bir düğünle evlendi. O gün, sabah töreninde babamla ilgili ayrı bir heyecan ve korku yaşadık. Dini nikâhta Tevrat'ların bulunduğu kapı, ailenin en büyüğü tarafından açılır, bu onun için bir onurdur. Biz de ehalin kapılarını açsın diye babamı aradık ama bulamadık. Babam yok olmuştu. "Demin yanımızda oturuyordu, nereye gitmiş olabilir?" diye düşünürken başına bir şey gelmiş olabileceği düşüncesiyle bir anda çok korktum. Babam ortadan toz olmuştu! Yerimden ayrılmamın da imkânı yoktu. Oğlum, gelinim, eşim... Hep birlikte durmamız lazımdı. Birinden babamı arayıp bulmasını rica ettim. Nihayet babam bulundu. Meğer tuvalete gitmiş. Çok yaşlandığı için, aşırı heyecandan devamlı tuvalet ihtiyacı duyuyordu. Yanımıza geldiğinde kulağına eğildim; "Eh baba, ne korkutun beni. İnsan hiç böyle önemli bir anda tuvalete gider mi?"

Bana döndü, her zamanki şirin aksanıyla, gayet de kızgın bir şekilde söylendi:

"Ne yapayım yani? Üstüme mi etseydim düğünde? Çabucak geldim, sen kendine bak..."

Beni yine güldürmeyi başarmıştı. O zamanlar epey kiloluydum ve benimle sürekli dalga geçerdi. Ehalin kapılarını açtı, dua etti, geceki davete de geldi. Küçük torununun da damatlığını görmesinden çok memnundum.

Benjamen'in ardından Hayim'in de evden ayrılması bizim için zor oldu. Her sabah uyandığımda ona "Hayimiko canım" diye seslenirdim. Seslenmemeye zor alıştım. Diğer taraftan, anne baba olmanın en büyük keyiflerinden biri de, onların mürüvvetini görmek. İnsan, çocukları evlenince mutluluk ve hüznü bir arada yaşıyor. Bir yandan sevdiği kadınla evlendi ve bir yuvası oldu diye deliler gibi seviniyor, bir yandan da artık hayatın başka bir boyutuna geçtiğini, bundan sonra sadece karıkoca olarak yaşayacağını idrak etmenin şaşkınlığını yaşıyor. Hayatın gerçek yüzüyle karşılaşmak bu. Yeni bir hayatın eşiği.

Hayim evden ayrıldıktan sonra, babamın hastalığı nüksetti. Yavaş yavaş zihni bulanıklaşmaya başladı. Bu hastalık her şeyden kötüydü. İnsan onu yetiştiren, büyüten bir adamı küçük bir çocuk gibi görünce ne yapacağını şaşırıyor, kendini çok çaresiz hissediyor. Hayat böyle zamanlarda daha da zorlaşıyor. Babam bizim eve 1971 yılında geldi ve 1999'a kadar bizimle yaşadı. Eşime bu konuda şükran borçluyum. Tanrı ondan razı olsun, her şekilde hem benim hem babamın yaşamını kolaylaştırmak için elinden geleni yaptı. Anne babama her zaman kendi anne babası gibi yaklaştı. Kayınvalidem ve baldızım Fani hep eşime telkinlerde bulundu ve Eti babama hakikaten inanılmaz derecede anlayışlı davrandı. Bu da muhakkak ki çok kolay değildi. Babam çok iyi ama çok zor bir adamdı. Tam bir Pinto'ydu! "İsterim, şimdi isterim. Söylerim, benim dediğim doğrudur." Kültürlü bir ailenin çocuğu olmanın izlerini taşırdı ama karakteri çok zorlayıcıydı. Bu anlamda, ben tam bir Pinto değilim. Çünkü her şeye mızmızlanmak, hiçbir şeyi beğenmemek, her şeye itiraz etmek gibi huylarım yok. İddiacı da değilim. Sadece sabırsızlık huyu galiba bana da geçmiş. "Klasik müzik mi, Türk musikisi mi?" derdik, "Türk be oğlum" diye cevap verirdi. Her şeyi onun istediği gibi yapmaya özen gösterir, rahat etsin diye elimizden geleni yapardık. Babam için evde bir oda kurduk. Adeta hastane odası gibiydi. Her türlü kolaylık sağlanmıştı ve ağırlaştıktan sonra iki buçuk sene ona bu odada baktık. Daha önce İtalyan Hastanesi'nde ona yardımcı olan çocuğu eve aldık. Yabancı biriyle yaşamak çok zordu, o yüzden uzun da sürmedi. Aradan zaman geçtikten sonra başka bir genç bulduk. Ali adında, makul, aklı başında biriydi. Ali'yle eve huzur geldi. İki buçuk yıl evde, iki buçuk yıl da hastanede babamla kaldı. Babam artık bilincini kaybetmişti. Bizi bazen tanıyordu. Beni zaman zaman babası zannediyordu. Birçok kişi babamı evde tutmakla ona kötülük yaptığımı söyledi. "Böyle giderse bu adam burada ölür" dediler. Maalesef çok iyi bakılması bile hastalığının ilerlemesine engel olamıyordu. Babamı hastaneye kaldırmak benim için çok zor oldu. Onun evden gitmesi bana ağır geldi. Kulağına eğilip, "Hadi baba, dayan baba, seni hiçbir yere göndermek istemiyorum" derdim. Ama yetmedi. Orahayim Hastanesi'nde en büyüğünden en küçüğüne kadar herkes babamla çok yakından ilgilendi. Onlara minnet borçluyum ama Ali'nin hakkını asla ödeyemem. Ancak kendi babası olsa bu kadar güzel bakabilirdi babama. İki buçuk yıl her gün hastaneye gittim. Her gün... Bir gün bile aksatmadan... Bazen günde iki kere gittiğim olurdu. Cemaat adına takip edilmesi gereken çok önemli işler vardı ve pek zaman yoktu. Zamanı ayarlamak bana düşüyordu ve o zamanın içinde babama mutlaka yer olmalıydı. Oldu da... Yanımda bakanla da gittim, müsteşarla da gittim, ama gittim. Bir gün belediye başkanı benimle görüşmek istediğinde "Babamı görmeye gitmem lazım, ama istersen benimle gel, hastanenin bahçesinde seninle bir çay içer görüşürüz" bile dediğim oldu. Her gün gitmeliydim. İçimden gelen buydu. Babam artık benim onun oğlu olduğumu bilmese de her gün onu ziyaret eden bu adamı beklerdi. Çocuk gibi şarkılar söylerdik. Tempo tutardık. Bazen beni tanıdığını bile düşünürdüm. Beni görünce çok mutlu olurdu. Bir sabah altı buçukta Ali telefon açtı:

"Abi gel, baba çok iyi değil."

"Öldü mü Ali?"

"Evet, kaybettik babayı."

Hemen arabaya bindim ve hastaneye gittim. Hiç kolay değildi. Dağ gibi adamı, babamı kaybetmiştim. İnsan kaç yaşında olursa olsun "babasız" kalıyor. Bunu ancak babasını kaybedenler bilir. Beni tanımasa da, yaşlanmış da olsa, hayatla tüm ilişiği çoktan kesilmiş olsa da, babamdı o! Beni okula götüren, zaman zaman anne olup bana bakan, kırk iki yaşında askere alınmış ve hayatın tüm zorluklarına çelik bir iradeyle dayanmış, eski toprak bir adam... Elleri, yüzü, bakışları... Her şeyiyle orada öyle sessizce yatan babamdı. Yüz sene daha yaşasa, yüz sene daha bakardım ona. Babalar evin, yaşamın direği... Gölgeleri bile insana güven vermeye yetiyor. Ama hayata engel olamıyor insan. Sular akacağı yere akıyor. O gün kendime "Soğukkanlı ol" dedim, "soğukkanlı ol ve kardeşine haber ver."

Ali'yi ilk günden sigortalı yapmıştım. Bu çocuk Anadolu'dan gelmiş, namuslu, evi barkı olmayan bir gençti. Bizim evde bir iğneye tenezzül etmedi. Namuslu ve vicdanlı bir çocuktu. Bana hep "Başkan" derdi... Birkaç gün sonra Ali'ye "Babam gitti, sana yeni bir iş bulmalıyım" dedim.

"Bak Başkanım, ben artık bu işi yapmayacağım. Ben bunu yalnızca baba için yaptım. Çünkü onu kendi babam gibi sevdim. Bana başka tür bir iş bulursan sana dua ederim. Her şey için sağ ol."

Manevi oğlum diyebileceğim, canım kadar sevdiğim İzak İbrahimzade'ye rica ettim. Ali'nin bütün kıdem tazminatlarını ödedik. Üç gün sonra Neve Şalom'da çalışmaya başladı. O kadar iyi iş yaptı ki sonra Hahambaşılık da onu istedi. Ali bugün Hahambaşılık'ın en iyi elemanlarından biri. Oranın eli ayağı ve cemaatin gözbebeği olarak işine devam ediyor. Mayası iyiydi, dürüsttü ve bunun mükâfatını gördü. Biz, aile olarak bu anlamda her zaman şanslı olduk, ailemizin bir diğer üyesi yardımcımız Sevim de son derece samimi biridir ve hayatımızı kolaylaştırmak için elinden geleni yapar. Benim için iyi insan, her kademede, her makamdaki insana eşit davranan ve insanlığa hizmet etmeyi amaç edinen insandır. Din, dil, ırk, mezhep ayrımı gözetmeksizin insana yakın olan, yardım eden insandır. Gerçekten "insan" olan insandır. Allah'ın verdiği insan olma özelliğini ne olursa olsun kaybetmemiş insandır. Her insana eşit davranandır.

Babam vefat edince, Daryo'yla babasız kaldık. Daryo, onun bana bıraktığı en güzel armağandı. Yetişme çağında çok bölünmüştük. Ben İsrail'e, ardından askere gittim, evlendim. Daryo askere gitti, yedek subay öğretmen oldu. Yine de birbirimizden hiç kopmadık ve aldığımız kararlarda her zaman birbirimizin yanında olduk. Gençliğinin ilk yıllarında bir gün bize, "Ankara'ya gidiyorum" dedi.

"Ne yapacaksın?"

"Hollanda'ya gideceğim, çalışmaya."

Annem ağladı, babam üzüldü, ben hayır dedim. Dinlemedi, kalktı, gitti. Kocaman adamdı. Karışamazdık ki... Çaresiz kabul ettik. Ankara'dan da Hollanda'ya işçi olarak gitti. Benim annemin sülalesinde böyle maceracılık ruhu vardır. Dayılarım da severdi böyle ani ve büyük değişiklikleri. Biri Amerika'ya, diğeri Fransa'ya gitti. Türkiye'de rahmetli olan Eli Kohen dayım da uzun süre Lyon'da yaşadı, sonra buraya döndü. Böyle bir yurtdışı merakı vardı onlarda. Sonra mektuplar gelmeye başladı. Mutlu değildi. Bir tuğla fabrikasında çalışıyordu. "Ellerim şişiyor tuğla taşımaktan" derdi. Annem geceleri onun için ağlardı. "Bu çocuk burada lise okudu, orada işçi olarak ne yapıyor?" derdi. Kısa zaman sonra Flaman dilini çok güzel öğrendi ve resmi tercüman oldu.

Azimli bir çocuktu. Hâlâ oradan emekli maaşı gelir. Her Türk ailesi gibi ilkelerimize, âdetlerimize bağlıydık. "Bu çocuğu evlendirelim, kalkıp bize yabancı bir gelin getirmesin. Gelinin Yahudi olması yetmez, Türk olması da lazım. Türk olmazsa nasıl anlaşacak?" diyerek, hummalı bir şekilde Daryo'ya kız aramaya başladık. Eti ve kayınvalidem bu işin organizasyonunu ele aldı. Buldukları Fani, dünya güzeli bir kızdı. O zamanlar milletlerarası telefonla konuşmak için numara yazdırılır, bağlantı için bir iki saat beklenirdi. Daryo'ya meseleyi telefonda anlattık. İkna olmuş olacak ki "Gelip kızla tanışayım" dedi. Daryo'nun şartı Hollanda'da yaşamaktı. Biz de Fani'yi oralara gelin verecekler mi diye merak ediyorduk. Kimse gurbete kız vermek istemiyordu. Hele Fani'nin babası! Kaç kişi istemiş kızını, vermemiş. Kısmeti Daryo'nun eşi olmakmış... Tam her şey yoluna girdi derken, bir gün bunlar incir çekirdeğini doldurmayacak bir sebepten kavga ettiler. Ayrılmaya karar verdiler. Eti, Fani'yle, ben Daryo'yla konuştuk. Sonunda, "Siz birbirinizi sevdiniz, bizi boşuna uğraştırmayın" dedik de barıştırdık. Bu işin mimarı Eti'ydi. Yemekleri, ziyafetleri, kıyafetleri, düğünü, her şeyi o ayarladı. Daryo ile Fani evlenip Hollanda'ya gittiler. Bir buçuk sene sonra, 20 mayıs 1968'de, ilk oğulları Benny'yi kucaklarına aldılar ve Türkiye'ye döndüler. İkinci çocukları Avi ise 14 haziran 1972'de dünyaya geldi. Önce annemlerin yanına yerleştiler. Annem rahmetli olmadan kısa bir süre önce de Topağacı'na taşındılar.

Türkiye'ye dönünce benim dükkânın yanında Daryo'ya bir yer ayarladım ve onu ortağım Moiz Kohen'in kayınbiraderiyle ortak yaptım. Bu vesileyle yaptığım yardımlardan ortağım asla rahatsız olmadı. Aynı zamanda onun kayınbiraderini de rahatlatmış oluyordum. Onlara müşteri yollar, yardımcı olurduk. Hayat çok zordu. Zaman geçtikçe Türkiye'de ve dünyada küçük esnafın zaman içinde tutunamayacağını gördüm. Kardeşime şöyle dedim:

"Bir işte profesyonel olun ve bu işi bir an önce kapatın. Yoksa varınızı yoğunuzu kaybedersiniz."

Bu konuşmadan kısa bir süre sonra, Topağacı'ndaki evlerinde komşuları olan Prof. Karafakioğlu, evinin önünde vuruldu. Daryo'yla çok yakın dosttu. Çok güzel komşulukları vardı. Kardeşimin morali çok bozuldu. İşini kapadı. 1980'de İsrail'e yerleştiler. Şimdi hepsi İsrail'de yaşıyor. O zaman en büyük korkum bir müddet sonra yeniden dönmesiydi. Çünkü burada iş imkânları her geçen gün kısıtlanıyordu. Sandığım gibi olmadı. Orada iş buldu ve yaşadı. Evlerinde her zaman Türkçe konuşuldu. Aile bağlarımızın ne kadar güçlü olduğunu Daryo İsrail'e gidince daha iyi anladım. Annemin ölmeden önce Eti'ye en büyük vasiyeti şuydu:

"Ne olursa olsun bu kardeşlerin birbirinden ayrılmaması için elinden geleni yap kızım. Hiçbir zaman darılmasınlar."

Nitekim yıllar içinde bir iş probleminden dolayı kardeşim bana darıldı. Eti hemen onlara gitmiş: "Daryo, annenin vasiyeti var. Bu iş böyle olmaz, bu cuma bizde şabat yemeğindesiniz, o kadar" demiş. Bu iş de iki günde tatlıya bağlandı. Daryo da benim gibi asla kin tutamaz. Birbirimize çok bağlıyız. Eşlerimiz ve çocuklarımız da öyle. Ve annem... Anneciğim için ne yazsam az. Bazen odamda annemin bir resmine dalar, ona uzun uzun bakarım. Ne güzel bir kadındı... Çok zengin bir ailenin kızıyken babasının servetini kaybetmesiyle birlikte yokluğu yaşamış, varlığı da yokluğu da görmüş, ama ikisine de aynı mesafede durabilmiş bir kadın... Anneme çok güzel şeyler tattıramadım. Hep sıkıntılarımı gördü. Bir evlat olarak onu bilerek asla üzmedim ama kraliçeler gibi de yaşatamadım. 1973 yılında vefat ettiği zaman, yeni yeni filizlenmeye ve para kazanmaya başlamıştım. Onu arabama alıp "Haydi anne, gel gidelim, istediğin yere götüreyim seni" diyemedim. Bunun acısı hâlâ içimi yakar. Bana ve kardeşime nasıl da dua ederdi... İkimizin iyi işleri, iyi eşleri olsun, bol para kazanalım, sağlıklı olalım, hiç ayrılmayalım. Tek derdi buydu. Ne olursa olsun, iki kardeş birbirinden kopmasın! İsrail'den dönüşümün sebebi iyi ki annemdi ve iyi ki annem gibi bir sebebim vardı. Bu dönüşün onu nasıl mutlu ettiğini hiç unutmadım. Belki anneme çok güzel şeyler yapamadım ama onunla sırdaş oldum. O öldükten sonra benim insanlık için yaptığım çalışmaların hepsi ona malum oldu. Bulunduğu yerden benim için hep dua ettiğini ve iyi olmamı sağladığını düşünürüm. Anne duasının yeri çok büyüktür. Onun dualarıyla babamı bir prens gibi yaşattık. İnsan geri dönüp düşününce ancak bunlarla teselli bulabiliyor. Hayat, maalesef hepimize aynı sonucu yaşatıyor.

Gelelim dostlara... Yakınlara... Çok sıcak, samimi, hakiki dostluklar yaşadım. Bir insan eğer doğru kişilerle doğru dostluklar kurabilmişse, o insan gerçekten şanslıdır. Albert Şilton, benim gençlik yıllarımın en önemli ismi. Onun evinde anne babası, kız kardeşiyle çok güzel günler yaşadık. Şimdiki Beyoğlu Belediye Başkanlığı'nın karşısında Çituris Apartmanı'nın zemin katında otururdu. Orası benim ikinci evimdi. Gençliğim orada geçti. Albert en büyük sırdaşımdı. En yakın arkadaşımdı. Bir gün olsun bir ayıbını görmemişimdir. Ona "Avram" derdim. Çok güzel bir evleri vardı. Pencereden muhabbet ederdik. Annesi bize yemek yapardı. Annem babam adadayken onlara yemeğe giderdim. Hiç kimsenin evinde uyuma âdetim yoktur. Gençken de yoktu. Yemek yer, sonra saat çok geç de olsa mutlaka eve dönerdim. Evde tek başıma kalmaya da korkardım, merdivenleri karanlıkta ıslık çalarak çıkardım.

Bir diğer arkadaşım Eli Ateş'in evi bize çok yakındı. Genellikle bizde buluşurduk. Bir akşam Albert Şilton'u o zamanki kız arkadaşının akrabalarının döveceği haberini alır almaz ikimiz de ok gibi fırladık. "Kimmiş bakalım Albert'i dövecek. Gelsin de görelim" dedik. Kimseden ses çıkmadı. Eli ve Albert'in, Mati ve İsak Kohen'in, Naime ve Selim Salti'nin yeri benim için bambaşkadır. Bir ara Eli'yle yollarımız ayrıldı, sonra yine kesişti. Albert'le hiç ayrılmadık. Her ikisinin de eşleri son derece nazik ve eşi bulunmaz kızlar. Çok güzel günlerimiz oldu. Evlendikten sonra da çok mutlu günlerimiz oldu. Eli Ateş, cemaatte de görev aldı. Babamın abilerinden biri olan Moiz Pinto'nun oğullarından biri adaşım Bensiyon, diğeri de Daryo'yla yaşıt olan Sami'dir. Onların evinde de şahane bir çocukluk yaşadık. Sara Yengemi büyüten ve sonradan onların yanında hiç ayrılmayan Madam Dora da onlarla yaşardı. Yengem onun kızı gibiydi. İmkânları çok iyiydi. En iyi içkiler, en iyi çikolatalar onların evindeydi. Bankalar Caddesi'nin köşesindeki ilk apartman onlarındı. O evin balkonundan bütün Bankalar Caddesi ve Şişhane'yi seyrederdik. Antik bir binaydı, iki katlıydı, alttaki dükkânları kasap ve terziye kiralamışlardı. O eve kimler kimler gelirdi... Bize göre daha iyi bir yaşamları olduğu kesindi. Kuzenim Bensiyon İsrail'e gittiği için Sami ailenin prensi oldu. Baba oğul ancak kırk sene sonra İsrail'de buluştu. Giden gelemiyordu. Buradakilerin oraya gitmesi de çok zordu. Bensiyon, İsrail'deki halalarımız Fortüne, Viki ve babaannemizle çok sık görüşürdü. Hayfa ile Akko çok yakın değildir. Bu bakımdan mutluyum, hiç olmazsa orada yaşadığı yıllar içinde yalnızlık çekmedi. Ben de onu sık sık ziyaret ettim. Bütün ailemi çok severdim. Hepsi benim için ayrı bir renk, ayrı bir değerdi. Aramızdan vaktinden önce ayrılan aile üyelerimizin boşluğunu hiç kimse dolduramadı.

Ailemizin değerli üyesi, benim canım kayınbiraderim Nesim Behar'ın 7 aralık 1970'te bir uçak kazasında hayatını kaybetmesi, benim de hayatımı tam anlamıyla altüst etti. Dokuz yıl uçağa binemedim. O benim kayınbiraderim değil, kardeşimdi. İnsan birini ancak bu kadar yürekten sevebilir diye düşünürdüm. Hakikatten sağlımı bozan ve beni tam anlamıyla bunalıma sokan bir olaydı bu. Hayat yine de yardım ediyor insana. "Eşim, evlatlarım yanımda. İsyan etmemeliyim" diyerek Nesim'in yokluğuna yıllar sonra ancak alışabildim. İçimdeki boşluğuna ise hiçbir zaman alışamadım. Eşi Beki, çocukları Leyla, torunları Sibel ve Vedat Biçerano, ailemizin değerli parçaları. Hayatımda gördüğüm en fedakâr anne baba, herhalde yeğenim Vivyan ile eşi Jojo Levi'dir. Küçük kızları Natali de ablasının bu amansız hastalığıyla mücadele etmeyi bildi. Tüm aile bu büyük mücadeleye girdi ve hiç olmazsa Sarika'yı yirmili yaşlarına kavuşturdular. Yıllar sonra da sevgili yeğenim Sara'nın –ki biz ona her zaman Sarika deriz– gencecik yaşında yıllarca mücadele ettiği hastalığa yenik düşmesi de beni derinden etkiledi.

Eti'nin kardeşi ve eşi, Tamara ve Jojo Behar, benim için akrabanın çok ötesinde bir yerde. Onlarla hayatımız neredeyse beraber geçti. Kızları Yael'i, oğulları Niso'yu kendi çocuklarım olsa ancak bu kadar severdim. İyi günde, kötü günde daima yanımda oldular. İkisinin de yeri bambaşka. İnsan dostunu seçebilir ama akrabasını seçemez. Tamara ve Jojo bizim hem akrabamız, hem de seçilmiş dostlarımız. Eti'nin ablası Fani, eşi Sabetay Şenbahar benim kardeşlerim. Onların şimdi ABD'de yaşayan sevgili oğulları İzak Şenbahar ve Vivyan Ştrumza da çocuklarım oldu. Bunu söyleyebilmek çok önemli. Çünkü kırk küsur yılda tam bir aile olup her anı, her sevinci, her acıyı paylaşır hale geldik. Kardeşlerimiz bizim hazinelerimiz. Yaşım ilerledikçe bunu daha iyi anladım.

Kardeşim kadar sevdiğim ve çok erken kaybettiğim dostum Niso Ruso'nun oğlu Selman da benim için çok mühimdi. İşlerimin en kötü gittiği dönemde annesi Beki, Selman'a hamileydi. O zaman sonografi olmadığı için, çocuğun erkek olduğunu bilmemize imkân yoktu. Niso, benim içinde bulunduğum zorluğun ve sıkıntının farkındaydı. Bana "Bak, biliyorum benim bir oğlum olacak ve doğduktan sekiz gün sonra yapacağımız sünnete geldiğinde sen zaten bütün borçlarını ödemiş olacaksın" demişti. Hakikatten öyle oldu. Bir mucize gibi. Niso'yu kaybettik ama Selman onun bana bıraktığı en büyük miras.

Beki ve Gabi İpekel, oğulları Nedim ve rahmetli kızları Tülin de ailemizin en değerli parçalarından. Onlar arkadaş olmaktan çok ötede, bizim için çok farklı bir yerdeler. Arada bir fotoğraflara baktığımda yüzlerimizin beraber eskidiğini, yıllarımızı beraber geçirdiğimizi ama dostluğumuzun ve anılarımızın taptaze kaldığını görüyorum. Biz beraber büyümüş, çocuklarını beraber büyütmüş, acı tatlı her anı berber yaşamış bir avuç çocuktuk. Şimdi de öyleyiz.

Sevgili Emel-İzak Faraci çiftinin de bizim için yeri çok önemli. İzak'la Hahambaşılık Cemaat Yürütme Kurulu'nda 1989-1990 ve 1994-1997 yılları arasında beraber çalıştık. O daha sonra İhtiyarlar Yurdu Başkanlığı görevinde de bulundu. Düşünceleriyle ufkumu genişletmiş, beni geliştirmiş, vizyonu çok geniş bir iş arkadaşıdır. İş arkadaşlığımız kısa süre içinde dostluğa dönüştü ve bizi ailece bugünlere taşıdı.

Marta-Rıfat Behar çiftinin de yeri ayrıdır. Rıfat, çocukluk arkadaşım. Uzun yıllara dayanan arkadaşlığımız var; ona cemaat işinde çalışmasını rica etmemle, yalnız çocukluk anılarımızı değil cemaatimiz için yaptığımız çalışmalarımızı da paylaşır olduk. O da İzak gibi İhtiyarlar Yurdu'na başkanlık yaptı. Cemaate omuz verdi ve çalışmalarımızı her zaman yakından takip etti. Kültürlü, sağlam karakterli ve dürüst bir insan olan Rıfat, bu konuda pek çok kişiye örnek olacak niteliktedir.

Sevgili İda-Hayim Şalhon çiftini anmadan geçmek olur mu? Hayim, Yeniköy Cemaati başkanı. Terbiyesi, altyapısı ve öngörüsüyle bana her zaman doğru bir insan modeli çizdi. Medyanın en önemli isimleriyle beni tanıştırması ve ilişkilerimizi geliştirmesi, cemaatimiz için çok büyük yararlar sağladı.

Ginet-Zeki Kovos da hayatımda en az diğer dostlar kadar önemli bir yere sahip. Zeki, iki başkanlık dönemimde de benimle cemaatimiz için omuz omuza çalıştı ve gecesini gündüzüne kattı. Tüm bu dostların yanında, bugün belki de hayatımızın en renkli, keyifli ve rahat saatlerini anlatarak, dinleyerek, eğlenerek ve en önemlisi paylaşmanın tadına vararak geçirdiğimiz pazar grubumuzun da hayatın tadına varmamızdaki yeri tartışılmaz. Selim Kaneti, üzerinde tez yazılacak bir beyin ve yürekti. Hayatımda bu kadar çalışkan, bu kadar özgüveni yüksek, bu kadar profesyonel bir avukat tanımadım. Selim Kaneti profesör olduğu için değil, hayata bir bilim adamı gibi bakabildiği için, yüksek bir muhakeme gücüne sahip olduğu için muhteşemdi. Bana "Yazılı bir metni mutlaka üç kere oku, hiçbir yere imza atma, yazılı olmayan hiçbir şeye de inanma" derdi. Eşi Lina ile ailemizin bir parçası oldu. Kızlarının yeri de benim için bambaşka. Yıllarımızı beraber geçirdik. İyi gün, kötü gün bizim için hep aynı oldu. Selim aramızdan ayrıldığında içimde kocaman bir boşluk bıraktı ve boşluk hiç dolmadı.

Doktor Öznur Kuşakçıoğlu, kardeşimdir. Daryo neyse Öznur da odur. Kayınbiraderim Nesim'i kaybettikten sonra, uzun süre midemden rahatsızlandım. Muhtemelen psikolojikti ama nedenini bilmiyordum. Beni iyileştiren Öznur'du. İyileştikten sonra, aynı anne baba çocuğu olmamamıza rağmen kardeş olduk. Bir yıl Amerika'da kalması gerekiyordu. Annesi rahatsızdı. "Sen kalk, git, eşin burada, yardımcılar burada, ben de kardeşin olarak sabah akşam anneni arayacağım, ona göz kulak olacağım, söz! Ben yalnız senin anneni gözeteceğim ama sen alacağın donanımla kim bilir döndükten sonra kaç kişiyi hayata döndüreceksin, git" dedim. Her gün annesini aradım. Haftada bir Öznur'a haber verdim. Öznur'un çok yakın dostu Sevgili Metin Akpınar'la da çok sıcak bir dostluğumuz var. Son derece bilgili, altyapısı çok sağlam, insanı derinden etkileyen, karizma sahibi bir adam. Onunla sohbet etmek adeta ondan feyz almak gibi. Bütün niteliklerinin yanında sahip olduğu en büyük erdemlerden biri de mütevazılığı.

Benim en sevdiğim insan, karşısındakine doğruları yanlışları anlatan; bunu yaparken hep kendinden bahsetmeyen, karşısındakine öğüt verirken ona egemen olmayan, babacan, mütevazı insandır. "Böyle yaparsan, böyle olur" diyen, yol gösteren, dostluğundan vazgeçmeyen, makul insanları seviyorum. Dostlar en büyük birikimimiz... Onlar olmadan hayat çok anlamsız olurdu. Ne yaşarsam yaşayayım, zorlukları yanımdan hiç ayrılmayan dostlarımla atlattım. Tüm dostlarım, hayatımın yapıtaşları oldu. Bu bakımdan çok mutlu bir insanım.

Hayatımın en büyük anlamı torunlarım. Hayatta en büyük hazinelerden biri ailedeki devamlılık; çocuk, ümit demek. Bana dede olmanın keyfini ve gururunu ilk yaşatan Yoni Bensiyon. 27 kasım 1995'te dünyaya geldiğinde, yaşlanmanın aksine kendimi Benjamen'in dünyaya geldiği gün kadar genç hissettim. Babasına bu kadar benzeyen bir çocuk milyonda bir çıkar. Yoni benim en yakın, en iyi arkadaşım, sırdaşım. Küçücük yaşına rağmen büyük bir adam aklına sahip olması, çok başarılı bir öğrenci olması, uluslararası yarışmalarda ödüller alması beni çok ama çok mutlu bir dede yapmaya yetti. Şimdi yedinci sınıf öğrencisi. Çok da başarılı. Hayatı boyunca her konuda başarılı olacağından asla şüphem yok. Bir gün uluslararası bir yarışmada ödülü veren kişi ona, "Senin Bensiyon Pinto'yla bir akrabalığın var mı?" diye sormuş. O da, "Evet, Bensiyon Pinto benim dedemdir. Üstelik ben onun adını taşıyorum" demiş. Ne zaman düşünsem gözlerimin dolmasına sebep olan bir olaydır. Yoni, bu çağın çocuklarının nasıl büyümesi, büyütülmesi gerektiği konusunda beni ilk yönlendiren. Bizim çocuk yetiştirme şeklimiz ile bugünün anne babalarının çocuklara yaklaşımı arasında etik değerler, terbiye, altyapı gibi konularda aslında bir fark olmadığını gördüm. Zaman ne olursa olsun, bir çocuk aynı endişeler, aynı beklentiler ve aynı korkularla yetişiyor. Ben çocuklarıma naylondan oyuncak araba alırdım, oğullarım elektroniğini alıyor. Ama büyükler konuşurken araya girmemek gerektiğini, izinsiz bir yere gidilemeyeceğini ve ne olursa olsun yalan söylenmeyeceğini öğretmek konusunda birbirimizden farkımız yok. Bence bundan elli yıl, yüz elli yıl sonra da olmayacak. İnşallah yanılmam.

17 kasım 1997'de de İris dünyaya geldi. Allah'ın bize en büyük armağanlarından biri daha! Bir kız çocuğun dünyaya gelmesi, bizim aile için maden bulmak gibi bir şeydi. Biz iki erkek kardeştik. Kardeşimin iki çocuğu da erkek, benim de öyle. Oğlumun ilk çocuğu da erkek olunca, bizde kız olmadığını düşündük. İris tam bir sürpriz oldu. Annesi gibi hanımefendi, akıllı, zarif, güzel ve çalışkan bir çocuk. İlkokul beşinci sınıf öğrencisi ama adeta bir genç kız! İfade yeteneği, ailesine verdiği değer, tek kız olmasına rağmen hiçbir şekilde şımarmaması, tıpkı Yoni'de olduğu gibi, onun geleceği açısından da içimin rahat olmasını sağlıyor.

Uzun ve ümitli bir bekleyişin adından, 30 haziran 2003'te dünyaya gelerek ve bütün ailemizi sevince boğan küçükler, Nil ve Hayim'imin sevgili ikizleri Eytan Albert ve Yoel Bensiyon, Eti ve beni yeniden gençliğimize taşıdı. Onlarla güreş yapmak, onların büyümesini izlemek, oyunlarına katılmak kadar zevkli bir şey yok benim için... Bana adımla hitap edip "Bensiyon" demelerine, dedeleri değil arkadaşları gibi davranmalarına çok gülüyorum. İki gün geçse hemen özleyiveriyorum. Henüz beş yaşında olan ikizlerin her sözü, her ifadesi bizi mutlu etmeye, güldürmeye yetiyor. Geriye dönüp baktığımda hayatımın tırnak içine alınacak en büyük değerlerinin onlar olduğunu, yanımda olmalarının hayatımın en büyük şansı olduğunu düşünüyorum. "Ağaç yaprağıyla gürler" sözüne yakışır bir şekilde büyüdü, gelişti ailemiz. Tırnak içine aldığım insanlarım, benim yaşam kaynağım. Onlar benim hayatımın en büyük anlamları. Bensiyon'u Bensiyon yapan en büyük değerler. Tanrı, hepsini bana bağışlasın.

Babam Binyamin Pinto'nun ilk askerliği, 1927.

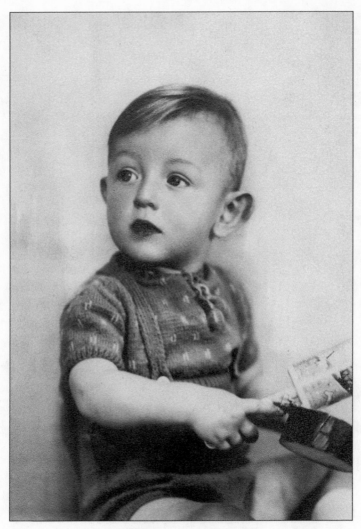

Bensiyon Pinto bir buçuk yaşında, 1938.

Annem Korin Pinto'yla, 1940.

Babamın ikinci askerliği, 1942.

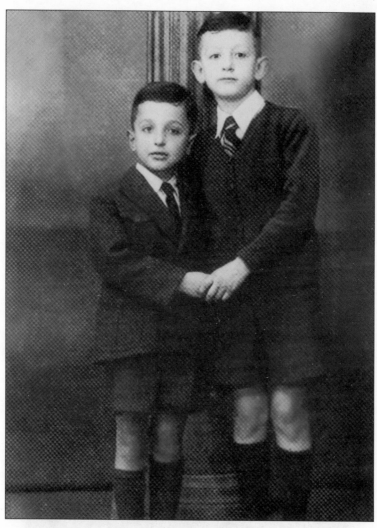

Kardeşim Daryo Pinto'yla (solda) Roş Aşana Bayramı hatırası, 1948.

Askerde kantin görevindeyken, 1957.

Asker arkadaşlarımdan bazılarının terhisi sırasında kapıda, 1957.

Eşim Eti'yle evlendiği gün, 26 kasım 1961.

Kardeşim Daryo'nun düğününde eşim Eti ve oğlum Benjamen'le, 16 temmuz 1967.

Büyük oğlum Benjamen'in bar mitsvasında
eşim Eti ve küçük oğlum Hayim'le birlikte, 1977.

Alparslan Türkeş'in Hahambaşılık'ı ziyareti. Jak Kamhi ve milletvekili Osman Ceylan'la, 1994.

Başbakan Tansu Çiller'le Tel Aviv'de, 1994.

İsrail Cumhurbaşkanı Ezer Weizman'la İstanbul'da, 1996.

Başbakan Mesut Yılmaz'la Başbakanlık Konutu'nda, 1998.

CHP Genel Başkanı Deniz Baykal'la CHP Genel Merkezi'nde, 1998.

9. Cumhurbaşkanı Süleyman Demirel ve eşleri değerli hanımefendi Nazmiye Demirel'le İsrail gezisi sırasında, 1999.

Başbakan Bülent Ecevit'le, Başbakanlık'ı ziyaretim sırasında, 2001.

10. Cumhurbaşkanı Ahmet Necdet Sezer'i ziyaretimde, 2001.

Romano Prodi, Serge Abou ve Aldo Kaslowski'yle.

Orgeneral Necdet Timur'la I. Ordu Komutanlığı'nda, 2001.

Ehud Olmert'le belediye başkanlığı görevi sırasında İsrail'de, 2001.

İspanya Büyükelçisi Manuel de la Camara Alfonso X Del Sabio nişanını
takarken, 22 Eylül 2003.

Dönemin Kültür ve Turizm Bakanı Erkan Mumcu ve eşi Işıl Mumcu
Hanımefendi'yle ECYC Avrupa Yahudi Cemaatleri Konseyi'nde, Neve Şalom,
2003.

Marc Grossman'la Hahambaşılık'ta, 2003.

Başbakan Recep Tayyip Erdoğan'la İstanbul'daki özel konutunda, 2004.

İstanbul Valisi Muammer Güler'le Vilayet makamında, 8 mart 2004.

İstanbul Büyükşehir Belediye Başkanı Kadir Topbaş'la Hahambaşılık'ın verdiği iftar yemeğinde, 11 ekim 2004.

İsrail Cumhurbaşkanı Moşe Katsav'ın dönemin Dışişleri Bakanı Abdullah Gül'ü kabulünde, 2005.

İsrail Dışişleri Bakanı Tzipi Livni'yle, İstanbul 2006.

Yetmişinci yaş gününde eşim Eti Pinto'yla, 8 Kasım 2006.

4. bölüm: Ünlem

Benim de korkularım oldu;
ülkem için, toplumum için, sevdiklerim için, kendim için...
Korkarken de düşünülebileceğini,
korkuların sonundaki umutların
insana gerçekleri öğretebileceğini gördüm.
Sevdiklerim de oldu, sevindiğim de...
Sevgi ve dostluğun korkuları yenmedeki gücünü gördüm.

Her şeye rağmen yaşamak... Yaşamda her şey olur. Her şey insanlar için demiş eskiler. Bazı olan biteni anlamlandırmak, onların sebeplerini kendi kendine bulmaya çalışmak boşuna. İnsan akıl gücüyle bazı soruların cevaplarını bulamıyor. Nâzım'ın dediği gibi: "Yaşamak; güzel şey, ümitli şey..." Neyse ki ondan vazgeçmiyor insan. Hayatın içine sevgiyi, anlayışı, birlik ve beraberliği sığdırabilen, yüreğini insan sevgisiyle doldurabilen gençler yetiştirmek zorunda olduğumuzu düşünüyorum. Dünyanın buna ihtiyacı var.

Biz daha şanslı bir gençliktik. Bugüne göre daha geride kalmış gibi görünsek de, bizim zamanımızda maneviyata daha çok değer verilirdi. Bugünkü dünya maddiyat üstüne dönüyor. İnsanların ideolojileri, dünya görüşleri, gelecek planları veya nasıl bir insan olacakları bile artık o renkli kâğıt parçalarının elinde. Gençleri bu tehlikeden korumak zorundayız. Üşenmeden, bıkmadan onlara insan gibi insan olmanın yollarını anlatmak zorundayız. Hiçbir bebek terörist ya da katil doğmuyor. Dünyaya geldiği zaman her çocuk için aynı dualar ediliyor. "Vatanına milletine, annesine babasına hayırlı evlat olsun" deniyor. Bugün dünyanın eskisinden daha fazla hayırlı evlada ihtiyacı var. Dil, din, ırk, mezhep ayrımı gözetmeyen insanlara, silahlardan arınmış, geleceğe pırıl pırıl çocuklar yetiştirme gereğine inanan insanlara ihtiyacımız var. Ne yaşarsak yaşayalım, ayağa kalkıp yürümek zorundayız. Asla hayattan vazgeçmemeliyiz. Geleceğe inanmalıyız. Yeni doğan bebekler için, büyümekte olan çocuklar için, hayata hazırlanan gençlerimiz için...

Türk Musevi cemaatinin saldırıya uğradığı iki tarih, cemaatin hakikatten yeniden ayağa kalkıp, yarınlara inanarak yürüdüğü ama acılarını yüreğine gömdüğü iki kara gün olarak geçmişteki yerini aldı. İnsan gençken yaşadığı olayların ciddiyetini ancak olay bittikten sonra anlayabiliyor. Cemaat idaresinde henüz görev almamıştım. 6 eylül 1986'da Caddebostan Sinagogu'nda, çok yakın bir dostumuzun oğlunun bar mitsvasına davet edilmiştim. O sırada gelen bir haber hepimizi altüst etti:

"Neve Şalom Sinagogu'na bomba atılmış!"

İlk anda kavrayamadım. Türkiye Cumhuriyeti tarihinde hiç böyle bir şey olmamıştı. Hatta yüzyıllardır bu topraklarda yaşayan Yahudi cemaatinin başına böyle bir olay gelmemişti. Haberin doğruluğundan şüphe ettim. Haberin aslını astarını öğrenmek için sinagogdan çıkıp motora bindim ve adaya gittim. Böyle bir şey yaşamış olmamız mümkün değildi. Haberi yalanlayacak birini bulacağımı düşünüyordum. Eğer bir konuda korkunuz yoksa, devletinize ve milletinize güveniniz tamsa, hiç yaşamadığınız, acısını hiç bilmediğiniz bir olayı yaşama ihtimali sıfırdır. Korkmayı, üzülmeyi, endişelenmeyi bilemezsiniz. Bu, çocuksu bir saflık ya da körü körüne güvenden kaynaklanmaz. Bu, tamamen doğduğu topraklarda o güne kadar güvenle yaşamış olmanın getirdiği sıcak bir rahatlıktır. "Memleketimde yalnız değilim. Hükümetim var, devletim var, askerim var... Korkacak hiçbir şey yok, böyle bir haber ancak yalan olabilir" dersiniz. Mazide acı günler olsa da, ben hep böyle düşünmeyi tercih etmişimdir. Çünkü yarınlar her zaman aydınlıktır.

O gün yaşadığım bir şoktu. Böyle bir haberin gerçek olma ihtimalini düşünemiyordum. İşin ciddiyetini anlamam için Eti'nin beni uyandırması gerekti. Eve uğramadan, arkadaşım Niso Albuher'in evine gittim. Eti benden önce oraya gelmişti. "Sabah töreni çok güzel geçti, çok güzel bir bar mitsva oldu, akşama da gece için İstanbul'a inmemiz gerek" dediğimde, Eti inanamayan gözlerle yüzüme bakıyordu. Olağanüstü bir durum olduğunu göz göze geldiğimizde anladım. Eti'nin gözleri ağlamaktan kan çanağına dönmüştü:

"Sen haberleri dinlemedin galiba."

"Ne oldu?"

"Neve Şalom bombalandı. Yirmi üç ölü var. Olan bitenin farkında değil misin?"

"Ne? Demek doğruymuş!"

Hemen kalktım.

"Ben İstanbul'a gidiyorum."

Evden iskeleye nasıl koştuğumu, vapura nasıl yetiştiğimi bilmiyorum. Karaköy'den Şişhane'ye giden bütün yollar kapalıydı. Dolmuş bir yere kadar götürebildi. Polis her yeri kontrol altına almıştı. Dolmuştan inip koşmaya başladım. Saat tam bir buçukta oradaydım. İçeride tam bir felaket vardı. Adeta kıyamet kopmuştu. Teröristlerin ve hayatını kaybetmiş dindaşlarımızın cesetleri parçalanmış, sağa sola dağılmıştı. Allah insana böyle durumlarda öyle bir metanet veriyor ki, nasıl olup da düşüp bayılmadığıma ya da aklımı oynatmadığıma şaşıyorum. Tam bir cehennemdi. Yanık kokusu genzime dolmuştu. Kurtulanların hali de felaketti. Evine haber veremeyenler, yüzü gözü kan ve is içinde onlarca insan... Ağlayanlar, bağıranlar ve tam bir şok yaşadıkları için hiçbir şey konuşamayanlar... Sinagogda Tevrat okuyanlar paramparça olmuştu. Gözlerimden gayri ihtiyari yaş boşaldı. Dayanamadım, dışarı çıktım.

Bu yaralar nasıl sarılacaktı? Bu tedaviyi kim yapacak, bize yeniden kim umut verecekti? Bundan sonra başımıza böyle felaketler mi gelecekti? Bunu kim, neden yapmıştı? Dünyanın pek çok yerinde Yahudilere yönelik saldırılar olduğunu duyuyorduk. Oysa burası bizim memleketimizdi. Burada böyle şeyler olmazdı. Birden başımı kaldırıp Neve Şalom'un kapısına baktım. Yıllarca evimizin terasından duyulan duaları, burada yapılan sünnetleri, düğünleri, bar mitsvaları düşündüm. Bu mekân her zaman güzelliklere kapı açan bir yer olmuştu. Cenazeler de olurdu elbette ama onlar vadeleri dolduğu için Allah'ın takdiriyle aramızdan ayrılanlardı, insan eliyle değil... Neve Şalom yirmi beş kişiye mezar olmuştu... Ben ulaşana kadar iki kişi daha hayatını kaybetmişti. Sinagoga kim gelirdi ki? Daha çok yaşlılar, bir derdi için Allah'tan medet umanlar, ona sığınmak, onun için dua etmek isteyenler... Üstelik maddi durumları iyi olsa, orada olmak yerine tatilde, gezmede olacak, ibadetini bulunduğu yerde yapacak insanlar... Olan yine onlara olmuştu. Canı yanan yine onlardı. Hakikaten Allah yolunda ilerleyen, gerçekten ibadet etmek için orada olan, mütevazı, dindar insanlar... Yirmi üç kişi! Bu insanların suçu neydi?

Hemen eşimi aradım:

"Hiçbir yere gitmiyoruz. Ben İstanbul'da olacağım. Bu gece beni bekleme. Çocuklara da kendine de dikkat et."

Telefonu kapatınca kendi kendime kızdım. Neydi bu yaşadığımız? Savaşta mıydık ki karıma bunları söylüyordum? Cemaatte görevli olmadığım için daha iyi haber alabileceğim ve yapılacak bir şeyler varsa öğrenebileceğim bir arkadaşımın evine gittim. O sırada, o günkü bar mitsvayı yapan aile, "Ölenle ölünmez, bunu hayatta bir kere yaşıyoruz" diyerek, o geceki eğlence için cemaatten izin istiyordu. İnsanların insanlıklarını sorgulaması gereken anlar vardır. Keşke olmasa ama vardır. O an da bunlardan biriydi. Yirmi beş kişinin cesedi daha soğumamışken, çalgılı çengili bir eğlence yapmaya yürekleri yetebiliyordu... Bunun sorulmuş olması bile, gelen zamanın geçen zamanı ne kadar aratacağının bir göstergesiydi sanki. Cemaatimize uzun süre çok iyi başkanlık yapan Jak Veissid, gerçek bir başkan olduğunu o gün bir kere daha göstererek cemaate sahip çıktı. Medyaya verdiği beyanlarla, sergilediği tavırla, yardımcıları ve ekibini görevlendirişiyle, cenaze merasimleriyle dört dörtlük bir yönetici tablosu çizdi. Bar mitsva yapmak isteyen aileye de çok net bir cevap verdi: "İçinizden yapmak geliyorsa yapın; ama yirmi beş ölü vermiş bir cemaatin ferdi olarak bu ağır sorumluluğu, bu vicdani yükü kaldırabilir misiniz, bunu bilemem. Öyle bir günün gecesinde masalarda dansöz oynatmanın ne kadar doğru olduğu sizin takdirinizdir" dedi. Ne yazık ki bar mitsva yapıldı ama cemaat bu hareketi asla unutmadı. Bunca yıl sonra, bu olayı hatırlatmamın arkasında bir niyet var tabii. Cemaat olmak, birlik olmak demektir. İyi günümüzde birlik olabildiğimiz gibi, kötü günümüzde de bunu başarabilmeliyiz. Hatta kötü günde daha çok gayret sarf etmeliyiz. Yalnızca o bar mitsvayı yapanları tenkit etmiyorum. Katılanları da eleştiriyorum. Anlık kararların bedeli manevi olarak çok ağır olabilir. İleriyi düşünerek adım atmak her şeyden daha önemlidir. Başkanımız Jak Veissid sayesinde yaralar sarıldı, zaman çok şeyi alıp götürdü, toplum kendini yavaş yavaş topladı ve hayat kaldığı yerden devam etti ama bu hareket unutulmadı işte...

Hayatın böyle acımasız bir tarafı vardır. O devam eder. Her şeye rağmen devam eder ve peşinden sizi de sürükler. Yaşadığınız acıya rağmen, yine de bir gün yeniden gülersiniz. Hayal kurarsınız, yemek yer, yolda yürür, bir şarkı dinler, akşama iki ekmek alıp eve gidersiniz. Unutmasanız bile, o acı içinizi ilk günkü gibi yaksa bile, onun yüzünden ölmezsiniz. Çünkü her acı bir umut doğurur.

Yıllar geçti, her yıl o tarihte ölülerimize dua ettik, onları andık ve güvenlik önlemlerini biraz daha artırmak zorunda kaldık. Bu aslında düşünmek bile istemediğim bir şeydi. Nerede yaşıyorduk? Nasıl bir tehdit ve zorluk içindeydik? Neden güvenlik önlemlerini artırmak zorunda kalıyorduk? İnsan ibadethanesine korkarak mı girmeliydi? Kendini en çok güvende hissedeceği yer orası değil miydi? Allah'ın evi gibi değil miydi? Herkes yüzünü aynı tarafa dönmüyor muydu? Kendi memleketimizde kapılara daha büyük kilitler takmak, duvarları kalınlaştırmak zorunda mı kalmalıydık? Bir akşamüstü bunları düşüne düşüne eve giderken ağladığımı fark ettim. Kimseye belli etmeden cebimden mendilimi çıkarıp gözlerimi sildim. Birden o mendilin, bir Ramazan Bayramı'nda bana verilmiş olduğunu fark ettim. Yürümeye devam ettim. Gözyaşlarımı kimseden saklayacak değildim...

1986'daki bu olaydan sonra birtakım tedbirler aldık, uzun vadede işe yaradılar. 1 mart 1992'de Neve Şalom'a bombalı bir saldırı gerçekleştirmek isteyen iki kişi kapıda yakalandı. Kendi ifadelerine göre bir gece evvel karşıda terk edilmiş bir binada yatmışlar, sabah da bu olayı gerçekleştirmeye kalkmışlardı. O günden sonra oradaki metruk binalar hep huzursuzluk yarattı. Bunu belediyeye bildirdik. Onlar da bu konuda her zaman gerekeni yaptı, bizi rahatlattı. Yine de Türk Musevi cemaati, yıllar boyunca sayısız tehdit aldı ve sahip olduğu huzuru yavaş yavaş aramaya başladı. Bunun nedenini çok düşündüm. Şimdi yetmiş bir yaşındayım ve hâlâ bu soruya cevap bulamıyorum. Neden? Adı üstünde: "Türk" Musevi Cemaati. Bu cemaat, buranın. En az Mustafa kadar, Niyazi kadar, Mehmet kadar buralı... Başka yere taşınsa, orada yine Türkçe konuşacak, yine yaprak sarma pişirecek, düğününde yine oyun havası çalacak... Bir insanı toprağından koparamazsınız. Yaşadığı yerin havasından, suyundan, insanından, tarihinden, geçmişinden vazgeçiremezsiniz... Nedendi bütün bunlar? Bu insanlar Yahudi diye mi? Türk Yahudisi'nin memleketine ne zararı olmuştu ki? Bir gün belki bütün bu sorulara cevap bulunacak. Ümit ederim ki, gençlerimiz dedelerimizin zamanındaki gibi huzurlu, mutlu, kaygısız ve kuşkusuz zamanların yeniden geldiğini görsün...

Aradan yıllar geçti ve ben yaşını başını almış bir adam olarak, cemaati gençlere devretme zamanı geldiğini düşünmeye başladım. Başımıza yeni bir felaketin geleceğinden habersizdim. Aslında bazı tehlikeli durumlar olacağını seziyorduk. İsrail, ne yazık ki dış politikasını başka ülkelerdeki Yahudileri düşünerek belirlemiyordu. İşin en acı tarafı da, Türkiye'de yaşayan bir avuç Yahudi'nin bazı politikalar yüzünden hayatlarını koruma kaygısıyla yaşıyor olmasıydı. İsrail'de yakınları olan, orayla gönül bağı bulunan ama hayatının hiçbir döneminde orada yaşamayı düşünmemiş, orayı hiç görmemiş insanların memleketlerinde korku içinde yaşaması kadar acı bir şey olabilir mi? Bu, onların ödemesi gereken bir hesap mıydı? Nitekim 2003 yılında, yeni bir terör olayının gerçekleşme ihtimali olduğunu bütün cemaat yönetimi tahmin ediyordu. O gün olmazsa başka bir gün, o yıl olmazsa başka bir yıl olacaktı... Ne kadar önlem alırsak alalım, yapacak bir şey yoktu.

Yahudi kimliğiniz varsa ve bunu gururla taşıyorsanız, gelebilecek yükü de taşıyacaksınız demektir. Kendi memleketinizde de, başka yerde de... Hayatınızı ona adamış da olsanız, ilgisiz de... Devletler devletlerle savaşır. İnsanların sivillere saldırmasıysa insanlık dışıdır. Ahmet çocuğu ölünce nasıl ağlarsa, Salomon da öyle ağlar. John da, Hans da, Mehmet de... Gözyaşının dini yoktur. Baba olmanın da... İnsan olmanın da... Terörün Yahudileri neden yeniden vurduğunu anlamış değilim. Sonuçta tüm insanlar arasında bir akrabalık var. Yahudiliğin Müslümanlığa ne kadar yakın olduğunu bütün ulema bilir. Keşke insanlık bunun üstünde biraz düşünse... Düşünmese bile insanlığı yaratanın kim olduğunu, nasıl büyük bir güç olduğunu hatırlasa... Madem her şey Tanrı için, o zaman onun hiçbir kuluna kıymasa...

Biri çıkıp dedi ki:

"Yahu Bensiyon, sen de Yahudi'sin, ama onlar gibi değilsin."

Bunu söyleyerek beni öldürdü aslında. Ben kimdim? Hepimiz bu ülkenin çocuğuysak o zaman beni kendi toplumumdan, toplumumu da geniş toplumdan farklı kılan neydi? Beni en çok bu soruya cevap bulamamak üzmüştür.

Maalesef 15 kasımda bir saldırı daha gerçekleşti. O gün, bir insan olarak Allah'tan utandım. O gün zaman da, hayat da durdu. O gün ilk defa ölümün soğuk nefesini ensemde hissettim. O gün ilk defa, bir an için de olsa eşimi, oğullarımı, gelinlerimi ve torunlarımı bir daha hiç göremeyeceğimi düşündüm. Bunu yazmayı deneyeceğim. Yapabilecek miyim? Ondan emin değilim.

O gün bir cehennem miydi, kâbus muydu, isyan mıydı? Yoksa sadece geriye cevabı olmayan bir soru daha bırakan bir olay mı? Bunu bilmek mümkün değil. Bu olay aslında, sanıkların sonradan verdiği ifadelere göre bir hafta öncesi için planlanmış. Fakat emniyetin olağanüstü tedbirler alması yüzünden gecikmiş. Şişli'deki Beth İsrail Sinagogu yeni restore edilmişti. Yaz dönemi bittiği için, o gün kışın ilk duası ve ehalin açılışı yapılacaktı. Ehalin yenilenmiş olması bizim için çok önemliydi. Çünkü Tevrat'lar onun içinde durur. Bu saldırıların hep restorasyon sonrasına denk gelmesi de ilgi çekici. 1986'da da böyleydi. 1992'deki saldırı teşebbüsü de büyük bir temizliğin ardından gerçekleşmişti. Aynı saatlerde Neve Şalom Sinagogu'nda bir bar mitsva vardı. Oraya da davetliydim ama açılışta bulunmam şart olduğu için Şişli'ye gittim. Eti evdeydi. Dünürlerim Albert ve Çela Kaspi, Neve Şalom'daki davete katılacaktı. Saat tam sekizi yirmi geçe Şişli Sinagogu'na geldim. Arabadan indim. Korumalar beni kapıda karşıladı. Aralarında başına geleceklerden habersiz gülümseyen Yoel Ülçer Kohen de vardı. Korumalar beni genellikle Efe Sokak tarafına açılan ön kapıda beklerdi. Ön kapı, büyük sinagogun girişiydi. İki bina sırt sırtaydı ve onları birbirine bağlayan bir geçit vardı. Her zamankinin aksine, Kırağı Sokak'a açılan arka kapıdan girdim. Korumalardan biri "Başkanım, biz arkada duralım" dedi. Otuz saniye durakladım. Nedense arka kapıdan çıkmak istemedim.

"Yok çocuklar, siz yukarıda, ön kapıda durun, ben oradan çıkarım." Dua uzun sürecekti. Çocuklar arkada sıkılmasın diye düşünmüş olabilirim. Tam bilmiyorum. O kadar kısa bir zamanda verilmiş bir karardı ki... Hepimizin kaderi o an değişti. İnsan verdiği anlık bir kararın birilerinin hayatını kurtaracağını düşünebilir mi? Bunu yalnız Allah bilir. Canı veren de, ne kadar yaşayacağımıza karar veren de odur. Onları yukarı yollamasaydım paramparça olacaklardı. Başka şansları yoktu. Yüzde yüz ölüm... Kader işte!

Güvenlik görevlisi Yoel'in yanağını okşadım ve içeri girdim. Sinagog ağzına kadar doluydu. Cemaatin ileri gelenleri, vekillerim, gençler, çocuklar, yaşlılar... Çok büyük bir kalabalık vardı. Başımı çevirip arka tarafa baktım. Kadınlarda da olağanüstü bir kalabalık göze çarpıyordu. Bizde de camilerde olduğu gibi kadınlar yukarıda, kendileri için ayrılmış bir bölümde ibadet eder. O günse erkeklerin arkasındaki bölüme oturmuşlardı. İçimden, "Ne mutlu bize" dedim. "Bu kadar güzel bir günde böyle büyük bir kalabalık var. İnanan ve dinine bağlı bir cemaatsek, gençlerimiz de ona göre yetişir." Benim derdim her konuda olduğu gibi, bu konuda da gençlik odaklı olmuştur. Onlar ilerlesin, onlar zarar görmesin. Yarınlar onların. Bu ülkeyi aydınlığa onlar taşıyacak.

Hahambaşını selamladım. Yerime oturdum. Sinagogda cemaat yöneticileri en önde oturur. Hahambaşının yeriyse ehalin önünde, sağdadır. Sinagogdakiler onunla yüz yüze oturur. Hemen yanında ehalin ahşap kapıları vardır. Sinagoglarda da camilerde olduğu gibi, resim ya da herhangi bir figür bulunmaz. Sadece ehalin kapıları ve çevresinde, mekân müsaitse, camdan süslemeler vardır. Çok güzel bir dua okundu. İçimde nedenini anlayamadığım tuhaf bir sıkıntı vardı. Derken beni Tevrat okumaya davet ettiler. Bu da bizim için bir onurdur. Haftanın üç günü, pazartesi, perşembe ve cumartesi sinagogda Tevrat okunur. Cumartesinin önemi dinimizce daha büyük olduğu için, o günün duasında bazı büyükleri onurlandırmak gelenektir. Haham, duayı o kişi adına okur ve kişiyi taltif eder. Bu yapılırken de hiyerarşik bir sıra izlenir. Hahambaşının hemen arkasından davet edilmiş olmak, benim için çok büyük onurdu. Duayı okudum ve indim. Oturdum. Yanımdaki koltuk boştu. Sağımda, benden bir koltuk arayla vekilim Sami Herman oturuyordu. Bir koltuk daha boştu. Yanında oturan da Robert Abudaram'dı. Ben oturduğumda duaya o çağırılmıştı. Birkaç dakika sonra öleceğinden habersiz olduğum Yona Romano beni kutlamak için geldi. Ölen diğer bir genç arkadaşımız da beni kutladı. Bu kutlamalar da âdettir. Duaya davet edilmek büyük bir onur olduğu için dua edip yerine geçenler tebrik edilir, hepsinin elleri sıkılır. İşte tam o sırada akılların alamayacağı kadar yüksek bir ses duydum. Bunu herhangi bir sese benzetemem. Çok yüksek, kulakları sağır edecek kadar yüksek bir sesti! Aynı anda Sami Herman'ın sesini duydum:

"Vurdular bizi Başkan!"

Üstüm başım kan içinde kalmıştı. "Panik yok!" diye bağırdım. "Panik yok!"

"Çıkın, hemen çıkın. Çıkarken de yaralı olanların hiçbirinin üstüne basmayın!"

İnsanın ancak görüp yaşarsa anlayabileceği, zamanın adeta durduğu bir andı... Bana göre kıyamet kopmuştu ve hepimiz ölmüştük! İki üç kişiyi yerden kaldırdım, birilerine teslim ettim. O anda boş bulunup ön kapıdan çıkacağıma arka kapıya yöneldim ve dışarı fırladım. Gördüğüm manzaranın tasviri için kelimeler yetersiz kalıyor. Korkunç bir felaketle yüz yüzeydim! Kapının önü cehennemdi!

Bir dindaşım yerdeydi ve herkes onun üstüne basıyordu. O panikte kalkıp kaçamıyordu. Adamın etrafını çevirdim, yerden kaldırıldı. O sırada sağıma soluma bakıyordum. Yaşadığım şeyin hiçbir benzeri yoktu. Tam anlamıyla bir kâbustu. O sırada bir de ne göreyim! Hahambaşının oğlunun boynundan adeta fıskiye gibi kan fışkırıyordu! Yüzü tanınmayacak hale gelmişti. Korumalar hahambaşı ve beni uzaklaştırmaya çalışıyordu. İnsan böyle bir anda kendini asla düşünmüyor. Hahambaşını o gün bir kere daha takdir ettiğimi hatırlıyorum. Bir insanlık örneğiydi. Oğlunu bırakmış dindaşlarıyla ilgileniyor, yerde yatanları kaldırmaya çalışıyordu. Belli ki oğlunun ayakta olması ona yetmişti o anda. Görevlilerden biri oğlunu aldı ve hemen hastaneye götürdü. Kalabalığın içinden çıktığımda görevlilerden biri bana yaklaştı ve "Bu doğalgaz patlaması Başkan, merak etmeyin" dedi. Bense hadisenin vahametini ve ne olduğunu çoktan görmüştüm. Yüzüne boş boş baktım. Doğalgaz patlaması filan değildi.

"Ne doğalgazı oğlum..."

Ancak bunu diyebildim. Bu bir insanlık dramıydı. Bizi vurmuşlardı! Bombalar patlamış, kapıda yanağını okşayarak içeri girdiğim Yoel Üçler ölmüş, önümde yatıyordu. Müslüman kardeşlerim de yok olmuştu. Yerde bacaklar, kollar... Evlerin, dükkânların camları kırılmıştı. İnsanlar evlerinden dışarı fırlamış sağa sola koşturuyor, bize yardım etmek için çırpınıyorlardı. Korumalar artık dayanamayarak beni alıp arabaya götürdü. Beş dakika sonra telefonum çaldı ve bir haber geldi: "Başkan, Neve Şalom'da da bomba patladı!"

Bir an zamanın durduğunu düşündüm. Bu yaşadıklarım, gördüklerim ve şimdi duyduğum şey asla gerçek olmamalıydı! "Hayat bir daha asla aynı olmayacak" diye geçirdim içimden. Herkes oradaydı çünkü, bütün gençler, bütün çocuklar...

Önce Eti'yi aradım ve iyi olduğumu, beni merak etmemesini söyledim. O anda yaralılar için hastanelerin alarma geçmesi gerektiğini hatırladım. Derhal Amerikan Hastanesi'ni aradım:

"Ben Musevi Cemaati Başkanı Bensiyon Pinto. İki sinagogumuzda bomba patladı. Birazdan hastanenize akın akın yaralılar gelecek. Lütfen hazırlıklı olun. Paraya pula bakmayın, dini ne olursa olsun, kim gelirse gelsin hemen müdahale edin. Tüm masraflar bana ait."

Bu arada cemaatin bunca yükün altından nasıl kalkacağını düşünüyordum. "Evi satarım" dedim kendi kendime. Kimseye danışmadan, kendi inisiyatifimle bir karar almıştım. Doğru olan buydu. Başka türlüsü düşünülemezdi. Ardından ambulansları hazırlayıp hemen olay yerine göndersin diye Orahayim Hastanesi'ne telefon açtım. Florance Nightingale'i de aradım. Başında Sevgili Cemşit Demiroğlu vardı. Onunla konuştum. Aynı hazırlıkları yapmasını rica ettim.

"Merak etme Başkan, ne gerekiyorsa yapılacak."

Bir ara üstüme baktım. Her yerim kan içindeydi. Arabanın içinde yaralı olup olmadığımı kontrol ettim. Korumalarım Serdar ve Gürkan "Sizde bir şey yok Başkanım, kan bulaşmış üzerinize" dediler. Demek yaralı değildim. Demek üstümdeki, yanımdaki insanların kanıydı! İnsan buna sevinebilir mi?

O arada aklıma oğlumu aramak geldi. Telefonum durmadan meşguldü ve sağ olup olmadığımı bilmelerine imkân yoktu. Hayim'i aradım.

"Hayattayım oğlum. Annen de hayatta. Bütün aileyi ara haber ver. Arayıp telefonumu meşgul etmesinler."

Allah'tan onlar evdeydi. Benjamen'in çocuklarının antrenmanı vardı. Hayim'in ikizleri de dört buçuk aylık olduğu için onları bırakıp bir yere gidemiyorlardı. Eve geldim. Ev o gün, benim için güzel günler geçirdiğim bir mekân olmaktan çıkmış, adeta yabancı birinin evi gibi geldi. Benden o kadar uzaktı. Üstümdekileri yırtarcasına çıkardığımı hatırlıyorum. Koca adam, duşun altında ağlıyordum. Artık kendime hâkim olamıyordum. Gördüklerim karşısında kanım donmuştu. Bir başıma kalınca kendimi sıkmak elimden gelmedi. Sinir sistemim boşaldı. Yaşadığım ağır bir darbeydi ama güçlü olmam lazımdı. Evde kriz masası kurdum ve hemen talimat vermeye başladım. Neticede burası bir evdi. İşyeri değildi. Hiçbir belge yanımda değildi. Gerekli numaralar burada değildi. Üstelik evin pek güvenli olmadığını da düşünüyordum. Baktım olacak gibi değil, cumartesi gününün özel durumunu bir kereye mahsus delerek Hahambaşılığı açtırdım. Hahambaşı da hiçbir güvenlik engeline ve o günün şabat olmasına bakmadan arabasına binip geldi. Oğlu ameliyata alınmıştı. Bombanın etkisiyle vitraylar yüzüne patlamış ve bütün yüzünü parçalamıştı. Mucize eseri hayattaydı. Allah'a çok şükür vadesi dolmamıştı.

Yaraları sarmanın çok zor olacağının farkındaydım. Cemaati asla böyle bir durumda bırakamazdım. Bırakırsam, adeta babasız kalırlardı. Oysa otuz gün içinde görevi devredecektim. İlk olarak cemaatin kendini güvende hissetmesi gerektiğini düşünerek bu kararı ertelemeyi düşündüm ve bir bildiri yayınlayarak görevimin başında olduğumu, görev devrini ileri bir tarihe ertelediğimi belirttim. Herkeste bir panik havası, gelecek güvensizliği, büyük bir korku vardı. İnsanlar yürekleri ağzında geziyordu. "Allah devlete zeval vermesin" diye boşuna dememişler. Devlet her an yanımızdaydı. Her an! Hükümet bizimle olağanüstü bir düzeyde ilgilendi. Patlamaların ardından KKTC'de olan Başbakan Recep Tayyip Erdoğan aradı: "Geçmiş olsun" dedikten sonra bir şeye ihtiyacımız olup olmadığını sordu. Her şeyle ilgilenileceğini, merak etmememizi söyledi. Döner dönmez yanında bakanlarıyla Hahambaşılık'a geldi. Bizden bir saate yakın bir süre bilgi aldı. DGM Başsavcısı Aykut Cengiz Engin de patlamaların terör eylemi niteliğinde bulunduğunu ifade etti. İçişleri Bakanı Abdülkadir Aksu İstanbul'a gelerek Vali Muammer Güler ile beraber olay yerlerinde incelemede bulundu. Sadece ben değil, hepimiz devletin ve hükümetin kuvvetini arkamızda hissettik. Aksu, daha sonra İstanbul Emniyet Müdürü Celalettin Cerrah'la durum değerlendirmesi yapmak üzere İstanbul Emniyet Müdürlüğü'ne geldi.

1986'da yirmi üç kişi kaybedildiğinde ve 1992'de önlenen saldırı girişiminde de devlet ve hükümet yanımızda olmuştu ama bu denli yakın hissetmemiştik. O zamanlar bizi ziyaret eden en üst düzey yetkili vali olmuştu. Bu kez başbakan, ana muhalefet lideri, Dışişleri bakanı, Adalet bakanı, Kültür bakanı, Sanayi ve Ticaret bakanı tek tek aradı, ziyarete geldi. Bütün günüm cenaze işlerini organize etmekle ve ölenlerin yakınlarını avutmakla geçti. İnsan bir günde on yaş yaşlanabiliyor. Gece yüzümü yıkarken aynada kendimi tanıyamadım. Bu yüz benim miydi?

Gece tekrar hastaneye döndüm. Hahambaşının oğlu Yosi ameliyattan çıkmıştı. Yüzü tanınmaz haldeydi. Dikiş atılmayan tek bir nokta kalmamıştı. Geçmiş olsun dileklerimi sunarken, kapıdaki güvenliğin harekete geçtiğini fark ederek kapıyı açtım. Karşımda uzun boylu bir adam duruyordu: Başbakan Recep Tayyip Erdoğan. Aramakla yetinmemiş, gelip bizi görmek istemişti. Yaşım ondan büyük olduğu için büyük bir samimiyetle evladımı görmüş kadar sevindiğimi söyleyebilirim. Kolunuz kanadınız kırılınca sizi ayağa kaldıracak, sizden daha kuvvetli bir ele ihtiyacınız oluyor. Onu görünce "Tamam, artık her şeyi daha kolay halledebilirim" dedim. Başbakana döndüm; "Bu olay Yahudi cemaatine yapılmış bir saldırı değil, Türkiye Cumhuriyeti Devleti'ne, milletine, bayrağına yapılmış bir saldırıdır. Bütün dünya bunu böyle bilmelidir" dedim. O da bana şu cevabı verdi:

"Biz giden canları geri veremeyiz ama bu yaraları sarmak için ne lazımsa yapmaya hazırız. Biz buradayız ve ne lazımsa yapacağız. Merak etmeyin."

Ertesi gün mezarları hazırlattık. İstanbul Valisi Muammer Güler'i aradım:

"Sayın Valim, bu insanlar teröre kurban gitti. Biliyorum, cenazelerin Türk bayrağına sarılabilmesi kanuna bağlıdır ve bunun özel izni vardır. Sizden rica ediyorum, eğer mümkünse bu terör kurbanlarını son yolculuklarına Türk bayrağına sarılı olarak uğurlayalım. Tabii sizin de onayınız varsa."

Vali hemen ilgileneceğini söyleyerek telefonu kapadı, tam üç dakika sonra beni aradı:

"Sayın Pinto, her şeyi istediğiniz gibi yapmaya hazırız. Hiçbir konuda hiçbir sorun yaşanmayacak."

Hakikatten her şeyimizle ilgilendiler. Bir tek sorun yaşamadan cenazelerimizi kaldırdık. Bu aslında olması gerekendi tabii ama bu zamana kadar hiçbir vali Muammer Güler kadar, hiçbir emniyet müdürü de Celalettin Cerrah kadar yakın davranmamıştı. Bundan çok etkilendik. Dilerdim ki cumhurbaşkanı da bizi arasın, "Bir şeye ihtiyacınız var mı?" diye sorsun. Ama olmadı. Halbuki Türk Yahudisi her düğün töreninde, o günün cumhurbaşkanına, cemaatin ve milletin başından eksik olmaması için dua eder. Bu inancın, bu güvenin boşa çıkmamasını dilerdim. En azından duygusal olarak buna ihtiyacımız vardı. Bir ziyareti, o günlerde vereceği bir ses, bizim için, kendimizi dünyaya ispatlayabilmemiz için çok mühimdi. Türkiye Cumhuriyeti'nin 59. Hükümeti'ne gelince... Bu hükümetin politik kulvardaki duruşu kendine aittir. Bizi ilgilendiren vatandaşının ihtiyacı olduğu her an onları yanında bulmuş olmasıdır. Bu cemaat 59. Hükümet'e şükran borçludur.

Mesut Yılmaz Hükümeti sırasında tanıştığım, emniyette görevli yakın dostum Yunus Dolar o gün bana "Sizi korumak bizim işimizdi. Bu olay olduğunda, utancımdan yerin dibine geçtim" dedi. Daha ne yapacaktı ki o çocuklar? Canla başla, ellerinden geleni yaparak bizi yirmi dört saat koruyorlardı. Ne var ki insanların iyiliği kadar kötülüğünün de sonu yok. Yunus'un dikkatini bir şey çekmiş. Hoşuma giden bir şey olduğu zaman, neşelenip karşımdakine, "Hay ömrüne bereket" dermişim! O günlerde aklıma bu geldi. Kendi kendime düşündüm. "Ömrüne bereket" diye güzel dileklerde bulunduğum insanlar ne hale gelmişti...

Dükkânları havaya uçan hacı amca, Neve Şalom'un önündeki güvenlik görevlisi, yoldan geçen günahsızlar ve sinagogdaki pırıl pırıl insanlar... Aradan birkaç gün geçtikten sonra Neve Şalom'u ve çevresini görmeye gittim. Manzara içler acısıydı. Canım sinagogun içi harabeye dönmüştü. Kapı zaten yoktu. Karşısında her zaman şıkır şıkır parlayan lambacı dükkânlarından geriye simsiyah duvarlar kalmıştı. Bir ara gözüm, yaşlı bir adama takıldı. Yanına gittim. Gözleri yaş içindeydi. Yüzündeki acı sanki her yerini kaplamıştı.

"Ne oldu sana bey amca?"

"Oğlumu kaybettim ben burada. Buranın o günkü halini anlatamam oğlum. Biz o gün burada cehennemi gördük."

O sokakta elektrikçiymiş. Oğlu da patlamalar sırasında kapının önündeymiş. Gencecik çocuk, başına geleceklerden habersiz dükkânının önünde duruyormuş. Zavallının acısı çok büyüktü. Ne diyebilirdim ki? "Başın sağ olsun, dayan" mı diyecektim? Sustum. Birkaç ay sonra, bir cuma günü tekrar gittim dükkânına. O amcaya bir Kuranıkerim hediye ettim.

Bu patlamalar sırasında, hepimizi derin bir acıya boğan bir olay da Berta'yla Ahmet'in hikâyesiydi. Farklı dinlerden iki ailenin çocukları olan bu gençler birbirlerini sevmiş, evlilik için ailelerinin rızasını almışlardı. Berta bebek bekliyordu. O gün Neve Şalom'a aile dostlarının oğlunun bar mitsvası için gitmişlerdi. Tek istedikleri sevdikleri insanları mutlu etmek, o güzel ve önemli günlerinde onların yanında olmaktı. Ölüm, o gün onları beraber yakaladı. İkisi de hayatlarını kaybetti. Doğmamış bebekleriyle birlikte... Ahmet için karşı tarafta Galip Paşa Camii'nde, Berta için de Ulus Mezarlığı'nda törenler yapıldı. Berta için Fatiha okundu, Ahmet için cenaze duası. İki ayrı dinin, iki aynı yürekte yaşayan çocuklarıydı onlar. Adeta tüm yaşananlara inat, bu işi yapanlara inat, yan yana beraber ölmüşlerdi.

Olay, yıllarca dünyadaki Yahudilerin belini büken, onların düşman gibi görünmesine neden olan antisemitik* akımın yeni bir eylemiydi. Bu patlamadan sonra, Dışişleri Bakanı Abdullah Gül ve Adalet Bakanı Cemil Çiçek, dünyanın her yerinde, özellikle İslam ülkelerinde antisemitizmi

---

* Yahudi aleyhtarlığı anlamında kullanılan bir deyim. Yahudiliğe, Yahudi ırkına, kültürüne veya milletine karşı duyulan düşmanlık. Antisemitizmin temelini önceleri din farklılıkları oluşturmaktayken XIX. yüzyılda milliyetçilik akımının bütün Avrupa'yı etkisi altına alması sonucu, dayanağı dinsel nitelikten ırksal üstünlüğe kaymış ve kitlelerden büyük destek görmüş, bir süre sonra da bazı devletlerin politikası haline gelmiştir. Antisemitizmin en şiddetlisinin örneği 1933-1945 arasında, Hitler liderliğindeki Nazi Partisi tarafından yönetilen Almanya tarafından, Almanya'da ve II. Dünya Savaşı'nda Alman orduları tarafından işgal edilen memleketlerde altı milyon Yahudi'nin sistemli bir şekilde öldürülmesidir. Bugün, antisemitizm birçok ülke ve toplumda halen geçerli bir düşünce ve davranış tarzıdır, Yahudi aleyhtarı propagandalar yapma, yayınlar hazırlama ve terörist saldırılar düzenleme şeklinde görülmektedir. Antisemitizm, Birleşmiş Milletler İnsan Hakları Mahkemesi'nin 9 mart 1994 tarihli kararının 4. maddesine göre "mücadele edilmesi gereken ayrımcılık olarak" tanımlanmaktadır.

yeren konuşmalar yaptılar. Yurtdışında yapılan bu açıklamaların Türkiye'de bir şey ifade ettiğini pek düşünmüyorum. Çünkü bütün bu mesajların sadece yurtdışında yaşayanlara verildiği düşünüldü ve gereken önem verilmedi. Ben bu açıklamaları yüksek sesle Türkiye'de yapmak gerektiğini düşünüyorum. Biliyorum ki o patlamalar bütün Türk halkını derinden sarstı. Bizim için ne yapacaklarını, bize nasıl, ne şekilde yardım edeceklerini şaşırdılar. Hepsi yanımızda, yakınımızdaydı. Ellerini her zaman sırtımızda hissettik; ama bu sıcaklığı gösteremeyenler de vardı. Adını, kültürünü, dininin inceliklerini, bu topraklara ne zaman gelip nasıl yaşadıklarını bile bilmedikleri insanların ölümüne sevinenler, bunun bir sevap olduğunu düşünenler de vardı. İşte devlet büyüklerine düşen görev, bu karanlık düşünceleri ortadan kaldırmak için yeri geldikçe açıklamalar yapmak, o genç beyinleri aydınlatmak, bizim bu vatanın evlatları olduğumuzun altını çizmekti. Gençleri bu tür düşüncelerden arındırmamız, onların birlik ve beraberlik içinde yaşamasını sağlamamız lazımdı. Halkı bu konuda bilinçlendirmek şarttı. Bu bizim, hepimizin insanlık borcuydu. Bana göre tüm yaşananlar, Avrupa ülkelerinin kendi çıkarları için yaptıkları bir çalışmanın ürünüdür. "Neden hep Yahudilere?" sorusunun arkasında bence bu cevap yatıyor.

Batı, önce İsrail'e toprak verdi. Ardından da Araplara, "Sakın topraklarınızı onlara vermeyin, onları burada barındırmayın" komutunu! Bugünkü Ortadoğu sorunu böyle başladı. Osmanlı'nın yıkılmasının ardında da Avrupa'nın oyunu var. Bu oyun dünyanın her yerinde hâlâ oynamakta. Ülkelerin petrol çıkarı, silahlanma çıkarı var. Gencecik insanları bu tür düşüncelerle dolduran da aynı zihniyet.

Cenazelerin kalkacağı gün cemaatte tam bir panik vardı. Müşavir arkadaşlarım çok soğukkanlı bir şeklide hadiselere el koydu. Böyle bir anda çok mühim kararlar almak, çok mühim telefon konuşmaları yapmak gerekebiliyor. Ailelere, yaralanan polislerin ailelerine gitmek, ölenlerin ailelerine başsağlığı dilemek gerekiyordu. Onların yanında olmak lazımdı. Hayatlarının en acı günlerinde yalnız kalmamaları lazımdı. Çok iyi bir ekiple bu işin altından kalktık. Bu süreçte, her şeyin yeniden rayına oturması zaman aldı.

Tabii ki yaşananlar asla unutulmayacaktı ama en azından işe dönmek ve yaraları sarmak gerekiyordu. Okulu patlamaların ardından hemen açmak gerekiyordu. Bir kere kapatırsak, bir daha asla açamayabilirdik. O çocuklar o sabah okullarına nasıl gitti, nasıl ders başı yaptı, düşünmek bile mümkün değil. Okul idaresi ve öğretmenleri pazar günü tam kadro okuldaydı ve öğrencileri karşılamak üzere ertesi gün için hazırlık yapılmıştı. Tam bir kriz yaşanıyordu.

Cemaatteki görevime hazirana kadar devam ettim.

Cemaatin yerleşmesi, sinagogların onarımı, güvenlik tedbirleri, para teminiyle ilgili tüm konuların halledilmesi, en azından yoluna girmesi

17 hazirana kadar sürdü. Bu hastaların taburcu olduklarını görmem lazımdı. Tedirgin ve sinagoga ibadet için bir daha nasıl gideceğini düşünen cemaati eski günlerine döndürüp, topluma yeniden kazandırmam lazımdı. Beş gün sonra, HSBC ve İngiltere Başkonsolosluğu'nda patlama oldu. O gün kırk sekiz kişi hayatını kaybetti. "Tam bitti, geçecek" derken yeni bir faciayla karşılaşan cemaatin isyanını dindirmek kolay değildi. Tüm bu yaşananlar, bir daha saldırı olmayacağı anlamına gelmiyordu. Her an her şey olabilirdi.

Şişli Sinagogu'nun oradaki bir dükkân sahibi ağır yaralanmıştı. Onun için ve tabii diğer yaralılar için Florance Nightingale'e gittim. Prof. Dr. Cemşit Demiroğlu ve Hastane Vakfı Başkanı Prof. Dr. Azmi Hamzoğlu "Rica ederiz Başkan, para ödemek filan yok. Masrafların hepsi bize ait" dediler. Amerikan Hastanesi'nin jestini de hayatım boyunca unutamam. Bütün yaralılara kucak açtı, hiçbir maddi talepte bulunmadı. Koç Ailesi'ne minnettarım. Başhekim seferber oldu. Alman Hastanesi ve Azmi Ofluoğlu da "Para filan ödetmeyiz size Başkan" dedi. Bu yalnızca bize has bir tavırdır. Dünyanın neresinde olursanız olun, böyle bir acının içinde böyle bir insanlık yaşama imkânı yoktur.

Yine de para lazımdı. Restorasyon yapmak için, ayağa kalkmak ve yeniden yürümek için lazımdı. Birlik ve beraberlik içinde bu yaraları sarmak ve ileriye bakmak gerekiyordu. Vicdanı ve eli açık insanlara gidip para istedik. Beni hiç sevmediğini bildiğim bir beyefendi bile, her şeyi bir yana bırakarak tahmin edilemeyecek bir rakamla bu seferberliğe iştirak etti. Başkanlığı bıraktığıma da en çok üzülenlerden biri oldu. Bu iş, başka bir işti. Burada Ahmet, Mehmet, Bensiyon davası yoktu. Hepimiz cemaat için çalışıyorduk. Bu arada, Türkiye Cumhuriyeti Devleti de büyük bir jest yaparak bize bir arsa vermeyi vaat etti. Bu arsada sinagog, dernekler, gençlerin ve yaşlıların gidebileceği belli ortamların olacağı bir kompleksin yapılması sözü verdi. Ancak bu proje maalesef hâlâ hayata geçirilemedi. Nedenini bilmiyorum. Bütün kalbimle verilen bu sözün tutulmasını diliyorum. Bazen ölümler bazı gerçeklerin görülmesine neden olur. Bu büyük terör olaylarında vuranın da kalanın da bir şekilde çaresi bulunuyor ama olan ölene oluyor... Genç beyinler boşu boşuna yıkanıyor.

Ailemize gelince... Olan biteni torunlarıma anlatabilmem epey zor oldu. Büyük torunlarım bunu anlayabilecek yaşta olmalarına rağmen, nedeni konusunda hiçbir fikirleri yoktu. Aslında benim de torunlarımdan bir farkım yoktu. Bilmediğim bir sorunun cevabını onlara nasıl verebilirdim? Diğerleri dört buçuk aylık iki bebekti. Onlar hiçbir şeyin farkında değildi. Ama annelerinin durumu çok farklıydı. Yaşadığı korkudan dolayı sesi de, sütü de kesilmişti. Gelinim Nil tam bir hafta kimseyle konuşamadı. Sesi çıkmadı ve o günden sonra bir daha bebeklerini emziremedi. Bütün bu yaşadıklarımızın ne kadarı kaderdi, ne kadarı irade?

Bunu hep düşünmüşümdür. Bir insan hayatını kendi kendine planlayabiliyorsa, o zaman bütün bu yaşananların anlamı neydi? Hayatta şans diye bir gerçeğin olduğunu bilerek yaşadım her zaman. Ne olursa olsun, bir yerlerden çıkıp insanları buluyordu. Şansa hep inandım. Şansın insan hayatındaki yerini görmezden gelmedim. Gençlere iyi dileklerimi sunarken hep "Sevgi, sağlık, mutluluk ve şans sizinle olsun" dedim. İnsana sevgi, sağlık ve şans lazım. Bana göre şans, hayatın yüzde otuzunu kapsar. İnsanı ayakta tutar. 15 kasım olaylarından yaralanmadan kurtulanlardan biriyim. Orada sahip olduğum şey şans mıdır? Allah'ın beni koruması mıdır? Bunları düşündüğümde, bunun şans olmadığını, tamamen Allah'ın takdiri olduğunu düşünüyorum. O kurtuluş, Allah'ın bana kucak açmasıdır. Bütün sistem Allah'ın elindedir. Adına şans dediğimiz olgu da. Biz onu şans olarak nitelesek de o an Allah bize elini uzatıyordur. Bazen bu düzenin arkasında nasıl da büyük bir güç var diye düşünüyorum. Şansı veren de o, bunu bizim için uygun gören de, bunun adına şans denmesine izin veren de... İnsan yaşadığı müddetçe karşılık beklemeden iyilik yapar. Bu iyilikleri Allah'ın nasıl takdir edeceğini bilmek çok zordur. Doğa bunu beceremez, dengeleyemez, zamanlayamaz. Adına sadece uygun gördüğü için şans diyemez. Bir adam Allah'ın huzuruna çıkmış "Çok yakın ve sana çok bağlı bir arkadaşım var, lütfen ona piyangodan bir para gönder de hayatı kolaylaşsın" demiş. Allah da cevap vermiş: "Önce bir bilet alsın." Bizim aldığımız biletler, aklımızı ve zekâmızı kullanarak kendimize gösterdiğimiz yollardır. Bunun planlayıcısı ve tamamlayıcısı, yaşam yolunda bize çizdiği yollarla Allah'tır. Tesadüflerin Allah tarafından planlanmış olduğunu, bütün bunların zamanını bekleyen sonuçlar olduğunu düşünüyorum. O gün benim oradan kurtulmama ya da duanın biraz daha uzun sürmesine şans diyebiliriz; ama bilmeliyiz ki, benim yaşayacak ömrüm vardı ve o günkü duanın uzun sürmesi asla bir tesadüf değildi. Patlamalardan kurtulan diğer insanların da ömürleri henüz bitmemiş, vadeleri dolmamıştı. Denebilir ki, bu saldırıları da düzenlemeselerdi, bu kadar kişi ölmeyecekti. Bana göre vade dolmuşsa yapacak bir şey yoktur. Keşke bunu takdir ve tayin etme işini sadece Allah'a bıraksalardı da, insanlar kader yazma oyununa girip günah işlemeselerdi. Ölümden kaçış yok ama sebebini o yaratmalı. Madem dönüş yalnızca ona, o zaman bu işin içinde şansa asla yer yok. İnsan yine de doğru düzgün bir ölümü hak ettiğini düşünmeden edemiyor. Bir dostunun iyi gününde yanında olmak için, bir cumartesi duasında Tanrı'dan iyi şeyler dilemek için, bir günü Allah yolunda geçirmek için duaya gitmiş insanların, yoldan geçen ve başına geleceklerden habersiz insanların havaya uçarak ölmesi yürekler acısı bir durum. Büyükler boşuna "Allah ölümün de hayırlısını versin" dememiş... Bakıyoruz kazalar, cinayetler oluyor, sonra diyoruz ki vadesi gelen gidiyor; ama o kaza olmasaydı belki de o insan Hakk'ın rahmetine çok daha hayırlı bir şekilde kavuşacaktı. İnsanlar yazılmamış kaderi yazmaya, yazılanı bozmaya yetecek güce sahip değil. Sadece yaşadıkları hayat içinde doğru kararlar verip onları uygulayarak, hayata tevekkülle yaklaşması gerektiğini bilmeliler. İnsanın çevresinin, ailesinin olması bir lütuf... Bu lütuf Tanrı'nın. Kadere inanmak bu sebeple çok önemli. Çok değerli dostlarım Nebile ve İhsan Vardal'ın mevlidine gitmiştim. Çok da kısa bir zamanım vardı. Hoca Kuran okuyordu. Yaşadığım huzur inanılır gibi değildi. Kuran'ı sonuna kadar dinledim. İnsanları seven, bütün dinlere saygıyla yaklaşan bir adam olduğum için, her zaman her dostumun yanında olmaya çalıştım. Cenaze namazında saf da tuttum, Fatiha okunurken ellerimi de açtım. Bütün bunlar elbette beni Müslüman yapmadı; ama Tanrı'ya giden yolda hiçbir fark olmadığını bildiğim için, yaşadıklarım, yaptıklarım, söylediklerim beni her zaman mutlu etti. Bu tarafımı hep çok sevdim. Böylelikle kendimi mutlu ettim. Yaptıklarıma, söylediklerime daha çok inandım. İnsanları daha sahici kucakladım. İçimize doğan huzuru nerede bulacağımız hiç belli değil. O bizim iç dünyamızla ilintili bir şey ve yalnızca bizi ilgilendirir. Bunu takdir edecek tek güç var. O gün hocanın iman edişine hayranlıkla baktım. Benim oraya gitmem de şans değildi. Kendi isteğimle gitmiştim. Bütün bunlara dikkat etmemi sağlayan Allah'ın ta kendisiydi.

Başarılı işler yaptım. Bunlar da şans eseri değildi. Çalışmak da şans eseri değil. İhtiyaç sahiplerini arayıp bulmak, onlar için yardım yaratmak, birbirini tanımayan insanları iş için bir araya getirmek, işsize iş bulmak, öğrencileri okutmak şans değildi. Bunları yapabilmek için çok çalıştım, çok uğraştım, çok istedim. Allah da bana yardım etti, yolumu her zaman açtı. Ona minnettarım. Bazı geniş hatlar Allah tarafından çizilmiş. Bu hatların içinin nasıl doldurulacağı bize kalmış. Bazı tesadüfleri Allah bizler için yaratır ve sonra o konuda aklımızı kullanıp kullanmayacağımıza dair bizi imtihan eder. Yaşamın kendi enerjisi içinde karşımıza çıkan ne varsa, bunun üzerinde hiç düşünmeden onun adını şans koyup geçemeyiz. Biraz düşündüğümüzde, kendi yaptıklarımızın da bu fırsatı değerlendirmede ne kadar önemli olduğunu görürüz. Gençler her zaman uyanık olmalıdır. Bir düşünürün dediği gibi, bazı fırsatlar kapıyı hafif tıklatır. Bu tıkırtıları duymak için her zaman dikkatli ve tetikte olmak, insana umulmadık kapılar açabilir. Bu uyanıklık kişisel bir iradedir. Bir karardır. Bunun şansla bir ilgisi yoktur.

Tanrı'dan tek dileğim, gençlerin hayatlarını, akıllarını dünya, insanlık, iyilik, güzellik ve doğru işler yapmak için kullanmaları, iyi insanlar olarak Tanrı'ya kavuşmaları, onun yerine karar vermeye kalkmadan hayatı Tanrı'nın planladığı gibi yaşamaları. Böylece tarihte bir daha kara lekeler olmayacak, çocuklar ağlamayacak, doğmamış bebekler ölmeyecek, anne ve babalar gözü yaşlı kalmayacak, dünya daha yaşanır bir yer olacak.

İSKİ skandalı

Her zaman ülkeme yardım etmek için çalıştım. Hiçbir zaman, hiçbir konuda kişilere yönelik bir tutum içine girmedim. Devlete, millete faydalı olacak işler yapmaya çalıştım. Kişilerin işlerini, çalışma düzenlerini beğenebilir ve o kişilere şahsi yardımlar yapabilirsiniz, bu herkesin becerebileceği bir şeydir; ama ülkeye, millete, devlete ve bayrağa bir şeyler yapabilmek için çok çalışmak lazım; elimden geldiği kadar böyle yapmaya çalıştım. Bunu bir yardım olarak değil, görev olarak gördüm. Yurtdışına gidecek bürokratlar bir şey istediği zaman sağlamayı görev addettim. Türkiye'nin geleceği için bazı temeller atacaksa yollarını açmaya çalıştım. Ne için gittiğini öğrenir, kimlerle buluşturabileceğimi düşünürdüm. Bu tam anlamıyla bir destekti.

500. Yıl Vakfı* kutlamaları yeni bitmişti. Yerel yönetim seçimleri yapılıyordu. Bir gün gazete okurken Ergun Göknel diye birinin İSKİ genel müdürü olduğunu gördüm. Ortak olduğum şirketin sahibinin bir arkadaşı ve iyi bir kimyacıydı. Aralarında konuşurlarken bazı şirketlerde genel müdürlük yapmış biri olduğunu duydum. Bir başka arkadaşımla da iş yaptığını duymuştum ama şahsen tanımıyordum. Ortağım Erol Baruh "Bir çiçek gönderip hayırlı olsun diyelim, sen de adını yaz" dedi. Çiçeği gönderdik. Bir müddet sonra telefon çaldı, Ergun Göknel karşımdaydı:

"Efendim nazik çiçeğiniz için teşekkür ederim."

"Ben sizi tanımıyorum Ergun Bey, Erol'un arkadaşı olduğunuzu biliyorum. Göreviniz hayırlı olsun demek istedik. Allah mahcup etmesin."

"Ben sizi tanıyorum efendim. Eğer bir sorununuz varsa size her zaman yardımcı olmaya hazırım."

Cemaat başkanı olduğum zaman okul işine soyunduğumuzda, okulu Beyoğlu'ndan Ulus'a taşımaya karar vermiştik ve Nurettin Sözen'in başkanlığını yaptığı belediyeyle bazı problemler yaşıyorduk. Beşiktaş Belediye Başkanı da Ayfer Atay'dı. İşler ondan çıksa, diğer tarafa takılıyordu. Prosedür çok zaman kaybına sebep oluyordu. Ergun Göknel'i aradım ve durumu anlattım.

O da Sözen'den bizim için bir randevu aldı. Sözen'in makamına gittik. Bize çok yakın davrandı, meseleleri dinledi, sorunumuzu çözdü. Ergun Bey'le sık sık protokol yemeklerinde karşılaşmaya başladık. Ben cemaati temsilen davet ediliyordum, o da İstanbul'un en önemli resmi kurumlarından birinin başındaki adam olarak davetliler arasında yer alıyordu. Merhabalaşıyor, birbirimizin hatırını soruyorduk. Bir gün bana bir faks gönderdi. ABD'ye gitmek istediğini, oradaki dostlarımızla tanışabilmek için destek olmamı rica ediyordu. "Hayhay" dedim, "ne

---

* İspanya sürgünü Musevilerin Sultan II. Bayezid'in kabulüyle Türk-Osmanlı coğrafyasına sığınmalarının 500. yıldönümünden dolayı kurulan ve bu tarihi olayı hatırlatma amacını taşıyan vakıf.

zaman, nasıl, kimlerle gideceğinizi bana faksla yollarsanız, elimden geleni yapmaya çalışırım." ABD'ye gideceği tarihi, seyahat acentesini, heyette kimlerin olduğunu yazdı, biz de bunları ABD'ye bildirip onun için iki randevu aldık.

Sonradan bu randevuların birine gidip diğerine gitmediğini öğrendim. Döndükten sonra arayıp teşekkür etti, kurduğu ilişkilerin çok yararlı olduğunu söyledi. O sırada eşinden ayrılacağı söylentileri basında dolaşmaya başlamıştı.

Dışişleri Bakanı Hikmet Çetin'le beraber İsrail'e gitmek üzere hazırlık yaparken, *Hürriyet* gazetesinin ikinci sayfasında bir başlık gördüm: "Ergun Göknel'e sekiz yüz bin dolar veren Yahudi kim?" Cemaatimde böyle biri olabilir mi diye düşünüp, bir adamın bir başkasına sekiz yüz bin dolar vermesine hayret ettim. Hikmet Çetin'le İsrail'deyken Suriye ile İsrail arasında bir olay oldu. Türkiye konuyla ilgili kendi tavrını belirledi. Hikmet Çetin ve ekibi Türkiye'ye dönmeye karar verdi. Ziyaret kısa süre için ertelendi. Öngörülen görüşmeler olmayacağı için İstanbul'a döndük. Yurda döndüğümüzde Ergun Göknel'in boşanmasıyla ilgili haberler gazetelerde patlamıştı. Bütün basın bu olaydan söz ediyordu. Bir iki gün sonra bu olayla bağlantılı olarak kendi adımın da geçtiğini okuyunca gözlerime inanamadım. Benim adım, altında da Yıldırım Çavlı imzası. Göknel'in eşinin beyanına göre, Ergun Göknel'e sekiz yüz bin doları ben vermişim. Hatta kadın "Bizim döviz işimizi o yapar" demiş. Hemen Yıldırım Çavlı'ya gittim.

"Efendim, ben bu cemaatin başkanıyım. Böyle bir şey söz konusu değil. Bu adama niye sekiz yüz bin dolar vereyim? Ben ne tefeciyim, ne dolarcıyım. Bu adamın neden bana ihtiyacı olsun?"

"Siz, şu şu isimde birilerini tanıyor musunuz?"

"Hayır, tanımıyorum."

"Peki Ergun Göknel Amerika'da Yahudi lobisinden kişilerle görüştü mü?"

"Evet görüştü. Üstelik bu görüşmelerden çok memnun kaldığını söyledi. Hatta onlar Türkiye'ye geldiklerinde kendisiyle bir daha görüşmek istediler."

Ergun Bey kimya doktoruydu. Almanca ve İngilizcesi mükemmeldi. İşinde tecrübeli olduğunu düşünmüşler, beğenmiş, yeniden görüşmek istemişlerdi.

"Ama benim Ergun Bey'le kişisel samimiyetim yoktu. Sadece cemaat olarak talebimiz üzerine Sayın Sözen'den randevu almıştır, o kadar. Evlenirken bana nikâh ve düğün davetiyesi gönderdiğinde eşimle konuşmuş, bir samimiyetimiz olmadığından resmi olarak nikâha katılalım ama düğüne gitmeyelim demiştik. Hediye almayı da uygun görmediğimiz için nazik davetine karşılık Türk Eğitim Vakfı'na bağışta bulunduk. Hepsi bu kadar."

Bir cumartesi günü kayınvalidem hastanedeydi. Memurlarımdan biri olan Nezihi hastaneye geldi. Onu böyle aniden karşımda görünce şaşırdım. Cumartesi günü hastanede ne işi vardı?

"Çocuklara mı bir şey oldu yoksa?"

"Yok efendim. Bu beyler sizi görmek istiyor."

Yanında iki kişi daha vardı.

"Buyurun."

"Efendim biz mali polisiz, sizi götüreceğiz."

Olana bitene bir anlam vermeye çalışıyor ama veremiyordum. Şaşkın bir ifadeyle, paraları ve cüzdanı koltuğun üstüne bıraktım, onlarla birlikte yürüdüm. Kayınvalidem, arkamdan "Bu çocuğa dikkat edin. Bizi ve hastane masraflarını düşünerek paraları bıraktı. Demek ki hemen geri dönmeyecek. Onu yalnız bırakmayın. Bakın bakalım ne olmuş" diye eşimi uyarmış. Neredeyse komadayken konuşup herkesi şaşkınlık içinde bırakmış. Meğer ne kadar korkmuş kadıncağız. Ofisime gittik. Bir de ne göreyim? Her yer talan edilmiş, bilgisayarlar, dosyalar, her şey dağılmış. Adeta yer yerinden oynamıştı.

"Ne arıyorsunuz kardeşim? Aradığınızı söyleyin, ben vereyim."

"Ergun Göknel'e para vermişsin."

"Ben kimseye para vermedim efendim. Arasanız da bir şey bulamazsınız, çünkü olmayan bir belge arıyorsunuz."

Bütün ofisi altüst ettiler. Sonunda beni mali polise götürdüler. Şirketteki ortaklığım bu sebeple bitti. O gün de hayatımın en acı günlerinden biriydi. İnsan anasını, babasını kaybeder, Allah'ın takdiri" deyip kabullenir. Kendini bu kadar aşağılanmış görmenin acısınıysa asla unutamaz; çünkü bunun haklı bir açıklaması yoktur. Devletine, milletine, memleketine destek olmak için elinden geleni yapmış birini aldılar, buz gibi soğuk bir sahanlığa götürdüler. Orada emniyet müdür muavini bir bey vardı, ince bıyıklı, uzun boylu biriydi, silahı belinde... Yanımda duran polise alçak sesle su içmek istediğimi söyledim. Müdür muavini isteğimi duydu ama beni muhatap olarak görmedi bile.

"Gitsin tuvaletten içsin."

Gittim, tuvaletteki musluktan su içtim. Geri döndüm. Ayakta bekliyordum. Oturmak yoktu. O sırada mali şube müdürü bizim bulunduğumuz odaya girdi.

"Alın ulan bunu içeri."

Sonra bana döndü:

"Konuş ulan, ne kadar doların var dışarıda?"

Gülerek "Birkaç milyon dolar kadar var" dedim.

Yumruğunu havaya kaldırdı. "Benimle dalga geçme!" diye bağırdı.

"Bakın Müdür Bey, bu yumruğu sakın tatbik sahasına koymayın, sonra bu faturayı ödeyemezsiniz. Bu işi böyle yapmaya kalkmayın. Eğer bir suçum varsa ispat edin. Ondan sonra canınız ne isterse onu yapın."

"Sen Ergun Göknel'e neden para verdin?"

"Vermedim kardeşim. Ben neyin parasını vereyim Ergun Göknel'e? Su müdürüne neden para vereyim?"

"Atın ulan bunu dışarı!" diye bağırdı. Sonra bana döndü: "Çürüteceğim seni burada."

"Tabii. Her şeyi yaparsınız. Ben bunu size bugün anlatamam. Nasıl olsa anlatacağım ama! Suçsuzluğum nasıl olsa anlaşılacak!" Avukatım Rıfat Saban nezarethaneye geldiğinde bir köşede öylece oturuyordum. Gitti, müdürle konuştu. "Ben kefilim efendim, beyefendinin avukatıyım" dedi. Bunu ispatlamasını istediler. Onda vekâletnamem vardı, işe yaradı ve akşam sekizde serbest kaldım. Eve gittim ama kısa bir süre sonra çıkmak zorunda kaldım. Çünkü medya durmadan arıyor, telefonlar acı acı çalıyordu. Tam bir polisiye roman gibiydi. Bir arkadaşımın evine yerleştim. Gecenin bir vaktinde sirenler ve polis arabalarının geldiğini görünce "Herhalde beni almaya geldiler" dedim. Meğer Kenan Evren, yan evdeki kızına gelmiş. Sinirlerim altüst olmuştu! Bir yandan gördüğüm aşağılayıcı muamele, bir yandan ne olduğunu anlatamamanın verdiği sıkıntı...

Pazartesi günü tekrar emniyete gittim. Yine aynı terane başladı.

"Buyur yaz buraya, 'Bu adama sekiz yüz bin dolar verdim' de. Söyle!"

"Vermediğim bir para için neden verdim diyeceğim? Yapmam. Böyle bir parayı ben kimseye vermedim. Vermem de. Yakınım bile olsa vermem. Dünyanın parası!"

"Böyle bir para verildi, öyle söyleniyor."

"Söylenebilir. Ben cemaat başkanıyım. Servet beyanı veriyorum. Hangi bankada kaç param olduğunu en iyi siz biliyorsunuz. Evim belli, işim belli. Ben gelmeden siz zaten oradaydınız. Her yeri çoktan altüst etmiştiniz. Bir şey bulamadınız, daha ne istiyorsunuz?"

Beni aralıklarla çağırıyorlar, ifademi alıyorlardı. Herkesin gözü üzerimdeydi. İtibarımın sarsılmasından korkuyordum. O yaz bana zehir oldu. Yine bir gün adaya geçerken, önümdeki koltuklardan birinde yıllar öce Ergun Göknel'le iş yapmış bir beye rastladım. Deniz otobüsündeki televizyondan haberleri izliyorduk. Haber bülteninde yanımda oturan kişinin yurtdışına kaçtığını söylüyorlar, onu da bu işe bulaştırmaya çalışıyorlardı. Önce birbirimize baktık, ardından gülmeye başladık. Konuyla zerre kadar ilgisi olmayan, sadece bir zamanlar Ergun Göknel'le iş yapmış bir adam olarak, adadaki evine giderken yurtdışına kaçtığını söylüyorlardı. "Ben buradayım abi, bu nedir?" dedi zavallı adam. Söylentiler durmak bilmiyordu:

"Bensiyon Pinto, para taşıyıcısı!"

Bensiyon Pinto sadece Türk Musevi cemaati başkanıydı. Onu rezil etmeye çalışıyorlardı. Mahkemeye çıktım. Hâkim hakkımda takipsizlik kararı verdi. "Sizin işiniz tamam, bir daha gelmenize gerek yok" dediler. Bu kişilerin içinde şövalyece davranan tek bir kişi vardı; Uğur Dündar. İşin aslı ortaya çıkıp da benim böyle bir parayı vermediğim anlaşılınca televizyonlardan tüm kamuoyuna "Anlayışına teşekkür ediyorum ve Bensiyon Pinto'dan özür diliyorum. Bu işte hiçbir suçu yoktur" dedi. Bir zaman sonra da Mali Polis Müdürü Salih Güngör'le yolda karşılaştık. Yüzüme baktı. "Kusura bakma Bensiyon Bey, büyük bir hata yaptık. Senden özür dilerim" dedi.

Herkes için şaşırtıcı bir sonuçtu. Sadece benim için değildi. Başından beri hakikati bildiğim için, bu olayın yalnızca yıpratıcı tarafını yaşadım ve on yaş daha yaşlandım. Bu tür olaylar yaşamak kolay değil. İnsanlar duyduklarına, okuduklarına, söylenenlere inanmayı tercih edebiliyor. Benim bir çevrem, temsil ettiğim koca bir cemaat, ailem ve çocuklarım vardı. Bu insanların içinde bana değil de duyduklarına inanmayı tercih etmiş olanlar da vardı. Sadece bir ad ve soyadı değildim. İlgimin olmadığı bir işin çamurunu bana bulaştırmışlardı. Temizlemek için uğraşıyordum. Bu arada kim dost kim düşman onu görme şansım oldu. "Ateş olmayan yerden duman çıkmaz" diye manalı manalı konuşanlar, selamı sabahı kesenler... Bu iş manevi olarak bana çok pahalıya patladı. Ailecek uzun zaman bu şoku atlatamadık. Yıllarca gazetelere endişeyle baktık. Eşim bugün bile tedirgindir. Birine yardımda bulunacağım zaman "Aman!" der, "ne olur dikkat et. Neler yaşadık unutma!" Halbuki devletten ne zaman bir destek talebi gelse, dişimi tırnağıma takar, o iş için yardımcı olmaya, işi kolaylaştırmaya çalışırım. Bunu ne yaşadıklarım, ne de birilerinin hakkımda yanlış düşünmesi engelleyebilir. İki üç kişi yüzünden ne devletimden ne memleketimden soğurum. Burası benim ülkem. Son nefesime kadar onun için çalışırım. Yeter ki işe yarayayım.

Kendi kendime hep şöyle demişimdir:

"Oğlum Bensiyon, madem bir cemaatin başkanlık koltuğunda oturuyorsun... Madem bütün dünyadaki Yahudi cemaat başkanları, Yahudi lobileri seni tanıyor... Türkiye gibi genç, dinamik, önü açık bir ülkenin Musevi cemaatine başkanlık ediyorsan, gerektiğinde devletine yardımcı olacaksın. Olmalısın."

Maalesef o dönemde medya beni yerden yere vurdu. Bana tek sahip çıkan hükümetti. İstanbul valisi, mali polisin o hareketine çok üzüldü. Mali polis de gelen haber üzerine görevini yapacaktı tabii; ama görevini yaparken takındığı tavır benim için çok önemliydi. İspatlanmamış bir suç yüzünden suçlu ve ikinci sınıf vatandaş muamelesi yapmamalıydı. Ben gerektiğinde devleti temsilen İsrail'e giden bir adamdım. Aynı devletin polisi ise ispatlanmamış bir suç yüzünden bana bir bardak su vermiyordu. Böyle bir şey olabilir mi? Bunu zamanı geldiğinde Başbakan Mesut Yılmaz'a ve İçişleri bakanına da söyledim. Böylece bana para taşıyıcısı Bensiyon Pinto diyenler, kendi vicdanlarıyla baş başa kaldı. Onurumla o kadar oynanmıştı ki, hayatıma son vermeyi bile düşünmüştüm. Bu dünyanın yaşanacak tarafı kalmamıştı. Suçsuzluğumu ispatlayamamaktan ve böyle bir lekeyle ömür boyu yaşamak zorunda kalmaktan korkuyordum. İnancım böyle yanlış bir şey yapmama mani oldu.

Alfonso X Del Sabio Nişanı

Hayatta bizi şaşırtan, yıkan, altüst eden olayların yanında, ünlemle sonlanacak onurlandırmalar, sevinçler, mutluluklar da olabiliyor. İyi ki de oluyor. Yoksa hayat yaşanmaz bir hal alırdı. İspanyolca bildiğim için hem İspanya büyükelçisi hem de konsolosla her zaman çok iyi diyalogum oldu. Köklerimiz oradan geldiğinden, kültürde de ortak noktalar olduğundan konuşacak konu bulmakta hiç zorlanmadık. İspanyollar da bizim gibi Akdeniz insanı olduğu için oldukça sıcakkanlı ve neşelidir. Dostluklarına her zaman değer vermişimdir.

Bir gün İspanya'nın bazı bakanları Türkiye'yi ziyarete geldi. Bir bakan yardımcısıyla bir sohbete daldık. Konuşmanın sonunda, İspanya'nın Türkiye'ye nasıl bakması gerektiğini, Türkiye'nin nasıl geliştiğini, insanlarının nasıl sıcak olduğunu, iki ülke halkının nasıl birbirine benzediğini anlattım. "Biz de Akdenizli olarak aynı suya bakan bir halkız" dedim. Benim böyle muhabbetlerde Türklüğüm daha da kabarır. "Bizi sınır dışı ettiğinizde Osmanlı kapılarını bize ardına kadar açtı. Şimdi Türkiye Türküyüz ve çok mutluyuz. Ülkemizi çok seviyoruz. Artık kim kârlı kim zararlı siz düşünün. Sizden herhangi bir hak talep edersem, beni yüzyıllar öncesinde bağrına basan, bana kucağını açan Türkiyeme, her şeyden önce de kendi kişiliğime haksızlık etmiş olurum. Bu sebeple Türk Yahudilerinin İspanya'dan hak talep etme gibi bir düşüncesi olamaz" dedim. "Doğrusu budur. İspanya, zamanında tüm Yahudilerin kaderini değiştirmiştir. Bugün bir Türk Yahudi'si kavramı varsa, o zamanki göçten dolayıdır. Atalarımız zamanında bunun çok acısını çekti. İspanya onların vatanıydı. Bizim vatanımızsa burası. Tarih böyle yazar. O zamanlar Yahudileri gemilere doldurup yollara döken zihniyet, onların asırlar boyu bu topraklarda huzur ve mutluluk içinde yaşamalarını da sağladı. Gelenekleri görenekleri geniş toplumunkilerle harmanlandı, bir kilim dokur ya da bir şarkıyı beraber söyler gibi, bayramlarda, ramazanlarda, düğünlerde, ölümlerde beraber yaşamanın keyfine vardık ve öylesine bir olduk ki, başka bir ülkenin vatandaşlığı benim için hiçbir şey ifade etmez oldu. İsrail'de bulunan yüz yirmi bin Türk de aynı duygu içinde. Hepsi Türk olmakla gurur duyuyor. Üç kuşaktır Türkçe konuşuyorlar" diye de ekledim. İspanyollar yaptığım konuşmadan çok duygulandı. "Sizin İspanya'nın Türkiye'deki temsilcileriyle çok iyi anlaştığınızı ve onlara karşı çok iyi davrandığınızı duyduk. Bundan dolayı da çok mutlu olduk" dediler. Aradan altı ay geçtikten sonra bir yazı geldi. Yazıya göre elçili bana İspanya kralının 'Alfonso X Del Sabio Nişanı'nı vermek istiyor ve rezidansa davet ediyordu. Törene istediklerimi davet edebilecektim. Bu, kendi adıma ve ülkem adına büyük bir onurdu. Dış ilişkileri sıcak tutmak her zaman iyidir. Kimin, ne zaman, nerede ve hangi konuda faydalı olacağını önceden bilmek zordur. Dostluklar elbette yatırım amaçlı kurulmaz ancak kurulu dostlukların hayatı daha yaşanır hale getirdiği de bir gerçektir.

O gece çok heyecanlıydım. Tıraşımı oldum, giyimime çok dikkat ettim. Lacivert bir takım elbise giydim. Hoş bir kravat taktım. Evden adeta ayaklarım havada çıktım. Eti'yle arabaya bindik. Davetli olduğumuz büyükelçilik rezidansına gittik. Muhteşem bir yapıydı. Büyükelçi, eşi, başkonsolos ve sekreteri bizi kapıda karşıladı. Törenden önce bir kokteyl düzenlenmişti. Yeşillikler içinde bir bahçeye çıktık. İnsanlar masalara dağılmış, ayaküstü sohbet ediyordu. Benimse içimde bir tedirginlik ve heyecan vardı. Bir konuşma hazırlamıştım. Konusu, Türkiye'nin Avrupa Birliği'ne alınma nedenleriydi. Tam yeriydi. O gece davetlim olarak hahambaşı, Gazeteci Sami Kohen, Mario Frayman, Niso Albuher, Rıfat-Eli Duvenyas kardeşler eşleriyle katıldı. Yakın dostum Orgeneral Necdet Timur Paşa da davete eşiyle katıldı. Adalar belediye başkanı ve o zamanki İstanbul Büyükşehir Belediyesi başkan vekili de törende hazır bulundu. Daha pek çok dostumuz vardı. Tabii oğullarım, gelinlerim ve torunlarım Yoni ve İris de yanımdaydı. 22 eylül 2003 pazartesi, İstanbul'da Büyükelçi Manuel De La Camara'nın rezidansında bana Alfonso X Del Sabio Nişanı verildi. Aynı gece İspanyol edebiyatına çok katkısı olan *Şalom* gazetesi yazarı Salamon Biçerano'ya da bir ödül verildi. Fakat kendisi rahmetli olduğu için ödülü ailesi aldı. Bütün *Şalom* gazetesi ailesi de oradaydı. Ödülü vermek için çağırdıklarında, eşimi ve her şeyden önemlisi torunlarım İris ve Yoni'yi de yanıma aldım. Nil, Megi, Benjamen ve Hayim de çok yakınımdaydı. Çok duygulu bir atmosferdi. Büyükelçi de çok duygulandı. Güzel mesajlar vermek amacıyla hazırladığım konuşmada "Ben bu ülkede doğmuş büyümüş bir Yahudi olarak, memleketim için çok şey yaptığıma inanıyorum. Bütün yaptıklarım kişisel girişimler gibi görünse de öyle değildir. Ülkemin dış ülkelerle daha iyi ilişkiler kurması için bir sebeptir sadece" diyerek düşüncelerimi belirttim. İspanya, yıllar önce sınır dışı ettiği Yahudilerin torunu olduğum için bana hoş bir davranışta bulunarak böyle bir ödül veriyordu. Kuşkusuz bu ödül benim için çok anlamlı ve değerliydi. Tarihin yaşanan her şeyi kaydettiğini, ama asıl önemli olanın dünya barışı ve kardeşliğinin arakasında durabilmek olduğunu söyledim. Benim için en az ödül almak kadar önemli olan bir başka nokta da Türkiye ile İspanya arasındaki benzerliği ortaya koyarak, hiç olmazsa belli konularda ülkeme bir katkı sağlamaktı. Son olarak da Türkiye'nin Avrupa Birliği'ne girmesinin şart olduğunu, bütün Avrupa'nın da aslında bunun bilicinde olduğunu sözlerime ekledim.

Büyükelçi bana *"Mi queido amigo"* yani, "Benim canım arkadaşım" diye hitap eder. O da konuşmasına öyle başladı. Benim İspanya'nın görevli elçi ve konsoloslarına gösterdiğim yakınlığın altını özellikle çizerek, "Ülkeler arasındaki dostluklar, aslında en güzel bu şekilde gelişir" dedi. Sonra beni kutlayarak ucunda nişan asılı olan bordo kadife bir kurdeleyi boynuma taktı. Fotoğraflar çekildi. Bu güzel gün belgelendi. Tören sonrasında ailecek yemeğe gittik. Eve geldiğimde heyecanımın hâlâ dinmediğini hatırlıyorum. İçki içen bir adam da olmadığım için, heyecanımı dindirmem zorlaşmıştı. İlk defa o gece, içki sayesinde rahatlayanları gıptayla andım.

Ülkemde canımı sıkan bir tek şey var. O da "Bizden adam olmaz" söylemi. Nedense kendimizi hiç sevmiyoruz. "Bizden adam olmaz" ne demek? Bizden daha adam gibi adam var mı? Vefa bizde, sadakat bizde, dostluk bizde, iman, inanç, bağlılık bizde. Daha ne olsun? Türkiye, çok yeni bir cumhuriyet. Atatürk bunu bize hediye etti. Allah ondan razı olsun. Yaptığı her şey için minnettarız... Bu genç cumhuriyet eski bir tarihin içinden sıyrılıp kendine yepyeni bir yol çizdi. Geçmişini unutmadan, ona sahip çıkarak ama yeniliklerin arkasından Atatürk'le yürüyerek...

Geniş toplumda Yahudi olmak

Türkiye'de azınlık sözcüğüne her zaman karşı çıkmış ve bunu da çeşitli platformlarda yeri geldikçe dile getirmiş biriyim. Biz dini azınlığız. Azınlık ile dini azınlık söylemleri arasında çok önemli ve büyük bir fark var. Yahudi toplumunun dışında kalan ve bu memleketin yüzde doksan dokuzunu oluşturan Müslüman kesime de "geniş toplum" demeyi tercih etmiş ve cemaatimin de bu söylemi dile yerleştirmesi için çalışmışımdır. Kimse kimsenin dinini bilmek zorunda değil. Din adlarının, dünya görüşleri farklı olan insanlar üzerinde olumlu etkisi hiç olmamıştır. Din adları kutsallığı simgelemek için değil, birini "öteki" yapmak için kullanılır olmuştur. Yahudiler bugüne kadar dünyanın her yerinde sıkıntı çekmiş, bundan sonra da çekecek bir toplumdur. Yahudi toplumu dünyanın değiştiğini maalesef geç anladı ve ondan dolayı çok sancı çekti. Bütün yanlışları bugün Türkiye'de geniş toplumun üstüne yıkmak da çok adil bir tutum değil. İnsan bazen suçu kendinde aramalı. Yahudi toplumu cumhuriyetten sonra Trakya olaylarını yaşadı, sonra bir daha böyle bir şey yaşayacağını düşünmedi. Yıllar sonra Varlık Vergisi geldi. İnsanlar ders almayı bilmek zorundadır. "Trakya olayları geldi geçti, birkaç kişi mahvoldu gitti, diğerleri İstanbul'a geldi, yaşadıklarının üstünü örttü, hayat da devam ediyor" demenin vebalini bu toplum Varlık Vergisi'yle çok ağır ödedi. Yaşadıklarını unutmayı tercih eden Yahudi toplumu neye uğradığını şaşırdı, hayalleri, gelecek ümitleri, yarınlara olan güvenleri sarsıldı. O zaman da ateş düştüğü yeri yaktı. Yaşananlardan ders almamış olmanın cezası çok acı çekildi. Aşkale'ye götürülenlerin arasından dönme-yenler de oldu, varlığını tamamen kaybedenler de...

İnsan yaşadığı yerin ve zamanın şartlarının nasıl değiştiğini ve nereye gittiğini takip etmek zorunda. Bunun için dini azınlık olmaya da gerek yok. Geniş toplum da olsanız, bu tür gelişme ve değişmelere hazırlıklı ol-mak için dünyayı ve zamanı takip etmek zorundasınız. Yahudi toplumu bunu yapmayı çok geç öğrendi. Osmanlı'da para işinde, esnaflıkta, dini azınlıklar öndeydi. Biraz daha Batılıydılar. Altyapıları sağlamdı. İmpara-torlukta çok kültürlü olmanın renkliliğini yaşatıyor, yabancı literatürü ta-kip ediyorlardı. 1930'larda Almanya'dan gelen Yahudi doktorlar bunun en güzel örneğidir. Üniversite hastanelerinde mesleklerini icra ederlerdi. Verdikleri reçeteler Rebul Eczanesi'nde yapılırdı. Hepsi de geleceğin genç, pırıl pırıl hekimleri, mühendisleri, eczacılarıydı. Savaştan sonra Al-manya'ya dönmelerinin ise tek bir nedeni vardı: Kendi memleketinde ya-şama isteği. O zaman Atatürk'ün çizdiği yolda ilerleyen bir gençliktik. Ümitlerimiz vardı. Azınlık olduğumuz aklımıza bile gelmezdi. Her çocuk gibi okuma, büyüme, vatana millete hayırlı evlat olma ideali vardı. Dün-yanın düzenini bozmak için ortaya çıkarılan akımlar ve düşünce sistemle-ri yüzünden istenmeyen olaylar da yaşandı. Türkiye'de Yahudi toplumu işe aldığı kişilerin dinleriyle, imanlarıyla, kim olduklarıyla hiçbir zaman il-gilenmedi. İyi eleman olmak her şeyden öncelikliydi, bu standardın tüm ülkede geçerli olması için çalışmak zorundaydık. Neyse ki bunu başar-dık. Geniş toplum için de bu özellikler öncelikliydi. Yahudi ya da Müslü-man Türk olmak öncelik teşkil etmemeye başlamıştı. Bunun başlıca se-bebi, geniş toplumun da Yahudileri bağrına basmaya alışması ve bundan asla rahatsız olmamasıydı. Bir topluma entegre olmak dinini kaybetmek anlamına gelmez. Entegre olmak, geniş toplumla birlikte yaşamayı sev-mek ve öğrenmek demektir. Gelenek göreneklerine sahip çıkan insan kimliğine de sahip çıkar. Entegre olmak asimile olmak değildir. Türk top-lumu gibisini bulmak zordur. Geniş toplum kışkırtılmadığı müddetçe ta-raf tutmamıştır. Sağ medyanın gazeteciicriyle devamlı konuşan bir insan olduğumdan beni tanır, sever, saygı duyarlar. Onlara karşı herkese oldu-ğum gibi dürüst olduğumu bilirler. Bizim en büyük meselemiz, birilerinin birilerini bize karşı kışkırtması olmuştur. Türk insanına kalbinizi açar, kendinizi anlatırsanız, ekmeğinde gözünüz olmadığınızı söylerseniz sizi bağrına basar. Bilinmeyen güçler tarafından kışkırtılmayıp, sahip olduğu temiz duyguları yok edilmedikçe...

Geçtiğimiz yaz başıma beni derinden yaralayan bir olay oldu. Rama-zan ayı öncesinde bir iyilik yapmayı düşündüm. Ramazanın ilk gecesi bizim yeniyılımıza, en büyük bayramımızın ilk gecesine denk geliyordu ve bu kutsal aylar içinde gençleri, çocukları sevindirmek çok önemliy-di. Bu sebeple birkaç tane bilgisayar aldım ve yakınımdaki dostlarım-dan bir araştırma yapmalarını rica ettim. Bu sene üniversiteyi kazanmış ama maddi durumu iyi olmayan gençlere birer bilgisayar vererek hem onların başarılarını ödüllendirmek, hem de insani bir yardım yapmak istedim. Bu gençlerin Yahudi olma gibi bir öncelikleri de yoktu. Bir yakınım, Trakya'nın bir kasabasında birkaç öğrenci buldu ve öğretmenleriyle görüştü. Sonuç içler acısıydı. Zihinlerinin pırıl pırıl olduğunu düşündüğüm, gençleri gelecek için hazırlayan genç öğretmenler önce bu yardımın nedenini sordu. Cemaatin eski başkanı böyle bir yardımı neden yapıyordu? Sonrasında bu çocuklardan ne isteyecekti? Acaba bu bir misyonerlik çalışması mıydı? Araya giren aile dostumuz beni aradı ve "Başkan, bu işten vazgeçin" dedi. "İnsanlar ne yazık ki böyle düşünüyor ve ben kendi adıma bunu size söylemekten utanıyorum. Bu yardımın sonunda sizin bu gençlerden bir şeyler talep edeceğinizi, bunun bir misyonerlik yardımı olduğunu düşünüyorlar." Burası Trakya'ydı. Suyun öbür yakası dediğimiz, Avrupa'ya komşu aydın Trakya'da üniversite kazanmış gençleri sadece sevindirmek için yaptığım girişim, Yahudi olduğum için misyonerlik olarak anlaşılıyordu! Araya giren aile dostumuza bu çocukların bulunmasında yardımcı olan konu komşu bile olanları hayretle karşıladı. "Hiç olmazsa hâlâ bizim gibi düşünenler var" diye biraz rahatladım. Ne hale gelmişiz? Kendi ülkemde bir çocuğa Yahudi olduğum için yardım edemiyorum! Birbirimize bu kadar mı güvenmez olduk? Araya giren dış güçler yetişkin, eğitimli insanları bile ağına mı aldı? Türk insanı tarihini, zenginliğini, hayata bakışını, nasıl yaşadığını, nasıl bir insan olduğunu bu kadar unutmuş olabilir mi? Kaygıyla yaklaştıkları için bu çocuklara el uzatamadık.

Yaşadığım acı ama bir o kadar da düşündürücü bir şey daha var. Cemaat başkanlığından emekliye ayrılınca "Ne yaparım da fakire fukaraya yardım edebilirim?" diye kendimi yardım çalışmalarına adadım. Benimki yalnızca aracılıktı; parası olanlardan alıp olmayanlara verme işi. Önce çocuk okutmakla işe başladık. Sonra "Gel bana bu çocuklar için şu kadar para ver" demek bana zor geldi. Verenler sağ olsun ama bazıları ne yazık ki sözlerinden döndü. Bu sebeple "Kaş yapacağım derken göz çıkarmayayım" diyerek bu işten vazgeçtim. Belki de bu sır olarak kalmalıydı. Dediğim gibi, o kadar acı bir tecrübe oldu ki, yakın zamanda yaşadığım bu tecrübeyi yazacaklarımın arasına taşımasam kendime karşı dürüst olmamış hissederim.

Beni zaman zaman hayrete düşüren, korkutan, hatta yarınlardan endişe duymama sebep olan başka olaylar da yaşadım. Bir iki yıl önce İsrail Filistin'le yine bir sorun yaşamıştı. Radyo ve televizyonlardan duyuyorduk. O günlerde torunlarımı görmek için adaya gitmiştim. Dönüş yolunda Bostancı'da vapurdan iner inmez bir grup genç gördüm. Ellerinde takım bayraklarıyla slogan atıyor, bağırıyorlardı. Belli ki Kadıköy'deki maçtan dönüyorlardı. Bütün sporlar gibi futbolun da birleştirici bir yanı vardır. Futbol, gençlere her şeyden önce takım olma ruhunu aşılar. İnsanlara birlik ve beraberlik öğretir. Daha doğrusu öğretmelidir... Çocuklar kendi takımları için lehte, karşı takım için aleyhte bağırmaya devam ediyorlardı. Bir anda karşı takım için küfretmeye başladılar. Öfkeleri birden arttı ve "Kahrolsun Yahudiler, kahrolsun İsrail!" diye bağırmaya başladılar. Yanımdaki arkadaşlarım, eşim ve ben donduk kaldık. İsrail'in politikaları İsrail'i ilgilendirirdi. Türkiye'yi veya Türk Yahudilerini değil. Tabii kanı kaynayan ve nasıl bir dünya görüşüne sahip olduklarını bilmediğiniz gençlere o an bunu anlatma imkânı yoktu. Asıl hayret ettiğim konu, bir oyun için, bir maç için giyinip kuşanıp keyifli vakit geçirmeyi planlayan bu genç beyinlerin, nasıl da bir anda böylesine ırkçı olabildikleriydi! O arada biri çıkıp, "Bakın şuradaki adam Yahudilerin eski başkanı" dese, o enerji ve düşünceyle bana zarar vermeleri işten bile değildi! Bu durumu bir toplantı sırasında başbakana anlattım. "Hepsinden haberim var" dedi.

"Bakın Sayın Başbakanım, devletin, hükümetin topluma bir mesaj verip, 'Bu insanlar bizim kardeşimizdir' demesi şart. Biz bu topraklarda sığıntı değil, vatandaş olduğumuzu geniş topluma anlatabilmeliyiz. Bunu da sizin vasıtanızla yapabiliriz."

"Biliyorum, haklısın. Hiç merak etme, ilgileniyorum."

Arkasından oğlumu aradım. "Sokağa çıkmayın, bir provokasyon olabilir" dedim. Adalar Belediye Başkanı Coşkun Özden'i aradım. "Başkanım, Bostancı'da böyle böyle bir durum var. Ne olur bunları adada karşıla" dedim. Başkan tüm samimiyeti ve anlayışıyla bu gençleri karşıladı ve olay o gün bitti. İstanbul Emniyet Müdürü Celalettin Cerrah'la birimin amiri ve polisleri, birine bir şey olmasın diye bu konularda çok hassas davranır. Bana bu ve buna benzer konularda çok telefon gelmiş, "Bensiyon Bey, merak etmeyin yanınızdayız. Endişelenmeyin" denmiştir. Hem kamu kuruluşlarından, hem de bakanlık görevlilerinden bunu defalarca duymuşumdur. Hepsine şükran borçluyum ama bir yandan da hep şunu düşünüyorum: Hiç kimse bu yaşadığımız ironinin farkında değil. Hiçbir Yahudi, öteki olduğunu düşünerek yaşamıyor. Doğuyor, büyüyor, okuluna gidiyor, yetişiyor, asker oluyor, meslek sahibi oluyor, herkes gibi yaşıyor, sonra kendi ülkesinde, kendi yurttaşlarından korunmak için devletinden yardım ister hale geliyor. Kimseyi sevmekten, kimseye güvenmekten vazgeçmeden...

Bu cümleler bir devlet büyüğü tarafından geniş topluma samimiyetle anlatılsa, bir bayramımız başbakan ya da cumhurbaşkanı tarafından kutlansa, insanlar da bizim kim olduğumuzu, nasıl yaşadığımızı, ne yaptığımızı ya da yapmadığımızı öğrenecektir. Geniş toplumdan insanlar bize, "Sizin evde haç var mı? Bayramınız paskalya değil mi?" diye sorular sorar, bizi Hıristiyan zannederler. Türkiye'de insanlar, Yahudi'yi, Rum'u, Ermeni'yi birbirinden ayırmaz, hepsini "öteki" yapıp işin içinden çıkar. Ben bu toplumun bir bireyiyim. Savaş olunca memleketim için cepheye gitmeyecek miyim? Ülkemin bağımsızlığı için gerekirse canımı vermeyecek miyim? Türkiye'de doğan, büyüyen, burada yaşayan bir dini azınlığın bundan başka bir şey düşünmesi söz konusu değildir. Başka bir yerde yaşamak zorunda kalsa bile, yüreğini burada bırakır. Bu ülke ve bayrağı sevmek başka bir şeydir. İsrail Yahudileri ile Türk Yahudilerinin dini bir, hayatları ayrıdır. Din ve devlet birbirinden ayrı kavramlardır. Bunları birbirine karıştıranlar olduğu için, yaşanan her yanlış anlamada Türk Yahudilerinin iç içe olduğu geniş toplumla arasındaki mesafe on yıl geri gidiyor. Neden böyle olsun? Biz başkası değiliz. Biz İsrailli değiliz. İsrail'de yakınlarımız olabilir. Pek çok vatandaşımızın başka ülkelerde sayısız akrabası var. Arnavutların Arnavutluk'ta, Kosova'da, Batı Trakya Türklerinin Yunanistan'da, Bulgaristan'da... Bizim de bazılarımızın İsrail'de... Türkiye'de yaşayan bir Arnavut, Arnavutluk'la Türkiye ilişkileri bozulsa Türkiye düşmanı mı olacak? Kendi memleketinin menfaati neyse ona bakacak. İstese gider orada yaşar, o ülkenin menfaatleri için çalışır. Bunu yapmadığına göre, bu topraklara sonradan geldiği için hayat boyu suçlanması kadar büyük bir haksızlık var mı? Kaldı ki biz en az beş yüz yıldır burada yaşıyoruz. Sonra da kalkıp "Siz İsrail için her şeyi yaparsınız" yorumları yapılıyor. Lozan Antlaşması olduğunda İsrail mi vardı? Birileri çıkıp beni nasıl İsrail'e bağlar? Benim hiçbir günahım yok. Ben senin evladınım. Anadolu'daki bütün varlığıma el koysan da, bana zaman zaman yok muamelesi yapsan da, ben senin evladınım. Çünkü burada, senin koynunda doğdum.

Ortadoğu'da bir hareketlilik yaşandığında kapımdaki güvenliği artırmak istemiyorum. Böyle bir olay yaşandığında, bir dünyalı olarak, orada kardeşi, yeğenleri, yakınları, arkadaşları olan bir Yahudi olarak, bir insan olarak elbette üzülüyorum. Dünyanın neresinde böyle bir olay olsa üzülüyorum. Bir Yahudi olarak korkmak ve "Şimdi ne olacak acaba?" diyerek büyüyen bir gençlik yetiştirmek istemiyorum. Çünkü bu gençlik burada yaşayacak. Çünkü bu gençlik yarın öbür gün bu ülkeyi dışarıda Türk olarak temsil edecek. Çünkü bu cemaatten daha pek çok Jak Kamhi yetişecek. Bütün bu olup bitenlerin içinde canımı en çok yakan cümleyi de yazmadan geçemeyeceğim:

"Söyle seninkilere şu savaşı bitirsinler!"

"Seninkiler!" Kim bu benimkiler? Bensiyon Pinto kim? O bir Türk Yahudi'si ise "onunkiler" denilen insanlara nasıl karışacak? Karışmalı mı? Karışsa gülünç duruma düşmez mi? Neden karışsın? Olup bitenler onun meselesi mi? Yok, eğer Bensiyon Pinto İsrailli ise, niçin Türkiye'de yaşıyor? Niçin her gittiği yerde ülkesini anlatıyor? Niçin bu ülkeyi yanlış tanıyanların fikirlerini değiştirmek için var gücüyle çalışıyor, onları ülkesine çağırıyor, ağırlıyor ve doğruları yerinde anlatıyor? Bensiyon Pinto İsrail için kimdir? Ne kadar kuvvetli bir adamdır ki İsrail'e,

"Bitirin şu savaşı" diyecek ve İsrail savaşı bitirecektir? Ehud Omert'in Türkiye ziyareti sırasında, başbakanın onuruna verdiği davette, görevli birileri bana gelip, "Yahu Bensiyon, senin başbakanın sözünde durur mu?" dediler. Yüzlerine gülerek baktım ve "Siz ona daha yakın çalışıyorsunuz. Nasıl biri olduğunu en az benim kadar iyi bilirsiniz" dedim. Bu defa şaşırma sırası onlara gelmişti. Biri ne demek istediğimi anladı. Hemen ekledim: "Kardeşim senin başbakanın benimkiyle aynı. Bu soruyu İsrailli birine soracaksın."

"Yahu işte, senin adamın demeye çalışıyorum..." Ehud Olmert neden benim adamım olsun ki? Bunu bir şaka olarak mı almalı, yoksa buna ciddiyetle yaklaşıp bunu söyleyen kişiye anlamayacağını bildiğim halde üşenmeden doğruları mı anlatmalı? Şaşırıp kalıyorum. "Anlamayacağını bildiğim halde" ifadesini burada bilerek kullanıyorum. Çünkü böyle bir iddiaya sahip birinin meselenin aslını ya görmezden geleceği ya da anlamak istemeyeceği zaten kesin. Ne kadar acı! Üstelik bunu bazen devletin çeşitli kademelerinde görev yapanların ağzından duyduğum da oldu. Ben de zamanla olgunlaştım ve bu tür cümlelere kızmamayı öğrendim. Böyle söyleyenlere biraz da gülerek, "Yahu ben hangi ülkenin vatandaşıyım ki bana bunu söylüyorsunuz?" diyordum. Ben Türk'sem, benim başbakanım Türkiye'nin başbakanıdır. Ben İsrail'de yaşamıyorum ki... Bu adamların Yahudi olması onları benim devlet adamım yapmaz. Yapsa yapsa dindaşım yapar. Benim başbakanım Recep Tayyip Erdoğan'dır. Daha evvel Bülent Ecevit'ti, Mesut Yılmaz'dı, Tansu Çiller'di, Necmettin Erbakan'dı... Bana ne sıfat takılırsa takılsın, kimse benim Türklüğümden bir şey alamaz. Ben bir Türk vatanseveriyim. Asla ırkçı değilim ama milliyetçiyim. Bayrağı görünce ağlıyorum. İçim kıpır kıpır oluyor. Bunu ancak hisseden bilir. Herkes ülkesini sever ama biz Türkler başka türlü severiz. Türk insanı milliyetçidir; ama onun başkalarında olmayan, sevgi dolu ve yumuşak bir milliyetçilik anlayışı vardır. Kendine "Türk" diyen herkesi sarıp sarmalayan bir Atatürk milliyetçiliğidir bu. Dünyada bir eşi yoktur.

"Şu Yahudilere bak, İslam'ın mabedine saldırıyor" dedikleri an yüreğimiz ağzımıza geliyor. Üstelik Türkiye'de doğup daha İsrail'e adımını bile atmamış binlerce dindaşımız varken. Kimi merak etmiş gitmiş, hatta orada yaşamaya karar vermiş. Kimininse aklına bile gelmemiş. Bazılarına göre, birinin nüfus kâğıdının din hanesinde Musevi yazıyorsa o kişi potansiyel ajandır. Ülkeyi bölmeye bakar. Varı yoğu İsrail'dir. Bunların dediklerini duyar, rahat nefes alamazsınız. Memleket sözcüğünü ne kadar çok kullandığımın farkındayım. İnsanın asıl anlatmak istediği neyse ona uygun örnekleri seçiyor. Bu memleket benim için çok mühimse ve her zaman onun için çalışmışsam, iki sayfada bir aynı ifadeleri kullanmam kadar doğal ne olabilir? Bu ülkede yaşayanların huzurunu bozmak, yazılmış tarihlerini değiştirmek, onları yapmadıkları şeyler için suçlamaya kalkmak kimsenin işi olamaz. ABD, günümüzde tarihteki bütün diğer emperyalist ülkeler gibi davranıyor. Bu da normal. Bu davranış büyük firmalar için de geçerli. Piyasaya kim hâkimse gücü kendinde görür. Birtakım taleplerde bulunabilir, bazı yaptırımlar da uygulamaya kalkabilir; ama her ülkenin kendi gücünün farkında olması, masaya elindeki kâğıtları bilerek oturması lazımdır. Her zaman, her söze, hemen "amin" dememek lazım. Benim işim devletleri veya hükümetleri tenkit etmek değil. Bunu yapabilecek kadar politikayla haşır neşir değilim. Benim anlatmaya çalıştığım Türkiye'nin kendi kararlarını veren ve uygulayan bir ülke olduğu. Bunu bütün dünyanın bilmesi, bilmiyorsa da öğrenmesi gerekir. Amerika'da yaşamak gibi bir arzum veya çabam olmadı. Oradaki lobiye karşı Türkiye savaşı verdim. Bazen tam anlamıyla kendi istekleri doğrultusunda davranıyorlar. Bazı olaylarda tahrik ediyorlar, bazı olaylarda da banker gibi davranıyorlar. Önce gelip Türkiye'yi görmeli, biraz yaşamalılar. Bülent Ecevit yıllar önce bir beyan vermiş, İsrail'in Filistin'de yaptıklarını soykırım olarak nitelemişti. Bu çıkış İsrail ve ABD'de tam bir kaosa sebep oldu. Yahudi toplumu nerede yaşıyor olursa olsun, soykırım sözcüğüne karşı çok hassastır. Çünkü tarihte soykırım olarak kabul edilecek en önemli ve kapsamlı hareketin Nazi Almanyası döneminde kendilerine uygulanan hareket olduğunda hemfikirdirler. O zaman, baktım durum kötüye gidiyor, iki arkadaşımı ABD'ye yolladım. "Eğer bu konu için geldiyseniz bizim sizinle görüşecek hiçbir şeyimiz yok" dediler. Arkadaşlar geri döndü. Ben de bunun üzerine Türkiye'de bir ara büyükelçilik görevinde bulunmuş, o sırada ABD Dışişleri bakanının en yakınında olan isimlerden Sayın Marc Grossman'a bir mektup yazdım:

Kişilerin yaptığı konuşmaları bütün bir millete mal edemezsiniz. Benim ülkemin sivil toplum örgütleri var, medyası var, çok itibarlı bir iş dünyası var, siyasi partileri var, dini azınlıkları var, ordusu var. Onların ne düşündüğünü bilerek davranmanızda fayda görüyorum. Kimi cezalandırmak istiyorsunuz? Siyasette bir başbakan gider, başka başbakan gelir. Bir bakan gider, başka bakan gelir; ama ulus aynı ulustur. Siz siyasetçilere kızarak millete bedel ödetemezsiniz. Bu yanlış olur. Bu geniş platformda verilen kararlar yıllar sonra yetişecek nesilleri de bağlar. Bir günlük politika yapmayalım, uzun vadeli düşünelim. Türkiye için düşünülen müeyyidelerin uygulamaya konmasını engelleyiniz. Sayın Grossman, siz Türkiye'de yaşadınız. Türk insanını tanıdınız. Ona göre karar vereceğinizden hiç kuşkum yok.

Bu mektupta anlattıklarımı önce arkadaşlarım, sonra da lobi kabul etti ve gerginlik yavaş yavaş gevşedi. Bu işleri yapmak kolay değildir. Ben bu satırları zor işleri başaran bir adam olduğum düşünülsün diye yazmıyorum. Böyle yazmak zorundayım çünkü bu işlerin zor işler olduğunu gençlere anlatmanın daha kolay bir yolu yok. Ben burada toplumun bir bireyiyim. Bu gerçeğin altını çiziyorum. 11 Eylül'den sonra George W. Bush, bütün İslam dünyasına attı tuttu ve çok yanlış bir iş yaptı. Sonradan, Dışişleri Bakanı Rice'a da bu konuda bir mektup yazdım. Bir dinin adının sonuna terör sözcüğünü eklemenin ne kadar yanlış bir şey olduğunun altını önemle çizdim. Son zamanlarda bütün ABD, İsrail, Avrupa ve Türkiye, sözde Ermeni soykırımı için lobilerin yaptığı uygulamalarla çalkalandı. 2007'de sözde Ermeni soykırımının Temsilciler Meclisi Uluslararası İlişkiler Komisyonu'ndan geçmesiyle ortalık karıştı. Ben bununla ilgili olarak yaklaşık üç yıldır yüksek sesle konuşuyorum. Etrafıma, toplumuma, devlet ricaline çeşitli vesilelerle bu iş için daha kapsamlı bir ekip çalışması gerektiğini anlatamaya gayret ediyorum. Bu doğru bir sistem değil. Böyle giderse bu sistem çöker; ama sözümü çok da dinletemediğim ortada. Bu işler, başı sıkışınca "Hadi bakalım Ahmet Bey, Mehmet Bey, Jak Bey, Bensiyon Bey; alın çantalarınızı doğru şuraya gidin. Oturup gerekli kişilerle konuşun, bu işi halledin" demekle olmaz. Bugün ülkemizde çok etkin bir Odalar Birliği var, TÜSİAD var, başka sivil toplum örgütleri var. Onlar da kendi şahsi temaslarıyla bir şeyler yapmaya çalışıyor. Tüm bu girişimler bu problemleri çözmek için yeterli değil. Bir örnek: 8 temmuz 2003'te cumhurbaşkanımız İsrail Cumhurbaşkanı Moşe Katsav onuruna Çankaya Köşkü'nde bir yemek verdi. Bizi davet ettiler, birkaç arkadaşımla beraber gittik. Çok güzel bir atmosferde sıcacık bir havada yenen yemeğin ardından başbakanla Moşe Katsav'ın konuşması samimi bir sohbet havasında geçti. Saat yirmi üç sularında köşkten ayrılırken başbakan bana dönerek, "Yarın Kadir Topbaş'ın oğlunun düğününe geliyor musunuz?" diye sordu. "Evet" dedim. "Tamam" dedi. "Orada birlikte otururuz, sana söyleyeceklerim var." "Sayın Başbakanım, beni sizinle oturtmazlar. Sizin yanınıza oturmak isteyenler sırada bekliyor; ama düğünde olacağım, mutlaka görüşürüz" dedim. "O zaman senden şimdiden bir ricam var, Sayın Katsav'a sözde soykırımla ilgili yaşadığımız sıkıntıdan söz eder misin? Amerika konusunda bir şeyler yapmamız lazım, bize bir el versin" dedi. "Elimden geleni yapacağım" deyip izin istedim. Birbirimize iyi geceler diledik ve ayrıldık. Ertesi gün sekiz uçağıyla İstanbul'a döndüm. Moşe Katsav kendi özel uçağıyla iki saat sonra İstanbul'a gelecekti ve onun için Neve Şalom Sinagogu'nda özel bir tören tertip etmiştik. Ardından İsrail'in o dönemdeki İstanbul Başkonsolosu Amira Arnon, kendisi için bir tekne gezisi düzenlemişti. O da bittikten sonra Moldavya'ya gidecekti. Katsav ve eşi sinagoga geldi, hazırlanan törenden dolayı çok mutlu oldu, defalarca sarılarak bana teşekkür etti. Aslında tam bir Türk dostuydu; çünkü kendisi de İran kökenli bir Yahudi'ydi. Komşu kültürün izlerini taşıyordu. Ayrıca turizm bakanı olduğu yıllarda da Türkiye'yle ve Türk bakanlarla çok iyi bir diyalogu olmuştu. Davetin ardından otelde onuruna bir yemek daha verildi. Sonra tekneyle Boğaz'a açıldık. Yanına oturdum. Sohbet sırasında sözde Ermeni soykırımı konusunda devletin yaşadığı sıkıntıları anlattım. Sonra eline bir telefon uzattım. "Sayın Cumhurbaşkanı, lütfen ABD ile yapacağınız görüşmeyi şimdi yapın" dedim. Bunu defalarca söyleyip ısrar etmem gerekti. Bir yandan da kendi kendime: "Bensiyon, ne yaptığının farkında mısın? Adam seni seviyor, sayıyor tamam da, neticede cumhurbaşkanı. Aklını başına topla" diyor ama yine de vazgeçmiyorum. Sonunda telefon etti ama aradığımız kişiyi yerinde bulamadı. "Başbakanına selam ve sevgilerimi ilet. Sana söz veriyorum, bu işi Moldavya'ya inmeden halledeceğim" dedi. Vedalaşıp ayrıldık. Eve gelip Kadir Topbaş'ın oğlunun düğünü için hazırlandım. Aynı gece çok yakın dostlarımızın kızının da düğünü vardı. Eti oraya gitti, ben Hıdiv Kasrı'na doğru yola çıktım. Masam başbakanınkinin hemen yanındaydı. Selamlaştık, oturduk. On bire yirmi beş kala telefonum çaldı. Telefondaki Katsav'dı. "Başbakanına söyle, bu iş bitti" dedi. Yanımda şu anda milletvekili olan, MÜSİAD Eski Başkanı Sayın Ali Bayramoğlu vardı. Sayın Celalettin Cerrah'la aynı masayı paylaşıyorduk. Kendilerinden izin istedim. Başbakanın masasına yaklaştım. Ayağa kalkmak istedi, elimle kolunu tuttum, "Lütfen" dedim ve kulağına eğilerek, "Telefon geldi, o iş halledildi" deyip yanından ayrıldım. İçimde bir rahatlık hissediyor, ama nedense bunun kalıcı bir rahatlık olmadığını da seziyordum. Bunlar kısa vadeli çözümlerdi. Bu tür önemli konular bir süreliğine rafa kaldırılır ama unutturulamaz. Daha farklı ve kalıcı önlemler almak gerekir. Bunu uygun zamanlarda başbakana da söyledim. Yaptıklarımız küçük ve yetersiz işler. Bir bakanlık ya da müsteşarlık kurulması, özel, bilgili kişiler yetiştirilmesi gerekir. Hatırla gönülle değil, sağlam temelli çalışmalarla yürütülmesi gereken, profesyonel bir iş gibi algılanmalıdır. ABD'de bu tür kurumlar bağışlarla ayakta durur. Çalışanlarının maaşlarından tutun da her tür harcamaları buradan karşılanır. ABD'de rüşvet olmamasının sebebi de sistemin böyle yürümesidir.

Bunlar, Bensiyon Pinto'nun fikirleri değil. Tüm dünyada uygulanan bir yöntem. Devletlerin ilişkilerinin nasıl yürüdüğünü bilmeyenler, konuya "ABD'deki kurumları biz mi ayakta tutacağız?" gibi kestirme ifadelerle yaklaşabilir. Dünya öyle dönmüyor. Kişisel yorumlarla, yanlı tutumlarla, günlük çözümlerle ilerlemek mümkün değil. Olaylara daha geniş bir perspektiften bakmak lazım. Küçük jestlerle karşındakini memnun etmek, kendisine değer verildiğini ona hissettirmek gerek. Büyük işler ihmale gelmez. Bir müsteşar, diğer ülkenin dış ilişkileriyle samimi olur ve "Lütfen bu işi yap" diyebilir. Bu tür çalışma yöntemleri uzun vadeli olamaz. Araya adam koyarak iş yapmak, taşıma suyla değirmen döndürmeye çalışmaktır. Tanımasam Moşe Katsav'ı teknede esir edebilir miydim? Nazım geçmese beni dinler miydi? Bu noktaların üzerinde çok iyi düşünmek lazım. Her gittiğim yerde kıdemi ne olursa olsun herkesi ziyaret eder, bayramını kutlar, politikalarını takip ederim. Hiçbiriyle iletişimi kesmem. Dostluklar, kişilere gerçek ve samimi yakınlıklar göstererek doğar. Son zamanlarda da elimden geleni yapmaya çalıştım. ABD'nin İstanbul'a yeni gelen başkonsolosu için verilen kokteylde çok önemli kişilere sözde soykırım konusunun halledilmesinin ne kadar önemli olduğu hakkında konuştum. ABD Dış İşleri Komitesi, sözde Ermeni soykırımını tanıyacağını açıklar açıklamaz, ADL National Director Abraham Foxman'a ve ADL National Chair Glen S. Lewy'ye birer mektup göndererek, kişisel görüşlerimi ve bu konuda ne kadar büyük bir yanlış yapıldığını anlattım. İnsan attığı her adımı, söylediği her sözü medyayla paylaşmıyor. Doğrusunun da bu olduğuna inanıyorum. Aşırı milliyetçi olalım demiyorum ama ülkemizin tarihine de sahip çıkalım. Ermeni tasarısına "Evet" derseniz, o zaman II. Dünya Savaşı sırasında ve öncesinde altı milyon Yahudi'nin öldürülmesinin emsalsiz olduğunu ve buna soykırım denmesini kimse savunamaz. Yahudiler, Nazilerin düşüncesi olan ırkçılık yüzünden öldürüldü. O zaman "Bu nesil tamamen ortadan kalksın, bu ırk kaybolsun" düşüncesiyle hareket edildi. Yahudileri yeryüzünden tamamen silme işiydi, adeta etnik bir temizlikti ve tarihteki insanlık ayıplarının en büyüğüydü.

30 eylül 2005 tarihinde, Danimarka'nın *Jyllands-Posten* gazetesinde İslam dünyasını haklı olarak ayağa kaldıran Hazreti Muhammed karikatürleri meselesiyle ilgili olarak, dünya Ortodokslarının ruhani Lideri Barthalomeos Hazretleri'ni, Ermenilerin dini lideri Mesrop Mutafyan'ı ve Türkiye Cumhuriyeti Hahambaşısı İzak Haleva'yı aradım. Yurtdışı basınına yapılan deklarasyonlarda hepimizin aynı cümleyi kullanmamız gerektiğinin çok önemli olduğunu düşünüyordum. Bunu da dini liderlere şöyle ifade ettim: "Nasıl ki kendi dinimize, kitabımıza hakaret edilmesini istemiyorsak, İslam dünyasının dinine, peygamberine, Kuran kerim'e de saygısızlık yapılmasını istemeyiz. Bu ayıptır, günahtır, saygısızlıktır, aşağılık bir davranıştır." Bunu o gün çok açık bir şekilde tüm dini azınlıklar dünyaya beyan etti.

Yurtdışından gelen medyaya, parlamenterlere Türkiye'yi anlatıyorum. Yurtdışına çıkıyorum, üst düzey çalışanlardan arkadaşlarıma, dostlarıma Türkiye'den bahsediyorum. Ölene kadar da her yerde Türkiye'yi anlatmaya devam edeceğim. Bilen bilir, bilmeyen bilmese de olur. Bu işi birileri bilsin de takdir etsin diye yapmıyorum. İnandığım, istediğim, doğru olduğunu bildiğim, bu ülkenin evladı olduğum için yapıyorum. Birileri sizi takdir etsin diye iş yaparsanız bu er geç anlaşılır. Avrupa'da bir dini azınlık böyle bir açıklama yapsa el üstünde tutulur. Bizde fark edilip edilmediği bile anlaşılmaz. Ülkeme destek için yaptığım çalışmaları başka bir ülkede yapsaydım yere göğe konamazdım.

Bu kitabı yazmaktaki en büyük amaçlarımdan biri de Yahudi toplumunu geniş topluma anlatmak ve onları birbirine yakınlaştırmaktır. Türkiye'deki Müslüman toplumun, kendi Yahudi'sini kucaklamasını, onu dışlamamasını istiyorum. Hayatım boyunca bunun için çalıştım; sen-ben farkını ortadan kaldırabilmek için. İnsan yaşını başını alınca oturup hayatını düşünüyor ve "Başımdan ne çok şey geçmiş, ne kadar kırılmış, ne kadar sevinmiş, ne kadar haksızlığa uğramış, nasıl da mutlu olmuş ama bütünün içine girememiş, her zaman 'öteki' olarak kalmışım" diyor. Hep buna üzüldüm. Ben öteki değilim. Yine de şükrediyorum, cemaatimle geniş toplumu bir araya getirmek için elimden ne geliyorsa yaptım. Bizim çocuklarımız bir bütün olarak yüzyıllardır olduğu gibi huzur ve mutluluk içinde kardeşçe yaşasınlar istiyorum.

Geniş toplumun etkisinde kalmamak, koca bir imparatorluğun içinde yaşamayı seçmiş Yahudiler için neredeyse imkânsızdı. Yahudi toplumu, İspanya'dan Osmanlı'ya gelince belli bölgelere ayrıldı. Bazıları getto hayatından çıktı ve daha farklı yaşamaya başladı. Zaman içinde yeniden birbirine yaklaşanlar oldu. Bazı Yahudi evlerinde ayakkabı çıkarılmadan eve girilirdi. Herkesin sandığının aksine bu Avrupalı bakış açısından kalma bir alışkanlık değildi. Tamamen kolaya kaçmaydı. Bizim evdeyse mutlaka çıkarılırdı. Çünkü evler asansörlü değildi. Merdivenleri kapıcı belli günlerde silerdi. Annem bizi eve ayakkabıyla sokmazdı. Zaman zaman misafirler ayakkabıyla girerdi. Böyle eski âdetler bizim evde de geçerliydi ama o zamanın çocukları gibi el öpme âdetim hiç olmadı. Ne el öptüm, ne de öptürdüm. El öpeceksem karşımda ulemadan biri olması lazım ki, el öpme yerini bulsun. Herkesin eli öpülmez. Türkçedeki "eli öpülecek insan" deyimi boşuna değildir. Biz, farklı kültürün içinde yaşayan Yahudi toplumunun alışkanlıklarını yavaş yavaş yumuşatarak onun geniş toplumla iç içe olması için çalıştık. Bunda da başarılı olduğumuzu düşünüyorum. Bir çoğunluğun içinde azınlık olmak, hem tuhaf bir şekilde zevkli, hem de hüzünlü bir şekilde zor bir şey. Zevk, neşe, hüzün ve acının aynı anda hissedilebileceği bir konum. "Benim" dediğinize "O senin değil, hiçbir zaman da olmadı" bakışıyla bakmakta ısrar eden bir kesim her zaman var. Bazı şeyleri kırmayı başardık. Bizden sonra gelenler de bazılarını kıracak. Yarınlar çok daha aydınlık olacak. Bunu biliyorum. Bana "Mösyö Pinto" dendiği zaman karşımdakini hemen uyarıyorum.

"Bana lütfen Mösyö Pinto ya da Bay Pinto demeyin. Bensiyon Bey deyin."

Bu ayrımcılıktır. Yolda yürüyen adamın, bana kibarlık olsun diye seçtiği unvan, beni bir anda başkası yapıyor ama bunun farkında değil. Bir hanıma "Madam bilmem kim" demek tuhaf geliyor. Hatice Hanım oluyor da, neden Ester Hanım olmuyor? Ester Hanım, hiç madam olmadı ki... O belki Fransızca bile bilmez. Ancak doğduğu, büyüdüğü

topraklarda madam kelimesini duya duya kendini bir yabacı gibi görmeye alışmıştır. Emekli asker arkadaşlarımdan biri bir gün bana "Mösyö Pinto" demişti. Hiç unutmam, ona dönüp dedim ki: "Komutanım, bana biri Mösyö Pinto dediği zaman, ben kendimi çok kötü hissediyorum. Bana Bensiyon Bey dersen, sevinirim."
Anadilimizde çok güzel kelimeler var. Bunlar varken dini farklı olanları yabancı dillerden gelen unvan sıfatlarıyla yabancılaştırmanın bir âlemi yok. Aslında belki bu kelimeleri seçenlerin bizi yabancılaştırmak gibi bir niyetleri de yok ama yine de demesinler. Türkçede hanım ve bey varken, madam ve mösyö Fransızların kalsın. Biz Türk'üz. Geniş toplum buna müsaade etmemeli. İnsanları bir bütün olarak kucaklayabildiğimiz, aralarında hiçbir konuda hiçbir fark aramadığımız, bulmaya da çalışmadığımız, tüm dinlere gereken saygıyı eşit ölçüde gösterebildiğimiz zaman; işte o zaman, bu dünya hakikatten yaşanır bir yer olacak.

Bir zamanlar işlemeyen vakıflarla ilgili çok ciddi sıkıntılarımız vardı. O zamanın Başbakan Yardımcısı Mesut Yılmaz, bir toplantı yapmaya karar verdi ve Lütfü Kırdar Spor ve Sergi Sarayı'nda toplandık. Toplantıya İçişleri Bakanı Rüştü Kazım Yücelen, İstanbul Valisi Erol Çakır, Emniyet Müdürü Hasan Özdemir, Vakıflar Müdürü Ümit Çoban, Müsteşar Ömer Kayır katıldı. Ben de arkadaşlarımla hazır bulundum. Nedim Karako, Sami Herman, Ester Zonana, Robert Abudaram benimle beraberdi. Orada sorunlarımızı anlattık. Tedirginliğimizin çok büyük olduğunu itiraf etmem gerekir. Çünkü devletin karşısına geçip "Siz bizim vakıflarımızı elimizden aldınız" diyecektik. Bu da kolay bir iş değildi. İşin doğrusunu söylemek, bu konuda açık olmak da her şeyden önemliydi. O güne kadar bu konudaki hiçbir düşüncemi medyayla paylaşmamıştım. Her zaman yetkili kişilerle yüz yüze olmayı, düşündüklerimi onlarla karşılıklı oturup anlatmayı tercih ettim. Bu sebeple bu konuda ilk defa bu toplantıda konuşacaktım. Gergindim... Konular sırayla konuşulmaya başlandı. Sırası gelen söz alıyordu. Herkes konuşmasında bize azınlık diyordu. Bundan çok rahatsız oldum. Bir ara Antalya Emniyet Müdürü Naciye Ekmekçibaşı'yla göz göze geldik. Ne düşündüğümü anladığını sezdim. Bir müddet sonra sabrım taştı ve elimi masaya vurdum. O anda da yaptığımın ne kadar yanlış bir şey olduğunun farkına vardım. Başbakan yardımcısının yanında bu şekilde davranılır mıydı? Sesimi kontrol etmeye çalışarak, "Yeter beyler" dedim. "Hangimiz azınlığız? Ben dokuz yüz yıldır bu topraklarda yaşayan bir neslin çocuğuyum. Bize azınlık demeyin! Ben de herkes kadar Türk'üm! Olsam olsam dini azınlık olabilirim. Sakın bundan sonra bana ve cemaatimden herhangi birine azınlık demeyin, ağrıma gidiyor. Bu kendimi dışlanmış hissetmeme neden oluyor. Lütfen bir daha bu kelimeyi kullanmayın."
Bunun üzerine Mesut Yılmaz söz aldı:
"Biz dini azınlıklara ne kadar sorun yaşatırsak o kadar ayıp oluyor.

Ben Sayın Pinto'nun başkanlığında ülke menfaatleri için neler yapıldığını çok iyi biliyorum. Haklarını korumak için İnsan Hakları Mahkemesi'ne başvursalar sonuna kadar haklı olurlar. Bunu yapmamaları içlerindeki vatan ve millet sevgisinden kaynaklanıyor."

Cumhuriyet tarihinde ilk kez bir başbakan yardımcısı bu konunun altını çizme sorumluluk ve nezaketini göstermişti. Bakan Bülent Akarcalı ile Müsteşar Ömer Kayır başta olmak üzere, bu konuya nezaketle yaklaşan herkese, her zaman şükran borçluyum. Bu konuyu dokuzuncu Cumhurbaşkanı Süleyman Demirel'e de anlattım. O da bana "Yahu, kimin daha çok Türk olduğu tartışılır" dedi.

Doğrudur. Bu dünyada bir eşi daha olmayan Türk insanı, manevi değerlerine sahip çıkıp, çok kültürlü bir geçmişin evlatları olduğunu unutmayıp İstanbul'da, Anadolu'da, Balkanlar'da, Rumeli'de, Kuzey Afrika'da ve Asya'da yüzlerce farklı dil konuşan insanları nasıl da "benim" diyerek bağrına bastığını hatırlayarak, topraklarında yaşayan ve Türk olan Yahudilerini de aynı sıcaklıkla kucaklamayı bilmelidir. Bu, onun zaten sahip olduğu ve yüzyıllardır dünyaya örnek olan bir konudur. Yanlış düşünceleri ortaya atmaya kalkanlara, hazırlanan siyasi komplolara, tarihi lekelemeye kalkanlara bundan daha güzel bir cevap olacağını zannetmiyorum.

5. bölüm: Noktalı virgül

Yaşarken çalışmak, gelişmek, düşünmek gerekir.
Bunu fark ettiğimde sabrın, kararlılığın,
hedef peşinden koşmanın önemini anladım.
Doğru zamanda durdum, doğru zamanda yürüdüm.
Bir daha dünyaya gelsem yine Bensiyon Pinto olmak isterim.
Lider, başkan, Türk Yahudisi, Bensiyon Pinto...

Bir cemaatin cemaat olabilmesi için her zaman birlik ve beraberlik içinde olması gerekir. Cemaatin devamlılığı, var olan ortak değerlere sahip çıkmak ve onları korumakla sağlanır. Dini azınlığın cemaat başkanıysanız bazı noktalarda hassasiyet göstermeniz gerekir. Gençleri bilinçlendirmeniz, büyüklere olanaklar sağlamanız, onların sorunlarını dinlemeniz ve yapabildiğiniz ölçüde bu sorunlara çare bulmanız gerekir. Tüm bunları yaparken, vatanına ve milletine yakışan, üretken, namuslu ve dürüst gençlerinizin yurtdışına gitmesini de onlara uygun hayat koşulları sağlayarak engellemek gerekir. Ülkeyi terk eden akıllı, dinamik, yarınları aydınlatabilecek kuvvette gençlerin daha iyi imkânlar sağlamak için başka ülkelerde yaşamayı tercih etmesi içimi sızlatmıştır. Bu gençler arzu ediyorsa tabii ki yurtdışında eğitim alabilir; ama işleri biter bitmez memleketlerine dönmelidir. Kırk kırk beş yaşında geri dönen biri için iş hayatı bitmiştir. Var olan koltuklara çoktan oturulmuştur. Bu sebeple okuldayken kendini yetiştirmek, staj yapmak ve akıllı bir seçim yaparak bir kurumda adım adım yükselmek hayatın en büyük garantisidir. Neden gençlere istedikleri ölçülerde olanak sağlanmasın? Neden okuyup, yetiştirip başkalarının gelişmesi için çalışmalarına seyirci kalalım? Neden hasret çekelim? Bizim ülkemiz de artık gelişmiş ülkeler seviyesinde iş imkânlarına sahip. Gençlere güvenmemiz, yüksek mevkilerde iş vermemiz, daha verimli olmalarını sağlamamız şart. Bu düşüncelerle cemaate adım attığım ilk yıllarda, bir gençlik derneği kurmak için harekete geçmek gerektiğini sık sık tekrarlardım. Bu dernekte tiyatro, dans, spor gibi faaliyetlerin yanı sıra, gençlerin birbirlerini daha yakından tanıyacakları, çevrelerini geliştirecekleri bir ortam da kendiliğinden oluşacaktı. Bir genci sokakta büyütürseniz, onu her şeyle zamanından önce yüz yüze bırakmış olursunuz. Halbuki onlara doğru kapılar göstermek, kötü alışkanlıklardan uzak tutmak, yeteneklerini keşfetmek, cemaate kazandırmak anlamına gelir.

Niyetim böyle bir dernek kurmaktı. Bunun için önce kendi işlerimi yoluna koymam, ayaklarımın üstünde durmam gerekiyordu. Düşündüklerimi arkadaşlarıma anlattığımda hepsinin gözleri doldu. "Haklısın" dediler ve büyük bir istek ve kararlılıkla çalıştılar. O zaman cemaatteki gençlik dağınıktı. Yaşlıların farklı dernekleri vardı. Arkadaşlık Derneği'ne sadece üniversiteliler gidebiliyordu. Kardeşlik Kulübü daha çok yeni evlilerin tercih ettiği bir yerdi. Hiçbiri küçük topluluklar olmaktan öteye geçememişti. Boşta olan bir gençlik vardı. Toplanıyor ve Amerikan Dershanesi'nde spor yapıyordu. Ben de onlardan biriydim. Sultanahmet'te bir yerde bir araya geliyorduk. Doktor Menahem Mitrani, Yaşar Sagez, Eli Alaluf, Yako Alvaero, Selim Salti, İzak Abudaram, Albert Şilton ve eşleri müdavimdi. Bu arkadaşlar, kısa süre sonra bizim dernekte kurucu üye oldu. Doktor Mitrani on beş yıl derneğe başkanlık yaptı, spor kulübünü federe hale getirdi. Sevgili Mati ve İsak Kohen çifti de üyeydi. 1964'te Yıldırımspor Kültür Kulübü'nü kurduk. Yıldırımspor'un kurulmasında çok önemli bir yeri olan İsak, konsolaslukta profesyonel gazetecilik yaptığı ve ben de gazeteci olduğum için kurucu üye olamadık.

Bir özelliğim, bir işi benden iyi yapan biri varsa önüne geçmememdir. Hayatımın hiçbir döneminde bunu yapmadım. Neticede gençlik için çalışıyorduk. Yıldırımspor'un kurulma aşamasındaki bütün toplantılar bizim evde oldu. Görüş alışverişleri, saatlerce süren beyin fırtınaları... Ev Yıldırımspor'un merkezi gibiydi. Çok çalıştık. Uzun kış gecelerinde neredeyse sabahlara kadar yapacağımız faaliyetler üzerinde kafa yorduk. Kadınlar da birlikte mutfağa giriyor, güle oynaya bize yemek hazırlıyordu. Bazen paramız biterdi. O hafta sonu dışarı çıkamıyorsak, bakkala şarap, peynir, kuruyemişten oluşan bir paket yaptırırdık. Parayı Alman usulü öder, eve gelirdik. Hem çalışır hem de eğlenirdik. Hepimiz eşit maddi olanaklara sahip insanlardık. Herkes birbirini anlardı. Çok mutlu günlerdi. Derneği kurarken hemen hemen aynı yaşta bir grup olarak, büyük bir heyecanla çalıştık ama büyüklerimiz ve cemaat idarecileri bizi asi görüyor, yüz vermiyorlardı. Çünkü doğruları söylüyorduk. "Daha çok gelişmemiz lazım" diyorduk. "Gençliğe daha iyi spor mekânları lazım" diyorduk. Onlarsa bizi dinlememekte ısrar ediyor, bu eksiklikleri görmezden geliyorlardı. Oysaki bize doğru dürüst bir yer lazımdı. Bunu büyüklerimize anlatabilmek için İsak Fis'le birlikte, Cemaat Başkanı İsrail Menase'den randevu aldık. Fis, sıradan biri değildi, önemli adamdı. Ne istediğini bilen, bir işin içindeyse o işi hakkını vererek yapan, aklı başında bir adam. Bu randevu, benim bu cemaatin içinde bir göreve soyunmam gerektiğinin de mesajı olacaktı.

O zaman güzel yemekler yapan Kolaro Restoran'dan başkana yemek geldiğini görünce, "Önce yemek yiyecek herhalde" diyerek beklemeye başladık. Sekreterin başkana "Yıldırım'dan gelenler var. Sizinle görüşmek için bekliyorlar" dediğini de duyduk. Başkanın sesi hâlâ kulağımdadır:

"Ya bırak, kim uğraşacak şimdi onlarla! Yolla gitsinler!"

Bir anda buz kestik. Koskoca cemaat başkanı, randevumuz olmasına rağmen bizi kabule tenezzül etmiyordu. Üstelik ona fikir danışmaya gelmiştik. Cemaat başkanı bu iş için o koltuğa oturmuştu! İsak Fis'e baktım. Benimle aynı düşünceleri paylaşıyor olacaktı ki "Kalk gidelim" dedi ve hemen oradan çıktık. O gün "Eğer bir gün Allah bana böyle önemli bir koltukta oturmayı nasip ederse, ne yapılması gerekiyorsa onu yapacağım, karşıma kim gelirse gelsin derdini dinleyeceğim" dedim. Bu, kendime verdiğim en önemli sözdür.

Bu kararları almak ya da doğrular üzerinde düşünmek insanı büyük adam yapmaz. Doğrularla yaşamak sadece insanı insan yapar, kendi yapar. Bütün bu satırları yazarken cemaat işlerinin ta başında neler hissettiğimi daha iyi hatırlıyorum. İçimdeki şevk, heyecan ve kararlılık beni istediğim yerlere getirdi. Ne mutlu bana ki, insanlara elimden geldiğince yardım ettim, onların dertlerini dinledim. Bütün bunlar Bensiyon Pinto'nun alkışlanması için değil, Bensiyon'un içinin rahat etmesi içindi. Eğer ben rahat değilsem, aklımdaki işi istediğim şekilde sonuçlandıramadıysam, başkalarının hakkımda ne dediği beni hiçbir zaman ilgilendiremezdi. Her zaman önce kendi doğrumun gerçek olması için çalıştım. Arkası kendiliğinden geldi. Belki yirmi sene sonra, İsrail Menase'nin oğlu Albert'le çok yakın dost olduk. Çok iyi bir aile terbiyesi gördüğünü, güçlü bir altyapısı olduğunu biliyordum. Çok genç yaşta aramızdan ayrıldı.

Cemaat işinden uzak kalmak konusunda Eti'ye söz vermiştim. Bütün zamanımı Yıldırım'da geçirmeyecek, eve gereken vakti ayıracaktım ama bu pek mümkün olmadı. Toplantılar, davetler, paneller... Ona verdiğim söz ikide bir aklıma geliyordu. Yıldırım'ın çalışmalarıyla başlayan yoğun tempoya Eti'nin ne zaman ses çıkaracağını merak ediyordum. Ona verdiğim sözü tutamadığım kesindi. Bir akşam yine bir çalışma için arkadaşlardan birinin evine gitmem gerekiyordu. Eti'ye baktım, çok mutlu değildi. Arkadaşımı aradım, gelemeyeceğimi söyledim. Aradan birkaç gün geçti. Toplantılara gitmemeye devam ediyordum. Bu da beni düşündürüyordu. Yarım kalan işlerim, katılmam gereken toplantılar vardı. Eti bunu fark etmiş olacak ki bir gece yanıma geldi:

"Bakıyorum hiç keyfin yok, neyin var?"

"Çok isteyerek doğurduğun bir çocuğu elinden alsalar, o evin içinde, o hayatın içinde mutlu olabilir misin?"

Çok akıllı bir kadın olduğundan ne demek istediğimi hemen anladı.

"Tamam Bensiyon, haklısın. Seni bu cemaat işinden ayırmak evladından ayırmak gibi bir şey. Ayrıca önün de çok açık. Tamam, git. Anlaşılan iş yine bana düşecek."

Yine de çok kolay olmadı. Cemaat işine o kadar çok zaman harcıyordum ki, evimi ihmal etmeye başladığımı seziyordum. Bir gece Eti'yle bir yere davetliydik. Mutfakta bulaşık yıkıyordu. İşini bitirdi. Giyinmeye gitti, ben o sırada salonda oturduğum yerde yorgunluktan kim bilir kaçıncı kez uyuyakalmışım. Bu sefer bana çok kızmış olacak ki makyajını silip yatmış. Bir ara gözümü açtığımı ve saate baktığımı hatırlıyorum. Saat ona geliyordu. Gittim, baktım, uyuyordu.

"Hadi Eti, gidiyoruz."

"Ben gelmiyorum."

Ona yorgunluğumun sebeplerini anlatmaya çalıştım ama haklı olarak beni dinlemeye niyeti yoktu.

"Sana söyledim böyle olacağını. Hem iş hem cemaat bir arada yürümez. Evine zaman ayıramıyorsun. Kendine bakmıyorsun. Yorgunluktan oturduğun yerde uyuyakalıyorsun. Sağlığın bozulacak diye endişeleniyorum. Senin için üzülüyorum."

"Geliyor musun, gelmiyor musun?"

"Gelmiyorum."

"Peki o zaman, ben gidiyorum."

Giyinip evden çıktım. Yüz metre yürüdüm yürümedim, kendimi düşünürken buldum. Eti haklıydı. Hayatımızı kolaylaştırmak için elinden geleni yapıyordu ama ben kendimi yormakta ısrar ediyordum. Ondan beni anlamasını bekliyordum ama ben onu anlamıyordum. Bu böyle olmazdı. Ani bir kararla döndüm. Eve geldim, kapıyı açtım, odaya yürüdüm ve "Eti, kalk ve giyin lütfen. Beni bu yolda yalnız bırakamazsın. Eğer bu gece yalnız gidersem, bundan sonra hep yalnız gideceğimi biliyorum" dedim.

Yüzüme baktı. Bakışından beni anladığını ve hak verdiğini anladım. Kalktı, giyindi ve bir daha beni asla yalnız bırakmadı. Aslında yerden göğe kadar haklıydı. Beraber vakit geçiremiyorduk. Yapmak istediklerimizi yapamıyor, doğru dürüst bir tatile bile çıkamıyorduk. Her gece bir faaliyet, her hafta sonu bir toplantı... Böyle bir evliliği kimse hayal etmezdi. Bir erkeğin bu tür konularda ne istediğini bilmesi ve sevgisine, ailesine, hayatına sahip çıkma kararlılığını göstermesi çok mühim. İncir çekirdeğini doldurmayacak bir sebeple birbirimize kırılmamızın hiçbir anlamı yoktu. Çünkü hayatımız bundan sonra bu şekilde devam edecekti. Bunu seziyordum. İkimiz de seziyorduk. Bu hayata ikimizin de alışması ailemizin mutluluğu için en önemli şarttı. Cemaatle ilgili hiçbir şey o geceden sonra mesele olmadı. Yıldırım zamanında bu kadar çok çalışırken zamanla dikkatimi çeken bir şey daha oldu. Eti, başta bütün karşı çıkmalarına rağmen bu gidişatı kabullenmişti. Eşine onun kadar destek olan başka bir kadın daha görmedim. Benim bu işi ne kadar severek yaptığımı gürünce bana her konuda daha çok hak vermeye ve destek olmaya karar vermişti. Ben mutluysam o da mutluydu. Yaşı henüz yirmi beşti. Çok gençti. Kendine daha çok zaman ayırmak istese buna hakkı vardı, ama her zaman benim yanımdaydı. Elinden geldiği kadar destekledi beni. Aile mevhumuna her zaman sahip çıktı. Hiçbir yanlışlığa ve dağınıklığa izin vermedi.

Bir kadının akıllı olması o aileyi ayakta tutar. Bizim evliliğimiz ve benim hem işim hem de cemaatteki başarım Eti'nin desteği ve sabrıyla mümkün oldu. O dönem dernek işlerinde, program organizasyonlarında o kadar başarılı oldum ki, bir de teklif aldım. Davetlerde sunuculuk yapmam için bana çok iyi bir para teklif edildi. Düşündüm ki, daha çok para kazanabilirsem Pangaltı'dan, o dönemin en gözde semti Nişantaşı'na taşınabilir, hatta bir daire bile alabilirdik. Eve geldim ve gelen bu teklifi büyük bir hevesle Eti'ye anlattım. Yüzüme şöyle bir baktı ve "Ben kocamdan da, oturduğum evden de çok memnunum. Eğer bu teklifi kabul edersen, bu sefer yokum. Benimle evliliğini devam ettirmek istiyorsan, oğlumuzun mutlu bir aile ortamında büyümesini istiyorsan, bu teklife hayır demen lazım" dedi. Ben de hayır dedim.

O dönemde Yıldırımspor Kulübü'nde eğlence faaliyetlerinde açık artırmalar yapıyordum, ama derneğin kendine ait bir lokali olmadığı için devamlı yer kiralamak mecburiyetinde kalıyorduk. Arkadaşlarıma cemaate gidip tekrar para istemeyi teklif ettim. Bize ya para versinler ya da bir yer göstersinler. Maksat, iyi bir yer alıp bu gençleri sıradan bir yere mahkûm etmemek. İdare heyetimize de hatırı sayılan ve cemaatle iyi ilişkiler kurabilecek, itibarımızı artıracak kişiler almıştık. İzak Fins'le beraber, Bayan Sara Sisa'yı da yanımıza aldık. Nesim Tazartes, Dany Armam ve Aron Maçaro'nun eşi Sevim Berk de ekibin içinde yer aldı. Cemaatle görüşmeye gittik. Ne acıdır ki yine reddedildik. Neyse ki bu defa hiç olmazsa idarecilerimizle görüşme şansı bulduk.

İnsan doğru kişilerle çalışırsa her zaman kazanır. İdare heyetimiz adeta bu yola baş koyarak para topladı. Yaptığımız balolarda, müzikli gecelerde çalıştılar. Zaman zaman sponsor da oldular. Şu anda Osmanbey'de Yapı Kredi'nin karşısındaki binanın birinci katını o zaman Yıldırımspor'a kiralamıştık. Çok da güzel bir yerdi. Gelin görün ki alt kattaki komşular gençlerin tepinmelerinden mahvolmuştu. O binada yedi sene kaldık. Mal sahibi merhum Sadık Perinçek'ti. Milletvekili ve tam bir beyefendi... Bir gün olsun bize, "Şu kadar zam yapın" demedi. Her zaman yardımcı oldu. Çok iyi, anlayışlı ve yardımseverdi.

Yıldırım'da başkanlık görevine Selim Salti geldiğinde Kulüp X'i alıp çalışmalarımıza orada devam ettik. Yıllar sonra Yıldırım yeni bir lokale taşındı. Bu arada cemaatten bir grup genç muhteşem bir tiyatro ekibi kurmuş, muhtelif yerlerde oyunlarını sahnelemeye başlamıştı. Profesyonellere taş çıkartacak kadar güzel oyunlardı. *Anna Frank'ın Hatıra Defteri*'ni Kardeşlik Yurdu adına sahnelemişler, yer yerinden oynamıştı. Bir gün Yıldırımspor'a müracaat ettiler ve dediler ki: "Biz, size de tiyatro yapmak istiyoruz. Senaryolarımız hazır. Size yardımcı olalım. Biliyoruz ki sizin de paraya ihtiyacınız var. Gelin bu işi beraber yapalım." Düşündük taşındık, anlaşmaya karar verdik. Ekip sahneye bir oyun koyduğu zaman efektten dekorasyona, müzikten senaryoya kadar her şeyi kendi yapıyor, dışarıdan hiçbir konuda yardım istemiyordu. Her şeye rağmen bizim için oldukça masraflı bir kadroydu. Bu konuda onlara her zaman hassas davranıldı. Alacakları her zaman ödendi. Ancak harcadıkları emeği düşündüğümde gönüllü çalışmaların önemini ve güzelliğini bir kere daha anlıyorum. Bir spor merkezinde bu tür aktiviteler yapmak yalnızca kulübe ya da aktiviteyi yapan ekibe yarar sağlamakla kalmaz, aynı zamanda cemaatin gençlerini bir araya getirir, onların boş zamanlarını daha kaliteli bir şekilde geçirmelerini de sağlar. Bu ekip özellikle bu sebeple Yıldırım için de, cemaat için de çok mühim işler yaptı. Aralarından Albert Levi, Leon Yuda Senegör, Filon Kohen, Robert Susi, Hayim Eskenazi, rahmetli oldu. Bir gün işlerimi halletmek için erkenden Yıldırım'a gittim. Bir oyun için rol dağılımı yapıyorlardı. İçlerinden biri bana dönerek, "Kadrosu kalabalık bir oyun seçtik, sen de oynamak ister misin?" dedi.

"Ben ne anlarım o işten?"

"Olsun, biz varız, sana yardımcı oluruz. Sen hitabeti kuvvetli adamsın. Bunu da yaparsın."

"Neden olmasın?"

Teklifi kabul ettim. O gün benim için Yıldırım'da idarecilik dışında yeni bir dönem başlamış oldu: Oyunculuk. 1964 yılında *Yusuf'un Rüyaları* adlı oyunda, üç ayrı rol üstlenerek sahneyle tanıştım. Yusuf'un kardeşini, Yusuf'un kehanetini anlattığı hapishane dostlarından birini ve firavunun yardımcısını oynadım. İstanbul Şehir Tiyatroları'nın bugünkü Emek Sineması'nın yerindeki sahnesinde oynadık. Beni bu oyunda çok başarılı buldular. Ne kadar doğruydu bilmiyorum ama Yıldırım'a çok büyük prim getirdiğim bir gerçekti.

Bütün bunlar olurken bir yandan da işimde tutunmaya ve evimi geçindirmeye çalışıyordum. Benjamen bebekti. Evde daha fazla zaman geçirmem gerektiğinin farkındaydım ama bu mümkün olamıyordu. Eti yeni anne olmuştu. Bana ihtiyacı vardı. Provalar zamanımın çoğunu alıyordu. Ona da zaman ayıramıyordum. Bir bebekle tek başına mücadele etmek zorunda kalmıştı. İlk gece büyük bir gayretle, yanına ablasını ve eniştesini de alıp oyunu izlemeye geldi. Aynı zamanda da ara ara Benjamen'e süt vermesi gerektiği için belli bir saatte evde olması şarttı. Benjamen'e o gece Eti'nin annesinin yanındaki bakıcı kız bakıyordu. Oyun muhteşem geçti. Yer yerinden oynadı. Alkış, kıyamet... İzleyenlerin bir kısmı kulise, bir kısmı da kapıya toplandı. Tebrikler, iltifatlar... Bir ara baktım, Eti iyi görünmüyor. Benim de kokteyli bırakmama imkân yok. Eve gitmesinin daha uygun olacağını düşündüm. İnsan gençken çok derin düşünemiyor. Eti de gençti. Eşiyle bu kutlamada olmak onun en doğal hakkıydı. Ablası ile eniştesi durumun farkına vardı, eve götürmek istediler. Bense onunla gitmem gerektiğinin farkında bile değildim. Eti büyük bir olgunluk göstererek eve gitti. Ben daha geç döndüm. Bu konuda hiçbir şey söylemedi ama yıllar sonra bile bu yaptığımdan rahatsızlık duydum. Ona bir daha asla böyle bir şey yaşatmadım.

Daha sonra *David ve Batşeva* oyununu sahneledik. Yıl 1965... Tam üç saat yirmi dakika sahnede kaldım. Bu benim oynadığım en uzun roldü. Oyundaki ağabeylerime bakıp onlar gibi kapris yapmaya başlamıştım. Oyunda masada sahte meyveler vardı "Gerçeğini istiyorum" dedim. Hakiki içki istedim. "Vermut istiyorum" diye tutturdum. O vermutu zar zor buldular. Benim yüzümden perde on dakika geç açıldı. Yedim içtim ve sarhoş oldum o gece. Rolümü daha da güzel oynadım ama. Oyun daha gerçekçi oldu. Demek ki etrafa kapris yapacak kadar oyuncu sayıyordum kendimi o zamanlar... Gençlik işte!

1968'de *Los Marenos*'u oynadık. Tarihi bir oyundu. Orada devletle ilk kez tanıştım. Resmi konukları ilk defa o oyunda ağırladık. Zamanın valisi ve kaymakamı oyuna geldi. *Los Marenos* çok başarılı oldu. Muhteşem bir altyapısı vardı. Gemiler bile yapılmıştı. İki üç rolüm vardı ama hiçbiri öyle iddialı değildi. Oyunu bu defa Saray Sineması'nda oynadık. Muazzam bir olaydı. Oyunun sonunda Türk milletine ve Türk insanına, tüm Yahudilerin bugüne kadar duymadıkları bir şükran duası okuduk. Teşekkür ettik. Bu içten gelen bir şükrandı. Oyuna, zamanın gazetecilerini de davet etmiştik. Bu da bir ilkti bizim için. Bütün bunları yaparken bir yandan da, "Acaba bu yaptıklarımız nasıl karşılanacak, buradaki samimiyet gerçekten anlaşılacak mı?" diye düşündüğümüzü hatırlıyorum. Dini azınlık olmanın tuhaf bir çekingenliği, bir burukluğu vardı içimizde. Bazen hüzünlü bir şarkı gibi, bazen rafa kaldırılmış bir kitap gibi, sevilen ama artık takılmayan bir mücevher gibi hissederdi insan kendini. Bir gün bir yerlere gelirsem, bu hissin yok olması için uğraşacağıma kendi kendime söz veriyordum. Bu düşünce o gün için sadece bir hayalden ibaretti. Hatta hayal bile sayılmazdı. Sadece kültür faaliyetlerinde değil, eğlencelerde de aranan isimdim. Balolar düzenlemeye devam ediyordum. Ünlü kişileri sahne almaları için bu balolara davet ediyor, sunuculuklarını da yapıyordum. Eğlence gece yarılarına kadar sürüyordu. Bir seferinde bir açık artırmada, büyük ödülün araba olduğunu açıkladık. Katılım oldukça fazlaydı. Çok küçük bir meblağ ile başladık. Fiyat gittikçe artıyordu. Belli ki gerçekten araba vereceğimizi düşünüyorlardı. Şaka olduğunu kimse anlamamıştı. Artırmayı uygun bir yerde kesmek gerektiğini düşündüm. Daha fazla uzatmadan satışı yaptım ve oyuncak bir arabayı çıkarıp önüne koydum. Herkes gülmekten kırıldı. Neyse ki arabayı alan kardeşimiz derneğe yüklü bir bağış yaptı da, bu konu tatlı bir hatıra olarak kaldı.

Çalışmalar, böyle yoğun ve keyifli sürerken bir gün idari heyetle çok ciddi bir fikir ayrılığına düştüm.

Bir balo yapılacaktı ve bu faaliyetin biletlerinden ciddi bir para kazanılacaktı. Balo biletleri oldukça pahalıydı. Bazı arkadaşlarımızın bu paraları ödemekte zorlanacağını biliyordum. Bir akşam bir çalışma sırasında arkadaşlarıma "İki üç arkadaşımız var, onların maddi durumu balo için bilet almaya müsait değil. Onların haricinde herkes parasını versin, hayat mücadelesinde olan bu insanlardan bir partiye katılmaları ve iki saat eğlenmeleri için para istemek adil olmaz. Bunu Allah da kul da kabul etmez" dedim. İtiraz ettiler. "Böyle yaparsak bu işin içinden asla çıkamayız" dediler. "Bakın, ben bunu ortaya fikir atmış olayım diye söylemiyorum. Makul olmamız lazım. Neticede derneğe para toplamak için bir balo yapılacak. İki kişinin parasını aramızda bölüşsek ne çıkar?" Bu fikre hiçbir şekilde yanaşmadılar. Beni işgüzarlıkla suçladılar. Sonra da fikirlerini değiştirmeyerek herkesten para istemeye karar verdiler. Bir çantam vardı o zamanlar, bütün defterlerim, dosyalarım, mühim evrakım orada dururdu. Çantayı aldım, "Bunu bu tutanağın altına karar diye yazacaksınız. Bundan sonra ben yokum" dedim. Bütün kâğıtları bana ısrarla karşı çıkanlardan birinin kucağına attım. Toplantı bir arkadaşımızın evindeydi, yanımda Eti de vardı.

"Eticiğim hadi gidiyoruz."

Yıldırım benim için o gün kapandı. Cemaat başkanı olarak yıllar sonra Yıldırım'a çok destek verdim, ama gençlik yıllarımda Yıldırım'ın yönetiminde bir daha görev almadım. Bu iş o gün bitti. Gittiler geldiler, yeniden derneğe davet ettiler ama bir kere hayır dedikten sonra bir daha asla dönmedim. Çünkü ben para toplama işinin topluma yararlı olması gerektiğine inanıyordum. Paraları eğlenelim diye değil, dernek için topluyorduk. Bunu yaparken de kişileri zorlamanın, toplum dışına atmanın, onlara kendilerini kötü hissettirmenin lüzumu yoktu. Görev bana ait olduğu ve bu görev dağılımı önceden yapıldığı için o balonun sunuculuğunu yapmak zorunda kaldım.

Ondan sonra bir daha beni kimse orada göremedi. Bu tür işler rekabet için değil, hizmet için yapılmalıdır. Amacından saparsa kısa vadede herkese zarar verir. Bunu görebilmek ve idareciliği buna göre yapmak çok önemlidir. Yıldırım'dan ayrıldıktan sonra bir müddet daha onlara yardım ettim. Yaz geldi, kış bitti derken, yavaş yavaş kendime başka meşgaleler buldum. Bu zaman zarfında cemaati tetkik etme fırsatı da doğdu.

Kendi ayaklarımın üstünde durmanın artık şart olduğu düşüncesiyle bir iş kurmaya çalışıyordum.

Bankalar Caddesi No: 92

Askerden geldiğimde elektrik piyasası üzerine çok bilgiliydim. Çekirdekten yetişmiştim. Çalıştığım kısa vadeli işlerde, toptancı kârı ne kadardır, perakendecininki nasıl bölüşülür öğrenmiştim. Bütün bu bilgilerimi kullanabileceğim bir iş aramaya başladım. Bir süre sonra Haksa Ticaret'te çalışmaya başladım. Orada çalışanlar önce beni toy bir adam zannetti. Halbuki ben işi öğrenmeye çalışan açıkgöz bir gençtim. Yardımcı olacaklarına, işime engel olmaya kalkıp arkamdan kulis yaptılar. Bana çaylak gözüyle bakıyorlardı. Bir gün merdivenin başına oturdum: "Bir gün hepinize nasıl biri olduğumu anlatacağım, göreceksiniz!" dedim. Zamanla Anadolu'dan müşteriler gelmeye başladı ve aramızdaki sıcak diyalogdan dolayı beni sorar oldular. "Bensiyon Abi nerede? Onunla görüşsek daha iyi olacak" türünden cümleler duyulmaya başladı. Benimle birlikte çalışan ve bana karşı olanlar da bir müddet sonra günah çıkarmaya başladı. Size yapılan yanlışı siz başkalarına yapmıyorsanız iyi bir insansınız demektir. Bir süre sonra o şirketten ayrıldım. Kendi kanatlarımla uçmanın vakti gelmişti. Haska Ticaret'te, Jojo Romi ve Yıldız Arenos'la yakın dost olmuştum. Jojo ve eşi Meral, Eti'yle tanışmama da vesile olmuştu. Yine orada birlikte çalıştığımız Moiz Kohen'le 1961 yılının şubat ayında Kohen'in 'Ko'suyla Bensiyon'un 'Ben'ini birleştirerek Benko Ticaret'i kurduk.

Moiz çok iyi bir ailenin oğludur. Şimdi İsrail'de yaşıyor. Onunla hakikatten çok güzel işler yaptık ve ticarete beraber atılmanın şansını ve keyfini yaşadık. İnsan hayatta çok önemli işler yapabilir, bir şekilde para da kazabilir ama bunların hepsinden daha mühim değerler vardır. Onur, haysiyet ve güven... Ben yıllar sonra bile Moiz'i böyle andığım için çok mutluyum. O benim profesyonel iş yaşamımdaki ilk ortağımdı. Şirketin adı kısa zamanda bir espri konusu oldu. Benko'yu, Beko olarak okurlar ve "Bu adamlar çok zengin" derlerdi, biz de gülerdik. Küçük bir şirkettik ama ilerde ne olacağını kimse bilemezdi. Toptancılık yapıyorduk. Ben müşteri ve piyasayla ilgileniyordum, Moiz de tahsilata bakıyordu. Çok iyi bir uyum içindeydik. Elektrik malzemesi satıyorduk ve bu işten para da kazanıyorduk.

Bu kadar yıl ticaret yaptım, hiçbir müşterime yalan söylemedim. Onlara derdim ki:

"Mustafa Abi, bak, bende bu mal şu kadar, ama burada üç kuruş daha ucuzdur, haberin olsun!"

Ticaretteki bu tutumum bana çok kazandırdı. Eti'yle yeni hayatımıza alışıyorduk. Elimize geçen parayla idare etmeyi öğrenmiştik. Para kazanırdık ama şirketten belli bir miktarın üstünde çekemezdik. Bekârken ayda beş yüz lira yetiyordu. Evlenince ikimiz de bin beşer yüz lira çekmeye başladık. Bu düzen büyük bir saygı ve kararlılıkla devam etti. Şimdi düşünüyorum da, galiba biraz müsrif bir adamdım. Ortağım kendi parasıyla her ay bir altın alır, kenara koyardı. Bense bırakın altın almayı, ayın sonunu zor getirir, son altı gün kayınvalideme sığınırdım. Çok arkadaşım vardı. İş çevrem genişliyordu. Aynı zamanda gazetede de çalışıyordum. Gece geç saatlere kadar iş konuşmaktan uykusuz kaldığım için, ertesi gün işe gecikebiliyordum. Ortağım dükkâna bakıyor, bense o dönem Yıldırım'da olduğum için durmadan sosyal faaliyetlerde, toplantılarda, orada burada dolanıyordum. Dükkânı kurduktan sonra kendimi adeta Yıldırım'a adamıştım. O zaman bu hayat bana çok cazip geliyordu, gezmek tozmak, balolar düzenlemek, gazete çıkarmak... Bir gün saat dört gibi Bankalar Caddesi 92 numaradaki dükkâna geldim. Ortağım bana dönerek, "Al anahtarları. Hesabımızı da ayır. Ben ortaklıktan ayrılıyorum" dedi. Şok geçirmiştim.

"Ne diyorsun sen Moiz?"

"Öyle abi. Burayı Yıldırım yaptın. Farkında değilsin ama iş yapıyoruz burada. Para kazanmak için canımız çıkıyor ama senin için varsa yoksa Yıldırım. Yoruldum artık, kusura bakma."

Çıktı gitti. Çok hızlı bir şekilde düşünmeye başladım. Ortağım benim yüzümden isyan ettiyse ve bu iş ayrılmaya kadar gittiyse kendime çekidüzen vermem şarttı.

O akşam Eti'yi aldım, doğru Moizlerin Kurtuluş'taki evine gittik. "Çok özür dilerim arkadaşım" dedim. "Bir daha hiçbir şey eskisi gibi olmayacak." Olmayacağını sanıyordum ama itiraf etmeliyim ki Moiz bana bu konuda anlayış göstermeye devam etti. Çünkü Yıldırım benim için bir tutku olmaya devam ediyordu. Bunu yazmamın en büyük sebebi gençleri bir konuda uyarmak; ne olursa olsun, herhangi bir konuda başarının peşinden körü körüne koşmak, bir müddet sonra başka bir konuda başarısızlığı getirir. Bundan kaçmanın imkânı yoktur. İşte tutarlılık ve her meşgaleye gerektiği kadar yer vermeyi bilmek; insana önce rahatlık, sonra huzur ve ardından da başarı getirir. Ben bunu tecrübe ederek öğrendim. İsterim ki gençler tecrübe etmeden başkalarının tecrübelerden yararlanarak öğrensin. O günlerin değeri benim için asla değişmedi. Beni olgunlaştıran, beni ben yapan en önemli yapıtaşlarıydılar. Yanımda arkadaşlarım vardı ve yıllar geçtikten sonra ben cemaat yönetimine geldiğimde aynı arkadaşlarım "Acaba Bensiyon Bey bizimle görüşür mü?" diye birbirlerine sormaya, bana "Bensiyon Bey" demeye başlamışlardı. Ben de "Bak arkadaşım, bana bir daha bey deme. Biz arkadaşız. Nerden çıkıyor bu bey lafı? Geleceksiniz, beraber oturacağız ve meseleleri beraber çözeceğiz" derdim.

Gerçekten bu arkadaşlarıma hep samimiyet ve şefkatle yaklaştım. Yola beraber çıkmıştık. Bana göre en büyük vefasızlık bunu unutmaktır. İnsan mazideki arkadaşlarını unutursa veya onlara tepeden bakarsa önünde sonunda düşer.

Sonraları daha büyük bir hızla işe sarıldım. Benko'da gerçekten iyi bir müşteri birikimim vardı. O zamanlar ithal edilen parti mallarını alır, piyasaya sürerdik. Başta küçük kârlarla çalıştık. Mühim olan büyük ciro yapmak ve kârımızı yükseltmekti. Tabii bizim bu tutumumuz piyasanın ağır topları için çok iyi olmadı. Onlar da aynı malı pazarlıyorlardı; ama masrafları bizden çoktu ve mallarını daha çok kârla satmak zorundaydılar. Biz aynı malı piyasaya daha ucuz sürünce onlar uzun vadede zor durumda kalıyorlardı. Hayatım boyunca çok sevdiğim, yakın dost olduğum Mehmet Emin Cankurtaran, 1962'de piyasada bir devdi ve herkese yardım ederdi. Eşimi ve rahmetli ağabeyini çok iyi tanırdı. Bir gün ona gittim, "Bana mal verir misiniz?" dedim. Büyük adamdı, dinledi ve teklifimi kabul etti. Nisan ayrında verdiği malın parasını ona bir yıl içinde öderdim. Asla sesini çıkarmazdı. Parayı kuruşuna kadar mutlaka ödeyeceğimi bilirdi. Aramızda büyük bir itimat vardı. Böylelikle kısa süre içinde vantilatör dünyasında isim oldum. Ancak zaman geçtikçe yeterli gelmediğini, ithalat yapmamız gerektiğini, daha çok parayı ancak böyle kazanabileceğimizi gördüm. O zaman da mal ithali için lisans satışı vardı. Bunu almak için iyi bir muhit lazımdı. Adamların adıyla ithalat yapıldığı için çok dikkatli olmak gerekiyordu. Yanlış bir ithalat başkasının başını yakabilir, bizim de ticari itibarımızı zedeleyebilirdi. İnsanlar da bu sebeple doğru dürüst birileriyle çalışmak istiyorlardı. Bana güvendiler. Kısa süre sonra biz de Alaaddin sobalarından elektrik malzemesine, dekoratif ev aletlerinden daha farklı malzemelere kadar geniş bir yelpazede ithalata başladık ve çok iyi para kazandık. Bu yenileşme isteği ve azmi zannediyorum her insanın ruhunda vardır. İnsan başardıkça aynı yerde durmak istemez. Devamlı atılım yapmak ister. Yurtdışına çıktım ve bazı işler yapmaya çalıştım. Gidip geldim ama çok başarılı olamadım. Zor şartlar altında yolculuk ediyordum. Cebimdeki para çok sınırlıydı. O sırada genç adamlar olduğumuz için bize akıl veren de çok oluyordu. "Bu kadar yurtdışı seyahati yapıyorsun, eşini neden götürmüyorsun?" diye soruyorlardı. Bir kadının o şartlarda yolculuk etmesi neredeyse imkânsızdı. Ben dışarı giderken para harcamamak ve sermayeden yememek için ya birinin arabasına biniyor ya da trenle seyahat ediyordum. Otelde yatmamak için gece trenle seyahat etmeyi tercih ederdim. Böylece tüm geceyi yolda geçirmiş olurdum. Gideceğim yere sabah inerdim, bir kafeye girer, elimi yüzümü yıkar, tıraşımı olur, dişimi fırçalardım. Bir gömlek değiştirir, kravatımı takar görüşmeye girerdim. Görenler berbat bir gece geçirdiğimi anlayamazdı. İşimi halleder, öteki şehre geçerdim. Bunu insan kimseye anlatamaz. Eti'yi bu yollara nasıl sürükleyecektim? Üstelik artık anneydi.

Bu arada aklıma yepyeni bir fikir geldi. Türkiye'de kontrol kalemi bulunmuyordu. Biz yaparsak büyük paralar kazanabilirdik. Bunun için şirketi büyütmek ve yeni bir ortaklık kurmak gerekiyordu. Moiz'le ortaklık devam ediyordu. Yakın dostum Momo Kalaora, rahmetli kayınbiraderim Nesim Behar, eski ortağım rahmetli Selahattin Nogay ve Sabetay Gayus ile birlikte bir ortaklık kurduk. Türkiye'de ilk kez kontrol kalemi imalatına başladık. Bu iş kısa sürede çok tuttu ve başarılı olduk. Zamanla öğrendik ki, Emin Cankurtaran da bir kalıp yapmış ve o da bu işe girecekmiş. Emin Cankurtaran'ın bize göre imkânı çok fazlaydı. Bu işin pazarlamasını kendi şirketi Molveno'ya verdiği ve o kalemler piyasaya çıktığı gün, biz kelimenin tam anlamıyla biter, tek kalem satamazdık. Onunla muhakkak konuşmam lazımdı. Bir sabah kalkıp ona gittim:

"Ağabey, bir kontrol kalemi kalıbı yapmışsın, üretip pazarlasınlar diye Molveno'ya verecekmişsin. İnanıyorum ki benim hatırım için o kalıbı kıracaksın. Sen o kalemi piyasaya sürersen biz aç kalırız. Senin başka işlerin de var. Bırak bundan biz ekmek yiyelim."

Yüzüme uzun uzun baktı, çok zeki, akıllı, tecrübeli, görmüş geçirmiş bir adamdı. Kimin doğru, kimin yalan söylediğini bir bakışta anlardı. Anlatmaya çalıştığımı hemen anladı. O kalıbı kırmak yerine bana verdi. Bazı insanlara "büyük adam" deriz. Bunu da boşuna söylemeyiz. Peki, nasıl büyük adam olunur? Hareketlerle, tavırlarla, düşüncelerle ve bütün bunları zamanında hayat geçirmekle, doğru zamanda doğru kararlar vermekle olunur. O günden sonra sanayi üretimimiz 1970'e kadar başarıyla sürdü. Zaman içinde Selahattin Nogay'ın firmasının kapanması üzerine işe Birleşik Elektrik Sanayii adıyla devam ettik. 1984 yılı ise iş yaşamımın en karanlık döneminin başlangıcı oldu.

Cemaat yolunu o dönemde kademeli olarak kat ettim. Bana bu konuda en iyi örnek olmuş kişilerden biri rahmetli Sadi Saban'dı. O da cemaatimizin çok hatırı sayılır bir adamıdır. Çok değerli bir başkandı. Cemaatte yeni görev almaya başladığım zamanlarda fikir ayrılığımız vardı. Bir gün fabrikamda oturuyordum. Telefon çaldı, açtım:

"Oğlum, ben Sadi Saban, işle ilgili sana gelmek istiyorum."

"Efendim olur mu? Ben size geleyim."

"Hayır, sen bana randevu ver."

"Ne zaman isterseniz, bugün üçte bekliyorum."

"Tamam."

Sadi Saban saat üçte her zamanki efendiliğiyle paşa paşa merdivenleri çıktı. Elinde bir çantayla geldi. Ayağa fırladım.

"Sen kalkmasaydın yerinden."

"Olur mu efendim?"

Koltuklara karşılıklı oturduk.

"Bak, sana iş teklif etmeye geldim. Plastik hammadde işi. Var mısın?"

"Efendim, sizinle iş yapmaktan gurur duyarım. Yalnız siz neden buralara kadar zahmet ettiniz? Çağırsaydınız ben gelirdim."

"Bak Bensiyon, ben cemaat işinde doğru olarak bildiğim şeyden taviz vermem. Hiç kimseye de gitmem ama kendi işim benim için kutsaldır. Madem bu iş benimdir, o zaman senin ayağına da, başkasının ayağına da giderim. Gitmem ve karşımdakine gerekli saygıyı da göstermem lazımdır."

Bu sözler, benim için önemli bir mesajdı. Birlikte iş yaptık, çok da memnun kaldık. Aramızdan ayrıldığı zaman gerçekten çok üzüldüm.

Cemaat işiyle ilgili ilk dersi Sadi Saban'dan almıştım. Bir gün yine telefonum çaldı. Hahambaşılık'tan biriydi telefon eden:

"Sizi perşembe günü saat on altı otuzda Hahambaşılık'ta bekleyebilir miyiz?"

"Peki. Neyle ilgili?"

"Efendim, telefonda verilecek bir bilgi değil. Ayrıntılı konuşmak için sizinle görüşmek istiyoruz."

Davet üzerine yetkililerle görüşmeye gittim. Yıl 1976'ydı. Yıldırım'ı bırakmış ve kendi işlerimi yoluna koymaya dalmıştım. Biraz da boşlukta hissediyordum. Bir politikacının kendi partisinden ayrılması ve siyasi hayatına devam edip etmemekte kararsız kalmasına benzer bir süreçti yaşadığım. Başaramayacağımı düşündüğüm hiçbir işe girmedim. Boşuna risk almayı hiçbir zaman sevmedim. Bilmediğim hiçbir konuda konuşmadım. Dinler, öğrenir, okurdum ve ihtiyaç varsa platforma çıkardım. Bu iş de böyle oldu. O gün Hahambaşılık'a gittim. Bana cemaat işinde çalışmam teklif ediliyordu. Teklifi kabul ettim ama her zamanki hızlı tavrımı bir kenara bırakmaya daha o gün o kapıdan girerken karar vermiştim. Acele etmeyecektim. Cemaat işi kişisel işe benzemezdi. Alınacak bir yanlış karar bütün cemaati etkileyebilirdi. Bu sebeple cemaatin işleyişini çok iyi öğrenmek ve tam tabirle bu mutfakta yetişmek gerekiyordu. Üç sene kadar etrafı dinledim. Cemaatin sancılarını duydum. Mezarlıkların problemlerini öğrendim. Hastaların dertlerini öğrendim. İhtiyarların sorunlarını öğrendim. Cemaatin beklentileri nedir? Gençlerin durumu nedir? Okulun durumu nedir? Bu sorulara cevap aramaya başladım. Bir müddet sonra her tarafı tetkik etmenin faydasını yavaş yavaş görmeye başladım. 1976 yılında cemaatin bir kurumunda bir idareciyi yönetiminden dolayı çok terbiyeli bir şekilde eleştirmiştim. O gün toplum ikiye bölünmüştü. "Biz Bensiyon Pinto'nun ardından gidiyoruz" diyenler oldu. O sıralar cemaat başkanı Jak Veissid'di. Onun döneminde böyle eleştiriler yapma cesaretini nereden bulduğumu merak ediyorlardı. Bu sırada hepsinin unuttuğu bir şey vardı. Ait olduğu kurumu gerçekten düşünen biri yeri geldiğinde daha iyi olması için onu eleştirebilmeliydi. Bu yanlış, seviyesiz ve saygısız bir tutum değil, aksine yapıcı, iyi niyetli ve yol gösterici bir tavırdı. Bir insanı nitelikleri ve dostluğa verdiği önem büyütür. Ben gün gelmiş cemaatimi eleştirmiştim ama gün gelecek o başkanımın koltuğunu bir buçuk sene koruyacaktım. O günse, "Böyle bir idare olmaz. Bu yerlerde gençlerin olması, onların da fikirlerinin alınması lazım" diyecektim. Çünkü ben böyle bir adamdım. Veissid'in tarafı da, "Yahu bu adam da nereden çıktı, başımıza iş çıkaracak" diyordu. Bir akşam bir davette çok saygı duyduğum bir doktor yanıma yaklaştı ve şöyle dedi:

"Bensiyon Bey, sen bu kafayla gidersen çok yanlış yaparsın. Bu cemaatte hiçbir şey olmazsın. Cemaate zarar verirsin."

Adamın yüzüne şöyle bir baktım.

"Üç sene sonra beni kutlayacaksınız ve 'olağanüstü işler yapıyorsun' diyeceksiniz. O zaman ben size cevap vermeyeceğim, bu söylediklerinizi hatırlıyor olmakla birlikte, hatırlamıyormuş gibi yapacağım. Lafınızı tartın ve benimle ona göre konuşun."

O dönemde cemaatin maddi işlerini takip sürecinde otuz beş kırk kişilik bir ekip çalışıyordu. Durum çok kötüydü. Yeni bir para toplama komisyonu oluşturmak gerekiyordu. Bu komisyonun görevi bağış toplamak ve bir bütçe oluşturarak cemaat için kaynak olarak kullanmaktı. Baştaki kişinin bu işi çok doğru ve kararlı bir biçimde yapması şarttı. Bu kişi öyle biri olmalıydı ki beş yüz lira verecek birine "İki bin lira vermelisin" diyebilmeliydi.

Kizba Koordinasyon Komisyonu, Hahambaşılık'a yapılan bağışları koordine eden komisyondur. Cemaatin kurum ve kuruluşlarının ihtiyaçlarını karşılar. Bana bu komisyona üye ol dediler. Ben de, "Üye olayım ama bana göre bu işler böyle yürümez. Profili yüksek tutmak lazım, mesela biri bu bütçe için üç bin lira verecekse bunun elli bin olması lazım," dedim. Söylediklerime güldüler. Üye oldum. İçimden "Siz bugün bana gülüyorsunuz ama söylediklerim imkânsız değil, göreceksiniz" diyordum. O gün cemaatimizin çok değerli avukatı Rıfat Saban'ın kayınpederi Kino Sevik Alfandari Kizba başkanı ilan edildi. Kizba Koordinasyon Başkanlığı, mevki olarak cemaat başkanının ardından gelirdi. Benim yaşımda biri için de üyelik çok önemli bir mevki idi. Bu seçimden bir ay sonra bir haber aldık ki, Kino Sevik Alfandari'nin eşi rahatsızlanmış ve bu görevi yürütemeyecekmiş. Seçim yeni yapılmıştı, tam her şey yoluna girdi derken bütün işlere baştan başlanacaktı. Derken hahambaşının müşavirleri toplandı ve çok mühim kararlar almak için fikir teatisine başlandı. Müşavirlerin her biri ayrı birer devdi. Hepsi son derece tecrübeli ve ileriyi gören kişilerdi. Bir toplantıda benim için çok mühim yeri olan Eli Perahya da varmış. Eli Perahya bir ara, "Ben size başkanlık için genç, dinamik bir adam önereceğim. Bu adam, Bensiyon Pinto! Gelin, bu adamı başkan yapalım!" demiş.

"Ne yapıyorsun, bu adam tam bir delifişek. Bizi batırır."

"Merak etmeyin, ben ona kefilim."

Şimdi düşünüyorum da, o dönem bu işi benden daha iyi yapacak biri olsa, belki de cemaat yolu bana hiçbir zaman açılmayacaktı. "Verelim işi şu adama, bakalım ne olacak?" dediler ve görevi bana verdiler. Bensiyon Pinto'nun ayak sesleri cemaatin koridorlarında yavaş yavaş duyulmaya başlamıştı. Görevi Rafael Torel'den devraldım. Cemaatte kizba işi onundu. Çok çalışkan, ne istediğini bilen, akıllı, sıcacık bir kalbi olan, cemaate büyük katkıları ve teberruları olmuş, örnek bir kişilik, bir efsanedir Rafael Torel. Tam bir beyefendidir. Bu görevle ilgili 1976'nın ağustos ayında Çınar Otel'in havuz başında bir sohbetimiz oldu. Bana dedi ki: "Bensiyon Paşa, hayırlı olsun bu işi aldın. Eğer sene sonuna kadar, şimdi üç milyon olan geliri dört milyon yaparsan elini öpeceğim. Bu asla olmaz. Bu toplumdan bu para asla çıkmaz." "Peki Mösyö Torel. Deneyeceğiz. Allah büyüktür!" O zamanki başkan Veissid'e dedim ki: "Cemaat idaresi için yeniden bir müşavir heyeti kurmak zorundayız. Beni birinci başkan vekili yapın. İkinci başkan vekili olarak da yanınıza Nedim Ruso'yu alın. Genel sekreter de Naim Güleryüz olsun." Naim'in aklında neden onu başkan vekili yapmadığımız sorusu kaldı, bunu biliyorum. Ona her zaman bizi takip edecek en iyi adam olduğunu söyledim. Dağıtırsak bizi o toparlayacaktı. Bu en önemli görevdi. Başkan vekilinin işinden daha önemliydi. Naim son derece akıllı ve ileri görüşlü bir adamdır. Bu fikre anlayış gösterdi, ekip kuruldu, işler yürümeye başladı. Ekipte çalışacak kişileri önceden belirlemiştim. "Seni istiyorum" dediğim kimse beni kırmadı. Yepyeni bir kadro kurdum. Eskilere de şöyle dedim:

"Bakın siz çok önemlisiniz. Başımın tacısınız ama bir yıl konuşma hakkına sahip değilsiniz. Yalnızca dinleyeceksiniz. Olanı biteni takip edecek ve ne söyleyecekseniz, bir yıl sonra söyleyeceksiniz."

Herkes "Bu zaten delifişek, böyle konuşması çok normal" dedi ve beni tek başıma bırakıp gitti. Yalnız bir kişi kaldı, İzak Anavi.

"Başkanım, ben seninle kalacağım. Bu politikayı beğeniyorum. Seninleyim."

Ben onu her zaman kucakladım. Müşavirler kurulunun çok düzgün çalışan, dürüst, yenilikçi ve önder adamı olarak kaldı. Yıl 1980'di.

1983'ün sonuna kadar çok güzel işler yapıldı. Bütün kurumlarla diyalog kuruldu. Kuzguncuk Cemaati ile Hahambaşılık kötü bir diyalog içindeydi. Kuzguncuk'a gittim. O zamanın cemaat başkanı Nesim Albala'ydı. Toplantılarına katıldım: "Nesim Bey, ben buranın paralarının çarçur olduğunu düşünüyorum. Tabii ki sizi hiçbir şekilde itham etmiyorum ama böyle düşünüyorum. Gelin, hesap verin. Bu cemaatin başı biziz" dedim.

"Boş ver. Siz bizim paralarımıza konmak istiyorsunuz. Yok hesap mesap! Ben bu sinagogu restore etmek için ölüp ölüp diriliyorum. Üstelik de bir kuruş param yok. Siz gelmiş bize hesap verin diyorsunuz."

"Sen hesabı çıkar, bu restorasyonun parası Hahambaşılık tarafından karşılanacak. Paranın çarçur olmadığını, başka ceplere girmediğini topluma anlatmam önemli. Anlatırsam onlardan para alabileceğim, ama anlatmaz ve Kuzguncuk'ta problem yok dersem hepsini kaybedeceğim."

O zaman Kuzguncuk İdare Heyeti'nde olan Robert Abudaram bana uzaktan çok kötü bakıyor, bu işi nasıl çözeceğimi anlamaya çalışıyordu. Aynı kişi yıllar sonra benim ekibimde yer aldı ve bana bütün gücüyle destek verdi. Robert Abudaram, bugün cemaat başkan yardımcısı, aynı zamanda bütün cemaatleri idare eden komisyonun da başkanı. İnsanları kazanmak gerekir. Ben hep buna inandım. İnsanları yavaş yavaş kazanırsınız, pes etmemeniz ve kendinizi onlara mutlaka açık yürekli bir şekilde anlatmanız gerekir. Onlar bize hesap verdi, biz de restorasyonu yaptık. Göztepe Kültür Derneği'yle de durum başlangıçta böyleydi. Tuna Alkan, bana o zamanlar laf ata ata bir hal oldu. Sonra birbirimizi yakından tanıdıkça ve iş yapma mantığımızın, çalışma prensiplerimizin aynı olduğunu anlayınca her şey değişti. Tuna Alkan, bugün Hahambaşılık Gençlik Dernekleri başkanı. Görev yaptığım alanlarda, benimle çalışanların yüzde yetmişi bana muhalif kişiler oldu ve bu beni hiç rahatsız etmedi. Muhalefetten asla zarar gelmez, aksine işlerin kalitesini artırır ve yeni kadrolar kurulurken baştakilere destek de verir.

Kizba'nın başında, bütün bir yıl boyu yeni ekiple deli gibi çalıştım. Çalmadığımız kapı, konuşmadığımız insan kalmadı. Para toplamanın ne derece zor bir iş olduğunu biliyordum. İnsanlara gidip "Bana bu iş için para ver" demek kadar zor bir şey yoktu. Kimse görmediği ve yapılacağı söylenen ama henüz tasarı halinde olan işler için para vermek istemiyordu. Buna rağmen başardık. 15 eylül 1977'de, üç milyon olan Kizba bütçesi, 24 aralık 1978'de oyuz beş milyon oldu. Bensiyon Pinto adı cemaatle ilgili işlerde ilk defa duyulmasına rağmen inanılmaz bir meblağ toplandı. Beni bir yıl önce eleştirenler, o gün elimi sıkmak için geri geldi. Müşavirler toplantısında alkışlandım. Söyleyecek kelime bulamıyorlardı.

Bir akşam Rafael Torel Kenter Tiyatrosu'nda beni gördü. Uzaktan yanıma yaklaştı ve ellerime öpmek için sarıldı.

"Senden özür diliyorum, hakikatten büyük bir iş yaptın."

"Ben sizden özür dilerim. İnsanlardan bu rakamları talep ederken belki de çizmeyi biraz aştım ama cemaatin bu paraya ihtiyacı var. Ben bunu bu toplum için yaptım, kendi adıma yapmadım."

Bir işadamına gidiyor, "Bak, beni bu göreve layık gördüler. Ben de bu işi yapabileceğime inanıyorum ama bu cemaate sahip çıkmak, bu cemaati ülkeye, millete hayırlı evlatlar yetiştiren, kendini geliştiren, yeniliklere açık bir cemaat yapmak hepimizin vazifesi" diyor sonra da para istiyordum. Bazısı veriyordu, bazısı vermiyordu ama ben asla istemekten vazgeçmiyordum. 1980 yılından itibaren müşavirler kurulu başkan vekili olarak bir şeffaflık politikasına başladım. Bütün evrak cemaate açık oldu. Kim, neyin hesabını isterse sorabilir hale geldi. "Paraları aldılar ama ne yaptıkları belli değil" deme durumu ortadan kalktı. Bu yaklaşım bizi sevmeyen, hazmedemeyen insanlara da bir cevap oldu. Beni tanımadan önyargılarla yaklaşanlar, beni tanıdıktan sonra benden kopamadı. Biliyorum, iddialı bir adamım. Çok konuşurum, açık konuşurum, olanı biteni kişinin yüzüne söylerim. Bu herkesin işine gelmeyebilir ama sonradan düşünüp doğru söylediğim yargısına mutlaka varırlar. Bunu çok yaşadım.

Eti, cemaat başkanlığım döneminde özel hayattaki yükümü omuzlarımdan tamamen aldı ve kendi yüklendi. Bunu hiç fark ettirmeden, büyük bir memnuniyet ve kararlılıkla yaptı. O bu yükü almasa hem iş, hem cemaat, hem ev asla yürümezdi. Çocukların işleriyle çok ilgilenemiyordum. Davetler, yemekler, kokteyller, yurtiçi ve yurtdışı seyahatleri... Hep bir yerlerdeydim. Eti bazen ikimizin işini tek başına yapıyordu.

Zamanla yeni bir tüzük yaptım ve yeni elemanlar aldım. Üç sene sonra da görevi ve Kizba'nın 1980 bütçesini o zaman için çok önemli bir farkla Mişel Benrey'e devrettim. O dönemde Avukat Jak Yako Veissid, Türk Musevi Cemaati başkanlığı görevine devam ediyordu. Onun başkanlığı, Türk Musevi cemaati için örnek bir başkanlık dönemidir. Ben de onun okulundan mezunum. Başkandan çok şey öğrendim. Sabır, kararlılık, harekete geçme yetisi... On dört sene onun yanında asistanlık yaptım. Farklı görevler aldım. Başkan yardımcılığı ve başkan vekilliği yaptım. Cemaatimizde başkan yardımcılığı ve vekilliği farklı görevlerdir. Başkan vekili, başkanı her yerde ve her koşulda temsil hakkına sahiptir. Başkan yardımcıları iki veya üç kişi olduğu için tek başına temsil hakları yoktur. Cemaat işlerini aralarında başkanın uygun gördüğü biçimde ona destek mahiyetinde yürütürler. Jak Veissid'den öğrendiklerimi uyguladıkça her şey yolunda gitti. Bir yandan kendi işlerimi de düzene sokmaya çalışıyordum.

Jak Veissid aniden bir kalp rahatsızlığı geçirdi. Pesah Bayramı'nın birinci günü sinagogda dua ederken düşüp kolunu kırmış ve kırılan kemik aort damarını ikiye bölmüştü. Acilen ameliyat olması gerekiyordu. Hastalığının her adımında yanındaydım. Fransız Hastanesi'nde Dr. Eli Behmuaras, Dr. Mahmut Berkmen, Dr. Josef Benbanaste ve Dr. Metin Özgür başarılı bir ameliyat gerçekleştirdi ve başkanın hayatını kurtardılar. Ameliyattan sonra onun için zor bir dönem başladı. Ona o dönemde vekâlet ettim. Cemaat bir yandan onun iyileşmesine sevinirken bir yandan da başkanın artık eski gücünü bulamayacağı ve eski başarılı çalışmalarını yapamayacağını konuşuyordu. Tabii o arada pek çok kişi onun görevine talip olmaya başladı. O makam çok önemliydi ama herkes için uygun ve işleri kolaylıkla halledilebilecek bir makam da değildi. Vekili olduğum için başkanın nasıl büyük bir özveriyle çalıştığını çok iyi biliyordum. Bu koltuk, hayatta olduğu müddetçe onda kalmalıydı. Bu düşüncelerle bir gün çok değerli eşi Röne Veissid'e gittim.

"Bakın, ben başkanımın yerini korur, kimseye bırakmam. Kendim için değil, onun hakkını korumak için bırakmam, onun adına bırakmam. Eğer başkanım görevine devam etmeyi düşünüyorsa ve siz de ona destek olacaksanız, ben o koltuğa bugün ipotek koydum, kimse oturamaz. Başkan dönünceye kadar benim görevim ona vekâlet etmektir. Bu göreve talip olanlara karşı net bir tavır belirlememiz için düşüncenizi bilmem ve ona göre hareket etmem lazım. Düşünün ve bana bunun cevabını hemen verin."

"Bensiyon, sana çok ama çok teşekkür ederim. Bu bizim için çok önemli. Jak'ın görevden ayrılması veya gönderilmesi onun hayatını bitirir. Bu cemaat onun her şeyi. Lütfen ona biraz zaman tanınsın. Bu zaman zarfında da o koltuk sana emanet."

Tam bir buçuk sene sonra, çok sevgili Jak Veissid'e koltuğunu teslim ettim. 1984 yılında iş yaşamımdaki o karanlık süreç kendini göstermeye başladığı için, cemaatle olan ilişkilerimi altı yıl askıya alacaktım.

1984 yılı benim için yenilginin adıdır. İş yaşamımın tam anlamıyla bir felakete döndüğü bir yıldı. On dört sene kadar başarıyla devam eden firmamız maddi sıkıntıya düştü, kapanma noktasına geldi ve satışa çıktı. Ailemiz için çok büyük bir yıkımdı. Bu zor zamanımda bana çok iyi davranan dostlarımı görmezden gelemem. Benim için yaptıklarını hayat boyu unutmam. Jojo Yusuf Bahar, Gabi İpekel, Niso Albuher ve hocam Prof. Dr. Selim Kaneti yanımdaydı. Çok genç yaşta kaybettiğim ve çok değer verdiğim Nedim Niso Ruso da yanımdaydı. O zaman bugünkü kadar samimi olmamama rağmen, benim bu işin altından kalkmam için fon kurmayı bile düşünen Rıfat ve Eli Duvenyas kardeşler, Mario ve Beno Frayman vardı. Onları ve bana verdikleri desteği unutmam mümkün değil. Erol Baruh'u da başta yaptıkları için unutamam. Zor durumdayken Rıfat Duvenyas'ı aramış ve "Arkadaşım zor durumda, ne kadar para istiyorsa benim adıma ver. Para konusunda sıkılmasın" demiş. 1984'te Erol Baruh'a dünya kadar borcum vardı. Çünkü aldığımız makinelere finansman sağlamıştı. Şirketin satılacağını bildiği halde Erol Baruh, Rıfat Duvenyas'ı aramış ve bunları söylemiş. Bunlar unutulmayacak iyilikler. Şirketi satın alanlar Erol'la aramda danışıklı dövüş olduğunu düşündü. Oysa o zaman o parayı Erol hakikaten ödedi. Yine de inanmadılar, parayı bölüştük zannettiler. Bu kitabı yazmasam, bunları söylemek aklıma bile gelmezdi ama madem yazdım, her şeyi açıklamakta yarar var. Bensiyon Pinto düzenbazlık yapacak adam değildir. Aksini düşünenler hayatlarına utançla devam edebilir. Benim içim hayat ve Tanrı karşısında çok rahat. Bu dönemde Elba'nın sahibi, Eli Alaluf ağabeyim de bana geldi ve protesto olmayıp, temiz bir şirket olarak kalmak için ne kadar paraya ihtiyacım olduğunu sordu.

"Eli sana çok teşekkür ederim ama bu şirket battı. Artık kurtulamaz. Borçlarını ödeyecek parası yok. Bu şirketi kim alacak da sana bu borcu ödeyecek? Böyle bir para alamam senden, sağ ol."

Söylediklerimi dinlemedi bile. İki gün sonra parayı getirdi.

"Sen protesto olma, gerisi önemli değil."

Senetlerimizi hemen ödedik ve protesto olmadık. Bunun ne demek olduğunu ticaretle ilgilenenler çok iyi anlayacaktır. Şirket lekesiz olarak devredildi. Meğer o zamanlar hiç ummadığım insanlar benim depocumu kandırmış, mal vermediği halde mal verir gibi gösterip beni kazıklamaya kalkmış. O depocu çok namuslu ve dürüst bir çocuktu. Böyle bir şeyi nasıl yaptığına hayret ettim. Sonradan bize olanı biteni anlattı. "Biz zaten batmışız, sen bizi daha da batırmaya çalışmışsın be oğlum. Para için bu yapılır mı?" dediğimi hatırlıyorum. İnsan düşmeye görsün, vuranı çok olurmuş. Onu yerden kaldırmak yerine daha da tekmelemek meğer âdettenmiş. Çok şükür ki böyle âdetlerin adamı olmadım hiç. Allah'a inandım ve onun yardımıyla bütün zorlukları atlattım. Bunlar benim el verdiğim, yardımcı olduğum adamlardı üstelik. Hayat herkes için her zaman adil olmuyormuş. Zor günlerimde vapura bindiğimde yapayalnız kaldığım çok zaman oldu. O zaman İstanbul bu kadar kalabalık olmadığı için, ada vapurunda hemen herkes birbirini tanırdı. Buna rağmen içinde bulunduğum zor durumu bildiklerinden midir nedir, hep yalnızdım. Bir elimde sigaram, diğer elimde çayım, vapurun ucunda adaya geçerken sanki vebalıymışım gibi kimsenin yanıma gelmediğini, benimle konuşmak istemediğini görüyordum. Bu, unutulacak bir acı değil. İnsanın başına her türlü iş gelebilir. En çok da o günlerde desteğe ihtiyaç duyarken bu şekilde yalnız kalmak olacak iş değildi ama hakikat buydu. Yapayalnızdım. Düşünüyorum da, nedense bütün acı hikâyeler vapur güvertelerine sığmış yaşamımda. Bir gün yine vapurdayken, yanımda çok sevdiğimiz dostumuz Beki İpekel vardı. Önceden yanımızda her sabah altmış yetmiş kişi varken, şimdi iki kişi kalmıştık. Arkamdan bir ses duydum. Orada olduğumu görmeden konuşuyorlardı:

"Bırak şu Birleşik Elektrikçi Bensiyon Pinto'yu! Sahtekârın biri. Kalkmış, paraları da alıp Amerika'ya gitmiş. New Jersey'den de ev almış adam. Eve de dünyanın parasını vermiş."

Oradaydım, vapurda. Bunu söyleyen kişinin iki sıra önünde! "Allahım" dedim, "bu adamı görmeyeyim daha iyi." Çay bardağımı bankın arkasındaki tahta çıkıntıya koymak için arkama döndüğümde adamla göz göze geldim. Yüzü sapsarı oldu. Konuşacak kelime bulamadı. Aynı adam beş sene sonra, hiç utanmadan bulunduğum firmaya benden borç istemek için geldi. Ben de ona ortak olduğum firmanın böyle bir imkânı olduğu için bir buçuk milyon dolarlık kredi verebileceğimi söyledim. Geldi, karşıma oturdu. Orada ona "Kredin çıktı ama bana bir teminat göstermen lazım" dedim.

"Abi ne teminatı? Ben varım ya..."

"Sen kimsin ki? Güvenilir bir adam olsan, gözüm kapalı veririm ama senin nasıl biri olduğunu çok iyi biliyorum. Ya teminat göster ya da kapı orada."

O da bana söylediğini unutmamıştı. Kalktı gitti. Bir zaman sonra da iflas etti. Hayat ona bir ders verdi. Zaten ders vermek biz kullara düşen bir iş değil. Olan bitenin hepsini gören güç, er veya geç haklıyı haksızdan ayırır.

Yine bir gün vapurdan çıkarken adaya geldiğimde, her zaman gittiğim yoldan gitmemiş, arka yoldan yürümeyi tercih etmiştim. Kimseyle konuşup merhabalaşacak halim yoktu. Beni cemaatten biri çevirdi: "Bay Pinto, Bay Pinto! Bizim paraları ne zaman vereceksin?" Bir cuma akşamıydı. Şabat için eve giderken ve bu işin içinden nasıl çıkacağıma dair yüzlerce soruyla boğuşurken, içimden yüzünde adeta benden iğrenen bir ifadeyle karşıma çıkan bu adamı bir yumrukta yere sermek geldi. Ben oradaydım işte. Hiçbir yere gitmemiştim. Borçlarımı inkâr etmemiştim. Tek gayretim, şirketi satıp bütün borçlarımı ödeyerek bu işi temizlemekti. Zaten zar zor yürüyordum. Kafam bozuktu. Ağır ağır ilerlerken durdum. Başımı kaldırdım,

"Efendi, paranı üç ay sonra alacaksın."

"Abi, ben bu parayı alayım, bu iskeleye abideni dikerim. Sen bu paraları ödeyemezsin!"

Bu adamın paraları üç aya bile kalmadan kuruşuna kadar ödendi. Parayı aldığında "Aldım vallahi paraları! Ölmüş para bu! Gelin yiyelim" diyerek Anadolu Kulübü'nde bağırdı. O adam yıllar sonra bir hakemlik işi için beni buldu ve "Bana hakemlik yap" diye yalvardı.

Birleşik Elektrik'teki başarısızlığın sonunda hayat benim için bitmiş gibiydi. Neler dediler, ne gibi töhmetler altında kaldım, bir ben bilirim. Dört beş gün kendime gelemedim. Hak etmediğim bir şeydi ve olanı biteni hazmedemiyordum. İnsanların yüzüne nasıl bakacağımı bilmiyordum. Ne bir ev almıştım, ne de bir yere gitmiştim. Dört yıl ayağıma çorap bile alacak param olmadı. Şirketimi satın alanlar da kim olduğumu maalesef anlayamadı, beni hafif bir adam olarak algıladılar. Hayatta insanları haksız yere suçlamak, gıyaplarında yanlış yorumlar yapmak asla karşılıksız kalmaz. Bunu ödemek öteki dünyaya kalmaz. Şirket satıldıktan sonra, orada çalışmaya devam ettiğim süre içinde yanımızda çok cengâver bir çocuk çalışıyordu. Bir gün kurşunkaleme uç almasını istedim. Almış, şirket masrafı olduğu için öyle kaydetmiş. O gün kurlara bakmak için bir de gazete almak gerekti. Onu da masraf diye yazmış. Akşam, yeni ortaklardan biri bana bir zarf uzattı.

"Bu nedir?"

"Sonra okursun abi."

Koydum cebime, eve geldim. Nişantaşı'nda karakolun sokağında oturuyorduk. Arabamı garaja koydum. Baktım ki zarfta bir fatura var. "Bir kalem ucu, bir gazete... Bu parayı pazartesi bize ödemeni rica ediyoruz" diye de bir not. Pazartesi günü parayı masanın üstüne attım.

"Utanmadın mı bana bu notu yazmaya? Bu kalem ucunu ve gazeteyi şirkete aldım. Yardımcı çocuk bile bunu muhakeme edebiliyor ama sen patron olarak edemiyorsun. Sana söyleyecek sözüm yok. Bu şirketi senin idare ediyor olman çok yazık. Bu zihniyetle şirketi batıracaksın."

Çektim kapıyı, çıktım. O gün oradan ayrılmaya karar verdim. Birkaç zaman geçip ben şirketten ayrıldıktan sonra o kişilerin şirketi kendi menfaatleri uğruna nasıl zarara soktuklarını duydum. Sonunda şirket battı. Bu adamları hâlâ görürüm. Kim oldukları önemli değil ama ne yaptıklarını yazmam lazımdı. Madem gençlere başlarına gelebilecek örnekleri sıralamaya gayret ediyorum, bunu yazmazsam eksik olurdu. Orada adam gibi bir adam da vardı. Fabrikanın eski müdürü Metin Bolcal. Şimdi Kültür Üniversitesi'nin genel sekreteri. Pırıl pırıl, dürüstlük simgesi bir adamdır. Bir başkasına da iş bulmuş, evlendirmiştim. Sıfırdan bir yerlere getirmiştim. Bir gün bu adama, "Sen bize mal vermişsin, biz bu parayı sana dört ay zarfında ödesek olur mu?" dedim. "Tabii abi" dedi. İki gün sonra başka birine, "Söyle ona paramı hemen versin. Yoksa ben yapacağımı biliyorum" demiş. İşte o gün vefa denen değeri, başkalarından bir şeyler beklemenin ne kadar boş ve gülünç olduğunu anladım. Ben vefalı bir adamdım. Başkalarına göre iyi bir adam da olabilirim, kötü de ama vefasız olmadığım kesindi. Sevdiklerimden veya yakınlarımdan da aynı duyguyu beklemem çok görülmemeliydi. Çünkü hepimiz insandık ama hayat öyle değil maalesef. Hayal kırıklığı da insanlar için. Bana bu haber geldiğinde başka öncelikli ödemeleri geri plana iterek, önce onun parasını ödedim. O günden sonra da mecbur kalmadıkça selamı sabahı kestim. Bu satırları yazmamış olsam, bunları eşim bile bilmeyecekti. O dostum da neden böyle mecburen selamlaştığımı bilmez. Ben hiçbir şeyi unutmam. Bir fincan kahvenin bile kırk yıl hatırı varsa, benim ona yaptıklarımın karşılığı bu olmamalıydı. Hiçbir şeyi karşılık bekleyerek yapmadığıma göre, hiç olmazsa karşılığında kötülük beklememe hakkımın olduğuna inandım. Bir yerde vefa yoksa ben o yerden ceketimi alır giderim. Çalışırken bana vefayla bağlı işçilerimin de haklarını korudum. Onların iyi niyetinden asla şüphe etmedim. İşçiler daha çok para vermemizi istiyordu. İşveren olarak onların parasını verir, icabında eve parasız giderdik. Emekçinin parası bizim için her şeyden önemliydi. Önce Türk-İş'e bağlıydık. Sonra bütün işçiler DİSK'e girdi. Büyük bir feveran koptu. Avukatımız Hüseyin Yarsuvat "Hallederim" diyordu ama halledilemedi. Mecburen anlaşmaya oturduk. İşler iyi gitmiyordu ama sonradan işçilerin doğru problemlere doğru teşhis koyduklarını anladık. Ardından ihtilal oldu. Bensiyon Pinto olarak, iki buçuk sene, onlar hapisteyken hepsine yardım eli uzattım. Onlar bize zamanında çok insani davranmışlardı. Meseleleri olduğu gibi anlatmış, haklarını istemişlerdi. Elbette fazla para ödemek işimize gelmiyordu ama bize her zaman dürüst davrandıkları, yarı yolda bırakmadıkları da bir hakikatti. İnsanın yaptığı iyilikler asla karşılıksız kalmaz. Tabii bu iyilikler karşılık beklemeden yapılmışsa...

Bir gün hayatımıza bir sihirli değnek değmiş gibi her şey birdenbire değişti. O zamanlar firmamı satın alacak kişilerden biri de Raif Dinçkök'tü. Bir gün bana hayatımı kurtaracak o muhteşem teklifle geldi.

Benimle on yıllık bir kontrat yaptı. Bu kontrata göre onlar şirketi alacak, ben de on yıl daha şirkette kalacak, çalışmaya devam edecektim. Raif Dinçkök'ü bu vesileyle bir kez daha saygı ve rahmetle anmak isterim. O bana mesleki yaşamımdaki haysiyetimi ve şerefimi geri veren, batan işimizi alarak beni yeniden ayağa kaldıran bir beyefendi, yeri asla doldurulamayacak örnek bir işadamıydı. Onun sayesinde yeniden bir iş yaşamına sahip oldum, adımın lekelenmesini önledim, ayakta kaldım. Bir buçuk yıl sonra o şirkette, bana karşı hak etmediğim yöntemler uygulanmaya başlandı. Benden rahatsız olmuşlardı. Onlara göre ne de olsa o işi kuranlardan biriydim. Ortada kaybedilmiş bir iş ama başarılı bir adam vardı. Benden rahatsız olmalarının asıl nedeni kendilerine engel olarak görmeleriydi. Raif Dinçkök'le seyahate çıkar, mal almaya giderdim. Yemek yer, biraz dinlenir ve görüş alışverişinde bulunurduk. Adamcağız sigarasını eline aldığında on kişi yakmak için uzanırdı. Oysa mütevazı bir adamdı. Bu tür davranışlardan çok rahatsız olurdu. "Yahu bırakın içeyim sigaramı, rahatsız olmayın" derdi. Ben de elimde olmadan lafa karışır, "Bırakın adamı, kendi yakamıyor mu sigarasını? Çok şükür eli ayağı tutuyor. Sigarasını da yakar, oyununu da oynar, size ne kardeşim!" derdim, Tabii bunları bu kadar açık söylediğim için hoş karşılanmıyordum. Sigarasını yakmasam da en çok vakit geçirdiği ve muhabbet ettiği kişi ben olduğum için... Bir müddet sonra diğer ortaklar beni rahatsız etmeye ve yaptığım işe engel olmaya başladı. Bir gün Raif Bey'in odasına gittim.

"Patron, ben bu adamlarla aynı ortamda yaşayamayacağım. Bana çok kötü davranıyorlar. Dertleri benim popülaritemi silmek. Selahattin Nogay dışında herkes benden rahatsız. Yani biraz karizmanız varsa ya da dikkat çekiciyseniz, işinizdeki başarınızdan dolayı sizi aralarında barındırmıyorlar. İnsanlar, başkalarının öne çıkmasını istemiyorlar. Ben bu işi bu şartlar altında yapamayacağım. Bana kal derseniz kalırım, çünkü bu şirketi almak ve tüm borçlarımızı ödemekle bize yaptığınız iyiliği asla ödeyemem. Siz benim için bir ilahsınız. Benim namus ve şerefimi kurtardınız. Ne derseniz onu yapmaya hazırım."

"Bensiyon Bey, sen çok şerefli bir adamsın. Seni çok iyi anlıyorum. Bu adamların da sana nasıl davrandıklarını tahmin edebiliyorum. Bu işe bilerek girdim, senin bu şartlarla devam edemeyeceğini de başından beri biliyordum. Benim etrafıma sırf benimle ortak olabilmek için toplananlar olmuştur. Sen bunlardan değilsin. Seni anlıyorum, ayrıl kardeşim."

Bu konuşmanın üstünden birkaç hafta geçti. Şirketten henüz ayrılmamıştım. Büyük Kulüp'te bir davet vardı. Raif Dinçkök beni uzaktan gördü, yanıma gelip oturdu. Düşündüm. Ben kimdim? Onun memuruydum. Raif Bey benim bütün hisselerimi almış, beni kurtarmış bir adamdı. Buna rağmen yaptığım işlere, kişiliğime her zaman itibar etmiş, beni yanına çağırmamış kendisi bizzat gelerek beni onurlandırmayı seçmişti. Bu tür davranışlar örnektir. "Ben bu adamı ezmeyeceğim, ona değer vereceğim, çünkü o bunu hak ediyor" mesajını vermektir. 1986'da Raif Dinçkök'ün devraldığı şirketten kendi isteğimle ayrıldım. İbralarımı verdim. Geride kalanlara da, "Benim burada yüzde beş buçuk hissem var, alabilir miyim?" dedim. Bana bu parayı vereceklerini söylediler ama hiçbir zaman vermediler. Bu da beni çok üzdü.

Büyük bir gururla her yıl iki kez Diçkök'ün mezarını ziyaret ederim. Lokman Cankurtaran'ı da ziyaret ederim. O da Emin Bey'in babasıdır. Çok sevdiğim, çok değer verdiğim kardeşim Gürbüz Ertuş'un ve kurtarılması için elimden geleni yaptığım sevgili dostum Mehmet Ağar'ın kızı Yasemin'in de mezarına giderim. Bunlar benim için kutsal insanlardır. Hayatımda farklı zaman ve durumlarda derin izler bırakmışlardır. Dostum, kardeşim Dr. Öznur Kuşakçıoğlu, "Mezarlıktan geçerken Müslüman, Musevi, Hıristiyan hiç fark etmez, arabada olsam bile ellerimi açar, ruhlarına dua ederim. Bu bana çok iyi gelir, beni rahatlatır. Neticede hepimizin gideceği yer aynı değil mi? Hepimiz aynı yolda yürümüyor muyuz?" derdi. Ben de öyle yapıyorum. Bu ondan bana geçen bir alışkanlık. Ellerimi yüzüme sürerim. Bu manevi bir olaydır. Nasıl yapıldığı değil, niçin yapıldığı önemlidir.

Borçlarımla ilgili hiçbir zaman büyük bir tehdit almadım. Bazen gözdağı verenler oldu. Çok dikkate almadım çünkü nasıl olsa para ödenecekti. Geniş toplumdansa her zaman anlayış gördüm. Bana her zaman, "Olabilir, insanız, hepimizin başına gelebilir" dediler. İşler kötü giderken çok zor zamanlar atlattım. Maddi durumdan ziyade manevi olarak nasıl atlatacağımı düşündüm. O ara bir avukat şöyle dedi:

"Borçları ödemeyin. Konkordatoya gidin. Servetiniz on misli büyüsün."

Akşam ailemi topladım, olanları anlattım. Sonra çocuklara döndüm:

"Biz bu şirketi satacağız. En az siz de benim kadar bu şirkete sahipsiniz. Yarın öbür gün bana neden sattın diyebilirsiniz ama buna mecburum. Ben konkordatoya gitmem. Kimseye borcunu ödemedi dedirtmem."

Benjamen, "Baba bunun tartışması yok, sen doğru bildiğini yap. Biz sana satma desek, hakkında söylenecekleri kaldıramazsın" dedi. 1984'te tam yirmi yaşındaydı. Hayim de on beşindeydi.

"Ben de öyle düşünüyorum baba. Şirketi sat ve borçlarını öde. Biz bu parayı yeniden kazanırız."

Bu konuşmadan kısa süre sonra bir cumartesi akşamı Eti'yle evde oturuyorduk. Moralimiz çok bozuktu. "Hadi çocuklar siz gençsiniz, bize bakmayın, çıkın" dedik. Biri "Benim evde işim var" öteki de "Televizyonda güzel bir film var" dedi ve bize destek olmak için çıkmadılar. Hatırladıkça duygulanırım. Büyük sorunlar yaşanmamasının en büyük sebeplerinden biri, şirketin batmasından on altı gün sonra satılmasıydı. 1 temmuzda şirketin bütün borçlarının ödeneceği duyulmaya başladı ve 17 temmuzda şirket satıldı. 1 ağustosta borç ödemeleri başladı ve insanlara konuşacakları, spekülasyon yapacakları zaman kalmadı. Bütün borçlarımı son kuruşuna kadar ödedim. On sekiz milyon dolarlık bir şirketti ve yedi milyon üç yüz bin dolara satıldı. Bu parayı borca saydılar ve bizim yerimize borçları ödediler. Davranışlarıyla sonradan beni üzmüş olmasına rağmen, Avukat Sabi Ruso'dan mutlaka bahsetmem gerekir. Eğer şirket kurtulduysa ve Sayın Dinçkök bu şirkete ortak olduysa, onun bu işte katkısı çok büyüktür. Bunu açıkça söylemem lazım. Orada da çok değerli kişiler tanıdım. Saftekin ve Derkon aileleri bir başka değerdir benim için. Elyo Behmuaras'la cemaatte de çalışırım. Her zaman uyum içinde olmuşuzdur.

Küçük olaylar insana büyük kararlar aldırır. Yıldırım'ı kurduğum zaman bir gazetede çalıştığım için kurucu üye olarak adımı bile yazdıramamıştım ama Yıldırım için en önemli isimlerden biri olduğumu biliyordum. Gün geldi, kendi işime adımı yazdım. Şirketim satıldı ama ismim küçülmedi. "Koyun kapıya şu adamları, benim keyfimi bozmayın!" diyen bir başkan, kendimi cemaat işine daha çok vermeme sebep olmuştu. Bazen ağızdan çıkan tek bir söz bile başkalarının hayatını sonsuza kadar değiştirebiliyor. O gün o şekilde terslenmeseydim belki de cemaat başkanı olmazdım. Cemaat başkanlığım sırasında hiç kimseye tepeden bakılmadı, hiçbir kurum hor görülmedi. Cemaat başkanlığı krallık değildir. Bir başınıza karar alıp uygulayacağınız bir koltuk da değildir. Olamayacak işlerin olamayacağını usturuplu bir dille anlatmayı seçmişimdir. O bakımdan beni hırsa teşvik eden olaylar da olmuştur. "Bakalım yüzüme nasıl bakacaksınız?" dediğim olmuştur. "Abi ben çok ayıp etmişim" diyen de olmuştur. Ben güçsüzken vurana, güçlendikten sonra vurmadım. Çok zor günlerim olmasına rağmen, çok şeyi en yakınımdakilere bile anlatmamış olmama rağmen, belki birilerine bilmeyerek kötülük yapmışımdır, ama bilerek kimseye kötülük yapmadım.

Bir gün Karaköy'den bir taksiye bindim, Bomonti'ye fabrikaya gidecektim. Bir yandan düşünüyor, bir yandan da durmadan taksimetreyi takip ediyordum. Cebimdeki paranın taksiye yetmeyeceğini görünce şoföre "Ben burada ineyim" dedim.

"Abi, Bomonti'ye gitmeyecek miydin?"

"Evet ama param buraya kadar yetiyor."

"Olur mu abi? Ben nereye dediysen, oraya götürürüm seni."

İşte sokaktaki Türk insanının yufka yüreğinin en güzel örneği! Bazen en yakınlarınız dahi sizi anlamaz ama tanımadığınız şoför bir anda içinizi rahatlatır.

17 temmuz 1984'te şirketin imzalarını verdim. Bu işi Selim Kaneti'nin ofisinde hallettik. Avukat İlknur Boracı, Selim Kaneti ve asistanı Perihan Duman bütün gece bu iş için benimle çalıştı. Yeni ortaklardan biri olan Avukat Sabi Ruso da oradaydı. Eşim o sıralar bir hayır kuru-

munda çalışıyordu ve o gün bir kermes vardı. Yemek yapıyordu. Yukarıdaki komşumuzun evinde de bir nişan töreni vardı. Garsonların servis yaptığı oldukça özenilmiş bir davet veriliyordu. İki gün sonra eşimi çevirmişler ve "Geçen gün bunca sıkıntının içinde, çok büyük bir ziyafet vermişsiniz. Garsonlar hizmet etmiş. Herkes bu daveti konuşuyor" demişler. "Yanılıyorsunuz, o benim üst katımdaki davetin garsonlarıydı" diyen Eti'ye "Ama sende de kalabalık vardı" diye ısrar etmişler. Sadece kermesin yemeğini pişirdiğini ve gelenlerin ona yardım için orada olduğunu zar zor anlatmış. O akşam eve geldiğinde son derece üzgündü. Nedenini sorduğumda bana olan biteni anlattı. Ona, "Bak karıcığım" dedim. "Yıl 1984. Çalışacağım, kazanacağım. On yıl sonra bu insanlar gelip senin elini öpecek, söz veriyorum." Ve tam on yıl sonra 1994'te başkan oldum.

Hata yapılır ve düzeltilir. Bana yapılan yanlışların hepsini unuttum. Geçmişe değer vermek başka, geçmişe kızarak geçmişte yaşamak başkadır. Ben geçmişte yaşamam. Mutlu olmak için bu şekilde yaşamak en doğrusudur. İşimin sona ereceği o dönemde bana kredi vermeyi teklif edecek kadar yürekli bir adam olan Erol Baruh bir gün beni yeniden aradı.

"Nasıl gidiyor Bensiyon?"

"İstifa ettim, bir ay sonra işten ayrılacağım."

"Gel, benimle beraber çalışacaksın!"

Bu teklif ticari hayatımın ikinci başlangıcı oldu. 1986'dan 1994'e kadar sürdü. Son iki yılda çok açıldığımızı fark ettim. Beni huzursuz ediyordu. 1993'ün ekim ayında işler iyiye gitmiyordu. Bir gün Erol'un Cenevre'deki evinde dayanamadım:

"Bak Erol, biz iyi bir firmayız. Sen yeni işlere girmek istiyorsun ama bu işler seni götürür. Devam ettiğimiz yolda iyi para kazanıyoruz, ama eğer böyle devam edersen bir gün batarsın ve bir sandviçe muhtaç olursun."

Bunun üzerine Erol'un eşi bana çıkıştı:

"Bak Bensiyon, biz çok genciz, önümüz çok açık. Bu söylediklerin senin kazandığın parayla pulla yapılmıyor. Biz bu parayı daha önce kazandık. En iyisi sen karışma bu işe."

Söyleyecek bir şey yoktu. 1994'te bir İsrail seyahati dönüşünde, bu işi onlarla birlikte devam ettiremeyeceğimi fark ettim. En azından yönetim kurulunda kalamayacaktım. Yanlış yapmaya başlamışlardı. İlişkide olduğumuz ortaklar ve şirket personeli, ben kuruşa kuruş katmak isterken durmadan masraf çıkarıyordu. Bu, işlerin kötüye gideceğinin ipucuydu. İş sahiplerinin iş yemeklerini şirket masraflarına eklemeleri, bunu mutlaka belgelemeleri, kendi özel harcamalarını da kendi kazançlarından yapmaları gerekir. Tersini yapmak "Ben bu şirketi bitiriyorum" demektir. Erol Baruh, sonraları İsrail'de bir fabrika aldı. Ben yine de ona akıl vermekten vazgeçmedim. "Erol, bir bilgi aldım. Para getirdin ve kırk sekiz saat içinde paran vakum oldu. Bu işe girme, kaybedeceksin" dedim. "Baba be boş ver, sen bu işler için çok yaşlısın" dedi. İsrail'den döndükten sonra işten derhal ayrıldım ve 1994'e kadar orada birikmiş olan paralarım hiçbir zaman ödenmedi. Aradan zaman geçti. Erol İsrail'de maalesef çok büyük paralar kaybetti. Hayat işte! İşten çıkmış ve işsiz kalmıştım. Bu kadar büyük atılımlar yapıp, birtakım ilkler gerçekleştirip, insanlara güvenerek onlarla ortaklıklar kurup, sonra da böyle bir iniş yaşamak ve maddi kayba uğramak çok büyük haksızlıktı. Üstelik benim kaybım kendi başarısızlığım sonucunda yaşanmış bir kayıp da değildi. Başkalarının zaafları yüzünden yaşanmıştı. Yine de dostlara önem vermek lazım. Bir yanlış yaptı diye hayat boyu Erol Baruh'a ödetecek değildim elbette. Hakkımı vermedi diye onunla ömür boyu küs mü kalacaktım? İnsanlar hata yapar; önemli olan hayatın geneline bakmak ve insanları bir bütün olarak değerlendirmek. Ona sonradan bazı işler yapması için aracı oldum. Affettim. Üstelik zamanında benim için yaptıklarını da unutamazdım.

İşten ayrıldıktan sonra bir gün, Nişantaşı'ndan Vakko'nun Beyoğlu'ndaki mağaza açılışına gidiyordum. Cemaat başkanlığını yürütüyordum ama dokunsalar yıkılacaktım. O kadar yorgun ve bezgindim ki, adeta ruhum hastaydı. Taksim'e doğru Beyoğlu Nikâh Dairesi'nin önünden geçerken ilkokuldan mahalle arkadaşlarımın oturmuş, "Emekli maaşı bugün alınır" diye konuştuklarını gördüm. Demek ki hayat buydu... Moralim daha da bozuldu. Vakko'ya gittim. Orada biraz oturduktan sonra arkadaşım Niso Ruso'nun mevlidi için İhtiyarlar Yurdu'na gitmem gerektiğini hatırladım. Orada Avukat Rıfat Saban'ı gördüm. Rıfat "Sana bir iş buldum. Euro Factoring'e danışman arıyorlar. Git konuş" dedi.

1994'ün temmuz ayında onlarla anlaştım. Bu iş hayatımın dönüm noktası oldu. Bana "Euro Factorig ofisinde oturmak ister misiniz?" diye sordular. Ayrı bir yerde de ofis açabileceklerdi. "Hayır, gerek yok" dedim, "Euro Factoring ofisinde çalışmayı tercih ederim." Orada sonradan çok yakın dostum olacak Erol Toksöz'le tanıştım. İnsanın değişik işler yapmasının gerisinde böyle güzel bir taraf var. Nerede kiminle karşılaşacağını ve o insanın hayatındaki yerinin ne olacağını insan önceden bilemiyor. Sonra bir bakıyor biriyle arkadaş olmuş, hayatın her adımını onunla paylaşıyor. Erol'la yaptığımız iş aynıydı, ikimiz de evli ve iki erkek evlat babasıydık. Konuşacak çok ortak konumuz vardı. Bu iş değişikliğinin bana en büyük hediyelerinden biri Erol Toksöz oldu. Euro Factoring'de müşterilerle şirket arasındaki ilişkileri kuruyordum. İnsani ilişkiler içinde, iki buçuk yılda onların bütün problemlerini hallettim. Bir süre sonra başarım sayesinde daha fazla parayı hak etmeye başladım. Şirketin durumu ise buna müsait değildi. Bir müddet sonra

"Senin maaşın bize fazla geliyor" demeye başladılar. Bir süre daha yarım maaşla oturdum ve bu işin de çok uzun sürmeyeceğini anladım. Meri ve değerli eşi Hanri Yaşova'yla İsrail'de bir seyahatte buluşmuştuk. Bu pek de buluşma sayılmazdı aslında. Meri'nin tedavisi sırasında onlara destek olmak için bir akraba ziyareti uydurmuştuk. Hanri adeta benim deniz fenerimdi. O ailenin bizim için önemini anlatacak kelime bulamıyorum. Hanri de, Meri de birer insaniyet ve dostluk örneğiydi. Her zaman, her koşulda yanımızda olmaya özen gösterdiler. Ben de Hanri'nin zor zamanlarında yanında olmak istiyordum. Bir araba tuttum. Her sabah onları alır, kemoterapiye götürür, sonra otellerine bırakırdım. Yedi gün böyle devam etti. Yine bir hastane dönüşü, Hayfa yolunda bir yerde oturmuş hava alırken işimden ayrıldığımı söyledim. Meri de bunun üzerine "Bensiyon, akıl almak isteyen herkes sana geliyor, sen neden bu işi profesyonel bir şekilde yapmıyorsun?" dedi. Bazen insan bir konuda her şeyin farkında olsa da, o konuda harekete geçebilmesi için bunu birinin çıkıp söylemesi lazım. Böyle anlar benim için her zaman çok önemli olmuştur. İşte o da böyle bir andı. Zihnimde bir şimşek çaktı. Doğru ya neden yapmıyordum? Bugünkü işimin ilk ışığını yakan Meri Yaşova'dır. Adeta beynimi yıkadı. Bu işi yaparsam nasıl başarılı olacağımı anlatıp durdu. Sonunda danışmanlık yapmaya karar verdim. Türkiye'ye döndüm. Hukuk ve ticaret kitaplarını önüme yığdım. Altı ay çalışıp eksiklerimi kapadım. Hukukçulara danıştım. Türk Ticaret Kanunu'nu aldım, aylarca başımı ondan kaldırmadım. Rıfat Saban'a gidip, "Ben bundan böyle danışmanlık yapacağım" dedim. "Tamam" dedi, "her zaman yanındayım." Ardından Avukat Sami Maçaro'ya gittim ve projemden bahsettim. Bana hemen ilk işlerimi yolladı. Aramızdaki iletişim halen devam ediyor. Bugün sevdiğim işi yapıyorsam Hanri ve Meri'nin bunda çok ama çok önemli bir payı vardır.

Cemaat başkanlığı

1977'deki Kizba görevimi başarıyla yerine getirdikten sonra, 1980-1983 yılları arasında Başkan Jak Veissid'in vekilliğini yapmış ve onun koltuğunu da bu süre içinde korumuş, bütün bu girişimlerle adı cemaatte biraz daha duyulmuş genç bir adamdım. 1984'te kendi işlerim yüzünden cemaati bırakmak zorunda kaldığımda içim sızlamıştı. 1988'e kadar aktif bir görevim olmadı. 1989-1990 yılları arasında, yine Jak Veissid'in cemaat başkanlığında, İcra Kurulu Başkanlığı'na getirildim. Bu göreve atandığımda cemaatin iç dinamikleriyle tek tek ilgilenmeye başladım. Üç acil ihtiyaç vardı. Birincisi, cemaatin çok iyi, donanımlı bir okulu olmalıydı; ikincisi çok iyi bir hastanesi; üçüncüsü de iyi bir yaşlılar evi. Ayrıca cemaatin tüm ünitelerinin donanımlı hale gelmesi gerekiyordu. "Önce cemaatimin kimliğini devlette tasdik edeceğim" dedim. İşe başladım. Emniyetle, muhtarlıklarla, kaymakamlarla iletişime geçtim. Hiçbir yerde kötü karşılanmadım, herkes bana gayet cana yakın davrandı. 1994 yılında, genel istek üzerine ve her şeyden önemlisi Selim Kaneti'nin vasiyetiyle Müşavirler Kurulu başkanı, yani "Cemaat Başkanlığı" görevini aldım. Müşavirler Kurulu hahambaşının danışmanlarından oluşan bir kuruldur ve başkanı aynı zamanda cemaatin de başkanıdır. Orada, İcra Kurulu Başkanı Elyo Behmuaras'la çalıştım. En küçük bir sorun yaşamadım. Onu da rahatsız edecek bir şey yapmadığımı düşünüyorum. Bu işlerde gövde gösterisi yapmak çok yanlıştır. Mühim olan birlik beraberlik içinde çalışmaktır. Ondan evvelki icra kurulu başkanı Yakup Baruh'tu. Benim icra kurulumda başkan vekilim olmuş, çok zeki ve kültürlü biriydi. 1996'da sistemi tamamen değiştirip başkanlık işini tek ele bağlamaya karar verdik. Görevim 1997'ye kadar sürdü. 1997 yılında tüzük değişti ve icra kurulu başkanlığı ile müşavirler kurulu başkanlığı birleşti. 1999'a kadar tek başkan olarak görev yaptım. Görevi biraz da başkalarının alması, gençlere fırsat verilmesi benim için önemli olduğundan, 1999'da görevi Avukat Rıfat Saban'a devrettim ve danışmanlık işlerimle meşgul oldum. 2001'de cemaatin ve Rıfat'ın isteğiyle yeniden başkan seçildim. Bu dönem 18 haziran 2004 yılında başkanlığı Silviyo Ovadya'ya teslim etmeme sona erdi. Aslında başkanlığım daha önce bitecekti ama saldırılar sebebiyle başkanlık süresini uzattık.

Başkanlık zor iştir. Adı pırıltılı gibi görünse de, uykusuz geçen geceler, yoğun işler, büyük sorumluluklar demektir. Gençlik bilmelidir ki, cemaat işinde mevki kazanılır ama para kazanılmaz. Hatta cemaat işinde çalışıyorsanız cebinizden para gider. Bunu bilir ama yaptığınız işten asla vazgeçmezsiniz, çünkü burada önemli olan sadece cemaat ve onun menfaatleridir. Kişisel birtakım durumlar, ayrıntılar cemaat işinde dikkate alınmaz. Herkesin kendine ait, hayatını idame ettirmesi için başka bir işi vardır ama bu işi yapmaya vakit bulması neredeyse imkânsızdır. Cemaat başkanlığının en önemli özelliği, bu görevin tamamen fahri olmasıdır. Tamamen gönül, dayanıklılık ve kararlılık işidir. Bu büyük sorumluluğun farkında olduğum için işleri en başından sıkı tuttum. Hahambaşılık'ı yeniden organize ettik. Din adamlarımızın hayat standartlarını iyileştirdik. Din adamları bir toplum için en önemli yapı taşlarındandır. Gençliği ait oldukları din konusunda doğru şekilde bilinçlendirecek, onlara dini vazifelerini öğretecek, birlik ve beraberliği sağlayacak olan kişiler din adamlarıdır. Bu sebeple de bu büyük sorumluluğu rahat rahat yerine getirebilmeleri için onlara bazı olanaklar sağlanmalıdır. Onlara saygı gösterilmesi gerektiğine cemaati ikna ettik. Para vermek kolaydır ama bütün işler parayla hallolmuyor. Din adamlarına her zaman saygı gösterilmesi ve bunun bir alışkanlık haline gelmesi her şeyden önemliydi. Ben de işe buradan başladım. Bir evde mevlide gittiğimiz zaman eğer kapıdan bir din adamı giriyorsa ayağa kalkıyor, ona yer veriyordum. Bir müddet sonra bu bir alışkanlık haline geldi. Din adamlarımızı evlerimize davet etmeye, onlarla konuşmaya başladık. Hahambaşılık'ta yeni bir tüzük hazırlandı. Bir anayasa oluşturduk. Sonra da maalesef bu anayasayı deldik. Cemaat olarak en büyük yanlışı burada yaptık. Sonra da faturasını ödedik. Bana bu konuda, Sayın Jak Veissid'in onun gibi avukat olan ortağı Hayim Kohen bir nasihat vermişti:

"Bak Bensiyon, eğer bu sistemi delerseniz kimse sizi bir daha durduramaz. Bir kere delinirse hep delinecektir ve bu da sizi gelecekte çok zor durumda bırakacaktır."

Nitekim bunu yaşadık. Turgut Özal "Anayasa'yı bir kere delmekle bir şey olmaz" demiş ve bunun arkası kesilmemişti. Biz de bir kere deldik ve arkası kesilmedi. Yine de şanslı olduğumuzu düşünüyorum. Yaptığımız iş çok yanlıştı. Neyse ki çok büyük zarar görmeden yapmak istediklerimizi gerçekleştirdik. Birbirimize girebilirdik ama akıllı davrandık. 1988'de yürütme kurulu başkanlığı ile müşavirler kurulu başkanlığını birbirinden ayırarak gruplara farklı sorumluluklar verdik. Bu yöntem kısa zamanda işe yaradı. Ondan sonra Sevgili Yakup Baruh ve Elyo Behmuaras yürütme kurulu başkanlığı yaptı. Sonra "Bu işi tek kişi yapsın, nasılsa Bensiyon Pinto görevi alacak, cemaat başkanlığı işi tek kişide kalsın" dendi. Bu doğru bir karar olabilirdi ama yasamız böyle demiyordu. Önceleri bu iki mevki zaten beraberdi. Madem tekrar birleştirecektik, o zaman neden ayırmıştık? Müşavirler kurulu başkanlığı ile yürütme kurulu başkanlığını yeniden birleştirdik. "Bunu da yapalım, o da olsun" derken aramızda uçurumlar açılabilirdi ama çok şükür ki hepimiz sağduyulu insanlardık ve bu hareketi başlamadan durdurmayı bildik. Bunu şimdi yalnız Naim Güleryüz hatırlar. Nedim Yahya vefat etti. Avukat Hayim Kohen, Avukat Razon aramızda değiller.

Müşavirler ve yürütme kurulunun bölünmesi, meclis ve hükümetin ayrı olmasına benziyordu. 1989'da yürütme kurulu başkanlığına geldiğimde müşavirler kurulu beni denetleyebiliyordu. "Bu adam ne yapıyor?" diye bana hesap sorma hakkı vardı. Bu işlerde tek adam olmak hiçbir zaman doğru değil. Bir cemaat yönetiyorsunuz. Aslında yönetmek kelimesi de çok doğru bir kelime değil, cemaatin işleriyle cemaat adına ilgilenmek daha doğru bir tabir. Bu işi yaparken kararlar tek başına alınamaz. Bu hem çok büyük bir sorumluluk, hem yanlış bir bakış açısıdır. Her zaman doğru sonuç vermeyebilir. Müşavirler kurulu icraatıma müdahale edebilirdi ama ben her zaman büyüklerime danışan biri olduğum ve beraberlik içinde yaptığım için, risk de en düşük düzeyde oldu. Böylece hiçbir zaman işini yapmıyor denmedi. Akıl hocam Jak Veissid'e her hafta gider, fikir alırdım. Cemaat de sosyal bir ihtiyacı olduğunda bana gelirdi. Zaman zaman inisiyatif kullanma gereği oldu.

Tecrübe her şey değildir ama çok şeydir. Bu düşüncelerle cemaat içinde pek çok reformun altına imza attık. Ekibimle akla gelmeyecek kadar iyi iş çıkardık.

Yasaların delinmesine karşıydım. Yalnızca hahambaşılığın ömür boyu olmaktan çıkarılıp yedi yıla indirilmesine destek verdim; çünkü bunun doğruluğuna inanıyordum. İsterse aynı kişi defalarca seçilsin ama ömür boyu yapılacak bir görev olmasın. Hayat boyu sürmesi çok yanlış bir karardı. Kimse, hatta krallar bile ölünceye kadar makamlarında kalmamalı. Bir mevkiin getirilerine alışmak çok kolay. Ömür boyu o koltukta oturmak insana rehavet verebilir, yanlış kararlar aldırabilir. Bunu söylediğimde herkes ayağa kalktı. Hiç kimse hahambaşı yaşlandığı zaman onu görevden alıp başkasını o göreve getirmeyi düşünememişti. Beşeri münasebetler yüzünden buna kolay kolay girişilemezdi. Büyük hocamız Rav David Aseo bu şekilde hahambaşılık yaptı. On yıl böyle idare ettik. Toplantılara gelemezdi. Aklı yerindeydi ama aktif değildi. Onu bu yüzden görevden mi alacaktık? "Allah yazdıysa bozsun" diyorduk ama bir yasa değişikliği şarttı. Bunun da farkındaydık.

Musevi cemaatleri, hahambaşına her yerde, uygun gördükleri yıl kadar görev süresi biçer. Adayın İsrail'de ilahiyat fakültesini bitirmiş olması önemlidir. Hahambaşının, hâkimler kurulunda olması da gerekir. Adaylar arasından oylamayla seçilir ve bence üniversite veya dengi bir okul mezunu da olması lazımdır. Ayrıca dünyadaki din adamlarıyla çok iyi diyalogu olmalıdır. Bütün bu düşüncelerin ışığında çalışmalar yaptık ve hahambaşı seçim kanununu değiştirdik. Seçim yapmak için devletten izin almak gerekiyordu. İzni çok kısa sürede aldık. Bu arada her bölgeden ne kadar kişinin oy kullanacağı üzerine belirlemeler yapılması gerekiyordu. AK Parti bize bu konuda büyük kolaylık gösterdi, sandık başına gitmemize son derece sıcak baktı. Seçime üç adayla girmeyi uygun buldum ve bir gün üçünü de davet ettim: Rav İzak Benveniste, Rav Leon Adoni ve Rav İzak Haleva. Üçüne de "Hahambaşı seçimine üçünüzü aday gösteriyoruz, burada toplantılar yapacağız, çıkıp halka konuşun, sizi halkımız seçecek" dedim. Bu süreci sırayla gerçekleştirdik. Bir gün o, bir gün diğeri çıkıp konuştular. Toplum ve dernekler geldi. Herkes bilir ki rahat bir hayat sürmek isteyen hahambaşı olamaz. Bu görevin sorumluluğu çok büyüktür. Bütün bir cemaati dinin etrafında tutmak ve inananlarla aralarındaki sıcak iletişimi sağlamak, insanlığı dostluğa, kardeşliğe ve barışa sevk etmek gibi kutsal ve bir o kadar da önemli sorumlulukları vardır. Rav Leon Adoni bir görüşme talep etti ve "Bu görevi ailevi sebeplerden dolayı yapamayacağım" dedi. Aslında hiçbirinin bu seçimden ayrılmasını istemiyordum. Atatürk'ün çok partili sistem için düşündüklerini düşünüyordum. Hedefim başkaydı. Demokratik düzen istiyordum. Sonunda kim seçilirse seçilsin, bu iş kalabalık bir grupla ve gerektiği gibi yürüsün istiyordum. Burası tayinle işbaşına dini görevli getiren bir kurum değildi. Aradan on gün geçti. Bu defa Rav Benveniste bir görüşme talep etti: "Bu işi yaparım ama çok sevdiğim arkadaşım İzak'a bırakmak istiyorum" dedi. "Bu seçime girin, sonra bakarız. Kozlarınızı demokratik bir biçimde paylaşın."

"Hayır."

İzak Haleva seçime tek aday olarak katıldı. Ben de tarafsız bir ortam yaratmak amacıyla seçim haftası şehir dışına gittim. Dikkatler bende yoğunlaşmamalıydı. Toplum ne düşündüğüm, kimi desteklediğim gibi konularla meşgul olmamalıydı. Yalnızca seçime yoğunlaşmalıydı. Başkansanız, bütün bunları da düşünmeniz lazım.

Beni havaalanında buldular. Sonucu bildirdiler. Seçim tek adayla yapılmış, her şey yolunda gitmiş ve hahambaşı seçilmişti. Sonuçtan çok memnundum. Her şeyin yolunda gitmesini sağlamak önce cemaat başkanının işidir. Bundan böyle, hahambaşı seçimleri yedi yılda bir yapılacak ve istenirse aynı kişi on kere daha seçimle işbaşına getirilebilecekti. Türkiye'de hahambaşı seçimini halkın yapması iznini almış olmanın mutluluğunu yaşamak bana nasip oldu. Bu benim içim çok mühimdi. Haleva hahambaşı seçildi. Çok güzel bir tören yaparak devir teslimi gerçekleştirdik. İzak Haleva, halkla yakın ilişkisi olan sıcak bir adamdı. Cemaatimiz için çok doğru bir seçimdi. Bugün işinin gereğini en iyi şekilde yapan ve hak ettiği koltukta oturan dini liderimiz. Geniş toplumla sıcak ilişkileri olan biri olduğu için, 2009 seçimlerinde de rakipsiz olacağını düşünüyorum. Haleva'ya yapılan törenin aslında tüm topluma açık olmasını isterdim. Bir hahambaşının görevi nasıl teslim aldığını öğrenmek isteyen herkese o kapı açık olmalı. Yahudiler her zaman kapalı kapılar ardında yaşamayı seçmiş ya da seçmek zorunda kalmış. Ne yapmışlar da bu böyle olmuş? Neden ısrarla korkutulmuşlar? Neden suçlanmışlar? Yolsuzluk mu yapmışlar? Memleketi mi satmışlar? Ne yapmışlar? Bu soruların sorulmadığı ve samimiyetimize yürekten inanıldığı gün, kimse çıkıp da memleketime tek kelime edemeyecek.

Cemaat eğitim komisyonunu kurmamız en önemli işlerden biriydi. Kurarken tek düşüncemiz, bu komisyonun öncelikle yeni okulun yapım izinleriyle ilgilenmesiydi. Gençleri yetiştirmek, kötü alışkanlıklardan uzak tutmak, dini ve kültürel bilgiler vermek gerekiyordu. Avi Alkaş bu konuda çok başarılı işler yaptı. Çalışkanlığı ve girişimci ruhuyla tüm gençlere örnek oldu.

Her dinde yardım önemlidir. Bizim dinimizde de "mitsva"* dediğimiz bir zekat sistemi vardır. Bunun son derece doğru ve uygun kişilere yapılması önemlidir. Gerçekten ihtiyacı olan kişilere yapmanın sevabı büyüktür. Bunu yapan kişinin de yaptığı yardımın doğru yere gittiğinden emin

---

* Tanrısal buyruk. Sevap anlamında da kullanılır. Musevi inancında onaylayıcı ve yasaklayıcı 613 Tanrısal buyruk bulunmaktadır.

olması gerekir. Mesela bir bar mitsva töreninde insanları o davete çağırmak ve hoş vakit geçirmelerini sağlamak, onlara bir yemek sunmak çok güzel bir gelenek ve mitsvadır. Bunu yaparken de o davette dinin bir başka kuralını ihlal etmemek gerekir. Örneğin domuz eti ikram edilmez. Mönünün koşer olması gerekir. Cemaatte bu konuda kontrol ihtiyacı olduğunu fark ederek tüm kurumlara ve davet mutfaklarına koşer mönü alışkanlığı getirdik. Bir cemaatin başındaysanız, o cemaate uygun olanı düşünerek hizmet vermek zorundasınız. Bunları yaparken amacımız insanları aşırı bir şekilde dine teşvik etmek değildi. Tek isteğimiz dinimizin kurallarını tam olarak uygulayarak gençleri bilinçlendirmek ve kültürel alışkanlıklarımızın kaybolmasını önlemekti. Böyle yaparak cemaatimizi 1992'ye hazırladık. Bu topraklara gelişimizin 500. yılına...

1990'ın sonunda görevi Yakup Baruh'a bıraktım. Yakup'u canım gibi severim ama bazı tavırları o zaman için yanlıştı. Başkan olmadan önce, benim başkan vekilimdi. Sanırım kendi de o dönemde bana hiç yardımcı olmadığını kabul eder. Nedenini hiçbir zaman bilemedim ama benden sonra gelenler her zaman benden çekindi, beni konuların dışında tutmak için ne lazımsa yaptılar. Oysa ben hep görevleri kendi isteğimle bıraktım. Kimse bana git demedi. Ya işlerim müsait değildi ya da bu işi benden başkasının yapması gerektiğini düşündüm. Bugüne kadar bütün görevleri büyük bir coşku, alkış ve sevgiyle bıraktım. Hiçbir zaman kapının önüne konmadım. İleride bu cemaatte kim bir görev alacaksa zamanını bilerek ayırması, insanları bıktırıp aynı yerde çok kalmaması lazım. İnsanın yüzünü eskitmemesi, gençlerin gelişini olgunlukla kabul etmesi şarttır. Görevde fazla kalmama taraftarıyım. Koltuklar güzeldir ama yapışmamayı bilmek gerekir. Koltuğa alışan bırakmak istemez. Bu anlayışıma rağmen insanlar benden yardım almayı pek tercih etmedi. Halbuki biz bir cemaatiz. Mühim olan cemaatin gelişmesi ve vatana hayırlı olması değil mi? Kimin ne yaptığının bir önemi yok. Önemli olan sonuç. Beklenen vefa da sadece insan olmanın doğurduğu bir ihtiyaç. Yoksa benim için sadece işin yapılmış olması önemli. Hepsi o kadar. İstesem başkanlığı 2004'te bırakmaz, on sene daha yapabilirdim. 1992'den sonra bir burukluk duydum. Bu kadar hizmet ettikten sonra hatırlanmamak beni üzdü. Bazı yerlere davet edilmediğimi fark ettim. Üstelik bu toplantılar resmi bile değildi. Resmi işlere karışmak ya da insanların işine müdahale etmek gibi bir niyetim olsa görevi bırakmazdım. Ben bütün başkanları –ki şimdi hiçbiri aramızda değil, yalnızca Rıfat Saban var– tüm toplantılara davet etmiştim. Hayatta olmayanların da eşlerini davet etmiştim. Bu hanımefendilerin eşleri bizim başkanlığımızı yapmış, bu cemaat için çalışmış insanlardı ve değerleri büyüktü. Burada önemli olan yalnız ve yalnız insana değer vermektir. Başkan olmayan ama değerleri tartışılamayacak kadar büyük isimler de her zaman yanımdaydı. Avukat Razon cemaatte başkanlık yapmamış olsa da, emekleri asla ödenemez. Nedim Yahya da öyle... Onlar birer liderdi. Bir Bernar Nahum'u insan nasıl unutabilir? Bernar Nahum efsanesini her vesilede bu cemaate hatırlatmak gerekir. İnsanlara hak ettikleri değerin verilmesi gerektiğini düşünüyorum. Mümkünse de bu zamanında yapılmalı. Şimdi bu satırları okuyanlar şöyle düşünebilir: "Bensiyon Pinto, kendisine yeterince saygı gösterilmediğinden şikâyet ediyor." Maksadım bu değil. Hayatım boyunca, her zaman ne yaptığımı bildim, sonuçlar da ortada. Benim yapmaya çalıştığım, yeni neslin, bundan sonra cemaatin üst düzeyinde görev alacakların nelere dikkat etmeleri gerektiğine dikkat çekmek.

Bana göre bu etkinliklere davet edilmememin en önemli nedeni, insanların gölgelendikleri hissine kapılmaları. "Bensiyon oradaysa herkes onun etrafını ışığa koşan pervaneler gibi saracak. Bense kenarda kalacağım." Bu düşünceyle bazıları beni kendilerinden uzak tutmaya çalıştılar maalesef. Bir gün sinirlenip dedim ki:

"Ne yapayım, öleyim mi yani? Ancak benim ölmemle bu insanlar rahat rahat boy gösterebilecekler bu er meydanında! Aslında ne acı ki, böyle zamanlarda en önemli nokta gözden kaçırılıyor. Hepimiz bu cemaat için çalışıyoruz. Kimin bu duvara kaç tuğla koyduğunun hesabı yapılmamalı. Bütün mesele o duvarın örülmesi değil mi? Unutulmaması gereken çok önemli bir gerçek var: Büyüklerin tecrübelerinden yararlanma büyüklüğünü gösterenler, daha çok büyürler."

1992, Türk Yahudilerinin bu topraklara kabulünün 500. yıldönümüydü. Bu büyük ve önemli kutlamayı Beş Yüzüncü Yıl Vakfı yaptı. Bu vakıftaki büyüklerimizin, arkadaşlarımızın hakkı ödenmez. Jak Kamhi ve Naim Güleryüz bu işin gerçekleşmesi için canla başla çalıştı ve Osmanlı'dan bu yana Türk Musevileri'nin 500 yıllık geçmişini büyük bir organizasyonla andık. Ben o dönemde cemaat görevinde değildim. Yapılan etkinlileri büyük bir gururla uzaktan izledim. Bir yandan da bunun amacını düşündüm. Amaç, Türk'ün adını dünyaya duyurmaktı. Türk Yahudilerinin bu topraklardaki geçmişi hakkında insanlığa bilgi vermekti. Halkı cemaat olma konusunda bilinçlendirmekti. Organizasyon çok güzeldi. Gerçi bugün düşündüğümde bu organizasyonu biraz üst düzeye hitap eden bir aktivite olarak görüyorum. Asıl gaye halkı bilinçlendirmekse, smokin giyemeyen, Dolmabahçe'deki davete gelemeyen, adada iki sokak ötede oturan komşuya, yaşlı amcalara, annelere, gençlere de 1992'yi anlatabilmekti. Bu bilgiler, altı daha kalın çizgilerle çizilerek medyaya verilse, kamuoyunun dikkati bu konuya biraz daha çekilse, zannederim cemaat de geniş toplum da bu etkinlikler ve Yahudi cemaatinin bu topraklardaki geçmişi hakkında daha çok bilgi sahibi olabilirdi. Bu düşüncelere o zamanki idareciler de katılmış olacak ki, Avrupa Yahudileri Günü'ne katılma fikri ortaya atıldığında hepsi gereken desteği verdi. Bu tür anma günleri, kutlamalar, bir grup kalburüstü insanla sınırlı kalmamalı. Mutlaka halka açılmalı. Asıl ona bir şeyler anlatmalı, öğretmeli. Medya da mutlaka bu tür çalışmalara destek vermeli. Bu konularda bir aksaklık varsa suçu hep kendimde ararım. Hiçbir zaman medyayı suçlamam. Çünkü medya biz ne verirsek onu yayınlar. Cemaat "Avrupa Yahudileri Günü yapıyoruz" dediğinde seferberlik ilan eder, anında orada olur ve bu kültürel faaliyeti her türlü organıyla halka duyurur. Her şeye rağmen 1992'nin de bu anlamda topluma yararlı bir yıl olduğunu düşünüyorum. Kutlamalara iştirak edemeyeceğimi başından söylemiştim. Sayın Veissid, Jak Kamhi ve Nedim Yahya'nın büyük ısrarlarıyla Dolmabahçe'deki davete katıldım. Cemaat için çok çalışan, ama maddi durumundan dolayı bu geceye gelememiş çok kişi vardı. Ben de katılmasam daha doğru olur diye düşündüm. Oldum olası eşitsizlikten rahatsız olmuşumdur. Bir de zannederim şöyle bir düşünce vardı kafamda: Çok güzel bir girişim bu. Yalnız bu tip girişimlerin sonucundan ziyade temeline bakılmalı. Bu ateşi yakan, bu işin ortaya çıkmasını sağlayan bendim. Bunun o günlerde tamamen olmasa da kısmen unutulduğunu görmek beni ister istemez üzmüştü. İnsanoğlu tuhaf bir varlıktır, hiçbir işi övülüp takdir görmek için yapmasa da için için hiç olmazsa eline sağlık denmesini bekliyor. Bu herkesin doğasında var. Ben de o dönemlerde, belki de cemaatte aktif görevde olmadığım için hatırlanmak ihtiyacındaydım demek ki... Üzülüyordum.

2001 yılında Rıfat Saban'ı bir dönem daha başkanlık yapması için ikna ettik. Rıfat Saban, kati olarak bu görevi bırakmak istediğini, kendi işlerini çok ihmal ettiğini ve görevi devretmek istediğini söyledi. Kendi adına haklıydı, ama cemaat adına alınmış talihsiz bir karardı. Bunun üzerine iki aday çıktı. Biri Sayın Daniel Navaro, diğeri de Sayın Elyo Behmuaras. Bu iki beyefendi, son dakikaya kadar müracaat edip, "Sen aday mısın?" diye sordular. "Hayır" dedim. "Samimi misin?" dediler. "Şerefim üstüne yemin ediyorum ki aday değilim" dedim. Seçim günü Daniel kardeşimle Divan Oteli'nin restoranında yemek yiyordum. Saat üçe beş vardı. Bana dedi ki:

"Bensiyon eğer adaysan, kendimi yıpratmak istemiyorum."

"Bak Daniel, sana yemin ederim ki böyle bir şey söz konusu değil. Bana bu konu için çok geldiler ama ben bu işi bıraktım. Aday değilim."

"Tamam o zaman."

Akşam altıda toplantıya gittik. İki adaydan birine oy kullanacaktık. Şans Elyo Behmuaras'tan yana görünüyordu. Birdenbire beş altı kişi ayaklandı.

"Arkadaşlar zor bir döneme giriyoruz. Lütfen Bensiyon Pinto üç yıl daha bu işi alıp götürsün."

Rıfat Hassan ve İzak Molinas başta olmak üzere, pek çok kişi bana bu konuda ısrara başladı. Söz aldım:

"Bakın, ben bu görevi yaptım. Şimdi de talip arkadaşlarımız için buradayız. Buna dikkat edelim. Kimsenin önünü kesmek istemem. Böyle bir şey yaparsak, gelecekte kimse başkanlığa aday olmak istemez. Gençlere kötü örnek oluruz ve işlerimiz tamamen aksar. Lütfen işin gereğini yapalım." Elyo, "Bensiyon seçilecekse ben onun lehine adaylığımdan feragat ediyorum" dedi. Daniel de aynı şekilde davrandı. Çok büyük yanlış yaptılar. Müdahalelerim işe yaramadı. Benim verdiğim tek aleyhte oyla beni başkan seçtiler. Başkan seçimi için oy kullanmaya gitmiş, yeniden başkan olup eve dönmüştüm. Eti, "Bize hayat yok mu? Yine uğraşacaksın, yine yorulacaksın. Bu korumalarla, bu manevi baskıyla yaşamak çok zor" derken haklıydı. Başkan olmak büyük fedakârlıkları beraberinde getiriyordu. Hayatımda her şey yeniden değişmişti. Rahat bir yaşantı beklerken eskisinden çok daha fazla görev sahibi olmuştum. Çünkü ülkede de seçimler olmuştu. Artık yeni bir iktidar vardı ve ABD ile yeniden yoğun bir şekilde çalışma yapmak gerekiyordu.

Bir yerde genel müdürlük yapıp ayrıldığınızı düşünün. Ayrıldıktan sonra bir müddet içinde neleri yapmadığınızı ya da hangilerinin yanlış olduğunu görme şansınız da olur. Bir daha göreve gelince daha iyi olabilirsiniz. Ben de görevi bıraktığım o kısa süre içinde cemaati demokratikleştirmek gerektiğini görmüştüm. Konuşan, anlatan korkmadan fikirlerini beyan eden bir cemaat olmalıydık. Bazıları bu düşünceyi pek tasvip etmedi. Cemaatin zorlukları seçimin hemen arkasından geldi. Sayın Hahambaşı David Asseo'nun vefatı, yeni hahambaşının seçimi, terörle mücadele, koruma sistemlerinin değiştirilmesi, cemaatin yeni dünya konseptlerine göre yeniden yapılandırılması, gençlere daha fazla imkân sağlamak, yeni başkan adayları yetiştirmek, yapmadıklarımı yapıp topluma mesajlar vermek, okulu yeniden yapılandırmak, yeni yerine taşımak... Başarılı olmadığım konular da oldu, emlak değerlendirme işini bir türlü başaramadım.

Türkiye'deki bir dönem yaşanan ekonomik krizlerden cemaat de nasibini almıştı. Dindaşlarımızın varlıkları enflasyonla beraber sıfırlanmaya başlamıştı. Arkadaşlarımla birlikte bunları düzeltmeye baktım ve bunlar beni çok yordu. On sekiz kişilik kadrom her konuda olduğu gibi bu konuda da çok cansiperane çalıştı. Onlara büyük sorumluluklar yükledim. Çalışırlarken hiçbirine müdahalem olmadı. Para işini bir grubun sorumluluğuna verdim, sonrasına karışmadım. Her hafta üç kez hesap isterdim ve kendi usulüme göre kontrol ederdim. Ne kadar para girişi var, ne kadar para çıkışı var, harcamalar bütçeye göre neresdedir? Bu konuları haftada üç gün tetkik ederdim. Bir yanlışlık görsem hemen sorar ve cevabını alırdım. Bu konuda titiz olmak her şeyden önemlidir. Çünkü yaptığınız iş şahsi değil, cemaat işidir. Hayati bir iştir. Yurtdışından çok misafir gelirdi ve en güzel şekilde ağırlandı. ABD'den, Avrupa Birliği'nden gelen üst düzey yetkilileri de ağırlardık. Bize müracaat edilip "Lütfen bu misafırlerle ilgilenelim" dendiğinde devreye girer, kendi başımıza karar vermezdik. Bu anlayış bugün de aynı düzende devam etmekte. Türkiye Cumhuriyeti Devleti'ne faydalı olacak her işe canı gönülden destek veririz. Cemaat olarak üzerimize düşen her işi yaparız.

İlk başkanlığımın bitmesine yakın bir zamanda, İhtiyarlar Yurdu'nda bir gün, cemaatimizin orta yaşın üstündeki hanımefendilerinden Luis Behar, "Biz yaşlanıyoruz, bize bir terapi yapın, gezelim, eğlenelim. Hayatımızda bir değişiklik olsun" dedi. Gayet iyi bir fikirdi. O konuşmadan bir süre sonra başkanlığı bıraktım. Benden sonra başkan olan arkadaşım Rıfat Saban'a da bu söylendi. Arkasından ikinci dönem başkanlığım sırasında bir kere daha hatırlatıldı. "Yapamayız, altından kalkamayız" dendi; ama Golden Age her şeye rağmen kuruldu. Yaşlı hanımlar ve emeklilerin kaliteli zaman geçirmeleri için kurulan gönüllü bir ekipti. Parası olsun olmasın, insanlar bu kuruluşun nimetlerinden yararlandı. Eşimin de gönüllü olarak çalıştığı bu ekip, bugün de yaşlı insanların hayattan kopmamalarını sağlıyor ve onları aktif kılıyor. Aralarında milyoneri de var, beş kuruşu olmayanı da, ama hepsi arkadaş, hepsi beraber oturup konuşuyor. Bütün bunların oluşmasında vekilim Lina Filiba'nın çok büyük rolü oldu.

İbranicede bir laf vardır: "Yeş mamod, yeş kavod." "Paran varsa itibarın da vardır" derler. Ne yazık ki dünyanın her yerinde bu böyle. İnsan geleceğini garanti altına almalı. Hayatın bin bir türlü hali var. İnsanın kendini, ailesini geleceğe hazırlamak için önce mutlaka bir işi olmalı. Bunu düşünerek işsizlere iş bulma kurumu kurduk. İlk girişimlerde iki yüz kişiyi işe yerleştirdik. Müslüman kardeşlerimiz de buna dahildi. Bütün kurumları denetleyen maliye gibi bir kurum kurduk. Barınyurt, cemaatimizin huzurevi niteliğinde bir kurumuydu, onu bir kat daha büyüttük. Hastanemiz de gerçek bir hastane oldu. Kadın doğum bölümünün temeli atıldı. Orahayim Hastanesi'nin SSK'ya, Bağ-Kur'a ve Emekli Sandığı'na bağlanmasında verdiğim mücadeleyi hatırlayınca bugün bile yoruluyorum. Allah'tan hükümet yardımcı oldu da işler biraz kolaylaştı. Sami Türkoğlu'na ve Maliye Bakanı Gelirler Genel Müdürü Osman Arıoğlu'na göstermiş oldukları ilgi ve yakınlıktan dolayı şükran borçluyuz.

Neden böyle olsun ki? Neden ben kendi memleketimde bir vatandaşa yardımcı olmak için yüzlerce engelle karşı karşıya kalayım ve kişisel olmayan bir girişimi sonuçlandırmak için araya tanıdıklar sokmak zorunda olayım? Neden? İstediğim çok daha gelişmiş ve kararlı, kendinden emin bir Türkiye... İşin aslı şu: Yüzyıllar boyunca tebaa gözüyle bakılan Yahudiler ve tüm vatandaşların aynı vatanı paylaşanlar değil, padişahın kulları olarak görüldüğü bir dönemin anlayışı bugün halkın içinde sürmekte. "Onlar" diye başlayan tüm cümlelerden bunu anlamak mümkün. Dini azınlıkların geniş toplumla beraber bir bütün oluşturmasına izin vermeyen kemikleşmiş düşünce yapısı buna asla müsaade etmez. Bu kadar başarılı gazeteci, sanayici, işadamı, profesör olmasına rağmen, bu kadar geniş çevreler ve dostlukların içinde bulunmalarına rağmen, geniş toplumun bu yakınlığa, bu başarılara olan yaklaşımı hafif müsamahakârdır. Bizi bu topraklarda tesadüfen bulunan bir grup insan olarak görürler. Oysa biz bu topraklarda yüzyıllardır var olan bir toplumuz. "Bulunmak" ve "var olmak" farklı anlamlara sahiptir. Burada tesadüfi bir bulunma durumu söz konusu değil. Biz doğduğumuz, okula gittiğimiz, çeşmesinden su doldurduğumuz, ana babamızı toprağa verdiğimiz yerdeyiz, memleketimizdeyiz. Osmanlı'nın kulu değil, Türkiye Cumhuriyeti'nin vatandaşıyız. O yetmiş milyonun yirmi biniyiz. İnsan, bazen haykırmak istiyor. "Ben de buradayım" demediğimiz için suçlanıyoruz. Kapalı bir cemaat olduğumuz konusunda eleştiriliyoruz. Kendimizi anlatmaya kalktığımız zaman da insanların bundan hoşlanmadığını görüyoruz. "Seni tanısam severim" düşüncesinin gerisinde, "Aslında tanımama çok da lüzum yok" fikri saklı. Türkiye halkı "sen-ben" farkını ortadan kaldırmalı.

Geçmiş devre cumhurbaşkanıyla, başbakanlarla, bakanlarla her zaman sıcak bir diyalog ve iletişim içinde olmam çok önemliydi. Tabii medyayla da... Medyasız bir dünya düşünülemez. Medyadan kim bana müracaat ettiyse her zaman olumlu yaklaştım. Biz insanız ve insana hizmet için varız. Bana bir konuda başvurulmuşsa bunun mutlaka topluma bir geri dönüşü, bir iyiliği olacaktır. "Bu adamlar benim için iyi yazmıyor" diye birilerine kırılmak, ondan uzaklaşmak karakterime aykırı. Medya benim için ters bir şeyler de yazabilir ama benim onunla bir şekilde bir ortak noktam var. En temel ortak nokta, aynı ülkenin vatandaşı olmamız; benim için bu bile yeterli. Bazı konularda aynı görüşte değiliz diye birbirimizi hırpalamamız doğru değil. Medya, düşüncesini desteklesek de desteklemesek de bizim medyamız ve bizim ona ihtiyacımız var. Medya, çok sesli olmak, tartışma ortamı bulmak ve farklı dünya görüşlerine zemin oluşturmak demek.

Başkanlığımda yapamadıklarım da oldu. Patlamaların hemen ardından hükümet tarafından bana bunun için bir arsa sözü verilmiş olmasına rağmen, cemaatime Yahudi Kültür ve Gençlik Merkezi yaptıramadım. Kendimle ilgili de yapamadıklarım oldu. Karımı alıp Boğaz'da şöyle rahat rahat yürüyemedim. Müzik dinleyemedim, seyahate gidemedim, istediğim gibi özgürce gezemedim. Bir yemeğe gitsem yanımda korumalar vardı. Rahat hareket edemedim. Bu kadar sevdiğim, onun için elimden gelenin fazlasını yaptığım kendi vatanımda korumalarla geziyordum. Programım her zaman doluydu. Evime istediğim kişileri davet edemiyordum. Bunun için zaman yoktu. Bir bakan, bir milletvekili gibi yaşıyordum. Elimde bir ajanda vardı, tamamen ona uygun yaşıyordum. Boş bir dakikam bile yoktu. Ben kendimle ilgili olanlardan asla şikâyetçi değildim. Çünkü ne yaptıysam, Türk toplumu ve Türk Yahudi toplumu için yaptım. Bu toplum bir bütündür ve bir bütün olarak beni bağrına bastı. Aslında ne büyük bir çelişki olduğunu yazacaklarını düşünürken daha iyi anlıyor insan. Toplumumu içine almamakta direnen geniş toplum, aslında her birimizi tek tek seviyor, bize inanıyor, bizi bağrına basıyor. Bugün devletin en üst kademelerinde bana karşı izahı mümkün olmayan bir sevgi çemberi var. Aradığımda başbakan, bakanlar, vali, emniyet müdürü üç dakika içinde beni geri arar. Belediye başkanlarının benim için yerleri apayrı. Çünkü onlar halka anında hizmet götüren bir mevkiin başındalar. Hangi partiden olduklarının hiçbir önemi yok, önemli olan halka hizmet vermeleri. Belediye başkanları insanların hayatını kolaylaştıran kişiler. Şişli Belediye Başkanı Mustafa Sarıgül'ün nasıl çalıştığını çok iyi biliyorum. Herkesin evine gider, dertlerini dinler, çare arar. Beşiktaş Belediye Başkanı Ayfer Atay'ın da çok büyük yardımları oldu. Ardından Yusuf Namoğlu'nun yaptığı hizmetleri anlatacak kelime azdır. İsmail Ünal da işini aynı ciddiyet ve sorumluluk anlayışıyla yerine getiren bir belediye başkanı. Bir telefonla ona ulaşmak mümkün. Eğer makamında değilse, yarım saat içinde arayan kişiyi arar ve derdini öğrenmeye çalışır. Adalar Belediyesi'nin yeri de cemaatimiz için apayrı. Ada, cemaatimiz için adeta bir masal. Hemen hemen her çocuk Adalar'da geçen bir yaza, yaz anılarına sahip. Adalar eski belediye başkanı Recep Koç'u her zaman saygı ve rahmetle anarım. Halktan biriydi, herkesin işiyle, hastalığıyla yakından ilgilenirdi. Ardından göreve gelen Can Esen'i de unutmak mümkün değil. Aynı sıcaklık ve aynı sorumluluk bilinciyle yaklaştı halkına. Şimdi de Coşkun Özden bu görevi hakkıyla yerine getiren çok değerli bir başkan. Başkana ada yetmiyor. O kadar büyük bir sevgi ve iş anlayışıyla çalışıyor ki her yere yetişiyor, herkesle eşit şekilde ilgileniyor. Cemaatimizin merkezi Beyoğlu olduğu için, Beyoğlu Belediyesi'nin de yeri ayrı. Seçimler oldu ve Refah Partisi'nden Nusret Bayraktar belediye başkanı seçildi. Çok kısa zamanda birbirimizi yakından tanıdık ve tüm isteklerimizi hemen başkana bildirmeye başladık. Başkanın bize olağanüstü yardımları oldu. Her zaman yakın dost olarak kaldık. Birbirimizi ne zaman bir yerde görsek aynı sıcak dostlukla sohbet eder ve eski günleri anarız. Başkanın ardından göreve Kadir Topbaş geldi. Onu başkanlığına adayken tanımıştım. Yakınlığını hep hissettim. İstanbul Büyükşehir Belediye Başkanlığı'na seçilmiş olması çok doğru bir karar oldu. Öncelikle mimar oluşu, vizyonunun geniş oluşu çok önemliydi. Belediyenin İstanbul halkına yaptığı hizmetler çok büyük. Bütün bunları anlatırken amacım propaganda yapmak değil. Ben bir cemaatin onursal başkanıyım; düşündüklerimi ve yaşadıklarımı olduğu gibi aktarmak vazifem.

Başkanı bir gün yaşlılar evimiz olan Barınyurt'a götürdüm. Yanımızda yardımcısı Bahattin Ulusu da vardı. Üst katları başkan ve ekibiyle birlikte gezerken Topbaş, bir yaşlının hatırını sordu. Bir istediği olup olmadı-

ğını da sormayı ihmal etmedi. Yaşlı adam son derece temiz bir Türkçeyle "Var efendim" dedi. "Bizim pencerelerimiz tamamen kapalı. Açılsa da karanlığa bakıyor. Şu duvar olmasa da biraz güneş yüzü görsek."
Başkan bana döndü:
"Ne diyorsun Başkan?"
"Sayın Başkan siz bilirsiniz. Eğer kanunen bir sakıncası yoksa, yaşlılarımız için çok iyi olur. Bu mekân zaten çok küçük, yandaki arsayı da binamıza ekleyebilir ve ışık almasını sağlarsak çok iyi olur."
Bahattin Bey'le bakıştılar. Başkan yaşlı amcaya döndü:
"Tamam amcacığım, bakacağım."
Bir gün sonra bizi arayarak "Duvarla filan uğraşmayın, bu binayı yeniden yapın" dedi. Biz de binamızı yaptık. Şimdi yaşlıların ettiği her duada başkan ve ekibinin de adı geçer. Özel kalem müdürü, evladım gibi sevdiğim Muhsin Doğan'dan da mutlaka söz etmem gerekir. İnsanların hayatını kolaylaştıran, işlerin büyük bir hızla gerçekleşmesine yardımcı olan bir sağ koldur. Biri belediyeyi arayıp da bir şikâyette bulunduğu zaman, önce sorunu neyse dinler; sonra "Bana telefonunuzu verin" diyerek telefonu kapatır. Meseleyi hemen çözer ve şikâyeti olan kişiyi arayarak "İşiniz halloldu efendim" diye bilgi vermeyi asla ihmal etmez. Şimdiki Beyoğlu Belediye Başkanı Ahmet Misbah Demircan da işine son derece vâkıf, Beyoğlu âşığı bir adam. Ondan çok önemli bir ricada bulundum; Neve Şalom'un bulunduğu sokağı yeniden düzenlemek. Bunun iki nedeni vardı. Birincisi Neve Şalom oradaydı ve düzgün bir yolunun olması çok önemliydi. İkincisiyse doğup büyüdüğüm sokağın benim için ayrı bir değer taşıyor olmasıydı. Sokak yapıldı, zemin taşları yenilendi ve çok güzel oldu. Nurettin Sözen, Bedrettin Dalan, Recep Tayyip Erdoğan, Ali Müfit Gürtuna da bize her zaman her konuda destek veren belediye başkanlarıdır. Hepsi halka hizmet götürmeyi başarmış başkanlardır.

Kadir Topbaş'la Barınyurt'ta konuşma yaptığımız günlerde ramazan yaklaşıyordu. Bir gün başkanı aradım: "Kadir Başkan, seninle bir iftar yapalım" dedim. Memnuniyetle kabul etti. Yirmi kişiyle bir iftar yaptık. Orada aklıma bir fikir geldi. Davet ettiğim kişiler dışında daha pek çok kişi bize hizmet getiriyor, bizimle yakından ilgileniyordu. Onların da bu sofrada olmaları lazımdı. Hatta mademki kutsal bir gündü, tüm dostlarla aynı masada yemeliydik. Başkana bu iftarlara daha çok misafir davet etmek istediğimi, ama gelip gelmeyeceklerinden emin olmadığımı söyledim. "Neden gelmesinler?" dedi. Denemem lazımdı. Daha önce başka yerlerde böyle yemeklere katılmıştım. Bizim tüm dinlerle yakınlaşmamızı sağlayan Fethullah Gülen'di. İlk defa bizi bir araya getiren ve dinler arası diyalog başlatan kişi oydu. Biz sonradan bu toplantılar daha sık yapmaya başlamıştık. O gün bir karar verdim. Gelecek iftarı İhtiyarlar Yurdu'nda yapacaktık. İhtiyarlar Yurdu da Barınyurt gibi yaşlılara hizmet veren bir kurumdu. Bu iftarlara politikacı davet etmeyecektik. Belediyeler, vali, emniyet müdürü, kaymakamlar, dini liderler bu iftarlarda bir araya gelmeye başladı ve iftarların 2007'de sekizincisini yapmanın mutluluğunu yaşadık. Aynı mekânda Kuran'la Tevrat okunuyor. Neve Şalom'da Kuran okunuyor. Namaz kılmak isteyenlere yer gösteriliyor. Bütün bunlar insanların birbirine yaklaşmasının en güzel yolu. Bir dine saygılıysam, o dinin mensubu da benim dinime saygılı olur. İftara davetli olduğum günlerde mükellef yemek yemem. O akşam o masada oturanlar kadar aç olmalı ve o sofraya oturmayı hak etmeliyim. O kutsallığı bozmayı sevmem. Çocuklarım ve eşimde de bu alışkanlık var. Türk Yahudisi doğduğu günden beri ramazanın, bayramların içinde yaşadığı için bu konulara asla yabancı değildir. Yüzyılların getirmiş olduğu alışkanlıkla ramazan pidesini, kandillerin yanmasını en az bir Müslüman kardeşi kadar sever ve o zamanın gelmesini bekler. Bu alışkanlıklar toplumsaldır. İnsanlar görevlerini hakkıyla yerine getirdikleri ve o işi doğru zamanda gerçekleştirdiklerinde, bu işlerden kişisel bir menfaat göz etmediklerinde, halk onları daha çok bağrına basar. Bu sebeple ben tüm belediye başkanlarıyla her zaman yakın iletişim içinde oldum. Onlar benim kolaylıkla yardım isteyebileceğim kişilerdi. Bütün taleplerim cemaatim içindi. Bunu bütün belediye başkanları bilir. Eğer devlet ricaliyle bir işiniz varsa ve bu sizin şahsınızla ilgili değilse, devlet sizi her zaman koşulsuz bir şekilde bağrına basar. Cemaatle ilgili bir sorun varsa bu hemen aşılmalıdır. Biri bürokraside kendini düşünürse devlet bunu hemen anlar. Kim kendisi, kim başkaları için müracaat etmiş, bunu ayırabilecek en büyük kuvvet devlettir. Gerçekten bir sıkıntımız olduğunda devletin kapısını çaldık ve her zaman da bizimle ilgilenildi. Bunu yurtdışından gelen medyaya, parlamenterlere her zaman anlattım, anlatıyorum. İnsan birileri anlasın veya onu takdir etsin diye çalışmaz. Yaptığının doğru olduğuna inandığı için çalışır. Ben de onlara "Ben hayatım boyunca her zaman doğru olduğuna inandığım işi yaptım" demişimdir. Ölünceye kadar her yerde Türkiye'yi anlatmaya devam edeceğim. Ben bu işi ona inandığım, yapmayı istediğim, doğru olduğunu bildiğim, bu ülkenin evladı olduğum için yaptım. Bu etrafa sevgi, saygı ve son zamanlarda çok meşhur bir söz olan hoşgörü mesajı vermek amacıyla yapılan bir iş değildi.

Hoşgörü kelimesinin bu şekilde kullanılmasından nefret ederim. Ne kadar kötü bir kelime! Hele hele "dinler arası hoşgörü" ifadesi içler acısı! Ben Yahudi'yim diye bana, sen Müslüman'sın diye sana, o Hıristiyan diye ona hoşgörüyle mi yaklaşılmalı? Bu ifade kullanıldığı zaman ortaya, bu dinlere sahip olmak hoşgörü gerektirecek bir durumdur, bu dine mensup kişilerin hoş görülmesi gereken bir tarafı vardır, sonucu çıkıyor. Bu kelimeyi güzel dilimize kim, nasıl, ne amaçla yerleştirdi bilmiyorum ama, bildiğim bir şey var; dinler arası saygı ve sevgi anlaşılır ifadelerdir. Sevmek ve saymak başka, hoşgörmek başkadır. Herhangi bir dinin mensubu olmak, bir başka dine mensup birinin hoş görmesini gerektirecek bir durum değildir. Bunu söylemek de kimsenin işi değildir. Benim ne haddime düşmüştür, başka bir dine ait olanı hoş görmek? Ya da bir başkasının işi midir benim inancıma ve bana hoş görerek yaklaşmak? Bu kelimenin dilimizde bu anlamda kullanılmasını mutlaka engellememiz, bunun yerine yeni bir deyiş bulmamız lazım. Bütün dini azınlıklara, "Türkiye'nin mozaiği" diyorlar. Halbuki mozaik kırılabilecek bir şeydir. Ayrı ayrı küçük parçalardan oluşur. Bu benzetmede mozaik yerine ebru kelimesinin kullanılmasını tercih ederim. Dikkat edilirse ebruda bütün renkler ahenkli bir biçimde iç içe geçer. Bizim yüzyıllardır iç içe geçip aynı kültürün içinde yaşamamız gibi... Bu sebeple kimin daha Türk olduğunu tartışmak yerine, kim ülkesi için bir şeyler yapıyor, kim ülkesine dört elle sarılmış, buna dikkat etmek lazım.

Mozaik, hoşgörü... bunları bir kenara bırakıp işin özüne bakmak lazım. Biz bu ülkede yeni yeni ortaya çıkan bir insan topluluğu değiliz. Yüzyıllardır burada yaşayan Türkleriz. On senedir Yahudi kimliğinin iyi bir kimlik olduğunu, bunu açıklamaktan çekinilmemesi gerektiğini önce dindaşlarımıza öğretmeye baktık. Benim adım Avram'sa, adım sorulduğunda çekinip Abdullah dememem lazım. İsim değiştirmeye kesinlikle karşıyım. Ben Avram'sam, çocuğum bana "Sen neden Avram'sın da arkadaşın Mustafa?" diye sorduğunda benim de ona, "Evladım, biz Yahudi dinine bağlıyız, onlar da İslam dinine bağlı, diğerleri de Hıristiyan dinine bağlı" diye bir açıklama yapabilmeliyim. Toplumumuza isimlerini rahat rahat söylemeleri gerektiğini anlatmaya çalıştık. Türkiye'deki Yahudiler kim olduklarını söylemekten uzun süre çekindi. Bugün böyle bir sorunumuz yok. Dışarıda da bunu her zaman anlatmaya çalışıyorum. "Gelin görün" diyorum. "Biz ülkemizde son derece rahat ve mutlu yaşıyoruz. Kimliğimizle ilgili hiçbir derdimiz yok." Eğer biri dini azınlıksa eskiden asla televizyona çıkmazdı. Şimdi basın mensuplarımız, televizyoncularımız var. Hepsi Türk Yahudisi ve hepsi ekranlarda. İstedikleri konuda konuşma yapıyorlar. Kimsenin bir sıkıntısı yok. Şunu da unutmamak lazım: Türkiye her konuda çok ilerledi. Türk insanı okudu, yazdı, yurtdışına gitmek kolaylaştıkça dış ülkelere gitti. Dünyaya açıldıkça, ufku da genişledi. Neye, kime, nasıl davranacağını, hayata nasıl bakacağını yeniden düşündü, yaşam şekli yeniden oluştu. Bu yalnızca Türkiye'de değil, bütün dünyada böyle oldu. İnsanlığın bir bütün olarak önce gelişmeye ihtiyacı var. Bu gelişmeleri kendi ülkemde yaşadığım için çok mutluyum.

Gençlere öğütler

Fransızların bir sözü vardır: "Koşmak hiçbir işe yaramaz, bir yere zamanında gitmek gerekir." Gençler tüm tavsiyelere kulak vermeli, yapılmış hatalardan ders almalı, bazı yanlışları zamanında düzeltmelidir.

Zamanı doğru kullanmak en önemli meziyettir. Gençlerin en büyük görevleri anne babalarına yalnızca bugün değil, her zaman saygı göstermek ve sahip çıkmak olmalıdır.

Gençliğimde Şişhane'de, Sarı Madam adında bir kahve vardı. İnsanlar oraya gelir, oyun oynardı. Aileler de gelir çay içer, simit yer, sohbet ederdi. Çok güzel bir Haliç manzarası vardı. Şişhane'den Hasköy'e dönen köşedeydi. Eskiden kahvenin anlamı, sadece oyun oynanan yer olmaktan çok uzaktı, tam anlamıyla sosyal bir ortamdı. Kaçamak sigara içmek için de çoğu zaman oraya giderdik. Bir gün oranın müdavimlerinden Şapat diye bir bey geldi. Biz de yandaki masada arkadaşlarla oturmuş, çay içiyorduk. Adamın orta halli bir görüntüsü vardı ama sıkıntılı olduğu her halinden belliydi. Arkadaşları da bu durumu fark etmiş olacak ki, içlerinden biri, "Hayrola Şapat, bir derdin mi var?" dedi.

"Sormayın..."

İlk bulduğu boş sandalyeye çökercesine oturdu.

"Anlat be Şapat."

Adam anlatmaya başladı. Yanımızdaki masada oturduğu için anlattıklarını bir bir duyuyorduk.

"Benim dört tane dairem vardı. Bankada param vardı. Karımdan kalan ufak tefek birkaç mücevher de vardı. İki kızımı ve damatlarımı çağırdım ve "Bunları size taksim edeyim, sonra birinizin evinde kalırım, yalnız yaşamak istemiyorum" dedim. Yaptım da. Her şeyimi onlara verdim. İki kızımda birer yıl kalacaktım, böyle konuşmuştuk. Baştan her şey yolunda gitti. Sonra bu anlaşma aylara, haftalara, şimdi de günlere indi. İkisi de kendi düzenleri bozulduğu için beni evinde istemiyor. Anlayacağınız, beni kapının önüne koyacaklar."

İshak Efendi diye bir adam, "Bu mudur senin bütün derdin?" dedi. "Sen merak etme, yarın sabah burada buluşalım, senin derdini çözeceğim."

Biz olanları sonradan kahvenin sahibine sorarak öğrendik. Zavallı amcanın sonunu çok merak etmiştik. Bu iki amca, ertesi gün buluşmuş, İshak Efendi cebinden bir anahtar çıkarmış ve Şapat'a vermiş. Bu bir banka kasası anahtarıymış ve üstünde OB harfleriyle bir de numara varmış. OB, Osmanlı Bankası'nın kısaltmasıydı. Bankanın itibarı da çok büyüktü.

"Bak, bu anahtarı hangi kızının evinde daha çok kalmak istiyorsan o evde kaybetmiş gibi yapacaksın. Dikkat et de nereye attığını unutma. Sonra 'Anahtarım kayboldu' diye ortalığı ayağa kaldıracak, sonra da bulacaksın. Kızın sana 'Bu ne anahtarı?' diye sorduğunda, 'Ne anahtarı olacak? Kasa anahtarı. Sen bütün varlığımı size verdiğimi mi zannediyorsun? Paralarım, tahvillerim banka kasasında duruyor. Kimin evinde ölürsem, anahtar ve kalan servetim onun olacak. Kafamdaki plan bu' diyeceksin."

Şapat Bey, İshak Efendi'nin bütün dediklerini yapmış ve sonradan takip ettiğimize göre de küçük kızının evinde krallar gibi yaşayıp öl-müş. Öldükten sonra kızı ve damadı anahtarı alıp bankaya gitmiş. Ban-ka da onlara, "Ne böyle bir kasa numaramız var, ne de böyle bir anah-tarımız" demiş. Adam bir de yazı bırakmış ardından: "Sizi ancak böyle adam edebilirdim!" Bu hüzünlü hikâye bana hayatta her şeyin mümkün olduğunu, her şeyin insanlar için olduğunu öğretti.

Anne veya babasını kaybetmiş gençlere bakıyorum, ağlıyorlar. "An-neme şunu yapamadım, bunu yapamadım" diye hayıflanıyorlar. Bugün-kü yaşımla bu gerçeği görebiliyorum. Üç çeşit aile vardır: Birincisinde anne babalar varlıklıdır. Personelleri, şoförleri, etraflarında dostları vardır ama evladın yeri onlar için bambaşkadır. Çocuklarından yalnız-ca güler yüz, tatlı dil ve biraz şefkat beklerler. Başka bir şeye ihtiyaçla-rı yoktur. İkincisi, kendi muhitleri içinde ortalama bir standartta yaşa-yan anne babalar... Onlara para verilmez ama şımartılmaları için başka yollar denenebilir. "Anne, çarşıda alışverişteyken bu bluzu gördüm, baktım tam sana göre, almadan edemedim" gibi küçük jestlerle onları mutlu etmek mümkündür. Anne de "Bak kızım, gelinim bana ne almış!" diyerek kendini mutlu hissedecek, her şeyden önemlisi değerli hisse-decektir. Üçüncüsü, maddi olanakları hiçbir şekilde müsait olmayan-lar... İşte bu çok hassas bir konudur. İnsan babasının cebine "Al baba-cığım" diyerek para koyamaz. Belli bir yaştan sonra insana çok ağır ge-lir. Her şeyin bir usulü vardır. Karşısına geçip "Sen benim babamsın. Bugüne kadar beni yetiştirmek için her şeyi yaptın. Şimdi sıra bana geldi. Biz aileyiz. Benim yapacaklarıma sakın müdahale etme" diyebi-lir. İmkânları dahilinde anne babasının konforunu sağlayabilir. Bana göre baba duası anne duasından daha mühimdir. Annem, benim kıs-men maddi, büyük ölçüde manevi olarak ne kadar iyi durumda olduğu-mu görseydi çok sevinirdi. Babam çok şükür görebildi ama annem ne yazık ki rahat dönemime yetişemedi. Babamı birçok yere götürdüm. Eğer gideceğimiz yer ona uygunsa asla evde bırakmazdık. Pazar günle-ri arkadaşlarımızla buluşurduk. Babamı da götürürdüm. "Bıraksana ba-banı evde, ne getiriyorsun?" derlerdi. Böyle söyleyenlere "Yahu baloya mı gidiyoruz? Aile toplantısı işte, adamın ne zararı var bana?" diye ce-vap verirdim. Babam bizimle gelmekten çok mutlu olurdu. Bunları ana babadan esirgememek lazım. Onlar yalnızlığa terk edilmemeli. Yalnızlı-ğa terk edilmiş insanlar, rotası olmayan gemiler gibi okyanusta kaybo-lur. Anne babamın çocuğu olarak kalmanın bir tadı olduğunu düşün-müşümdür. Bu çocukluk, onlara sığınma ihtiyacı ve işsiz güçsüz kalma anlamına gelmiyor tabii. Onların şefkat ve tecrübesi, kaç yaşında olur-sa olsun, insanın ihtiyaç duyduğu bir şey. Evlendikten sonra zaman za-man annemin evini özler, ona telefon ederdim.

"Anne köfte yap geliyorum, öğle yemeğini beraber yiyelim."

O mekânı, o mekânın kokusunu özlerdim. Annemin kokusunu da...

Biz mesafeli ilişkimizin içinde birbirimize sıkı sıkıya bağlıydık. Hiçbir gün birbirimize hakaret etmedik. Hiçbir gün kavga etmedik. Aile içinde para sorunlarımız olmadı. Babama bir gün olsun "Bana niye haftalık vermiyorsun?" demedim. O da bana "Oğlum yardım et şu evin geçimine!" demedi. Bilakis ben babama aylıklarımı verdim. Kazandığım paraları babam hep benim için biriktirdi. Anneme babama ne kadar şükran duysam az. İçimde bu konuda bir uhde kaldı. Anneme yapmam gerekenleri yapamadım. Maddi olanaklarım müsait değildi. Babama yaptım. O benim mürüvvetimi gördü. Annem, Hayat Hastanesi'nde ameliyat olduğunda durumunun iyiye gitmediğini görünce, babama "Anneme sana bir vekâlet vermesini söylemelisin. Biz iyi evlatlarız ama hayat bu. Yarın anneme bir şey olsa, ondan kalanların büyük yüzdesi bize kalır. Sen kendini düşün babacığım" dedim. Babam bunu anneme söylediğinde annemin çok kırıldığını hatırlıyorum. "Üzülme Binyo, hepsini sana bırakacağım" demişti. Hassasiyeti hastalığından kaynaklanıyordu. Bu teklifin benden geldiğini söylediğimde de düşünüp, "Haklısın" dedi. "Hayat bu, ne olacağı belli değil. Adam bu yaştan sonra bir de bununla mı uğraşacak?" Annemi kaybettiğim an hayatımın en çaresiz anıydı. Babamı kaybettiğimde yanında olmadığım için ve yaşı da ilerlediği için onu az da olsa kabullenebilmiştim ama annem çok gençti. Görecek çok güzel günleri vardı. Evdeydi, yanımdaydı, can çekiştiğinin farkındaydım. Eve bir kadın gelmiş, başucunda Tevrat'tan bölümler okuyordu. Bütün bir gecenin yorgunluğu nasıl çökmüşse odama gittim. Başımı yastığıma dayadım. Bir an içim geçmiş. Birden "Annem öldü!" diye sıçradım. Meğerse anneciğim o an son nefesini vermiş. Allah'ın büyüklüğüne bir kere daha inandım. Çok zor bir andı. İlk kez ölümü yaşıyordum. Onun artık hayatta olmadığını, cenazesinin evimden çıkacağını biliyordum. Bunu kabul etmem çok zaman aldı.

Biraz düşünce bugün bile içim aynı şekilde acır. Annemi kaybetmeyi hiç düşünmemiştim. O hep hastaydı ama bir şekilde o hastalıkla yaşamaya alışmıştı. Hastaydı ama daha çok gençti. Ölüm yaşa bakmazmış meğer...

Bunları düşünürken gençlerin vurdumduymazlıklarına daha çok hayret ediyorum. Bu dönemde böyle değer yargıları kalmadı. Çünkü kimse gençlere nasihat vermiyor. Hemen hemen herkes kötü örnek oluyor. Gazeteyi açıyor, neler görüyoruz... Para bütün dünyaya hâkim olmuş. İnsana her şeyi yaptıracak kuvvette. Bu hayata özenen gençlik, ne yazık ki yavaş yavaş değerlerini kaybediyor. Aileler dağılıyor. Uyuşturucu müptelası bir gençlik oluşuyor. Hayat biraz da özenmektir. Özenmek denen şey olmasa, moda nasıl ilerlerdi? Birbirinden göre göre bazı şeyleri değiştiriyor insan... Güzeli örnek almak iyi de, ya çirkini? Öte yandan bilgisayar ve internet dünyası da tüm evreni gençlerin ayağının dibine seriyor. Böyle bir aile tanıdım zamanında. Dağıldı, paramparça oldu. Baba çok varlıklıydı. Oğlu da baba parasıyla yaşıyordu. Arabalar, kızlar, eğlenceler... Nasıl olduysa, günün birinde bu çocuk uyuşturucu bağımlısı oldu. O da yetmedi, bir zaman sonra bunun satıcılığını yapmaya başladı. Bir müddet sonra da hayatını kaybetti. Onu kurtaramadık. Hiçbir şeyi ayıplamamayı öğrenmemiz lazım. Unutmayalım ki hepimiz insanız. İnsanın yaşarken başına her şey gelebilir. Bugün ona gelir, yarın sana. Her şeyi olgunluk ve tevekkülle karşılayıp ne yapılacağına bakmak çok önemli. Kimseyi toplumdan dışlamamak lazım. Onlara doğruyu ısrarla anlatmak lazım. Bir genç tanıdım. Çok kumar oynadığı için her şeyini kaybetmişti. "Ne yapacağım?" diye bana geldi. Onu terapilere gönderdim. Bugün iş dünyasının en başarılı isimlerinden biri. Çok iyi bir evliliği, çoluğu çocuğu var. İş güç sahibi bir adam oldu. Mühim olan, insanın yaptığı hatanın farkında olması. Gerisi kolay. Her işin başı kararlılık. Kararlıysak halledilemeyecek hiçbir mesele kalmaz. Nelerle karşılaştım! Hayatı altüst olmuş insanları yola getirmek için çok uğraş verdim. Bazen bana kızanlar, beni suçlayanlar oldu ama zamanla yanlışlarını anlayıp özür dilediler. Aile kurtarmak çok mühim; bu konuda din, dil, mezhep ayrımı olmaz. Her insan için elimden geleni yaptım. Bir büyük olarak onlara yol gösterdim. Bu beni en mutlu eden şeylerin başında geliyor. Yardım etmeyi seven bir adamım. Allah'a da bana bu özelliği verdiği için her zaman şükrettim.

Ben en iyisini bilirim diyen hatanın en büyüğünü yapar. Gençler büyüklerini dinlesin. Onların dediklerini hayata geçirmeseler bile akıllarının bir kenarında tutsunlar. Hayat tecrübesinden yararlandığım nadir insanlar oldu: Prof. Dr. Selim Kaneti, Hanri Yaşova, Eli Perahya, Amcam Baruh Pinto... Ben bu insanların tecrübelerinden, bana anlattıklarından yararlandım. Hepsi benim hazinem. Ne kadar güçlü olursak olalım, bizim de yanlışlarımız, yenilgilerimiz olabilir. Sağlam dostlara, sıcak yakınlıklara ihtiyaç duyabiliriz. Bir gün canım çok sıkkındı. Cemaatte bir toplantım vardı. Arkadaşım Moiz Kohen bendeki havayı fark etmiş olacak ki, "Seni iyi görmüyorum" dedi. "Bak, benim beş kişilik bir grubum var. Ayda bir kere öğlenleri toplanıp yemek yer, gırgır geçeriz. Haydi, sen de bize katıl."

"Çok sevinirim."

Rıfat Duvenyaz, Mordo Ennekave, Selim Pinhas, Jak Gökay, Mois Kohen ve ben ilk yemekten sonra hiç ayrılmadık. Dostluğumuzun her şeyden daha önemli olduğunu düşünüyorum. Selim'i maalesef kaybettik ama bıraktığı o güzel anılarla her zaman yanımızda olduğunu hissettirmeye devam ediyor. Jak Gökay, cemaatin mali işlerinde benim sağ kolumdu. Ne zaman ona ihtiyacım olsa değerli fikirleriyle yanımda olmuştur. Cemaatin en küçük sıkıntısında Rıfat Duvenyaz'a danışırdım, tüm meseleleri sağduyusuyla rahatlıkla çözerdi. Mordo Ennekave, yıllarca yürütme kurulunda görev yapmış çok değerli bir insandır. Mois Kohen de Ortaköy cemaat başkanlığını on iki yıl en iyi şekilde yapmış, cemaatimiz için çok önemli bir kişidir. Selim Pinhas'ı çocukluğumdan beri tanırdım. Yıllar sonra cemaat işlerinde onunla yan yana çalışmanın onurunu da yaşadım. Bu yemekler hâlâ devam ediyor. İnsanın kendine, arkadaşlarına zaman ayırması, ara sıra yalnız kalıp düşünmesi, kendini dinlemesi şart. Ancak bu şekilde sahip olduğu gücü geliştirebilir, koruyabilir. Hayatta üç şeye ihtiyacımız var: Akıl, kuvvet ve para. Tabii sağlık olmadan hiçbir şey olmaz ve insanın şansa da mutlaka ihtiyacı var; bunları doğru zamanda, doğru şekilde kullanmak lazım.

Paranın miktarı az da olabilir, çok da. Doğru zamanda ve doğru yerde kullanılmış para, gerçek paradır. "Ben dünyayı satın alırım" diyen en büyük yanılgının içindedir. En büyük yalanı kendi söylemiş ve sonra da bu yalana kendi inanmıştır. Dünya parayla satın alınamaz. Ancak fikirle elde edilebilir. Gençlere bunları anlatmak şarttır. Onlara yol göstermemiz ve önlerini açmamız, hayatlarını kolaylaştırmamız, mücadele etmeyi öğretmemiz gerekir. Gençlerin geleceği için de bir şeyler yapmak lazım. Ben bu anlamda özel üniversitelere çok kızıyorum. Çok büyük paralarla çalışıyorlar. Bu normal, tabii çalışacaklar. Özel sektörün içindeler. İyi hocalar onlarla birlikte ama bu okullarda fakir çocuklara daha çok fon ayrılmalı. Burslu ve başarılı olanların dışında, başarılı ama maddi durumu iyi olmayan öğrenciler için ayrı bir fon oluşturulmalı. Böyle bir fon varsa artırılmalı. Kalabalık bir ülkeyiz. Araştırmalarımızı çok iyi yapmak zorundayız. Burs konusunda maddi durumu iyi olmayan çocuklara öncelik verilmeli, okuması icap eden, hayata kazandırılmak için bekleyen gençler okutulmalı. Zengin ailelerin başarılı çocukları, bileklerinin hakkıyla burs kazanıyor. Doğrudur. Bu onların en doğal hakkı. Bunun yanında parayı maddi durumu iyi olmayanlara ayırmak gerek. Bu ülkede böyle çok öğrenci var. Kazanan öğrencinin bursunu, onun rızasıyla ümit vaat eden başka bir öğrenciye vermekle işe başlanabilir. Okurken kimin durumu iyi, kiminki kötü, bunu bölüm başkanları gayet güzel takip edebilir. Bu sistemi mutlaka kurmak gerekiyor. Okula ciple gelene değil, ayakkabısı delik olana burs vermek daha doğru. Onlar günün birinde bir yerlere geldikten sonra, memleketleri için çalışmayı bir borç biliyor. Bu da vefanın en güzel örneklerinden biri.

Ben bir zamanlar kimin daha çok okuduğunu merak ettim ve bir araştırma yaptım. Anladım ki Türkiye'de maddi durumu müsait olmayan ailelerin çocukları diğerlerine göre daha çok okuyor. Okul, onların geleceğinin en büyük anahtarı çünkü.

Üniversitede öğrenci okutmak en büyük hayalimdi. Bunu iki yıl başarabildim. Otuz bir genç bu burstan faydalandı. Bu bursu alan gençlerin yirmi altısı geniş toplumdan, beşi Yahudi'ydi. Gençler iyi bir hayat sürebilmek ve insanlığa faydalı olmak için çok iyi bir tahsil görmeli. Tahsilden kısan hayatından kısar, aksilikler peşini bir türlü bırakmaz.

Bilgi hayatta başarılı olmanın ilk adımı. Başarılıysak bize saygı duyarlar, kendimize, hayatımıza olan güvenimiz artar. Başkalarına göre daha mutlu bir insan oluruz. İnsan küçük şeylerden mutlu olmayı bilmeli. Sevdiği kişilerle birlikte geçirdiği vaktin kıymetini bilmeli. Bir gün canım çok sıkkındı. Adaya gidecektim. Kabataş'ta deniz otobüslerinin yanında bir kafe vardı, oraya oturdum. Bir kahve söyledim. Canım kimseyle konuşmak istemiyordu. Denize doğru bakıyordum. Ayaklarımı öne doğru uzattım, dalmışım. O sırada yanıma bir tanıdığım geldi.

"Yalnız mısın abi?"

"Evet."

Oturdu yanıma, bir muhabbet yapıp beni gülmekten kırıp geçirdi. "Yahu, şu kahveyi aldığımda nasıldım, şimdi nasılım... Hay ömrüne bereket be!" dedim. Bir gün de bu adamın bir sıkıntısı oldu, bana geldi. Elimden geldiği kadar sıkıntısını gidermeye çalıştım. İyi bir anı, insana Tanrı tarafından verilmiş bir hediyedir.

Bir de konusunda başarılı olmuş ama öldükten sonra hatırlanan insanlara çok üzülürüm. Yahu sen adamı öldükten sonra hatırlasan ne olur? Madem çok başarılı buluyorsun, hayattayken sahip çık. Umumiyetle de sanatçıların kıymeti sonradan bilinir. Muayyen bir zaman sonra, dünyalıkları yoksa, bir parkta ölüme terk ediliyorlar. Bu bir insanlık ayıbı. Bu gerçek ne yazık ki hepimiz için geçerli. Sanatçılar tanındıkları için onların hayat hikâyelerini öğrenebiliyoruz. Ya adı bilinmeyenler?

Toplumuyla bütünleşmeyi seven bir başkan oldum. Bensiyon'un huyu böyle... Bütün bu ideallerin, gençlere nasihatlerin yanında, Bensiyon Pinto da bilmeden hatalar yapmış, kalpler kırmıştır. Özür dilemeyi de her zaman bilmiştir. Bir akşam çok yakın arkadaşım Albert Şilton, eşi, Eti ve ben yemeğe çıktık. Eve döndüğümüzde Eti bana dönerek, "Bravo, seni alkışlıyorum, bütün bir gece Albert'e nasıl hava attığının farkındasın herhalde" demişti.

"Ben mi Albert'e hava atmışım, ne dedim ki?"

"O senin çocukluk arkadaşın, nasıl böyle bir şey yaparsın?"

Sabah, yemedim içmedim Albert'i aradım;

"Dün gece ben sana hava mı attım, çalım mı attım? Eti öyle diyor..."

"Doğrusunu bilmek istiyor musun?"

"Tabii Albert."

"Evet, yaptın abi."

"Senden milyarlarca kere özür diliyorum. Bu yaptığım hiç yakışmamış bana. Hakikaten farkında değilim. Eti söyleyince sana sorma ihtiyacı hissettim. Affet beni..."

"Tamam arkadaşım, unut gitsin."

İnsan bazen hayatın tatlı rüzgârına kendini kaptırabilir, ama etrafına mutlaka kulak vermelidir. Hayatım boyu yalnızca büyüklerden değil, küçüklerden bile feyiz aldım. Kimin ne bildiğini bilemezsiniz. On beş yaşında bir çocuktan bile bir şey öğreneceğime inanırım. Benim üzerinde en çok durduğum değerlerden biri de yardım. "Yardım edin gençler" demek isterim her zaman. "Yardım edin insanlara." Gün gelir Tanrı bunun karşılığını size fazlasıyla verir. İnsanlardan hiçbir karşılık beklemeden onlara yardım ettim. Elimden geldiği kadar, gücümün yettiği kadar yardım ettim. Başkan olmak, yalnızca bir cemaatin başında olmak demek değil, "baş"sanız, öncü de olacaksınız, hayat da kurtaracaksınız, ihtiyaç sahibine para da bulacaksınız.

Bir gün ortaklarımdan biri rahatsızlanmış, hastaneye kaldırılmıştı, o zaman da aramız biraz limoniydi. Şirket satılmıştı. Ben hastaneye gitmek istiyordum, gitme diyorlardı. Nihayet müsaade çıktı ve hastaneye gittik. Adam beni görünce heyecanlandı. Tansiyonu yükseldi. Karısı "Ben demedim mi?" diye söylenmeye başladı. Benim orada bulunmamdan şikâyetçi olmuştu. Eti'yle başımızı eğip çıktık. Arkadaşım bir müddet sonra hastaneden çıktı. Amerika'ya tedavi olmaya gideceğini duydum. Neyle gidecekti? Benim maddi durumum nasıl sıfırlanmışsa, onun da öyleydi. Şirketimiz satılmıştı, bizler de sabit geliri olan bir aileydik. Bir gün telefon geldi.

"Konuşmak istiyoruz seninle Bensiyon."

"Tabii."

Kalktım gittim.

"Amerika'ya gitmek istiyorum Bensiyon. Ama param yok."

Ne kadar para gerektiğini öğrendim.

"Sen randevularını al, bana biraz müsaade edersen bu parayı bulurum."

Zengin bir adam olsam çıkarıp verirdim ama olanağım yoktu. Bu sebeple olsa gerek, insanlar zaman zaman bana "Birine ümit vermek bu kadar kolay mı?" diye sormuşlardır. İnsanlara ümit verebiliyordum çünkü beni tanıyanların bana itimadı çok büyüktü. Beni sevdiklerini, bana inandıklarını biliyordum. Hiç kimseye yalan söylememiştim. Bunu herkes biliyordu. Para hastalık içinse hastalık içindi. Ödenecek dediysem ödenecekti. Ben de bu yardımları sözüne güvendiğim insanlar için istiyordum. Allah'a şükür bugüne kadar kimse benim bu iyi niyetimi kötüye kullanmadı. Birine bir ders vereceksem, bunu kötü zamanında yapmam. Bu adam ve eşi beni hastanede bile görmek istemedi ama şimdi bunu düşünecek zaman değildi. Çok hastaydı ve bana gelmişti. O zamanki şirketin ortaklarına sormaya karar verdim.

"Hayır derlerse, bu parayı başka yerden bulacağım. Siz Amerika'yla temasa geçin. Bana adresleri verin. Para nereye yatacaksa bilgilendirin. Uçak biletlerinizi ayırtın. Gidiyorsunuz."

Sevilen sayılan bir adam olmamı kendime borçlu olduğumu düşünüyorum. Tüm inişlerden başım dik çıkabilmişsem, Allah benim içimdekini bildiği içindir. Eve döndüm, eşime, Hayim'e ve Benjamen'e olanı biteni anlattım. Benjamen, "Baba, sen başka türlüsünü yapamazsın ki" dedi. Akşam Dinçkök Grubu'nun sorumlusu Mimi Alalu'ya telefon ettim. Bir de cemaatin idaresine aldığım, çok düzgün bir adam olan, insanları küçük düşürecek hareketler yapmayan, karşısındakinin sıkıntılarını anlayabilen, son derece mütevazı olan Elyo Behmuaras'ı aradım. "Size yirmi dört saat veriyorum. Arkadaşımız rahatsız, Amerika'ya gidip kalp ameliyatı olması lazım. Bulamam diyorsanız tamam. Ama bu borcun yarısını onun, yarınsını benim haneme yazacağınızı bilin. Bu para ödenecek. Bunun hesabını ben vereceğim. Yok diyorsanız, ben bu parayı başka yerden de bulurum." Ertesi gün saat on yedide para hazırdı. Bu parayı bulduğumda, cebimde bir dolarım bile yoktu. Gittiler ve döndükten sonra o parayı kuruşuna kadar ödediler. Bu konuda beni muhatap bile almadı ve bir teşekkür dahi etmedi. Olsun, karşımdaki kim olursa olsun, başka türlüsünü yapamazdım. İtimat her şeyden üstündür düşüncesinin en güzel ispatlarını yaşamayı Allah bana nasip etti.

Bir de Benjamen evlenirken bir olay yaşadık. Bir gün telefon çaldı, çok yakın dostlarımızdan iki kişi acele beni görmek istedi. Çok sevdiğimiz bir dostumuzun karaciğeri iflas etmişti. Eşini bir gece bize davet ettim. "Çok kötü ve karaciğerinin değişmesi lazım" dedi. ABD'de bu konuda oldukça ün yapmış bir enstitü vardı; başında da bir Türk, Prof. Dr. Münci Kalayoğlu.

"Bunun için çok para lazım. Paramız yok. Evimiz ve arabamızı satabiliriz ama eşim 'Bana ne olacağı belli değil, karımı ve çocuklarımı evsiz barksız bırakamam' deyip duruyor."

"Ben size bu parayı bulurum. Benim arkadaşım parasızlıktan değil, eceliyle ölecek."

Hemen kardeşim Doktor Öznur Kuşakçıoğlu'nu aradım. "Ne yapmak lazım?" diye sordum.

"Bu ameliyat çok pahalıdır. Ben Münci'yi ararım. Çok yakın dostumdur, beni kırmaz. Ne gerekiyorsa yapar. Merak etme."

İçimize su serpilmişti. Öznur'un da Amerika'da on yıl kalmışlığı ve yaptığı çalışmalardan dolayı çok büyük bir itibarı vardı. Telefonu kapadım. Yemekte misafir vardı. Sıra tatlıya geldiğinde, "Sıra tatlıya geldi ama tatlıdan önce acı bir şey söyleyeceğim. Çok yakın bir arkadaşımın karaciğeri değişecek, Amerika'ya gitmesi lazım. Bunun için de büyük para gerekiyor. Bu parayı toplayacağım ve bunun temelini bu gece burada atacağım. Bana yardımcı olur musunuz?"

"Yanındayız Başkan."

O gece, gereken paranın çok üstünde bir meblağ topladım. Gece on ikide arkadaşımın eşini aradım ve "Gereken para toplandı bile" dedim. Arkadaşım, yaptığı araştırmalar sonucu Fransa'da kurulan yeni bir kanser araştırma merkez bulmuştu. Bu merkezde de tanıdıklar vardı.

Karaciğer naklini ABD yerine Fransa'da yapmak daha uygun olacaktı. Paranın bir kısmını ona önceden vermiştik. Daha azına ameliyatı bitirdi ve bir buçuk sene zarfında borcunu ödedi. Biz de o paraları sahiplerine geri verdik. Bazıları almadı, "Abi bu sende dursun, ihtiyacı olanlar faydalansın" dediler. Paranın bir kısmı bende kaldı. Ben de parayı, Hahambaşılık'ın hastalara yardım fonuna verdim. Beş kişiyi farklı zamanlarda bu parayla ameliyat ettirdik. Arkadaşım bu ameliyattan sonra on sene daha yaşadı ve aramızdan eceliyle ayrıldı. Bütün bu yaşanmışlıkların sonunda da Bensiyon Pinto'nun kurallarını oluşturdum. Bunları torunlarıma ve gençliğe nasihat olsun diye bir başkan, bir baba, bir büyükbaba olarak buraya da yazmak istiyorum:

– Size hayatta yardımcı olan, sizi iyi niyetiyle kucaklayan, sizi seven ailenize siz de sevginizi ihmal etmeyin ve onlara vefa borcunuzu gösterin.

– Başkalarının tecrübelerine saygılı olun.

– Kompleksli insandan, düşüncesinin rengi gri olan insandan korkun.

– Bulunduğu yeri hazmetmek de bir başarıdır. Bu başarıya sahip olmaya çalışın.

– Size iyilikte bulunanları unutmayın, zamanı gelince siz de onlara iyilik yapın.

– Cemaatinize ve milletinize bağlı yaşayın, borcunuzu ödeyin.

Yıldırımspor Kulübü'nde, Buli Salamon adında sosyal faaliyetlerde görev yapan bir hanım tanımıştım. On altı yaşında, çok hoş bir kızdı. Yıldırım'ın dokuz on kızından biri olduğu için de iyi tanımıştım. Yıllar geçti, evlendi, İsrail'e gitti. Bir gün Neve Şalom'da bir düğünde, Eti'nin bir hanımla konuştuğunu gördüm.

"Bu hanımı tanıyor musun?"

"Hayır tanımıyorum."

"Bir konuşsun bakalım."

Konuşur konuşmaz onun Buli olduğunu anladım.

"Buli, sen misin?"

"Evet, benim."

Kucaklaştık

"Neredesin?"

"Yedi yıldan beri Türkiye'deyim."

"Neden beni görmedin?"

"Bir komşumdan senin telefonunu istedim, 'Yahu bırak, Bensiyon Pinto cemaat başkanı oldu. Su içecek vakti yok onun. Kimseyle konuşmaz, çok yoğun. Sakın ha yaklaşma ona, fena tersler ona göre' dedi. Ben de arkasını aramadım bu işin."

Ben meğer rütbeleri alınca kimseleri tanımaz olmuşum. Merasimlerde önüme geçip bana "Buyurun" diyorlarmış, ben de oturup tören bitince de kimsenin elini sıkmadan o mekânı terk ediyormuşum! Aklım başımdan gitti.

"Olabilir mi böyle bir şey Buli? Ben buradayım işte. Bu başkanlık bana gökten gelmedi. Çalışmalarımı beğenen, beni bu yerlere getiren bu cemaat. Benim için böyle konuşmaya kimsenin hakkı yok. Ne yapmışım? Nasıl bir ukalalığımı görmüşler ki böyle yorumlarda bulunuyorlar? Ne zaman istersen evimin kapısı sana açıktır." O zamandan sonra da ailece görüşmeye başladık.

Bu olayı niçin anlattım? İnsanlar, insanları diğerlerinden soğutur. Hem de sebepsiz yere. Çok iyi tanımadan başkaları hakkında yorum yapmamalıdır. Mesela, 10. Cumhurbaşkanı Ahmet Necdet Sezer, göreve geldiğinde soğuk bir insan olarak nitelendirilmişti ama biz kendilerini cemaat olarak kutlamaya gittiğimizde, son derece samimi bir tavır içinde olduğunu gördük. Hatta bir ara, "Bu makam hakikatten zor bir makam. İnsan sağlığına çok dikkat etmeli" dedi. Rıfat Saban başkan, ben de onursal başkandım. Çıkarken de sarıldı, öpüştük. Cumhurbaşkanı olabilir ama her şeyden önce o bir insandı. Bütün insanlar aynı yaşar, aynı suyu içer, aynı uykuyu uyur, hastalanır, iyileşir, üzülüp sevinirler. Onları birbirinden farklı kılan hiçbir şey yoktur. Yalnızca görevleri gereği bazı mesafeleri zaman zaman korumak zorunda kalabilirler. Bu da onların kendi tercihleri olmaz. Bulundukları mevkiin kurallarının bir parçasıdır bu. Başkanlığım sırasında da, onursal başkanlığımda da protokolde oturmaya ısınamadım. Bu diğer konuklarla araya sınır koyuyormuşum gibi bir his uyandırdı bende. Bir gün sinagogda yine ortalarda bir yerlere oturmuş duanın başlamasını beklerken görevli arkadaşlardan biri yanıma geldi:

"Başkanım, sizi en öne alayım."

"Ben önde oturmayı sevmiyorum."

"Haklı olabilirsiniz ama cemaat sizin burada olduğunuzu görmek, konuşmak istediğinde sizi nerede bulabileceğini bilmeli. Bu sebeple önde oturmanız daha doğru olur."

Konuya hiç böyle bakmamıştım. O gün sinagogda cemaat başkanı için bir yer tahsis edildi. O günden sonra kim başkansa oturacağı yer orası olacaktı. Bugün, onursal başkanın oturacağı yer de belli. Düğünlere veya bazı toplantılara katılamayacağım zaman yetkililere mutlaka haber veririm. Bir yere gelmişseniz, aynı zamanda örnek insan olmak zorundasınız. Kendinizden sonrakilere örnek olmak zorundasınız. Ben cemaat başkanlığını çok iyi değil, çok çok iyi yaptım. İyi veya kötü herkes kendi notunu başkalarına bırakmadan vermelidir. Dürüstçe... İnsan bir işi ancak ciddiye alırsa en iyi şekilde yapar.

Hayal kırıklıkları

Hayal kırıklıkları da yaşadım ama hiçbirini abartmadım. Acı ama gerçek. Çocukluğumda bana değer vermeyen, beni iten kakanlar vardı. Yıllar geçti, köprülerin altından çok sular aktı. Ben o köprülerin üstün-

226

den geçip gittim. Yıllar sonra herhangi bir ortamda bana bu kişilerin arasından güler yüz gösteren, yaklaşmaya çalışan, benden yardım isteyen çok kişi oldu. Hazreti Yusuf gibi... Top oynarken beni oynatmazlardı. Ufak tefek, tüy gibi bir oğlanım diye. Yıllar sonra Galatasaray'ın genç takımına kadar çıkınca, herkesin oynatmak için can attığı biri oldum. Çocuk da olsa insan bazı şeyleri asla unutmuyor. Bazı şeyleri unutmamak demek, çocukluğa dayalı intikamlar almak demek değil. Ben yalnızca içimde o anda oluşan o iç yakıcı duygudan söz ediyorum. Söz etmezsem dürüst olmam. Bugün tırmandığım yerlere belki de çocukluğumdaki ezikliklerim sebeptir. Bilemem. Bana "Sen anlamazsın" dediklerinde, o konunun uzmanı olmak için çalıştım. Hep zirveye çıkmak için çalıştım. Kaybettikçe daha çok, daha çok uğraştım. İş dünyasında da zirveye çıktım, sosyal hayatta da. Her zaman önce kendime dürüst olmaya çalıştım. Hırslarımı kötü tarafa yönlendirmedim. Hırs denen duyguyu daima başarmak için kullandım. İnsanlara kızmakla, intikam almakla mutlu olmadım. Benim yaşamımın içinde böyle yaralayıcı bir taraf da var. Ne yazık ki bana umumiyetle menfaat için yaklaşıldı. "İnsandır yapar" deyip geçtim.

Birinci devre başkanlığımı bıraktıktan sonra bir gün bir kuruma uğramıştım. Yanımdakine dönerek esprili bir biçimde, "Sen buraya nasıl düştün?" dedim. Türkçeye vâkıf olanlar, bunun ne anlama geldiğini bilir. Bunu söylerken bir art niyetim yoktu. Beni tanıyanlar halk diliyle, senlibenli bir muhabbet içine girmeyi ne kadar sevdiğimi gayet iyi bilir. Buna rağmen, benim için "Ona bakma, boş boş konuşur" bile dediler. Aynı adam ben başkanken karşımda esas duruşa geçer, dalkavukluktan ne kadar nefret ettiğimi bilmesine rağmen "Başkanım" der dururdu. Bu sözler üzerine adeta şok geçirdim. Kalktım, "Galiba sizi çok rahatsız ettim" dedim. On kişi kadarlardı ve hepsi buz kesti. İki yıl sonra yeniden başkan olduğumdaysa o kişiden hınç almak aklıma bile gelmedi. Bana yapılan haksızlıkları, Bensiyon olarak unutmadım ama Bensiyon Pinto olarak unutmayı tercih ettim.

Dört yıl boyunca ayağıma çorap alamadığımı biliyorum. Çok dikkatli yaşamam gereken yıllardı. O zaman zarfında insanların bana ve aileme karşı olan tavırları beni çok ama çok üzdü. Ortak olduğum şirketin başarısızlığı piyasada tam bir şok etkisi yarattı. Herkes bana parasını kaybetmiş bir zavallı gözüyle baktı. Şirketi satın alanlar tüm paraları iki üç ay içinde ödedikten sonra yeniden mühim adam oldum. Hiç kimse borçlarımı ödeyeceğimi düşünmemişti. Bir iflas yaşanmıştı ve giden gitmişti. Düşüşümden bazılarının içten içe memnun olduklarını seziyordum. Böyle şeyleri o zaman dile getiremezdim. Bu bir sezgiydi. Anlar, anlamamış gibi yapardım. Alacaklıların bana karşı takındığı tavır beni çok üzdü. Hepsini gömdüm.

Alacaklılardan biri, bir gün adamıyla ofisime geldi. Gayet tehditkâr bir tavırla, "Biz bu parayı senden almayı biliriz" dedi. O gün iki arkadaşım da ziyarete gelmişti. Dışarıda beklerken duymuşlar. "Galiba bizi adamdan saymıyorsun. Kim olduğumuzu bilirsen, bir daha böyle bir tavırla konuşmazsın. Bunlar Bensiyon Pinto'ya söylenecek laf değil. Sen paranı alacaksın. Sonra da bu tehditkâr halini hatırlayıp üzüleceksin" dediler. Beni tehdit edenler de paralarını aldı. Durumlar değişti. Aradan çok zaman geçti ama bu insanlar hâlâ gözümün içine bakarak bana merhaba diyemez.

Bir gün de Atatürk Havaalanı'na giderken Zincirlikuyu Mezarlığı'nın orada arabam teklemeye başladı. Bir tamirciye gittim.

"Beyefendi, bu arabayla paşa gibi giderken aniden durdu. Ne olduğunu anlamadım."

"Sizin arabanız hem otomatik hem düz vites. Diğer vites sistemine geçtiği için araba teklemeye başlamıştır."

Vitesi düzeltti. Yoluma devam ettim. Adam arabaya bakmadan teşhis koymuştu. İşinin ehli olmak buydu işte. Tecrübeniz yoksa, en basit durumlardan bile paçayı kurtaramazsınız. Birikmiş tecrübeleri doğru kullanmak, kendin ve etraftaki insanlar için hayata geçirebilmek akıl işidir. Her birikim tecrübe sayılmaz. İnsanın tecrübesi ne biriktirdiğine bağlıdır. Bilgilerden istifade etmek lazımdır.

Başkanlığı daha popüler, daha renkli bir koltuk haline getirmeye çalıştım. İstedim ki gençler başkan olmak için çalışsın; cemaatlerine, memleketlerine faydalı olsun, manevi değerlere sahip çıkmayı öğrensin. İnsan yaşarken ne biriktirdiğine iyi bakmalı. Dürüst olmak erdem değil, önkoşuldur. İnsanın zaten dürüst olması gerekir. Çalışkanlık, üretkenlik de öyle. Yaratıcılık, kişisel özellikler, yenilikçi taraflar... İşte bunlar örnek alınmalıdır. Çünkü bütün bu saydıklarım kişisel farklılıklardan kaynaklanan ve her insanda bulunmayan özelliklerdir. Güç ve inanç olmazsa, bir işte başarı elde etmek imkânsızdır. Maalesef büyüklerin tecrübeleri bilinen özellikler sayıldığı için onlardan kaçılıyor. Gençler rüştlerini ispat yoluna gitmeyi tercih ediyor. Haklarıdır ama unutulmaması gereken bir şey var; ne gençlik, ne mevki, ne de başkanlık kalıcıdır. Bir gün hepsi biter. Geriye kalan itibar ve onurdur. Onuru da insan yaptığı iş ne olursa olsun kendi yaşatır, kendi var eder, kendi sahip çıkar. Yaşı ve mevkii ne olursa olsun, insanlar döner dolaşır yine onurun peşinden yürümek, onurlu insanın elini sıkmak ister. Bu sebeple gençler geriye dönüp bakmayı, tecrübelerin üstüne basıp geçmeyi bilmek zorunda. Bir başkanın etrafının ve dostlarının, kurduğu ilişkilerin altında ezilmek yerine, ona saygı göstermek ve onunla var olan ilişkileri geliştirmek lazım.

Bir cemaat başkanı, yapı olarak daha dışa dönük, geniş toplumla daha sıcak ilişkiler kuran, cemaatin ve ülkenin menfaatini düşünerek içte ve dışta samimi, hakiki ilişkiler kuran ve bunları geliştiren biri olmak zorundadır. Cemaat başkanlığı, koltuk doldurma işi değildir. Cemaat başkanlığı, cemaati dışa açmak için çalışılan bir mercidir. Cemaat başkanı, toplumu yüzyıllardır içine kapalı halinden sıyırıp tüm değerleriyle ortaya çıkmasını sağlayacak bir bayraktardır. En önde yürüyen ve arkadan gelen toplumuna yol açan bir kılavuzdur. Liderlik ve karizma başka şeylerdir. Herkes başkan olabilir ama lider olamaz. Çok çalışkan da, çok yaratıcı da olsanız, kurallara uyarak da çalışsanız, eğer karizmanız ve liderlik ışığınız yoksa, yaptıklarınızın hepsi o güne ait işler olarak kalmaya mahkûm olur. Çok önemli bir nokta daha var: Doğru konuşan bir lider olmak... Konuşan bir Türkiye'de susan bir cemaat olamazsınız. Maçı başından kaybedersiniz. Haklar bağıra çağıra alınmaz. Mevcut şartlar değerlendirilmelidir. Memlekette herhangi bir konuda kanun yoksa, hükümetin de çözüm üretmek konusunda kolu bağlı kalır. Bu konuda ondan yardım istemek, bir eksiklik varsa devlet büyüklerinin dikkatini çekmek de önemli bir vazife ve sorumluluktur. Haksızlığa uğradığınızda hakkınızı aramazsanız, başıma bunlar geldi diye şikâyet etme hakkınız da olmaz. Mücadele verir, gerekeni yaparsınız. Olmazsa olmaz, ama en azından elinizden geleni yapmış olur, vicdanen rahatlarsınız. Hiçbir zaman, "Ben bıktım" deme hakkınız yoktur. Bıkabilirsiniz ama vazgeçemezsiniz. Kimseyi yarı yolda bırakamazsınız. Kurumlara gidersiniz, belediye başkanlarına gidersiniz, hükümete gidersiniz, devlete gidersiniz, gel dediklerinde koşarsınız. Çünkü bu sizin görevinizdir. Pes edemez, vazgeçemezsiniz. Bu iş zorla değildir. Baştan düşünerek hareket etmek gerekir. Cemaatin belediyelerle iyi diyalog içinde olması, sorunları herkesten önce onlarla paylaşabilmesi kadar doğru ve adil bir tutum olamaz. Gerek mülki, gerek askeri erkânla her zaman yakın ilişkide olur, hiçbir zaman riyakârlık yapmaz ve doğruları konuşursunuz.

Devlet büyükleri o koltuklarda vatandaşın sorunlarını çözmek için oturuyor. "Sorunum var ama sorunumu çözenim yok" diyerek oturduğumuz yerde ağlayacağımıza, yetkili kişilere gidip sorunu anlatmak daha doğru bir tavırdır. O zaman işimiz görülmediğinde gereken kişileri suçlama, onlara kırılma, onları eleştirme hakkına sahip oluruz. Baştan hüküm vermek çok yanlıştır. Ben belediye başkanlarıyla her zaman sıcak bir diyalog halinde oldum. Cemaatimle ilgili olarak önce onlara danıştım. Aktif görevim bittiği halde hepsiyle dostluğum devam eder. Neden? Bunu nasıl başardım? Onlara karşı her zaman dürüst olarak, hep doğruları anlatarak, Sezar'ın hakkını Sezar'a vererek...

Hepsi beni anladı, bana yardım etti, derdime çare buldu. Cemaat olarak bu ülke için her yerde çalıştık. Türkiye'nin imajını her yerde gereği gibi yansıtmaya dikkat ettik.

Her zaman bütün partilere yakın olmaya dikkat ettim. Dürüstlüğüme, bu ülkeye olan tutkuma, sevgime, bağlılığıma saygı gösteren her partiye yakınım. Beni bu konuda eleştirenler, "Birilerine yakın olmaya çalışıyor" diyenler olmuştur. Kim ne derse desin fikrim değişmez. Tarzımı isteyen beğenir, istemeyen beğenmez. Zaten hayatım boyunca hiçbir zaman birileri beni beğensin, beni alkışlasın diye iş yapmadım. Her zaman doğru bildiğimi yaptım. Bu başkan olmaktan öte, insan olmanın şartıdır. Beni bir partinin adamı olmakla suçlamak yerine, insanlar tavır ve davranışlarına dikkat etsinler diye düşünmüş ve yeri geldiğinde bunu gerekli kişilere söylemişimdir. Bugün Tayyip Bey başbakan. Yarın Ahmet Bey, öbür gün Mustafa Bey başbakan olacak. Cemaat başkanlığı yapacak olan gençler de başbakanlarının isteklerini yerine getirmenin bir şeref olduğunu unutmadan hareket etmelidir. Bu tutum insanı partili değil, memleketli yapar.

Büyük görevleri olanlar, büyük düşünmek zorundadır. Bu eleştiriler küçük kafaların yaptığı küçük yorumlardır ama madem ben onursal başkanım ve madem oturup anılarımı, düşüncelerimi kaleme alıyorum, bunu da genç kuşaklara anlatmak boynumun borcudur. 30 mart 2006'da Abdullah Gül'den bana bir teşekkür mektubu geldi ve mektupta benim için Türk Musevi cemaati başkanı deniyordu. Oysa ben o tarihte başkan değil, onursal başkandım. Bunun anlamını düşündüm. Benden sonraki başkan benim vekilimdi. Ekip de benim ekibimdi. Onları incitmeyeceğine emin olduğum için gençlere çok güzel ve ince bir noktanın altı çizmek isterim. Bir insanın hükümetine omuz vermesi, destek vermesi onu asla unutturmaz ve sonsuza dek "başkan" yapar. Bu bakımdan mutlu ve gururluyum.

Bir cemaat, vefaya herkesten çok değer vermek zorundadır. İşlerimizin rahat, sağlıklı ve başarılı yürüyebilmesi için, elli kuşak önce bile mevki sahibi olan kişileri bilmek, hatırlamak gerekir. Başarısızlığa uğramamak için ekip çalışması ve tecrübelerden yararlanmak şarttır. Tek adam olarak bu işte başarı mümkün değildir. Yıllar önce, Jak Kamhi için özel bir gece düzenleyip, cemaatin şükran plaketini vermiştim. O da başkanlığı bıraktıktan sonra bana bir plaket verdi. Üzerinde yazan not söylemek istediklerimi tam olarak anlatıyor:

"Takım arkadaşlığı felsefesini mükemmel yansıtan özverili bir ekip çalışması yaptı." Bu doğrudur ve ekibimdeki birinin bunu hissetmemesi, yaşamaması imkânsızdır. Jak Kamhi, o ekipte benim bile önümde gelir. Bu ülke için canını dişine takıp çalışmıştır, hâlâ da çalışmaktadır. İyi bir lider, takım arkadaşı olarak çalışabilmelidir. Ertuğrul Özkök, Kamhi'nin Devlet Onur Nişanı aldığı gecenin ertesi günü *Hürriyet*'te bir yazı yazmıştı. Sonra da beni aradı ve "Biz Jak Bey'e Musevi asıllı işadamı dedik, acaba bunu belirtmeye gerek var mıydı? Jak Bey bundan rahatsız olmuş mudur?" diye sordu. "Bir arayıp sorayım Jak'a" dedim. Aradım. Jak'ın bana verdiği cevabı Özkök 18 ağustos 2007 tarihli yazısında aynen aktardı:

Beni rahatsız etmez. Ama kullanmaya hiç gerek yok. Atatürk, 'Ne mutlu Türküm diyene' sözünü niye söyledi? Çünkü bu topraklarda her yerden gelmiş birçok insan var. Onları bir isim altında topladı. Her Türk vatandaşı ülkesi için bir şey yapmak ister. Ama bunu yapabilmesi için kendisine görev verilmesi, imkân sağlanması gerekir. Devletimizin büyükleri bana görevler verdiler. Ben de yerine getirmeye çalıştım.

Bu ülkede medya, bir işadamı için "Yahudi asıllı" deme ihtiyacı hissediyorsa, bunun üstünde düşünmek lazım. Sanki başka bir ülkenin vatandaşı! Sanki şaibeli işlerin adamı! Bu adam iyi bir şey de yapmış olabilir, kötü bir şey de. Ertuğrul Özkök konuya bu kadar hassas bir noktadan bakmakta haklıydı. Bunlar insanı inciten ve yaşama sevincini gölgeleyen tavırlar. Başkan olmak da mühim değil. Mühim olan ülkeyi yarınlara baş üstünde taşıyabilmek. Jak başkan değildi ama bu memleket için bir başkanın yapması gereken işler yaptı.

Bir gün siyasilerden biri, Ortadoğu'da tırmanan terörle ilgili yorum yaparken, lafı döndürdü dolaştırdı ve kutsal kitabımız Tevrat'a getirdi. Son derece olumsuz ifadeler kullandı. Bu beni çok üzdü. Ortadoğu ile ilgili yorumlar, Ortadoğu'da yaşayanları ilgilendirir. O bir dış politika yorumudur. O yorumdan kişinin kendisi sorumludur. Bu yorumu yapmak bir bakıma onun işidir ama işin içine Tevrat'ı katması, Türkiye'de yaşayan Yahudileri son derece incitmişti. Ben de bunu kendisine bir mektupla anlattım. Hazırlıksız konuşursa insanın yanlış yapma ihtimali daha kuvvetlidir. Biz cemaat olarak bunlarla uğraşmak istemiyoruz. İnsan direne direne "Ben bu ülkenin vatandaşıyım kardeşim" der mi? Bir toplumu bu kadar yormak doğru mu? Her konuda ortak hareket ederken, söz konusu Ortadoğu olduğunda, bütün dünya Yahudilerini aynı ortak noktadan incitmeye kalkmak adalet mi? Ben sadece "Biz bu ülkenin vatandaşıyız. İsrail'in içişleri veya dış politikası ülke olarak kendini ilgilendirir. Ben bir Türk Yahudisi olarak Türkiye Cumhuriyeti'nin iç ve dış politikasına bakarım; çünkü bu ülkede doğdum, büyüdüm, bir başkan ya da onursal başkan olarak da Türkiye için gerek İsrail'e, gerek başka ülkelere giderek çalıştım. Benim için önce kendi ülkem gelir. Bunun tersini ancak niyeti kötü olanlar düşünebilir.

Bazı insanlar sabah işiyle kalkar, akşam işiyle yatar. Ben de gece yatar, yarın Türkiye Cumhuriyeti için neler yapabileceğimi düşünürüm. Pek çok kişi benim bu konuda çok da normal olmadığımı düşünür. Neticede benim kişisel işim değildir. Bunu benim yerime düşünecek ve bu işle görevli yüzlerce insan vardır ama aksini yapmak elimde değil. Bir gün cep telefonum çaldı. Araba kullandığım için telefonu eşim açtı. Dışişleri Bakanlığı'ndan arıyorlarmış. Arabayı kenara çektim. İçimden de herhalde bir lobi işi için Dışişleri bakanı görüşmek istiyor diye düşündüm. Telefondaki kişi, "Efendim, yarın bakanlığımıza yapacağınız ziyaretin saatini değiştirebilir miyiz?" dedi. Cevap olarak, "Artık başkan olmadığım için benim bu ziyaretten haberim yok. Size bir numara vereyim, orayı arayın" dedim. O anda hissettiğim iç ezikliğini ve düştüğüm durumu anlatamam. Devlet bensiz bir ziyaret düşünemiyor, ama cemaat düşünüyordu. Benim yaşlanmaya başlayan kalbim bunu kaldıramıyordu. Yanlıştı biliyorum ama ben zamanında daha farklı davrandığım için aynı özenin bana da gösterilmesini istiyordum. Bu sefer müsteşar aradı, "Neden gelmiyorsunuz efendim?" dedi. "Başka bir seyahatim var" demeyi tercih ettim. Bunları kimse bilmez. Bir defa da İsrail Başbakanı Ehud Olmert, başbakanımızı ziyaret edeceği zaman, davet yine sadece bana geldi. Yine aynı iç sızısını hissettim. Bunlar belki de yaşlanmanın işaretleri... Ya çok hassaslaşmıştım ya da karakterim değişmişti, bilmiyorum. "Ben yalnız gelmem, cemaatim de orada olmalı" diyerek cemaatin davet edilmesi gerektiğini onlara hatırlattım. Davette akıl almayacak bir saygı ve nezaketle karşılaştım. Hem devletimiz hem de İsrail ekibi ne yapacağını şaşırmıştı. Bir ara Sayın Ehud Olmert yanıma geldi, "Sen bana bir sene evvel başbakan olacaksın demiştin, oldum işte" dedi. Düşündüm, doğruydu. Hatta ben bunu başbakanımıza da söylemiştim. Öngörülerime her zaman güvenmişimdir. Bazen yardıma ihtiyaçları olduğunda bana müracaat ediyorlar. Ben de cemaat için görevimi yapıyorum. Asla hayır demiyorum. Bana yakışan da bu. Cemaat bir şey isterse yardım ederim ama bu işi ben hallederim diye ortaya çıkmamayı öğrendim artık. Ben Yahudi'yim ve bu cemaatin yıllarca başkanlığını yaptım. Beni seven de sevmeyen de olmuştur. İş cemaatinse asla hayır demeden, hazır ola geçerek yaparım. Ölene kadar da böyle olacak. İnsanız, kırılırız, bazen daha çok ilgi ve sevgi bekleriz ama bu iş başkadır. Cemaat ve memleket işi önemlidir, beklemez.

Bir gün yine böyle bir ihtiyaç doğdu. Biz Yahudiler, pesah döneminde, matsa (hamursuz) adı verilen, mayasız, ekmeğin yerini tutacak bir çeşit gevrek yeriz. Bunu da pesah öncesinde özel fırınlarımızda pişiririz. 2007'de bu fırınlar son anda arıza yaptı ve üretime geçilemedi. Cemaat çok zor durumda kalacaktı. Bu sebeple ilk defa dışardan hamursuz ithal etme yoluna gidildi. Bana göre çok da doğruydu. Önemli olan cemaatin talebini yerine getirebilmek ve onları pesah boyunca matsasız bırakmamaktı. Telefonum çaldı, cemaat yetkililerinden biri, "Ne olur yardım et, hamursuzlar gümrüğe takıldı" dedi. Günlerden cumaydı ve sadece bir günümüz vardı. Bakkallara marketlere bu kutuları yetiştiremezsek cemaat hamursuz olmadan sofraya oturacaktı ki, bu dinen mümkün değildi. Ayrıca eğer dindaşlarım bunu yiyemezse, Avrupa başta olmak üzere herkes ayağa kalkacaktı. Zaten Türkiye aleyhine fırsat kollayanlar, "Bakın hamursuzlar içeri giremiyor, AKP Hükümeti Yahudilerin bayramlarını bile kutlamalarına engel oluyor" diye spekülasyon yapacak, yetmiş milyon insanı da bu ipoteğin altına alacaktı. Tarih boyunca böyle bir şey yaşanmamıştı... Liderler kapris peşinde olmamalı. Zamana ve zemine bakmadan, kimden veya neden sorumluysa onlar için harekete geçmeli. Hemen Tarım ve Köy İşleri Bakanlığı'nı arayıp durumu anlattım. "Tüm mesuliyet bana ait. Her şey kanunlara uygun. Bu hamursuzu bu gece çekemezsek mahvoluruz!" Burada görmezden gelinemeyecek bir konu vardı: Türk insanı size inanır, güvenirse her işi yapar. Bir sözümle bu işin hakikatten çok hassas olduğunu anladılar. "Başkan gelsin" dediler. Başkan gitti. İşin peşinden koştu. Bu sefer gümrükte tıkandık. Ankara'yı aradım ve yardım istedim. "Derhal" dediler. Adeta zamanla yarışıyorduk. Özel kaleme anlattım, "Lütfen başbakana söyleyin, ben gümrük işlerinden sorumlu bakanımız Kürşat Tüzmen'i arayacağım. Onun da bilgisi olsun. Bunu gümrükten bugün çekmemiz lazım" dedim. Kürşat Tüzmen problemi çözdü, saatler içinde hamursuzlar depolara girdi. Cemaatin bu bıçak sırtı hikâyeden haberi bile olmadı. Peki ya bunlar olmasaydı? Devletin bana güveninden emin olmasaydım, devlet adamlarımızın bu konudaki hassasiyeti, bilinci olmasaydı... Bunun hesabını cemaate ve dışarıdakilere nasıl verirdik? Düşünmek dahi istemiyorum. Onlar hadiseyi anladı ve işi çözdüler.

"Kol kırılır, yen içinde kalır" diye boşuna dememişler. Biz bunu ülke politikasında da uygulamalıyız. "Bizden adam olmaz" psikolojisinden çıkıp birbirimize, sokaktaki adama, bürokratlara zaman zaman kızsak da dışarı çıktığımız an ağzımızı bıçak açmamalıdır. Artık devir değişti. İletişim kuvvetlendi. Ne söylense anında internetten her yere ulaşıyor. Hiçbir şey gizli kalmıyor; bu sebeple bu konularda çok dikkatli davranmak şart. Cemaatin bir derneği için Atatürk Kültür Merkezi'nde gün ayırmaya çalışıyordum. Bir iş için ancak bu kadar uğraşılır herhalde. Bazen kişiler resmen dini azınlıklara tavır alıyor ve bu hemen fark ediliyor. Fakat üslup o kadar yumuşak ve nazik oluyor ki, iki taraf da konuya vâkıfken, değilmiş gibi yapıyor ve vazgeçmek zorunda kalıyorsunuz. Bu izni alıncaya kadar akla karayı seçmiştim.

Bütün bu kırgınlıkların, zaman zaman yaşanan gerginliklerin dışında, insanın yaşamında hoş, keyifli, komik anlar da oluyor tabii. Bir gün işten çıkmış, Hahambaşılık'ta bir toplantıya gidiyordum. Şoförüm beni her zamanki gibi şirketin kapısında bekliyordu. Tam arabaya biniyordum ki bir arkadaşımı gördüm. Biz konuşurken şoför ilerledi. Arabayı yoldan çektiğini düşündüm. Bir de baktım ki bastı gaza gitti. Gözden kayboldu. Arkadaşımla vedalaştıktan sonra Taksim'den Hahambaşılık'a doğru yavaş yavaş yürümeye başladım. Meğer zavallı adam benim arabaya bindiğimi zannetmiş. Bir müddet konuştuktan sonra bakmış cevap veren yok. Arkasını dönüp de koltuğu boş görünce bana bir şey olduğunu zannetmiş. Kan ter içinde geri dönerken yolda bana rastladı. Bin bir defa özür diledi. Şoförü tarafından unutulmuş tek başkan benim herhalde...

Bir gün de son derece onur verici bir olay yaşadım. İstanbul AKP İl Başkanı Dr. Mehmet Müezzinoğlu, ramazan ayının her iftarında orucunu farklı bir belediyede açar. 2005 yılının ramazan ayında Bayrampaşa Belediyesi'ndeki iftara beni de davet etti. Bayrampaşalılarla iftar yaptık. Sonra başkan benden bir konuşma yapmamı rica etti. Hazırlıksız gitmiştim. Bir baktım üç yüz kişilik bir kalabalık var salonda ve neredeyse hepsi genç. Başkan beni anons etti: "Sayın misafirlerim, şimdi size Türk Musevi Cemaati Onursal Başkanı Bensiyon Pinto bir konuşma yapacak." Bu ismin o salonda ilk defa duyulduğundan yüzde yüz emindim. Gençlere isteklerinin peşinden gitmeleri gerektiğini, asla vazgeçmemelerini, AB yolunda Avrupa'ya en iyi mesajı onların verebileceğini, dil, din, ırk, mezhep farkı gözetmeden her insana saygıyla yaklaşan gençler olmaları gerektiğini söyledim. Türkiye'yi yarınlara taşıyacak tek gücün gençlik olduğunu söyledim ve konuşmamı şu cümleyle bitirdim: "İnanıyorsanız, yaparsınız." Konuşmam bitti. Bir saniyelik sessizliğin ardından çok büyük bir alkış koptu. Salon adeta inliyordu. Bir anda gözlerim doldu. Beş dakika öncesine kadar bu gençlerin varlığımdan bile haberi yoktu. Şimdiyse beni ayakta alkışlıyorlardı. Büyük mutluluktu...

Emlak ve vakıflar

1989'da görevi aldığım zaman, önüme vakıflar problemini koydular. Bu soruna benden önceki idareler gerçekten çok eğilmiş, mücadele etmişlerdi. Antep'te bir cemaat yoktu. Kilis'te de yoktu. Şahut Şirem'le bu konuları defalarca konuşmuştuk. Urfa, Antep, Kilis vakıfları cemaatin elinden alındı ve devlet sebep olarak orada bir cemaat olmamasını gösterdi ama mülkler bizimdi. Devlet el koymamalıydı. Sinagoglar ve diğer emlaklar için elimizde evrak yoktu. Bir yere bir sinagog boşu boşuna yapılır mı? Belli ki orada bir cemaat vardı ve o sinagogun yeri de cemaate aitti ama bunu bilmek yetmiyordu. Devlet benden bunu belgelememi istiyordu. Kime ne anlatacaktım? Bütün Kilisli, Urfalı Yahudileri topladım. Her tarafa haber saldım. "Bu yer bize ait" demek için bir kâğıt parçası aradım ama buladım. Hiç kimse bana bir evrak veremedi. Böylece bir karar verdik: Elimizde olan Kırklareli, Çanakkale, Adana, Antakya, Ankara cemaatlerini korumak ve vakıflarını da elde tutabilmek için harekete geçmemiz lazımdı. Şu ana kadar bu konuda başarılı olduğumuzu düşünüyorum. Oradaki cemaatlerimizin varlığıyla, ibadethanelerimiz ve bize ait vakıflar elimizde. Ne yapıp edip, o cemaatleri ayakta tutmak için çalıştık. Bütün bu çalışmalar için bize çok destek vermiş, en vefalı olanlardan biri Kırklareli cemaatidir. Çünkü Trakya'da çok az sayıda Yahudi kaldı. Adana'da yabancılar da yaşadığı için, orada ibadet edecek insan bulmak çok zor değildi ama Kırklareli küçük bir cemaatti ve ibadete olan saygı ve dine olan bağlılıkları sayesinde oradaki sinagog ibadete açık. Varlığın en güzel ispatı camiler, kiliseler, sinagoglar ve mezarlıklardır. Maneviyatı ve varlığı ayakta tutabilmenin yolu dine saygıdan geçer. Çanakkale'de her Yahudi kızın çeyizinde baş örtüsü vardır. Davetli olduğu mevlitlerde başına taksın, kimseden örtü istemek zorunda kalmasın diye. Edirne Cemaati'ni ziyaret etmek ve vakıfların durumunu yakından takip etmek için üç kere Edirne'ye gittim. Orada zahire işi yapan o zamanın cemaat başkanı Romano hâlâ orada yaşıyor. Sinagogu dolaştım. Bu sinagog Avrupa'daki en büyük sinagoglardan biri. Harap haldeydi. Önce "Tamir edelim, dişimizi sıkar cemaat olarak bunun altından kalkarız" dedim ama ne yazık ki Vakıflar Müdürlüğü izin vermedi. Edirne cemaati defalarca bu konuda devlete müracaat etti ve bir cevap alamadı. Açık söylemem gerekirse, devlet bizim merkezi sistemimizi bozdu. Bizi muhtelif cemaatlere böldü. Kadıköy, Kuzguncuk, Balat gibi... Merkeziyetçiliğimizi elimizden alınca, cemaatlerin kontrolünü yapmak da bir o kadar zorlaştı. Bu zamanla oluştu ve yerleşik hale geldi. Unutmamak gerekir ki, dönem politikaları ve yaşam gayeleri, kişileri ve partileri farklı kararlar almaya itebilir. Geçmişte böyle niyetlerle harekete geçenler olduğu bilinmektedir. Vakıflar "Bu yeri Trakya Üniversitesi'ne verelim. Bize de yarın öbür gün bu vakfa el koydunuz demeyin. Orayı bir eğitim merkezi yapabileceğimize dair izin verdiğinizi yazın" dedi. "Peki verelim. Hiç değilse yapıyı ve anıları kurtaralım" dedik. Madem cemaatimiz yok, hiç olmazsa buranın bir sinagog olduğu, Tevrat'ın muhafaza edildiği ehal belli olsun, oraya bir pano konsun ve burada yaşayan cemaatin adı unutulmasın. Bir Musevi cemaatinin en az on erkekten oluşması gerekir. Şu anda Edirne'de bir tek Yahudi ailesi yaşıyor. Diğerleri İstanbul'da yaşamayı tercih etti diye o sinagogdan vazgeçebilir miyiz? Burası, Türkiye Edirne Yahudi Cemaati tarafından bize verilmiştir diyen bir pano asın yeter. Burayı restore eder ve okulun bir parçası haline getirirseniz dünyanın her yerinden cemaatler buraya akar, turizm açısından da, kültürel açıdan da çok önemli bir yer haline gelir. Hepsinden önemlisi dinler arası saygı yönünden de çok önemli bir iş yapmış olursunuz" diye cevap verdik. Bu konuda, kendini cemaate kelimenin tam anlamıyla adamış biri olan Sayın Naim Güleryüz'ün emekleri de çok ama çok büyüktür. Canla başla çalışmıştır bu sinagog için. Konu bir süre daha aynı şekilde kaldı. Sinagogun yerinde ehal cephesiyle giriş cephesi duvarı var. Çatısı yok. Yan duvarlar da bir iki metrelik enkazlar halinde yükseliyor. Kapısının iç tarafında sinagogun bir yangın geçirdiği ve sonradan 1908'de yeniden inşa edildiğine ilişkin bilgilerin yer aldığı İbranice bir yazı var. Osmanlı'nın Trakyası'ndan kalma en renkli mozaiğin nasıl içler acısı bir durumda olduğunu görmemek için bir daha Edirne'ye gitmedim.

Vakıflar, Edirne'de bir kültür merkezi yapmadı. Hukuken bu durumdaki bir vakfa el koyma yetkileri vardı. O vakfı da bizden aldı. Aradan belli bir zaman geçtikten sonra konuyu hükümete açtık. Kısa süre içinde hükümet projeye el koydu ve sinagogun röleve çalışmalarına başlandı. Vakıflar'ın 2008 bütçesinde bu sinagogun tamiri için gereken bütçenin mevcut olduğu da bize bildirildi. Bu tamir gerçekleşirse, bildiğim kadarıyla devlet ilk defa bu nitelikte bir restorasyon gerçekleştirmiş olacak. Bu girişim umuyorum ki, 60. Hükümet döneminde tamamlanır. Bu ya da başka bir konuda sıkıntı yaşarsak, cemaat olarak gidip başbakanımızın kapısını çalabileceğimizden eminim. Çıkıp da "58. ve 59. hükümetler biz her konuda çok yardımcı oldu" dediğim zaman, hem geniş toplumdan hem de cemaatimden bazı kişiler beni bir partiyi tutmak ya da sandık için hedef göstermekle suçladı. On üç yıl başkanlık yapmış biri olarak, ben doğruları söylerim. Cemaatime sahip çıkanın alnından öperim. Gayem ne tuttuğum partiyi ortaya koymak ne de cemaatimi yönlendirmektir.

İzmir cemaatinin bir mezarlığı vardır. Orada çok önemli bir hahamın da mezarı bulunur. Hahama bir nevi ermiş gözüyle bakıldığı için, her yıl yedi bin kişi yurtiçi veya yurtdışından gelip o mezarı ziyaret eder. Bu da oraya bir hareketlilik kazandırır. Bizi mutlu eder. Çanakkale cemaati de bizim için ayrı bir zenginliktir. Küçük gelinimin ailesi de oralıdır. Çanakkale cemaati vefalıdır. Penso kardeşler her sene geziler düzenler, cemaati davet eder ve senede iki üç kere sinagogu ibadete açarlar. Burada ibadetten daha önemli bir amaç vardır. Çanakkale, bu insanların doğduğu şehirdir. Geçmişe sahip çıkmak, gelecekte kalıcı olmak için, sahip olunan değerleri yaşatmak adına bu gezileri düzenlerler. O şehirlerdeki geniş toplumdan kişiler de büyük bir özveriyle dindaşlarımıza yardım eder. Geldikleri zaman otobüslere park yeri bulur, temizliğe yardım eder, onlara kucak açarlar. Çünkü bu insanlar bir zamanlar aynı sokakta oynamış, aynı kaptan yemek yemiş çocuklardır. O birliktelik görülmeye değer. Çanakkale'deki vakıf için bir yönetim kurulu oluşturulması, bunun için de beyanname vermek gerekiyordu. İçlerinden bu işe gerçekten gönül vermiş biri çıktı. Sami Kumru ricamızı kırmadı ve oranın başkanlığını aldı. Bu görevi halen devam ediyor. Bunlar önemli sorumluluklar ve bizim içim mühim olaylar. Bir gün bana geldiler, "Sinagogun çatısı çöküyor. Maddi yardım yapın, biz de para toplayalım" dediler. Çanakkalelilerin birbirlerine nasıl bağlı olduklarını bilirim. "Elimden geleni yapacağım" dedim. Sonra Robert Abudaram'dan rica ettim. O da benim sağ kolum ve cemaatin önemli yapıtaşlarından biri olduğundan, "Ne gerekiyorsa yap, bu sinagogu ayağa kaldıralım" dedim. Allah imkân verdi, Vakıflar da bize dürüst davrandı ve bir Edirne Sinagogu faciası daha yaşanmadan bu işi alnımızın akıyla hallettik. Senede yalnızca bir ya da iki kere ibadete açılsa da, oranın sapasağlam ayakta olduğunu bilmek beni her zaman mutlu eder. Çanakkaleliler bana bir şükran plaketi vermek istedi. Bu beni çok mutlu etti. Yeniköy Sinagogu'nda 21 nisan 2007 cumartesi günü yapılan törende, üç sene sonra ilk kez bir konuşma yaptım. Şunu söyledim: "Bu cemaatte başkanlığı bıraktıktan üç sene sonra bana şükran plaketi veriliyorsa, demek ki ben cemaatim için hakikatten bir şeyler yapmışım. Bugün buna daha çok inandım." Herkese teşekkür ettim ve yine mesaj vermeden duramadım... Cemaatin bu dünya kargaşası içinde birbirine bağlı olması gerektiğini, birbirleriyle rekabete girip kavga etmemeleri gerektiğini, birbirimizi sevmemizin şart olduğunu anlattım. Gençlerin bu sinagoga devam etmesi için genç ve dinamik bir haham olan İzak Peres'i görevlendirdiğimizi söyledim.

Genç, gençle daha çabuk anlaşır. Beni dinlemekle genç birini dinlemek arasında fark vardır. Beni bir baba gibi, ama onu bir arkadaş, bir ağabey gibi dinlersiniz ve bundan daha çok keyif alırsınız. Daha önce demiştim; "Size bir kimlik teslim ettim: Yahudi kimliği. Eğer bu kimlikten dolayı bir sıkıntı yaşarsanız, görevde olayım olmayayım benim kapımı çalabilirsiniz, ama bir suç ilerseniz o sizin probleminiz olur. Hiç kimseyi sırf cemaatimin üyesi diye savunmam." Bu sinagogu da düzeltilip biraz genişletmek için Sadioğlu ailesini göreve davet ettim. Onlar da kabul etti. Çanakkale cemaati o gün beni çok güzel bir kahvaltıyla ağırladı.

İstanbul, Hasköy'de de Kamondo Türbesi* vardı. Ona da aynı şekilde sahip çıkamamıştık.

Oradan kaldırmak isteyenler oldu, esrar çekenlerin yeri haline geldi, bir gün biri çıkıp ayağımıza silah bile sıktı ve kaçmak zorunda kaldık. O zaman kimse bize sahip çıkmadı. Çevreyolu yapılırken mezarlığa girmeye kalktılar. Apar topar el koymak zorunda kaldık. Mezarlık bir cemaatin, bir devletin medeniyetidir. Bunu anlamak ve ona göre hareket etmek gerek. Recep Tayyip Erdoğan İstanbul Büyükşehir Belediye başkanı olduktan sonra, cemaat olarak ona hayırlı olsun ziyaretine gitmek için randevu talep ettik. Belediye bizi aylarca bekletti. Nihayet randevu talebimiz kabul edilip ziyarete gittiğimiz zaman, kendisine ne kadar zor ulaştığımızı, böyle olmaması gerektiğini dile getirdiğimde, "İnanın talebiniz bana ulaşmadı Sayın Pinto, ulaşsaydı sizi bu kadar bekletmezdim. Kusura bakmayın" dedi.

"Sayın Başkanım, bir grup Ulus Mezarlığımızı tahrip etti ve yetmiş beş mezar harap oldu. Ben bunun geniş toplumun, hatta cemaatin çoğunluğunun öğrenmesine engel oldum. Avrupa Birliği yolunda atılan adımlar bu kadar sıklaşmışken, Türkiye'de dini azınlıkların mezarlarının tahrip edildiğine dair bir bilgi sızmasına izin veremezdim. Böyle bir olay Fransa veya Belçika gibi bir ülkede olsa cemaatler ayağa kalkar, bilginin gizli kalması imkânsızlaşırdı. Size yüz yüze anlatayım ve yardım isteyeyim diye bugüne kadar bekledim. Rica ediyorum, lütfen be-

---

* XIX. yüzyılda yaşamış ünlü banker ailesi Kamondolardan Abraham Salamon Kamando'ya ait, türbe olarak adlandırılan anıt mezar.

lediye olarak bize bu konuda yardımcı olun" dedim.

Söylediklerimi anladı ve çok üzüldü. Birkaç ay sonra, Ortaköy'deki mezarlıkta kot farkından dolayı bazı mezarlarda kayma olduğu bilgisi geldi. Bir araştırma yaptırdım ve ağaçlandırma çalışmalarına başladık. Bir gün öğle saatlerinde sekreterim, İstanbul Büyükşehir Belediye başkanının beni aradığını söyledi. Telefondaki Recep Tayyip Erdoğan'dı.

"Başkan, şu anda Boğaz Köprüsü'nün üstündeyim. Sağ tarafımda Ortaköy'deki mezarlıkta bazı hareketlenmeler görüyorum. Neler oluyor, haberin var mı? Bir sıkıntınız mı var?"

"Yok Başkanım. Toprakta biraz kayma var da, ağaçlandırma yapıyoruz."

"Bir yardımım olabilir mi?"

"İsterseniz, bize fidan gönderebilirsiniz."

İki gün sonra mezarlığımıza bin tane fidan geldi. Aylarca kapısını aşındırdığım başkanın yanına bile yaklaşmama izin verilmemişti. Halbuki konuşma şansı elde eder etmez ona aktardığım ilk sıkıntıyı çözmekte ve takip etmekte bir gün bile gecikmemişti. O günden beri Recep Tayyip Erdoğan'a her zaman bir vatandaş, bir başkan ve bir dost olarak ulaşabildim ve sıkıntılarımızı rahat rahat dile getirmenin memnuniyetini yaşadım.

Mezarlık sorunu İstanbul'daki belediye başkanlarıyla olan yakın ilişkilerden dolayı biraz daha kolay yürüdü. Yakın ilişkiden kastım da şu: Kimse bu satırları okuduktan sonra, "Bu adam da çevresini geniş tutmak için amma uyanık davranmış, işlerini halletmek için sağa sola yalvarmış" demesin. İşin aslı bambaşka. Ben de herkes kadar bu memleketin evladıyım. Vatandaşlık görevini yerine getiren bir adam olarak bazı zorlukları giderebilmek, kendi cemaatime daha rahat bir ortam hazırlayabilmek için devletimin kapısını çalmak en doğal hakkım. Kimseye iltifat etmek gibi bir niyetim yok. Kimin ne diyeceği hiçbir zaman beni ilgilendirmedi.

Taşınmaz mallar da başlı başına bir sorundu. 24 mayıs 1983 tarihinde Şişli Tapu Sicil Muhafızlığı, Kadıköy Kaymakamlığı'na bir yazı gönderdi. Bir vasiyetin takibini yapmak amacıyla bir dindaşımızın aile nüfus kayıtlarının "din ve ırkını" belirtecek şekilde araştırılmasını istiyordu. Hemen dönemin başbakanı Turgut Özal'ı, Kazım Oksay'ı, İstanbul Sanayi Odası Yönetim Kurulu Üyesi Ali Coşkun'u aradım. O zamanlar İçişleri bakanı Ali Tanrıyar'dı. Bu konuyu görüşmek için Ankara'ya gittim.

"Sayın Bakanım, biz bu konulardan dolayı çok zor durumdayız. Dindaşlarımızın kimlikleri araştırılıyor. Üstelik emlak satışı yapacak bir dini azınlık üyesine yeşil bir form bile doldurtuluyor."

"Yok böyle bir şey. Yapmayın."

"Nasıl yok Sayın Bakanım? Bunu söylemek çok kolay. Ben size var diyorum. Buyurun bakın..."

Çantamdan formu çıkarıp masasına bıraktım. Gördü. Gözlerine inanamadı...

"Bu nasıl memleket?"

"Bunu bana sormayın efendim. Bu ülkenin İçişleri bakanı sizsiniz." Bu iş için tam yedi ay korkunç bir mücadele verdik ve sonunda başardık. 14 şubat 1984 tarihinde hükümetin cevabı bize ulaştı. Şöyle diyordu:

Sayın Başbakanımızı ziyaretleriniz sırasında sunulan 'Gayrimenkul üzerindeki muamelelerde azınlıklara yapılan uygulamalar hakkındaki' muhtıranız ilgili makamlara incelettirilmiştir. TC Anayasası, tüm vatandaşları dil, ırk, renk, cinsiyet, siyasi düşünce, felsefi inanç, din, mezhep ve benzeri sebeplerle ayrım gözetmeksizin kanun önünde eşit kabul etmiştir. Buna göre devlet organları ve idari makamlar işlemlerinde eşitlik ilkesine uygun olarak hareket etme mecburiyetindedirler. Hükümetimiz, bu yönde ve bürokratik engellerin kaldırılması için yoğun bir çalışma içine girmiş ve gereken tedbirleri almış bulunmaktadır. Türkiye'de devamlı mukim bir kişi hakkında taşınmaz mal alım ve satımı sırasında herhangi bir kısıtlama söz konusu değildir. Bununla beraber yanlış bir anlama sonucu yukarıda açıklanan hususlar dışı bir uygulama yapıldığı yolunda somut bir şikâyet varsa; yer, tarih ve isim bildirilmesi halinde gerekli araştırma ve soruşturmanın yapılacağını ve icap eden tedbirlerin alınacağını belirtmek isterim. Bilgilerinizi rica ederim.

Ahmet Kurtcebe Alptemoçin, Devlet Bakanı

1984'te bu iş bitti. İkinci sorunsa, cemaate ait tüm paraların Ankara'da Vakıflar Bankası'nın Kolej Şubesi'nde bloke durumda olmasıydı. Cemaat bir vakıf binası satacaksa Vakıflar Genel Müdürlüğü sınırlama getiriyor ve "Bu emlakı ancak şu fiyata satabilirsiniz" diye bedel biçiyordu. Sonra da emlakı satan kuruma, satış yaptığını valiliğe ve tapuya bildirmesi gerektiğini söylüyordu. Tapu da bu bilgiyi defterdarlığa ulaştırıyordu. Satan kişinin parayı ne yaptığını bilmek istiyordu. Bu işleyiş yalnızca dini azınlıklar içindi. Müslüman bir Türk bir mülk sattığında bunu maliyeye bildirmek zorunda değildi. 17 temmuz 1936 tarihli 2/5042 sayılı Bakanlar Kurulu Kararnamesi'nin 18 ila 30. maddeleri arasındaki hükümler, bu satışlardan elde edilen gelirlerin nasıl nemalandırılacağını kesin olarak açıklamıyor; ama bir mülk satıldığı zaman elde edilen paranın nereye harcanacağını devletin mutlaka bilmesi gerektiğinin altını çiziyordu. Satıştan sonra elde edilen paraların devlet bankalarına veya Ankara Vakıflar Bankası'nın Kolej Şubesi'ndeki Akar Toprak Satış Bedeli hesabına gönderilmesini şart koşuyordu. Banka, o paraya herkese verdiği faizin çok altında bir faiz veriyordu. Devlet, bu parayla yeni bir akar satın alınmasını veya yaptırılmasını tercih ediyordu. Bu kanun, sonradan 1998 Mali Yılı Bütçe Kanunu'nun verdiği yetkiye dayanılarak yeniden düzenlendi. Paraların Ankara Vakıflar Bankası'nda toplanmak yerine gerektiğinde kullanımını kolaylaştırmak adına satış yapılan yere en yakın Vakıflar Bankası'na yatırılmasına ve bu paraya serbest piyasa şartlarında oluşan günün en yüksek cari faizinin uygulanmasına karar verildi.

Bu iş için tam üç buçuk sene uğraştım. Bize sanki bu ülkenin vatandaşı değilmişiz, sanki satılan mal bu ülke sınırları içinde değilmiş gibi davranılması çok ağırıma gidiyordu. Bir yandan bu işi çözmek için uğraşıyor, bir yandan da uğraştığım işi düşündükçe içim sızlıyordu. Neyse ki bugün böyle şeyler yaşamıyoruz. Bu durum 2001 yılında çözüme kavuşturuldu.

İşin bir başka acı tarafı da bazı mahallelerde oturan gayrimüslim vatandaşların kimliklerinin tespit edilmesiydi. 21 ağustos 1997 tarihinde, Kadıköy Kaymakamlığı İlçe Emniyet Müdürlüğü "Azınlık Vatandaşlarımız" konulu talebinde muhtarlıklardan Kadıköy ilçesinde kaydı bulunan azınlık vatandaşlarının mevcut bilgilerini, kimlik ve adreslerini istiyordu. "Yine mi?" dedim kendi kendime. Hemen İstanbul Emniyet Müdürlüğü'nü aradım. Bu talep resmi yazışmalara gerek kalmadan geri çekildi ve özür dilendi. Biliyorum ki bu toplumun her üyesi, Türkiye Cumhuriyeti Devleti'ne ve tüm hükümetlerine derdini anlatabilir. Beni üzen nokta, tüm bu ricaların ve özürlerin gerisinde bizim kim olduğumuzla ilgili kaygıların yatması. Halbuki biz Türkiye'de yaşayan, sadece dini farklı olan Türk vatandaşlarıyız, hepsi bu.

Bir başka mevzu da cemaatin tüzel kişiliğiyle ilgili. Cemaatin tüzel kişiliğinin olması şarttır. Devletin bu konudaki yanlışı mutlaka düzeltmesi gerekir. Peki neden düzeltmesi gerekir? Rav Haleva'nın hahambaşılık seçiminde biz devlete başvuruda bulunduğumuzda, devlet "Sen kimsin de bana bu yazıyı gönderiyorsun?" dedi. Bir yazı yazıldığında bana, "Sen imzalama, Hahambaşı Haleva imzalasın" deniyordu. "Ben bu cemaatin başkanı değil miyim? Bana istediğiniz zaman başkan diyeceksiniz, istediğiniz zaman imzamı kabul etmeyecek, geçersiz sayacaksınız; bu nasıl olur?" diyordum içimden. Bu durumu hiçbir zaman anlayamadım. Umarım bir gün bu soruna da bir çare bulunur. Her zaman resmi davetlere çağrılırız ama imzamız geçerli değil. Cemaat başkanı olarak kendi cemaatimden beni eleştirenler de oldu. Bir gün bir dindaşım bizi cemaat yetkilileri olarak mahkemeye verdi. Hasköy, Bağlarbaşı, Kuzguncuk'ta mezarlıklarımız vardır. Maddi olanakları olmayan insanların defin işlemlerini ailelerinden hiçbir ücret alınmadan yerine getiririz. Şayet maddi olanakları yerindeyse Ulus'ta alacağı mezarın parasını öder. Bu yardım işinin yürüyebilmesi için bizim cemaat olarak bir ödenek ayırmamız şarttır. Bu konuda devlet bize yardım etmez. Bir gün bir dindaşım, büyükbabasının mezarının önüne başka bir mezar koydukları için cemaati mahkemeye verdi. Cemaat başkanı olarak mahkemeye gittim. Herkesi dinledim. En sonunda sıra bana geldi. Hâkim bana döndü ve sordu:

"Cemaat nedir?"

Bir hâkim nasıl böyle bir soru sorar diye düşündüm o anda. "Sayın Hâkim, Yahudi toplumunun Türkiye'deki adı Yahudi cemaatidir. Ölen adamı benim bir yere gömmem gerekiyor. Kaba bir tabir olacak ama cebimize koyacak halimiz yok. Ölen dindaşlarımızın ailelerine mutlaka bir yer göstermek zorundayız. Ayrıca bir mezarlıktan söz ediyoruz. Burası denize nazır bir yerleşim yeri değil. Neticede bir istirahatgâh. Bir kardeşimizle yan yana yatmak bu kadar da ağır gelmemeli. Ben şimdi kalkıp bu şikâyet üzerine bir meftanın mezarını mı yıkayım? Bunu mu yapmam lazım? Kusura bakmayın ama ben cemaatin başındaki kişi olarak bugün neden burada olduğumu anlamış değilim. Neden yargılanıyorum? Bir dindaşımla diğeri yan yana yatıyor ve birinin çocuğu bu durumdan memnun değil diye mi?"

Bu tür kavgaları çıkaranlara acıyorum. Cemaat olmak bu değil. Bırakın cemaat olmayı, insan olmanın temelinde sevgi, barış ve cana yakınlık yatmalı. Hele de az kişiyseniz, hele de birbirinize ihtiyacınız varken... Türk adaletinin vaktini boşa harcamaktan başka bir işe yaramayan bir girişimdi bu. Hâkim "Yaz kızım" dedi. O günden aklımda kalan son iki sözcük: "Cemaatin beraatine..."

Mezarlıklar son derece hassas bir konudur. Devlet bize Kilyos'ta yeni bir mezarlık verdi. Cemaatin birlik içinde olup bu araziyi mezarlık haline getirmesi şart. Bu hiçbir şekilde devletin sorumluluğunda değil. Devlet araziyi vermiş, daha ne yapsın? Gelibolu Belediyesi, mezarlık arazimizi TEDAŞ'a sattı. O toprağın altında mezarlar vardı. Olacak iş mi? Duyduğum zaman kulaklarıma inanamadım! Toprak devlete ait değil. Satmaya hakkı yok, peki manevi olarak da mı rahatsızlık duyulmadı? Söz konusu olan oyun alanı değil, mezarlıktı. Buna saygı duymak gerekmez miydi? Bu insanların hiç mi Allah korkuları yoktu?

"Peki bunun bir çaresi yok mudur? Kimin kapısını çalmak gerekir?" derseniz, biz cemaat olarak maalesef bir suç duyurusunda bulunamayız. Bir zorluk veya haksızlıkla karşı karşıya kaldığımızda gidip bir kişi veya kuruluş için suç duyurusunda bulunma hakkımız yoktur. Bu da bizim yasalar önünde tanınmış bir tüzel kişiliğimizin olmamasıyla alakalıdır. Bu cemaat vardır. Her zaman bir başkanı, vekilleri olmuştur. Her zaman devlet için ne yapabilirse yapmıştır ama suç duyurusunda bulunamaz. Çünkü kâğıt üzerinde hiç kimsedir.

Mezarlıklar birdenbire çok kıymetli oldu. Eskiden şehir merkezleri Karaköy'deydi. Şişli'nin ötesine kurtlar inerdi. Kilyos'a vasıtayla bile gidilemezdi. O zaman şehir dışında olan mezarlıklar yıllar geçtikçe şehrin içinde kaldı. "Bu mezarlığı yok edelim. Bu arazi güzel. Bundan para kazanalım. Rant getirelim" diye düşünen bir avuç çıkarcının elinde kalmamak için büyük mücadele verdik. 500. Yıl kutlamalarında, vakıf başkanı ve üyeleri, mezar analizi konusunda dünyanın önde gelen isimlerinden oluşan bir heyeti Türkiye'ye getirdi. Başında Mina Rozen adında çok yetenekli bir hanımefendi vardı. 500 yıldan beri bu ülkede var olan Yahudi mezarlarını etüt etti. Gençken, cemaatin daha alt kademelerinde çalıştığım sırada, kardeşimin kayınpederi o zaman "Bensiyon Bey, gelin şu mezarlarımıza bir bakalım, mezarlığın durumu çok iyi değil" demişti. Gençliğimin ve tecrübesizliğimin verdiği toylukla, "Abi ölüleri bırak, yaşayanlara bakalım" demiştim. Ne kadar büyük bir yanlış yaptığımın farkında değildim. Limanların etrafı hep hareketlidir. Liman Karaköy olduğu için genelevler oralara yerleşmiş. Bu evler Aşkenaz Sinagogu'nun arka kapısına baktığı için kapanmıştı. 1980 yılında o sinagogu ve yanındaki yaşlılar evini vakıfların izniyle sattık. Çorlu'da da beş sene öncesine kadar bu evler mezarlığın dibindeydi. Ben müracaat ettikten sonra kaldırıldı. Bu dönem, ANAP, MHP, DSP Hükümeti'nin son zamanlarına denk gelir. Zaten kanun da "Sinagog, kilise, caminin elli metre mesafesinde içkili yerler olmaz" der. Bu işin manevi tarafı beni oldukça yıpratmıştı. Mesele çözüldüğü zaman çok memnun oldum. Halıcıoğlu'nda eski, küçük bir mülkümüz vardı. Biçilen fiyata alıcı çıkmadı ve kısa zamanda berbat bir hal aldı. Ben de başkanlığım sırasında belediyeye hibe ettirdim. Şimdi hiç olmazsa içinde gazete okunuyor, yaşlılar hoşça vakit geçiriyor.

Bu tür olayların bir daha yaşanmamasını bütün kalbimle diliyorum. Bundan sonra görev alacak cemaat ve hükümet başkanlarının bu tür hassas konulara gereken özeni göstermeleri şart. Hem dinler arası saygı, hem uluslararası itibar ve insanlık adına bu küçük gibi görünen ama son derece önemli konulara zamanında el koymayı bilmeliler. Tüm bu girişimlerin resmi belgeleri kişisel arşivimde bulunmaktadır.

Yahudi dininde erkek çocuğun, doğumunun sekizinci gününde dini bütün bir sünnetçi tarafından sünnet edilmesi gerekir. Yahudi dünyası bu dini bütün sünnetçileri İsrail'de yetiştiriyor ve bu kişiler çeşitli ülkelerde görev yapıyor. 28 nisan 2003 tarihinde İstanbul Valiliği'ne bir yazı yazdım. Yazı Sağlık Bakanlığı'na da gitti. "Bizim sünnetçilerimiz bu ülkede resmi bir biçimde çalışamıyor. Bu insanlar tıp fakültelerinde bir müddet staj görüp çalışsalar. Çünkü eğitimlerini zaten tamamlamış olarak buraya geliyorlar" demiştim. Aldıkları eğitimin üstüne dört yıl daha okumaları gerektiği konusunda bir cevap geldi. Bu adamlar sünnetçiydi ve dini bilgilerle sıhhi bilgileri beraber okumuş ve tahsillerini tamamlamış kişilerdi. Onları dört yıl daha okul okutmak, bu işi zorlaştırmaktan öteye gitmezdi. Bana "Bu işi operatörler yapamaz mı?" diye sordular. Operatör tabii bu işi yapabilirdi ama Yahudilikte bunu yapacak kişinin aynı zamanda dini bütün bir Yahudi olması şartı da vardı... Bu talebi Cerrahpaşa'ya gönderdik ama sonuç alamadık. İl Sağlık Müdürlüğü bu teklife "Olabilir" derken, Sağlık Bakanlığı "Olmaz" dedi. 2003'ten beri bu işe de

242

bir çözüm bulunamadı. Bütün bunları açık konuşmaktan, bu mektupları yazmaktan hiç yüksünmedim. Türkiye'nin Avrupa Birliği'ne girmeden önce bu eksiklerini tamamlaması gerektiğini ben beş sene önce görmüştüm; hem bir vatandaş hem de bir cemaat başkanı olarak... Bu mektupları yazmış olmanın faydası ilerde görülecek. Bu sorunların çözüm zamanı geldiğinde bizim bunlar için çoktan başvuruda bulunduğumuzu devletimiz görecek. Bu problemlerin ne zamandır var olduğu konusunda fikir sahibi olacaklar ve her çözüme ulaştıklarında dini azınlıkların bir sorununu daha çözmüş olacaklar. Mektuplar şimdilik cevapsız kalsa ya da sorunlar çözülememiş olsa da, bu mektuplar devletin bir dosyasında saklı. Bir gün onlara rastlayacak biri nasıl olsa çıkacak.

1995'in sonuna doğru tüm dünyada olduğu gibi bizim cemaatte de dine kayma olduğunu fark ettim. İnsanın Allah'a yaklaşması kadar güzel bir şey yoktur. Allah'a inanan bütün müminlere benim saygım sonsuzdur. Kimi az yaklaşır, kimi çok, bunu ancak yaradan bilir ama bir farklılık sezmeye başlamıştım. Bir gün cemaatimi topladım.

"Bakın, siz gençlere dini bilgiler veriyorsunuz, gençlere şabatı anlatıyorsunuz; ancak bütün bunları yaparken, cumartesi oraya gitmeyin, buraya gitmeyin, şunu yapmayın diye sıkıştırmak onları dinden soğutabilir. Gençlere asansöre binmeyin, maça gitmeyin, diyerek bir yere varamayız. Bunları biraz esneterek gençleri sinagoglara daha kolay getirebilirsiniz. Dini sevdirmek lazım. Bırakın gençleri, yanlış yapmadıkları müddetçe ne isterlerse onu yapsınlar. Bu ilerde sağlıklı gençlerin yetişebilmesi için şarttır. Doğruyu gösterin; ama onları zorlamayın, bırakın kendi kararlarını kendileri versin.

Biri çıktı cemaatten 31 aralık 1997 tarihinde bir mektup yazarak beni hahambaşına şikâyet etti. Mektupta şöyle diyordu:

Asıl görevi Sayın Hahambaşımıza müşavirlik olan bir teşekkülün başkanı iken kendi kendine gelin güvey olan ve kendisini haksızca Türk Musevi Cemaati Başkanı olarak sıfatlandıran Bay Bensiyon Pinto'dan 'Köktencilik iyi bir şey değildir, çocuklar cumartesi günü maça gitmek isterlerse mani olmayınız' mealindeki sözleri ile adeta fetva verir edası ile icazet aldığınızın farkına herhalde varmışsınız. Yukarıda adı geçen sözleri o genç çocukların da işittiğini herhalde gözlerinizle görmüşsünüzdür. Muhteremim, bunlar hadsizlik, densizlik, şaşkınlık, her çorbaya maydanoz olma değil de sizce nedir?

Bu adam da benim için o gün bitti. Neden biliyor musunuz? Bana hadsiz ya da densiz dediği için değil, bunları benimle konuşmak yerine, çok değerli bir din büyüğümüzü bu konularla meşgul edip beni ona şikâyet etme çocukluğunu gösterdiği için. O aslında konuya değil, bana karşıydı. Kendine göre haklı olduğu konuda beni ikna etmesi için önce benimle konuşması lazımdı. Yapmaya çalıştığım dinsiz ve geleneklere karşı çıkan bir gençlik yetiştirmek değildi tabii ki. Tam tersine, çok söylemekle gençleri dinden soğutmama, yaptıklarını görmezden gelmeme ve onları ödüllendirme derdindeydim. Din adamları gençleri biraz hoş görürlerse onlarla daha kolay diyalog kurabilir ve onları daha iyi dindaşlar yapabilirlerdi. Böyle şeyler beni asla sinirlendirmedi. İnsanlar beni yapım gereği çok eleştirdi. Adam bana kalktı "Her çorbaya maydanoz oluyor" dedi. Doğrudur, ben her çorbaya maydanoz oldum, çünkü ben cemaat başkanıydım. Cemaatim ve dinimle ilgili, hele hele gençleri ilgilendiren her konudan haberim olmalıydı ve her konuda da bir yorumumun olması çok doğaldı. Tersine, bunları yapmasaydım benden bunun hesabı sorulmalıydı. Cemaat başkanlığı rahat bir koltuk değildi. Bir insan işine her konuda hâkim olmazsa o zaman ona hâkim olurlar. İşine sahip çıkamayacak kişi o koltuğa oturmasın daha iyi. Bu sebeple cemaat başkanlığım sırasında bu arkadaşın tabiriyle her çorbaya maydanoz olduğum, işimi hakkını vererek yaptığım için içim çok rahat.

Okulu taşımak

Şişhane'de Birinci Karma İlkokulu'nda okudum. Kardeşim de ortaokulu orada okudu. Bunları bilerek ikinci defa yazıyorum. Yazıyorum ki okulun benim için nasıl da ayrı bir yeri olduğu bir kere daha anlaşılsın. Okul bir ülke için her şeydir. Bir sinagogun cemaatsiz kalması bizi üzebilir, hüzünlendirebilir ama bir okulun öğrencisiz olması tam bir can acısıdır. Bunun olmaması ve uzun vadede aranan, beğenilen, başarılı bir okul yaratmak için hemen harekete geçmek lazımdı. Benim ilk hedeflerimden biri buydu; ama yapmak biraz zaman almıştı. Okullara baktığım zaman neredeyse hepsinin işyeri bölgelerinden başka semtlere taşındığını, daha kolay ulaşılacak semtlerde olduğunu gördüm. Bir okulun kalitesi düşmemeli. Düşerse, ilköğretimden iyi talebe çıkmayınca liseye de yeterli bilgiye sahip öğrenci gelmez ve böylece öğrenci kalitesi düşmüş olur. Bizim okulumuza çocuklarını maddi olanakları çok iyi olmayan aileler gönderiyordu. Bu ailelere yardım etmek ve bu işi bir düzene koymak gerekiyordu.

Milli Eğitim'den telefon geldi ve okulun eski binasının çok tehlikeli olduğu söylendi. Olası bir yangında çocukların kurtulması için acil çıkış kapısı bile yoktu. Anayol da kapalıydı. Bu konuda tedirgin olmuşlar ve bizi uyardılar. Zaten kanunen de sinagogun yanında okul olmazdı. Tek boş arsa orada olduğu için okul oraya yapılmıştı. Teknik rapor istedim. İtfaiyeden gelen rapora göre durum hakikaten felaketti. Gittim ve okulu dolaştım. Tehlike anında tahliye neredeyse imkânsızdı. Daracık bir kapıdan girip çıkılıyordu. Yaşanabilecek izdihamı düşündükçe tüylerim diken diken oldu.

Bütün öğretmenlere saygım büyüktür ama bir eğitim kurumunda tecrübenin yanında çağın nabzını tutan ve yeni eğitim sistemi hakkında bilgisi olan insanların çalışmasından yanayım. Kırk öğretmenin yirmi beşinin genç olması, diğerlerinin onlara yol göstermesi gerektiğini savunurum. Kadronun yenilenmesi ve yeni eğitim sistemini bilen, genç, donanımlı öğretmenlerin tecrübeli öğretmenlerle beraber çalışması gerekiyordu. Okulu taşımak ve yenilemek istememin bir başka nedeni, yurtdışına gittikçe gördüğüm çağdaş ve modern eğitim mekânlarına ihtiyaç olduğunu fark etmemdi. Bilgisayarlar, barkovizyonlar olmalıydı. On beş sene önce, iyi okumayan bir çocuk için, "Bu okuyamıyor, bari askere gitsin, bir de kız bulur evlendiririz, alacağı drahoma da var. Bir işe yarar hale gelir, iki aile birleşir, hayatı kurtulur" denirdi. Artık ufak iş yapma imkânı kalmamıştı. Çorap satan, kırtasiyecilik yapan dükkân kalmamıştı. Münih'te, Paris'te gördüklerim kocaman iş merkezleri, alışveriş yerleriydi. Yurda dönünce küçük işletmelere bakıp "Bir gün bunlar bitecek derdim" Ne yapmak gerektiğini düşündüm. Küçük esnaflık bitince bu gençler nerelerde çalışacaktı? Yıllar geçti ve devir değişti. Yüksek tahsil bile bir gencin iş bulmasına yetmez hale geldi. Sorumun da cevabı kendiliğinden ortaya çıktı. Çok iyi eğitilmiş gençler yetiştirmek lazımdı. Bu işi günahıyla sevabıyla üstüme aldım. Mimarı ben olacaktım, çünkü eğitimin her şey olduğuna bütün kalbimle inanıyordum. Bunun için çok iyi bir ekip kurmak gerekiyordu. Bir yandan da cemaate bunun gerekliliğini anlatmam lazımdı. Okulun transfer işi, zamanın Milli Eğitim Bakanı Avni Akyol'la başladı, Vehbi Dinçerler'le devam etti. Avni Akyol'un tüm iyi niyetlerine rağmen bürokrasi önümüzü tıkadı. Çeşit çeşit düşüncede insan vardı. Kimi "Okulun yeri gayet iyi" diyordu, kimi "Devlet bize izin vermez" diyordu. Bin tane yorumun arasında aslında bunun mutlaka yapılması gerektiğini, devletin de size asla engel olmadığını –hem de lisanımünasiple, kimseyi kırmadan– anlatmaya çalışmak, gerçekten de hem zor hem yorucu bir işti. Okulun arsasının kanuni izinlerini Avukat Harun Tavşancıl aldı. En başta sayacağım isimler; Prof. Dr. Selim Kaneti, Bernar Nahum ve Viktor Braunstein'dır. Allah hepsine rahmet eylesin. Bu isimler asla unutulmaz ve yerleri doldurulamaz. Okulun Ulus'a taşınmasında en büyük işleri "beş altın adam" dediğim ve Türk Musevi cemaatinin örnek kişileri olan dostlarım yaptı: Rıfat Hassan, Bernar Nahum, Niso Albuher, Moiz Sadioğlu ve Mahir Kasuto. Bu adamlar gerçekten altındır. Bu adamlar okul için para topladı, projeyi yaptırdı, cemaate bir kuruşluk yük getirmedi, ellerinden gelenin fazlasını yaptılar. Avukat Harun Tavşancıl, okulun tapu hakkı için canla başla çalıştı. Onu Tapu Kadastro İstanbul Bölge Müdürlüğü'nün arşivinden dönüşünde eli yüzü kir içindeyken gördüm. Tapu kayıtları çok eski olduğu için bir türlü bulunamamıştı. Harun bunu o gün bulmuş ve gereken izinlerin alınmasını sağlamıştı. Ona "Bu emeklerinin karşılığını alman gerekir" dediğimde, bu işi para karşılığında yapmadığını, okul için hiçbir zaman para talep etmeyeceğini söyledi. O zaman elimi cebime attım, "Peki oğlum, hiç olmazsa bu parayı al da hamama git bari, bak ne haldesin" dedim. Bu olay o sıkıntılı günlerin içinde kahkahalarla gülmemizi sağlamıştı.

1990 yılında, önce yeni bir okul binası yapmak ve okulu taşımak içim bakanlıktan izin aldık. Ardından 1991 yılının haziran ayında ruhsatı aldık. Ağustos ayında temel attık. 1994 yılında iskân izni alındı. Aynı yılın eylül ayında eğitim öğretim başladı. Bu ekip bütün bu çalışmaları canla başla yaptı. Tek amaç cemaatimize hak ettiği okulu kazandırmaktı. Sonraları başımız ağrımaya başladı. Okulun seviye sınavı olduğu günlerde, ben cemaat başkanıyken arayıp, "Lütfen torunumu okula al, ben de yardımda bulunayım" diyenler oldu. "Asla" dedim. Okul kale gibi sağlam, prensiplerinden asla ve asla taviz vermeyen bir kurum olmak zorundaydı. Bizim okulumuz satılık olmayacaktı. Okul sınavla öğrenci alıyordu. Hak eden kazanır, etmeyen başka okulda okurdu. Okulu ayakta tutabilmek, çocukları okutabilmek için gerekirse cemaatimden kısar ama o okulu yaşatırım. "Başvuranların tümünü almak istiyoruz, seviye sınavını kaldıralım" dediler. Önceleri bu fikri tasvip ettiğimi pek söyleyemem ama okul cemaatindi ve orada okumak herkesin hakkıydı. Bu düşünce dünya görüşüme uyduğu için bu fikri kabul ettim. Yine de her zaman okullarda başarı seviyesinin bir kıstas olmasından yanayım. Herkes hak ettiği başarıya göre okumalı. Parası olmadığı için bu okulda okuyamıyorsa, gelsin hemen kaydolsun ama babasının parası var diye bu okulda okuma hakkı olmasın. Gemi bir kere su almaya başlarsa, sonunda batar; buna kimse engel olamaz.

Bernar Nahum, okulun yapımında kapı kapı gezip para toplayan adamdı. İnanılmaz bir kararlılık, azim ve iyi niyet örneğiydi... O zaman ortağı olduğu Koç Holding'de çalışıyordu. Holding merkezi Kabataş'taydı. Bana bir çarşamba günü saat onda randevu verdi. Binaya girdim. Asansörü beklerken elektrik kesildi. Yukarı yürüyerek çıktım. Bernar Bey'in çok iyi bir sekreteri vardı.

"Geç kaldınız Bensiyon Bey."

"Geç mi kaldım? Binaya girdiğimde saat ona beş vardı, şimdi de onu dört geçiyor. Çok uzun bir süre sayılmaz..."

Sekreter gülümsedi ama muhakkak bildiği bir şey vardı. Bernar Bey'e haber verdi, içeri girdim. Baktım, Bernar Bey'in kaşları çatılmış, bir yandan da saatine bakıyor.

"Neden saatine bakıyorsun?"

"Geç kaldın Bensiyon."

"Dört dakika geç kaldım, çünkü elektrik kesildi."

"Kaçta kesildi?"

"Bilmiyorum."

"Bak oğlum. Günde yirmi randevu, beşer dakika gecikse bir buçuk saat eder. Onar dakika gecikse üç buçuk saat eder. İnsanlar beklemez, ona göre."

Başarılı işadamı olmanın ölçülerinden biri! Bernar Nahum, bu disiplinde çalışarak işlerinde başarılı olmuş bir devdi. O, bu okulun babasıdır. Allah'a bin şükür ki okul konusunda yüzümüz kara çıkmadı ve bu işi başarıyla gerçekleştirdik. İnsanoğlu değişik bir varlık. Başarıyı yaşadıkça ve bunun tadına vardıkça daha büyük başarıların peşinde koşmak istiyor. Cemaat için çok çalışan ve bununla övünmeye hakkı olan bir adamım. İsterdim ki, okulun açılışına beni çağırmayı unutmasınlar ve bir yerlere de adımı yazsınlar. Çağırmamış ve yazmamışlardı. Günü geldi, şimdi yazıyorum.

Okulla ilgili bir hedefim de Amerika'daki üniversitelerden gençler için burs almaktı. Bunu da başkanlığım sırasında başardım. George Washington ve Braindeis üniversitelerinden okulumuzun başarılı öğrencileri için burs aldım. İstanbul'da Dünya Makabiyat[*] Komitesi toplantısını yaparken, komite başkanı aynı zamanda Braindeis'in idare heyetindeydi. İlk bursu da o gece ondan almıştım. Sonra bu burs bir gelenek haline geldi ve başarılı gençlerimizin yüzünü güldürdü. Bu konuda Braindeis için, Mordo Elnekave ve Aron Habib'in yardımlarını asla unutamam. Vedat Sadioğlu'nun katkılarını da... Bu katkıların maddi ya da manevi olması fark etmez. Önemli olan bu girişime inanmak ve onu desteklemektir.

Okul, bir vakıf okulu olarak hizmet vermeye başladı ve tabii maddi anlamda büyük sorunlar da beraberinde geldi. Bir gün Hahambaşılık Yürütme Kurulu'nun yaptığı bir toplantıda okulun maddi sıkıntıda olduğunu söylediler. Bir miktar paraya ihtiyaç vardı ve bu para talebelerin bursuyla karşılanabilirdi. "Bu kadar çok burslu çocuk okutmaya ne lüzum var? Bu kadar masraf son derece gereksiz" diyenler de vardı. Onlara şunu söyledim:

"Bu okul cemaatin tek okulu; orada iyi talebelerin yetişmesi, iyi öğretmenlerin çalışması lazım. Ben eğitimden kısamam. Burstan kısıp da masraf karşılayamam. Okul öğretmenin maaşını veremiyor da dedirtmem. Başka bir çözüm yolu bulmamız lazım."

Baktım beni anlamıyorlar. Çantamı topladım, "Bensiz devam edin" dedim ve toplantıyı terk ettim. Kavgacı bir yapım yoktur ama doğru bildiğim yoldan da beni kimse döndüremez. Çoluğun çocuğun parasını kesip de öğretmenin parasını vermek kadar adaletsiz bir tutum olamazdı. Bunu bir başkan olarak yapmazdım. Başka bir kaynak bulabilirdik. Bu tür tıkanmalar geçicidir. Geçici meseleleri kalıcı ilkelerden fedakârlık ederek çözmek kadar yanlış bir tutum olamaz. Kafam çok bozuktu. İstifa etmenin korkaklık olduğunu düşünmüşümdür ama bu

---

[*] Musevi sporcuların olimpiyatı. Dünyadaki Musevi cemaatlerini bir araya getiren bu olimpiyatlar, iki yılda bir önceden belirlenen bir Avrupa kentinde, dört yılda bir de İsrail'de yapılır.

kafa bozukluğuyla orada oturmamam lazımdı. Aradan yarım saat geçti geçmedi, arayıp özür dilediler. Aynı kişiler sonradan okula sonsuz destek verdi. Yine de okulun bana göre çok eksikleri var ve bunların giderilmesi için okulun annesine babasına; yani cemaatine ihtiyacı var. Her zaman da olacak. Okul ibadethaneden önce gelir. İbadeti her yerde yapabilir insan ama eğitim başkadır. Sağlam çocuklar yetişmezse bu toplum nasıl ilerler? Bugün onursal başkan olarak okulumdan çok memnunum. Yarınlara pırıl pırıl gençlerin yetiştiğini görmek beni bir büyük olarak çok ama çok mutlu ediyor.

Okul bittikten ve taşındıktan sonra Neve Şalom'un altında bütün dünyadaki sinagoglarda olduğu gibi bir kabul salonuna ihtiyaç olduğunu gördüm. Cemaate, duadan sonra törene uygun olarak misafirlerini ağırlayabilecekleri, tebrik ya da başsağlığı dileklerini kabul edecekleri bir mekân lazımdı. Düğün oluyor, ardından pek çok kişi eline bir kadeh şarap alıyor, "Şerefe" diyerek gençlerin evliliğini kutluyor. Bunu yapacak yerimiz yoktu. Ben küçük çapta bir şeyler düşündüm. Ona bile çok para lazımdı. Arkadaşlarıma söylediğim zaman, "Oraya bu paralar yatırılır mı? Kim para verir?" diye ortalığı ayağa kaldırdılar. Bütün muhalefete rağmen, Neve Şalom'dan iki üç arkadaşımın desteğiyle bu işe girdim. Bir gün deniz otobüsünde adaya geçerken, Edmond Benkohen'e rastladım.

"Bu işin sponsorluğunu yapar mısın?"

"Bu büyük bir para."

"Sen her yere büyük bağışlar yapıyorsun zaten. Bu senin ismini yüceltecek ve ölümsüzleştirecek."

Edmond Benkohen, adını o gün bana "Evet" demekle ölümsüzleştirdi ve Türk Musevi cemaatine örnek oldu. Onunla birlikte, bu iş için hiçbir desteği esirgemeyen cemaatin diğer üyelerinin adları da aynı şekilde ölümsüzleşti. Bugün, Neve Şalom Kültür Merkezi cemaatimiz için çok önemli bir mekân. İlerleyen zamanda daha da büyüdü ve çok amaçlı bir salon haline geldi. Ben de bir gün kimseye ağzımı açıp da "Bana karşı çıktınız, bunu da tek başıma hallettim" demedim. Şimdi söylüyorum. Bu iş, yaptığımız en iyi işlerden biridir.

Çözülmesi gereken bir mesele daha var: Bana göre halka verilen servisten para almamak lazım. Cemaatin düğün, sünnet, bar mitsva gibi sinagogda yaptığı törenleri ona hediye etmek lazım. Biliyorum, bu şimdilik bir ütopya, inşallah bir gün cemaatin cemaate sahip çıkmasıyla o da olacak. Cemaat bizim her zaman yanımızda. Bize cemaat olma ayrıcalığını veriyor. Bir sıkıntısında yanında olacağını düşünen, cemaate bağlı, onu geliştirmek için çalışan gençler yetiştirmeliyiz.

Gençlere güzel bir spor salonu yapmak istedim, olmadı. Çok büyük paralar gerekiyordu. Davet edildiğim her yerde, derneklerde, toplantılarda, devletin ve cemaatin verdiği davetlerde, her yerde konuştum ama kimseyi pek ilgilendirmedi. Gün gelecek, büyüklerimiz de bu ihtiyaca kulak verecek, bize verilmiş sözler tutulacak ve yapmak istediğimiz tesis için bize bir arsa verilecek. İnşallah bu gerçekleştiğinde hayatta olur ve o güzel günü görürüm. Herkes benim cemaati basamak yaparak siyasete atılacağımı düşündü. Yanıldılar. Benim siyasete girmek için cemaate ihtiyacım yoktu. Her şeyden önemlisi, böyle bir niyetim yoktu. Herkesle diyalog halinde olmam bir süre birilerini rahatsız etti. Farkındaydım ama değilmişim gibi yapmayı büyüklük olarak gördüm. Açık sözlülüğüm çok kişiyi rahatsız etti. Her işin içindeydim. Ev, cep, iş telefonlarım herkese, gece gündüz açıktı. Ulaşılabilir bir başkan oldum. Mesai arkadaşlarıma sonsuz yetki verdim ama onları hep takip ettim. Konuları bilmek istememdeki temel gaye, biri hesap sorduğunda cemaat başkanı olarak rahat ve bilinçli cevap verebilmekti. Her kurumla ilgilenecek farklı bölümler yarattım. İş bölümü yaptım. Böylece herkesin sorumluluğu farklı oldu. İlkemiz bir konu tıkandığında oturup tartışılmasıydı. Tek adamlık bana göre değildi. Beraber çalışan kişilerin her zaman yanında oldum. Biri bir hata yaptıysa onunla sorumlusunun ilgilenmesini bekledim. Konuya girmedim. Yanlış yapana mutlaka bir şans daha verilmesinden yana oldum.

Yürütme kurulundan arkadaşlarımla 2002'de bir İsrail seyahati yaptım ve muhtelif randevular aldım. Amacım cumhurbaşkanı, başbakan ve bakanlara Türk Musevi Cemaati üyelerini tanıtmaktı. Benden sonra görev alacakların yurtdışında kimlerle görüşmeleri gerektiğini bilmeleri lazımdı. Bu tanıştırma çalışmalarını farklı zamanlarda Avrupa ve ABD'de de yaptım. Bana bu konuda katılmayanlar da vardı. Başta hık mık ettiler, sona da gelmeyenler başlarını taşa vurdular: "Haklısın, katılmamız daha doğru olurdu" dediler. Gelenler de çok memnun kaldı.

Bir diğer konu da iman ve ibadettir. İnsanlar, bazen dua ederken kötülüklerden arınabilirler, aklıselimine güvenerek hareket eden bir dindar bana göre Allah katında da değerlidir. Bunların ikisi de çok önemli kavramlardır, zihinler ve yüreklerde kendine bir yer bulur. Buna dair küçük bir Yahudi çocuğun başından geçmiş bir hikâye anlatılır. Holokost'ta* bazı Hıristiyan aileler, anne babaları götürülürse bu çocuklar kurtulsun hiç olmazsa diyerek, Yahudi çocuklarını evlerine almışlar. Yıllar sonra da bu çocukları papazlara teslim etmişler. Avusturya'da da böyle bir olay olmuş. Bir Hıristiyan aile, bir gece Yahudi bir aileye yemeğe gitmiş. Adam, eşi ve üç çocuk... Çocuklardan biri seneler önce kurtardıkları ve papazlara teslim edilen çocuklardan biriymiş. Sofraya

---

* Nazi soykırımına verilen ad. Holokost Yunanca yanıp kül olan anlamında bir sözcüktür. Nazi Soykırımı, Yahudi Soykırımı, Holokost ya da İbranicede felaket anlamına gelen Shoa, Nazi döneminde yaklaşık altı milyon kişinin sistemli bir şekilde öldürüldükleri katliama verilen isimdir. Bu insanların öldürülme nedeni, Yahudilerin, Naziler tarafından yaşamaya hakkı olmayan alt sınıf insanlar olarak görülmeleridir.

oturmadan önce Yahudilerde cuma akşamı okunan kiduş duası okunurken, çocuk "Ben bu duayı hatırlıyorum, ben bunu küçükken duydum" demiş. Onu büyüten aile çocuğu kiliseden aldığı için bir araştırma yapmış ve çocuğun Yahudi olduğunu anlamış. Bu sebeple çocuklara dini bilgi vermek çok önemli.

Kendime inanıyorsam ve doğru fikirlere sahip olduğumu düşünüyorsam, karşımdakinin düşüncesi beni çok ilgilendirmez. Ben bir düşünceyi kafamda beş kere çevirmeden yürürlüğe koymam. Boşu boşuna haklıyım demem. Haksızsam da kabul ederim. Daima büyüklerimden ilham alarak yola çıktım. Onların tavırlarından hareket ettim. Tenkit ettiğim tek yönleri, bütün problemlerini kendi aralarında konuşmalarıydı. Bunları devletin üst yönetimine götürme cesaretleri olmazdı. Çünkü o zamanlar Türkiye'nin dini azınlıklara karşı politikaları çok müspet sayılmazdı. Bir gün rahmetli Hahambaşı Davit Asseo, o zamanın başbakanı Ferit Melen'e, "Sayın Başbakanım, Caddebostan Sinagogu'unu yıkmak istiyorlar. Bu konuda bize gerekli hakkı verin" demiş.

"Ben bu konuda gerekeni yaparım. Siz üstelemeyin. İzin alma yoluna da gitmeyin. Bugünkü kanunlarla izin filan alamazsınız."

Böyle bir yoldan gelmiş cemaatin, yirmi beş yıl önce şikâyetlerini Ankara'da yüksek sesle söyleme hakkı yoktu. 1980'deki ihtilalin ardından ANAP Hükümeti geldi. O zaman Odalar Birliği başkanı olan Ali Coşkun'la yıllarca Sanayi Odası 17. Grup'ta beraber çalışmıştık. Ben de grubun on yedi yıl boyunca başkanlığını yapmıştım. Kazım Oksay vakıflardan sorumlu devlet bakanıydı. Kalebodur sponsorluğunda Şan Sineması'nda bir konser vardı. Ali Coşkun beni aradı ve "Bensiyon, bu konsere gel, Kazım Oskay da gelecek, sizi arkalı önlü oturturum ve sen vakıflarla ilgili problemlerini anlatırsın" dedi. 1983 yılı sonunda, o konserde vakıflarla ilgili problemleri kendisine anlatma olanağı buldum. O yerlerden geldiğiniz zaman bir müddet sonra çevreniz genişliyor ve sizi artık dinlemeye başladıklarını fark ediyorsunuz. Bundan cesaret alarak bugünkü duruma geldik. Bugün aktif görevde bulunmamama rağmen, her konuyu devletin ve hükümetin her mercii ile rahat rahat konuşurum. Bugün Avrupa Birliği eşiğindeki Türkiye'de artık herkese kulak veriliyor. Bunu herkesin duyması, bilmesi, örnek alması lazım. Türkiye, kendi geleceğini sağlama alabilmek için kendi menfaatlerini her şeyin üstünde tutmak zorunda.

Abdullah Gül'le çok iyi bir diyaloğum var. Üstlendiği görev ne olursa olsun, bizi her zaman güler yüzle karşıladı ve sorunlarımıza canla başla eğildi. Dürüstlük ilkesinden sapmadan, her zaman açık açık konuştuk. Zaman zaman fikrimi söylediğimde, "Çocuklar biz bunu neden böyle yaptık? Sayın Pinto doğru söylüyor" diyecek kadar ileri görüşlü, nazik ve medeni bir adam. ANAP ve AK Parti, bizim cemaatimize her zaman yol açtı ve sorunlarımıza kulak verdi. "Avrupa Birliği eşiğindeyiz, bu çalışmaların temeli zaten çok eskiye dayanır. Partilerin böyle yapmaları tabiidir" diyenlere de bir cevap vermek isterim. Ben neticeye bakarım. Bu hükümet bana sahip çıktı mı, çıkmadı mı? Benim sorunlarıma canı gönülden eğildi mi, eğilmedi mi? Gereken ilgi ve yakınlığı son yirmi yıl içinde daha çok görmüş bir dini azınlığız. Sorunlarımıza devlet tarafından çareler arandı. Çözülebilecek olanlar çözüldü ama her şeyden önemlisi, ne zaman istesem devletin veya hükümetin kapısını bir vatandaş olarak rahat rahat çalabildim. Bir başkan olarak buna bakarım. Bir vatandaş olarak buna bakarım. Bir insan olarak da önce buna bakarım. İki parti de dini azınlıklara yeni kulvarlar açmıştır. Dünyada birçok değer değişti. Artık geleceğe daha farklı beklentilerle bakmak gerekiyor. Dini azınlıkların meselelerinin tam olarak çözüldüğünü düşünmüyorum ama çözüleceğine inanıyorum. Kanun çıkartmak yetmez. O kanunları uygulamak gerekir. Bundan sonraki cemaat başkanlarına bu konuda çok iş düşüyor. "Yahudiliğimi baz alarak bana problem çıkarmayın. Çünkü ben en az sizin kadar bu ülkenin çocuğuyum" diyebilmeliler. Bunu Cumhurbaşkanı Ahmet Necdet Sezer'e de söyledim. Her zaman, her yerde söyledim. Türkiye'yi yurtdışındaki platformlarda iyi şekilde temsil ettim. Amacım Türkiye'nin hakkını Türkiye'ye vermelerini sağlamaktı. Çoğunlukla da başarılı oldum.

Biz bu ülkede 1934 Trakya Olayları'nı, Varlık Vergisi'ni, Yirmi Sınıf asker dönemini, 6-7 Eylül Olayları'nı yaşadık da hiç mi iyi günler yaşamadık? Tabii yaşadık! Bu topraklarda Osmanlı'da da, Türkiye Cumhuriyeti'nde de Yahudiler çok mutlu bir hayat yaşadı. En güzel komşuluklar, en güzel gelenek ve görenekler, en güzel bayramlar, en güzel dostluklar burada yaşanmakta. Türk Yahudisi, dünya Yahudileri içinde, vatanında rahat yaşamış ender halklardan. Tüm dini azınlıklara kucak açmış olması, terazinin ağır basan kefesi. Bardağın dolu tarafını görmeyi tercih ederim. Yaşadığımız o büyük tarihi elimizin tersiyle bir kenara itemeyiz. Bu cemaatin genç askerleri Çanakkale'de bu ülke için savaştı. Bu toprakla yoğrulduğumuzu kimse inkâr edemez. Benim için, "Bu adam dalkavukluk yapıyor" diyenler oldu. "Devlete kendi menfaati için yaranmaya çalışıyor" diyenler oldu. Bunlar dolaylı yoldan kulağıma geldi. Devletle kişisel bir işim hiç olmadı. Üstelik ikiyüzlü bir adam olsam, bakanların, müsteşarların, başbakanların yanında ne işim olurdu? Onların kafasının bana dalkavuk diyenlerden daha çok çalıştığı kesin. Bu işler tiyatro sahnesinde geçmiyor. Yaşadığımız hayatın içinde bu senaryolara yer yok.

Biz askerle tanışmamıştık, oysa tanışmamız lazımdı. Asker kimsenin korkulu rüyası olmamalıydı. Antisemitizm hareketleri tavan noktasındayken, medya durmadan aleyhimizde yazılar yazıyordu. Bunalmış durumdaydık. O zaman I. Ordu komutanı, protokolde İstanbul valisinin askeri dengi olan Çevik Bir Paşa'yı ziyaret etme kararı aldım. Son derece saygın ve bir o kadar da babacan bir ifadeyle karşıladı. Hiçbir zaman hiçbir yere tek başıma gitmediğimden, eski başkanım, hukuk müşavirim ve başkan vekillerimle ekip olarak birkaç kez görüşme fırsatı bulduk. Sorunlarımızı anladı. Kendisini yakından tanıma fırsatı bulmuş olduk. O ziyaretten sonra I. Ordu'nun kapıları bize açılmaya başladı. Neden bu ziyareti daha önce yapmamıştık? Askerin bize yakınlık göstermesini bekliyorduk ama kendimizi anlatmaz, onların kapısını çalmazsak, asker bize ne yapacaktı? Ondan sonra Orgeneral Necdet Timur Paşa göreve geldi. Onunla dostluğumuzu kelimelere dökebilmem oldukça zor... Paşa ve değerli eşleri bugün en yakın aile dostumuz. Selimiye Kışlası'nda insan ordusuyla bir kere daha gurur duyuyor. I. Ordu Komutanlığı'nı gören biri, düzenin, disiplinin, çizginin ne demek olduğunu görme şansına sahip oluyor. Askerin yakaladığı muhteşem düzeni ve kaliteyi her alanda ve aşamada bir imaj olarak benimsemek, dış ülkelerdeki itibarımızı büyük oranda artırabilir. Daha doğrusu, zaten hak ettiğimiz ve var olan itibarın kabul görmesini sağlar. Çetin Doğan Paşa ve ardından Genelkurmay Başkanı Orgeneral Yaşar Büyükanıt da aynı yakınlık ve saygınlık içinde bize yaklaştı.

Yarınları inşa edebilmenin temeli geçmişi bilmektir. İyi bir Yahudi, tarihini mutlaka bilmelidir. Bilmemekte bu kadar direnen bir gençlik, yarın öbür gün dünyanın neresinde olursa olsun, "Yahudiliğimden dolayı beni taciz ediyorlar" diye şikâyet etme hakkına sahip olamaz. Her devirde Yahudilere karşı hareketler olmuştur. Antisemitik hareketler ortaya çıkmıştır. Servetleri sorgulanmıştır. Başka hiçbir millet sadece adı şu diye Yahudiler gibi dışlanmamıştır. Bu Yahudilerin yazgısında vardır. İsrail Devleti kurulduktan sonra bu olabildiğince aza inmiştir. Halinden memnun olmayan gidip oraya yerleşmiştir ve diasporadaki Yahudilerin haklarının korunacağına inanılmıştır. Bu inanç isteği, böyle bir güven duygusu ihtiyacı insanın tabiatında vardır. 1940'lar çok eski bir tarih değildir. Bugün kimse ortaya çıkıp da "Yahudi Soykırımı olmamıştır" diyemez. Bu bir insanlık ayıbıdır. İnsanların insanlıklarından utanmaları gereken, insanlık tarihinin, dünya tarihinin en kara lekesidir. Bir toplumla savaş halindeyseniz, kendi değerlerinizi, toprağınızı, geleceğinizi korumak için ölürüsünüz de, öldürürsünüz de... Keşke olmasa dediğimiz ama zorunlu durumlarda insan olarak kendimizi savunmak için başvurduğumuz savaşları öğrenerek büyüdük hepimiz. Gerçek nedenleri, gerçek olmayan nedenleri, tarihleri, kimler arasında yapıldıkları ile sorgulanıp durduk. Hatta bunları bilmek ya da bilmemekle tembel ya da çalışkan öğrenciler olduk. Avrupa'nın orta yerinde yaşanan bu soykırımın gerçek ya da gerçek olmayan nedeni, birilerinin arasında geçme durumu bile olamadı. Sadece belli bir ırkın mensubu olduğu için öldürülen bir buçuk milyonu çocuk, altı milyon insanın neden öldürüldüğünün, üstelik yavaş yavaş bunun bir suç olduğunu bile bile bu sebeple dünyadan gizleye gizleye öldürüldüğünün hesabını verecek kimse yok maale-

252

sef. O zaman siz bir Yahudi olarak kendinizi korumaya kalktığınızda, "Bunlara da ne oluyor canım?" diye eleştiri aldığınızda içiniz sızlıyor.

Biz 15 kasımda başımıza gelen dış kaynaklı terör eylemi sonrasında yaralarımızı sarıp ayağa kalkarak, hayata kaldığımız yerden devam ettik. Yaşadığımız ülkede, kendi ülkemizde rahat olduğumuzu biliyorduk. Bize vurulan dışardan gelen bir darbeydi. Devletimize güvenimiz sonsuzdu. Bu çok önemli bir noktadır.

Cemaatimizin değerli üyesi Diş Hekimi Sevgili Yasef Yahya'nın 21 ağustos 2003'te öldürülmesi, hepimizin gönlünde derin bir yara açtı ve acısı hiç dinmedi. Başarılı bir diş hekimi olan Yasef'in hiçbir kurum, kuruluş veya örgütle ilişiği yoktu. Yaptığı işe son derece önem veren, ciddiye alan bir doktor olarak hayatına devam ediyordu. Çevresinde sevilen ve sayılan, iki çocuk babası bir gençti. Muayenehanesinde öldürüldüğünü duyduğumuzda "Neden?" dedik. "Neden Yasef'i öldürsünler?" Maalesef öldürülmesinin sebebi yalnızca farklı bir dine mensup olmasıydı. Bir insanın hayatına bu sebeple kastetmek nasıl bir düşünce, nasıl bir niyettir? Ne olmuştu bu ülkenin insanına? Sonradan, 9 mart 2004'te mason locasına yapılan saldırıyı gerçekleştirenler ile Yasef'i öldürenlerin aynı kişiler olduğu anlaşıldı. Bu kişiler 16 mart 2004'te yakalandı. Yasef memleketimizde vatandaşları tarafından Yahudi olduğu için öldürülen ilk kişi oldu.

Cemaatimiz yüzyılların getirdiği kültür birikimini ve mirasını hem kendi gençliğine hem de geniş toplum gençliğine tanıtmak ve anlatmak zorunda. Kültürün kalıcılığı onun tüm ayrıntılarıyla geniş kitlelere tanıtılmasına bağlı. Cemaatin kendini ortaya koyma biçimi de artık değişmeli. Yahudilerin Avrupa Günü ayakta tutulmalı. İsrail'in dış politikasında diaspora Yahudilerini istemeden de olsa göz ardı ederek yaptığı yorumlar yüzünden zorlansak da biz Türk'üz. Vatanımız burası. Her şeye rağmen ayakta kalmaya ve bu hakikati geniş topluma bıkmadan anlatmaya kararlı olmamız lazım.

Bazı hatalar yaptım ama bunlardan pişman olmadım. Bu çok iddialı bir cümle gibi görünebilir, ama hakikat bu. Sonradan pişmanlık duyduğum hiçbir şey yaşamadım. Bir gün Avi Alkaş'la bir konuyu tartışıyorduk. Üstüme üstüme geliyordu. Ben de başkanlığımı kullanarak "Bu konuyu kapat" dedim. Konunun tartışılması gereken yer orası değildi. Sonra eve gittim. Eve gittikten sonra düşünür taşınır, yanlış yaptığıma karar verirsem, telefon edip karşımdakinden özür dilerim. Hemen Avi'yi aradım, "Yanlış yaptım, kusura bakma" dedim. Olay tatlıya bağlandı. Özür orada kalmadı. Gelecek haftaki genel toplantıda herkesin önünde, "Geçen hafta Avi'ye hoş olmayan, bana yakışmayan bir çıkış yaptım. Herkesin önünde kendisinden bir kere daha özür dilerim" dedim.

Bir gün de Mario Frayman'la bir olay yaşadık. Yüzde yüz haklı olduğumu bile bile, onu küçük düşürmemek adına, "Ben yanlış yaptım" dedim. Birlik ve beraberlik sergilemek zorunda olduğumuz bir ortamdı. Biri yapılan yanlışın sorumluluğunu yüklenmeliydi. O ben oldum. Mario, benim için tavrı ve davranışıyla, altyapısı ve tecrübesiyle çok önemli bir dosttur. Bazen durumu kurtarmak gerekir. Dostlar arasında hallolmayacak hiçbir şey yoktur. Küs kalamam. Dargınlığı hiç sevmem. Her koşulda bir konuşma ve uzlaşma ortamı bulurum. Bana küsüp giden olmuştur. Onları da rahat bırakmışımdır. Üstlerine gitmemeyi tercih etmişimdir. Kimseyi zorla ikna edemeyiz. "Bu adam nereden çıktı?" deyip bana sinir olan kişiler oldu. "Bu adam kimdir kardeşim, üniversite mezunu bile değil, nasıl oldu da buralara kadar geldi?" diyenleri biliyorum. Zaten bunların bir kısmı duyup da tepki vereyim diye söylenmiş sözler ama o tepkileri verecek kişi ben değilim. Bilmedikleri bu. Üniversite mezunu değilim. Altyapım da çok güçlü değil. Maliye, hukuk öğrendim. Bileğimin hakkıyla buralara geldim. İnsanı, içinde yaşadığı toplumu tanıyan, her konuya objektif yaklaşan, cemaati ilerletmenin yollarını bilen, akıllı, zeki ve ileri görüşlü biri olduğumu düşünüyorum. İngilizcem bile yokken kimsenin tanımadığı kişileri tanıyordum. Beni Yahudi olduğum için değil, herkesi kucakladığım için kısa sürede bağırlarına bastılar. Bu toleransı başkanların göstermesi ve bazı tavizler vermesi lazım. Çekişmenin kimseye faydası yok. Bütün ikili ilişkilerde böyle olmalı. Cemaat başkanlığının dünyanın her yerinde üst mercilere danışıp sorunlarına çare bulması gerekir. Cemaat başkanlığı bunun için var. Başkan, bir denge oluşturmalıdır. İdarecilikte dengeler milimetrik değerler üzerinedir. O kadar hassas bir terazidir ki, ayarı kaçırdığınız an yapılan hatayı düzeltmek ya çok zor ya da imkânsızdır. Uzun geceler boyu uykusuz kalıp "Nasıl daha ümitli bir cemaat oluşturabilir, bu kanılar nasıl yıkılabilir?" diye düşündüğümü bilirim. Bire bir anlatarak, toplu gecelerde konuşmalar yaparak onların gelecekle ilgili beklentilerini artırmayı hedefledim. Bunun doğru olduğuna inanıyordum. Şimdi de inanıyorum. Benim dünya görüşüm bu. Yaşamaktan, iyilikten ve ümit etmekten, iyi işler için çalışmaktan asla vazgeçmemek...

Bunu topluma anlatmak zor. Dini azınlık olma kompleksini insanın üzerinden atması da zor. Azsanız, iyi de kötü de olsanız dikkat çekersiniz. Kendinize ait bin yılların getirdiği bir birikiminiz varsa bile, bunların bir kısmı geniş toplumun içinde kendine yer bulur, bir kısmını siz geniş toplumdan alırsınız. Her insan, yaşadığı ülkenin vatandaşıdır. Sayısal azlık, sadece dine ait bir azlıktır. Konuya bu açıdan bakıldığında, ortada azınlık çoğunluk diye bir şey kalmaz. Dünya var olduğu günden bugüne kadar, insanlar toprak için, para için her zaman mücadele etmiş, kişileri inançları yönünden etkileyeceklerini bilerek, toplumları birbirine düşürmekte bu özelliği kullanmış. Bugün azınlık olarak nitelenmelerin gerisinde insanoğlunun zihninin en karanlık köşelerine sinmiş bu eski ve köhnemiş düşünceler yatmakta. İşte gençlere de bunu anlatmak lazım. Devir değişti. Devre ayak uydurabilmek için de çağdaş düşünceye, modern zihniyete kapıları ardına kadar açmak, iyimser olmak ve bazı düşüncelere körü körüne bağlanmamak gerekir. Cemaat başkanının en önemli işi, gençliğe bu konuda yol göstermek, onlara somut örnekler sunmak, bu konuda onları ikna etmektir. Ben azınlık değilim. Türkiyeli Museviler, 15 eylül 1925'te azınlık statüsünü resmen reddederek kimliklerini tam anlamıyla Türk vatandaşı olarak yaşamak istediklerini açıklamışlardır. Metinde Musevilerin kendilerini öteden beri bu vatanın öz evladı olarak gördükleri yazılıdır. Dinler ayrı olsa da kimlik, aynı kimliktir: Türk.

Avrupa'dan veya ABD'den Türkiye'ye gelenler bana "Burada sizin için dini özgürlük yok" diyorlar.

Onlara her zaman şunu söylüyorum:

"Ben sinagogumu istediğim zaman açabiliyorum. İstediğim zaman gidip orada dua edebiliyorum, mevlitlerimi okutabiliyor, konuşmalarımı yapabiliyorum. Okuldaki öğrencim, askerdeki dindaşım dini bayramlarda izinlerini alabiliyor. Bütün bunların rahatça yaşandığı bir ülkede nasıl dini özgürlük olmaz?

Dünya üzerindeki belli çıkar çatışmaları artık masalarda açık açık karşılıklı olarak müzakere edilip sağlam sonuçlara bağlanabiliyor. İnsanlar da bakıyorlar ki işler yolunda; ama işlerin yolunda olması zaman zaman bazılarının işine gelmediği için, ne yaparım da bu insanların arasını yeniden açarım, ne yaparım da azınlıkları tedirgin eder, rahatsız ederim diye düşünüyor, karışıklıklar çıksın isteniyor. İşte bu cemaat, böyle bir tetiklemeyi hiçbir zaman dikkate almadı. Huzurunu olmayan asılsız bilgilerle, varsayımlarla bozmadı; çünkü buna ihtiyacı yoktu. Bana başka biri çıksın desin ki: "Türkiye Cumhuriyeti Devleti'nin herhangi bir hükümetinde ibadet yapma özgürlüğü kısıtlanmıştır." Böyle bir şey asla söz konusu değil. Avrupa, bizim için hüküm verirken olana bitene gözünü çok iyi açıp bakmalı. Bizim korumalarımıza polis her zaman destek vermiş, onları da korumuş. Yapmaya çalıştığım en önemli iş, Yahudi kimliğini Türkiye Cumhuriyeti'nde itibarlı bir hale getirmeye çalışmak. Kimse benim cemaatimden birine "Korkak Yahudi, pis Yahudi" diyemeyecek, bu insanları böyle taciz edemesin. İnsanlar, çok eskiden karakola gitmeye bile korkardı. Karakola gittiklerinde sözlü tacize uğrarlardı. Bunları önce Allah'ın izni, sonra da yapılan özverili çalışmalarla çoktan aştık. Belki çok acı çektik ama bugün bunu dramatize etmeye gerek yok. Yaşanan sıkıntılar ortada. Sıkıntılar yaşandı diye her şeye sırtımızı dönemeyiz.

Zaman zaman Yahudi olduğu için istenmeyen kişiler olmuştur ama, işin en acı tarafı neden istemediklerini bile bilmemeleridir. Hiçbiri bir Yahudi ile hayatlarında bir kere bile konuşmamıştır. Yahudi de aynı önyargıyı devam ettirmiş, kendisini sevmeyeceklerine inanmayı tercih etmiştir. İşte asıl bunu düzeltmek gerekir. 1989'da Mordo Ennekave ve bir arkadaşı önüme bir proje getirdi: "Başkan, Makabiyatlar'ın kuruluş yeri İstanbul ama biz uzun yıllar bu spor faaliyetlerine katılmıyoruz." Gerçekten de Yahudi diaspora cemaatlerinin bulundukları yerlerde tertiplediği olimpiyatların temeli Türkiye'de atılmıştı. Hemen "Katılalım" dedim.

"İzin vermiyorlar."

"Hadi canım, olur mu öyle şey... Hemen bir dilekçe hazırlayalım."

Dilekçe hazırlandı. Bakanlığa gitti. On gün sonra izni aldık ve o yıl Makabiyalar'a katıldık. İnsan zaman zaman peşin hükümlü olabilir ama artık bu zincirleri kırmak lazım. Biz, toplum olarak bir kere reddedilmiş olmaktan dolayı girişimci olma yönümüzü kaybetmişiz. Bunu normal karşılamak lazım, ama şimdiki dünya düzeni içinde tarihten dolayı bugüne küsmenin hiçbir anlamı yok. Bazı haksızlıkları bizzat yaşadım. Gazetecilik yaparken basın kartım vardı. Bir problem için karakola gittim ve olayı anlattım. Başkomiser bana baktı:

"Adın ne lan senin?"

"Bensiyon Pinto."

"Hadi bas git Yahudi. Basit işlerle uğraştırma beni."

"Başkomiserim beni yanlış anlıyorsunuz. Böyle bir yanlışı da yapmayın. Sonra sonuçlarına katlanmak zor olur. Benimle yine oturup konuşmak zorunda kalacaksınız."

"Atın be bunu dışarı!"

Derhal o zamanki emniyet müdür muavinini aradım. On dakika sonra aynı başkomiser beni bütün Beyoğlu'nda deliler gibi arattıktan sonra evimde buldu: "Özür dilerim kardeşim, affet beni" dedi. Bu toplum bunları yaşadı. Burada Bensiyon Pinto olmak kolaydı. Peki, aynı durumdaki Moris ne yaptı, Albert ne yaptı? Şimdi hiçbir devlet dairesinde böyle bir üslupla karşılaşmak mümkün değil. Türkiye'nin ve insanımızın nereden nereye geldiğinin en güzel örneklerinden biri de bu.

Cemaat işlerinde yalnız kalmadım. Prof. Dr. Selim Kaneti ve Hanri Yaşova, ağabeylerim olarak kalbimde her zaman ayrı bir yere sahipler. Ayrıca değerli ve sevgili dostum Avukat Rıfat Saban benim için bambaşkadır. Onlar olmasa cemaat başkanlığım bu kadar değerli olmazdı. Arkadaşlarım Sami Herman, Silviyo Ovadya –ki bugün kendisi cemaatimizin başkanı– Maryo Frayman, İzak Faraci, Daniel Navaro, Niso Albuher, Tuna Alkan, Robert Abudaram, Albert Ender, Naim Güleryüz, Lina Filiba, Avi Aklaş ve Josf Mitrani. 1977'de kizbayı kurduktan sonra, gösterdiği hedefler ve verdiği mücadelelerle cemaatin maddi olanaklarını en üst seviyeye çıkarmamızda liderlik etmiştir. Benimle birlikte belli görevlerde omuz omuza çalışmıştır. Hepsi benim sağ kolumdu. Naim Güleryüz'ün cemaat için yeri apayrıdır. Cemaatteki en sevdiğim arkadaşlarımdandır ve elli yıldır tanırım. Parmağım incinse yanımda biter. Zaman zaman bazı fikir ayrılıklarımız oldu. Cemaat idaresinde ondan daha demokratik olduğumu düşünürdüm, o da tam tersini düşünürdü. "İkimiz de ayrı yoldan aynı amaca gidiyoruz" derdi. Düşündüklerimizi birbirimize açık açık söylerdik. Ben kişilere yetki verilmesi ve sonra bu kişilerin kontrol edilmesi taraftarıydım. Eğer kişi o yetkiyi iyi bir şekilde üstlenip işini doğru olarak yapamıyorsa onun yetkilerini geri almanın doğru olacağını düşünürdüm. Naim ise biraz daha merkeziyetçi olmak gerektiğini düşünürdü. Cemaat idaresinde tüm mekanizmanın başkanda toplanması gerektiğini savunurdu. Başkan Veissid görevi bırakacağı zaman, Avukat Rıfat Saban, Naim Güleryüz ve ben bir toplantı yaptık. Ben dedim ki: "Arkadaşlar cemaati idare edecek üçümüz varız. Gelin bu işi sırayla yapalım. Naim, ilk önce sen başkan ol, biz ikimiz sana yardım edelim, sonra Rıfat olsun, biz seninle onun yardımcısı olalım, en son ben alayım görevi, bu sefer de siz bana yardımcı olun." O zamanlarda hem icra kurulu başkanlığı hem de yürütme kurulu başkanlığı vardı. İcra kurulu başkanlığı, cemaatin daha aktif merciiydi. Ben Veissid'in icra kurulu başkanlığı görevini yürütüyordum. Onun rahatsızlığı sırasında çalışmalara biz devam ediyorduk. Düzeni bozmamak lazımdı. Kimin önce başkan olacağının da pek önemi yoktu. Aynı ekibin adamı olmamız yeterliydi. Naim, başkanlığı işbölümüne gerek olmadan tek başına kendinin hak ettiğini düşünüyordu. Ben bu fikre katılmayınca bana kırıldı ve çalışma teklifini kabul etmedi. İnsanız, hepimizin zaafları, doğruları, yanlışları vardır; ama baki kalan tek şey dostluk. Farklı da düşünsek, hayata aynı pencereden bakmayı bilen iki yetişkiniz. Onun yarınlara bir iz bırakmak için bu işin mutfağında nasıl canla başla çalıştığını en iyi ben bilirim. Naim, 500. Yıl Vakfı çalışmalarının babasıdır. Bu cemaat, Naim Güleryüz'e çok şey borçludur. İnsanların iş anlayışları farklı olabilir. Bizim cemaat yaşamındaki ayrılıklarımızı bilenler, özel yaşam içindeki yakınlığımıza şahit olduklarında her zaman çok şaşırmışlardır. Ben de onların şaşkınlıklarına şaşırmışımdır. Olamaz mı? İki insan aynı yolda ayrı ayrı yürüyüp birbirini sevip sayamaz mı? Medeniyet, insanlık, dostluk bu değil mi? Naim benim dostum ve öyle kalacak.

Sevgili Lina Filiba'ya gelince... Lina ile cemaat için çok çalıştık. Onu zaman zaman çok üzdüğümü biliyorum. Eğer birini yetiştirecekseniz, onun olumlu ve olumsuz yanlarını yüzüne söylemelisiniz. Yine de ondan özür dilememi gerektirecek durumlar yaşamadık. Kadın olmasının da bunda rolü olduğunu düşünüyorum. Biz erkekler işin içindeyken birbirimize daha acımasız, daha kırıcı olabiliyoruz. Hanımlarla çalışırkense üsluptan ifadeye, beden dilinden tecrübeye kadar her şeyi yeniden gözden geçirmek gerekiyor. Bu da insana başka bir olgunluk veriyor. Lina da benim her zaman sağ kolum oldu. Onunla çok güzel işler yaptık. Lina, pek çok kadına model teşkil eden, sağduyulu, sabırlı, alt-yapılı ve hırslı, ama hırslarına asla yenik düşmeyen, ilerici bir demir leydidir.

Lizi Behar, Hahambaşılık'ın genel sekreteri ve yapıtaşıdır. Lizi bir emsaldir. İş yaşamının bütün kademelerinde böyle insanlar olmalıdır. Lizi'yi 1997 yılı ocak ayında işe aldığımda, hiçbir iş tecrübesi yoktu. Buna rağmen içindeki enerjiye hayran kalmıştım. Kısa zamanda işini en başarılı şekilde yapacağından emindim. Yanılmadığımı da anladım. Bugün Hahambaşılık'ın her işi ondan sorulur ve güleryüzü, becerisi, yaratıcılığı ve uyumlu tarzıyla pek çok kişiye örnek bir insandır.

Cemaatim bana onursal başkan sıfatını vererek beni hakikaten onur-landırdı. Başkanlık geçicidir; ama onursal başkanlık yaşam boyu sürü-yor. Ben de bu onurlu ve sorumluluk isteyen görevi ölünceye kadar bir mücevher gibi gönlümde taşıyacağım. Cemaatimin bana ne zaman ihti-yacı olacaksa onun yanında olacağım. Cemaatten ya da geniş toplum-dan, "Bana yardım et" diyene yardım etmekten vazgeçmeyeceğim. Önemli bir koltukta oturan biriyseniz o koltuğun hakkını vermeniz şart-tır. Yoksa irtifa kaybedersiniz. Cemaatim bana başkanken vermediği iti-barı, onursal başkanken verdi. Herkese müteşekkirim. Gökten başkan olarak gelmedim. Beni cemaatim seçti. Dürüst çalıştım. Benden iste-nenleri dürüstlükle yaptım. Yapamayacağım hiçbir şey için söz verme-dim. "Hayır" demeyi bildim. Cemaatim için her konuda üst düzey kişi-lerden her zaman yardım istemeyi bildim. Bunun hakkım olduğunu hiç unutmadım. Gereksiz çekingenlikler yaşamadım. Bu sebeptendir ki, benden istenenleri yerine getirebildim. Bu işler bugün daha kolay, ama unutmamak lazım ki her işin bir başlangıç noktası var. İş yapabilme gü-cü ve dürüstlük her şeyden önemli. Bugün cemaatle ilgili hiçbir mesele için aktif bir rol oynamıyorum. İstiyorum ki herkes kendi kanatlarıyla uçsun; doğru olan da bu. "Bu işi yalnız ben beceririm" deyip egoistliğe düşmeden idarecilik yapmak, gerektiğinde de yerini başkalarına bıraka-bilmek gerekir. Cemaatin varlıklı kişilerine bir telefon açıp, "Şu işimiz için bana şu kadar para lazım, lütfen gönder" diyecek güçte bir başkan-lık yaşadım. Bu taleplerim, her zaman cemaatin menfaatine çalışmış bir insanın birer dürüstlük örneğidir. Sözümün arkasında durmayan biri ol-saydım, kimse bana bu şekilde itimat etmezdi. Her zaman insanlık için çalışmış bir adam olmaktan dolayı çok mutluyum. Şu ana kadar kendim için devletten hiçbir şey istemiş değilim. Her şey cemaatim için.

6. bölüm: Parantez

Yalnız bizim için değil,
ailemiz için, milletimiz için, devletimiz için
önemli dönüm noktaları vardır.
Bunlar, belki de hayatın içindeki en mühim ayrıntılardır.

AB yolunda

Avrupa Türkiye'ye nasıl bakıyor? Bu konuda Avrupa'yı üçe bölerek düşünebiliriz: Birincisi, kültür, iklim ve yaşama bakış farkı olarak "soğuk" diye nitelendireceğimiz insanların yaşadığı ülkeler; İngiltere, Danimarka, İsveç, Norveç, Finlandiya... İkinci grup biraz daha bize yakın olanlar; Hollanda, Almanya, Belçika, Macaristan ve Çek Cumhuriyeti. Balkan ülkelerinin bakışı henüz netleşmedi. Üçüncüsü de bizim gibi daha sıcak olan ülkeler; İspanya, İtalya, Fransa... Fransa'da bize sıcak bakanlar var ama politik çıkarlarından vazgeçemiyorlar. Fransa siyaseti bu anlamda bize zaman zaman engel olmakta. Avrupa Türkiye'yi istiyor mu? Evet istiyor. Peki nasıl istiyor? Kendi şartlarıyla. Bütün görüşmelerin sonunda anlaşıldı ki, kendi şartlarımıza sahip bir Türkiye olarak Avrupa Birliği içinde olmamız zor iş. Sadece Avrupa'nın kriterlerine uymakla da bu mümkün olmayacak. O zaman dünyaya uygun bir formülle işe başlamak lazım. Türkiye de AB müzakerelerine öyle başladı. Avrupa, Türkiye'nin din farklılığını düşünerek birliğin içinde olmasını istemez. Avrupa sadece kendi dinini ve kültürünü tanır, kendi yaptıklarını doğru bulur. Bu tavır, yalnızca İslam dinine karşı değil. Yahudilik için, Bahailik için de böyle. Avrupa, başka dinden olana kapalı. İslam sözcüğü Avrupa'yı ürkütüyor. Oysa bugün Avrupa'da milyonlarca Müslüman yaşıyor. Bu insanlar Fransa, Almanya, Hollanda, Belçika gibi ülkelerde, bankacılık, turizm, finans gibi kilit sektörlerde çalışmakta ve bazıları çok önemli yerlere gelmiş durumda. Dünya coğrafyasında Türkler için de bir yayılma söz konusu. Yahudiler dünyaya nasıl yayılmış ve yaşadıkları toprakların bir parçası olmuşsa, Müslüman Türkler de yaşadıkları ülkelerin bir parçası ve o ülkelerde sosyal güvenceleri, hukuki hakları var. Çünkü hepsi vatandaş. Türkiye'de yaşayan Yahudi, Ermeni ve Rumlar yüzyıllara dayanan geçmişleriyle bu haklara zaten çoktan sahipti. Otuz yıl önce Alanya'ya yerleşmiş bir Alman için de aynı haklar söz konusu; çünkü hayatını geçirmek için orayı seçmiş ve vergisini bu ülkeye veriyor. Bu gerçekleri görmek Avrupalıların işine gelmiyor ve bizi şımarıklıkla suçluyorlar. Vaktinden önce gelişmiş rolü oynadığımızı ve daha alacak çok yolumuz olduğunu söyleyip duruyorlar. En kötüsü de bazı devlet veya hükümet yetkililerinin, Türkiye'nin Avrupa Birliği'ne girme konusunu kendi iç politikalarında malzeme olarak kullanıp oy toplama kaygısına düşmesi. Papalık da bu işe sıcak bakmıyor.

Yalnızca din ve kültüre bakılacak olunursa, bu dünyada kimsenin kimseyle arkadaşlık etmemesi gerekir; herkesin kendine göre bir hayat anlayışı, yaşam biçimi, aile terbiyesi ve hayat beklentisi var. Kültürleri bahane ederek araya sınır çizmeye kalkmak, küreselleşme mantığına tamamen ters. Bu bakımdan bu işe din ve kültürü bahane ederek karşı çıkmak çok yanlış. Bu düşünce din ayrımcılığını ve ırkçılığı beraberinde getirir. Tabii devlet ve hükümet görevlileri bu iki sözcüğü ağzına dahi almaz, sadece ima ederek kullanır. Avrupa'da yılların oluşturduğu düzen budur. Politik sebepler bir yana, bu konuya biraz da maneviyat penceresinden bakmak gerekir. Türk insanı, Avrupa'ya öncelikle insan olmanın ne demek olduğunu anlatmalıdır. Türk insanı samimidir, duygusaldır, sevecendir, yardımseverdir, ekmeğini karşısındakine verir, cömerttir, cesurdur. Avrupalının sahip olmakla övündüğü ama bir türlü sergileyemediği kişilik özellikleri Türklerin hamurunda vardır. Avrupalıdan farklıdır. Lobi çalışmasına gittiğim yerlerde bu farkı şöyle anlatırım: "Bir Batılı, bir adamı vurması gerektiğine inanmışsa, ne olursa olsun o adamı vurur. Bunu bir Türk'e söyler ve tam adamı vuracağı sırada belki de suçlu değildir derseniz, öldürmekten vazgeçer. Biri ona, 'Allah rızası için, ben ettim sen etme' dediği zaman silahını kılıfına sokar. İçinde sonsuz bir merhamet duygusu vardır. Türkiye'de bir köye gittiğiniz zaman, köylü size evini açar, doyurur, yatırır, yıkanmanız için hamamını hazırlar. Sonra da yanınıza azık verip sizi öyle yollar. Batılı bir bardak su bile vermez."

Bir gün Saros'a giderken, yolda çay içmek için bir yerde durduk. Biraz domates ve beyaz peynir istedik. "Dayı hesap nedir?" dedim. "Ne hesabı beyim, biz de kahvaltıdaydık zaten, afiyet olsun." Bir çay daha içtik, ondan da para almadı. Anladı ki biz tatilciyiz. İşte, köylünün yoldan geçen adama yaklaşımının en güzel örneği! Ortağım Selahattin Nogay'la Almanya'da teknoloji öğrenmek için uğraşırken, üç buçuk ay birlikte çalıştığımız Almanların bir gün bile bizi evlerine davet edip "Gelin bir tabak çorbamızı için" dediğini hatırlamıyorum. Aradaki fark böyle bir şey. Üç buçuk ay sonunda beni nihayet evlerine davet etme lütfunda bulundular.

"Bensiyon, bu akşam bira içmeye gelir misin? Kusura bakma biraz geç bir davet oldu ama önce seni tanımam lazımdı."

"Yahu benim daha neyimi tanıyacaksın? İstanbul'a geldin, eşimi tanıdın, iş ahlakımı anladın. Üç buçuk aydır buradayız, daha ne bileceksin?"

"Bizde böyledir."

Baba, oğul, gelin yemeğe gidiyorlar, herkes ayrı hesap ödüyor. Bu

Türk aile yapısında düşünülebilir mi? Ben oğullarımla yemeğe gideceğim, herkes kendi parasını ödeyecek; böyle bir şey düşünemem. Türk insanının kusurları da var elbette. Herkese gereksiz yere çok yakın olmak, inanmak, güvenmek en büyük zaafımız. Karşımızdaki insan bizim umduğumuz gibi çıkmayınca da hayal kırıklığına uğrar kızarız. Tövbe eder, yine yaparız. Sıcakkanlı bir milletiz. Bu bizim doğamızda, hamurumuzda var. 1970'lerde Paris'teyken babamın verdiği adresle hiç tanımadığım bir halamı arıyordum. Arkadaşımla rakıları, pastırmaları aldık gittik... Paramız da yok. Kuruşları sayarak, ikinci sınıf kompartımanda yolculuk ederek gittiğimiz Paris'te evi bulduk. Evin bahçesinde başında bere olan bir adam gördüm.

"Acaba Bayan Behar'ın evi burası mı?"

"Evet."

"Kendisi yok mu?"

"Yok."

"Ben onu görmek istiyordum."

"O zaman bekleyin."

Beni bırakıp gitti. Bir süre sonra yanına tekrar yaklaştım.

"Bakın ben onun yeğeniyim, İstanbul'dan geliyorum."

"Ooo, söylesene çocuğum!"

Bizi içeri buyur etti. Bir ilgi, bir ihtimam, sormayın gitsin. İçimden "Bu adam da kim böyle, hayatımda hiç bu kadar sıcak bir Fransız görmedim" diye düşündüğümü hatırlıyorum. Meğer halamın kocası Türkiye'den göç etmiş bir adammış, eniştem Türk'müş. Türkiye'ye davet ettim.

"Gelemem. Benim kızım burada özgür yaşıyor. Bikinisini giyip denize giriyor. Orada ne yapacağız?"

Uzun uzun Türkiye'nin ne kadar modern bir ülke olduğunu, geliştiğini, aynı yaşamın orada da mevcut olduğunu anlattım. Mutlaka gelmelerini söyledim. Yaşamak için olmasa da misafir olarak geldiler. Halamın gözlerinin kaç kere dolduğunu hatırlıyorum. O kadar etkilendi ki, ev almayı bile düşündü. Yapamadı ama şu anda bile çocukları her zaman annelerinin memleketine gelir giderler, Türkiye'yle bağlarını koparmadılar. Eniştem Fransa'da Fransız gibi yaşamayı öğrenmişti ama benim akraba olduğumu duymak onun Türklük damarının kabarmasına yetmişti.

Fransa'da akşam saat sekiz gibi yemek yenir. Bir gece, teyzem ve bir iki yakınımla beraber bir yere konuk olmuştum. "Hadi buyurun yemeğe" dediler. Biz de Türk terbiyesiyle, "Teşekkür ederiz, hiç zahmet etmeseydiniz" türünden mırın kırın edecek olduk. Baktım ki bu sözler ciddiye alınıyor. Sonra halam şöyle dedi:

"Oğlum, ne istiyorsan onu söyle. Çünkü burada ne söylersen o söz aynen dinlenir ve doğru olduğu düşünülür. Onun için açsanız sofraya oturun, yok toksanız biz oturuyoruz. Teklif var, ısrar yok."

Bizde olsa binbir ısrar olur, misafirin doyup doymadığından emin olunur, hatta tıka basa yemesi sağlanır. Hangisinin daha doğru olduğunu tartışmayacağım. Sadece farka dikkat çekmeye çalışıyorum. Bizim tarzımız ve tavrımızın özünde, karşımızdakini düşünme ve onun için bir şeyler yapma isteği öncelik taşır. "Ayıp olmasın, evimize gelen kişi kendini evinde hissetsin, ben yemesem de o yesin" yaklaşımıyla ona izzeti ikramda bulunmak önceliğimizdir. "Yemesen bile gel sofraya otur" demek âdettir. Göz hakkı denen o bir lokma ekmeği zorla da olsa misafirimize yedirdiğimizde içimiz rahat eder. Bu alışkanlık maddi durumu ne olursa olsun, her aile için geçerlidir. Sosyologlar belki bana kızacaktır ama bunun kültürle değil, insanlıkla ilgisi olduğunu düşünüyorum. Evinde bulunan birini sofraya nezaketen davet etmek medeniyet olamaz. Kendimize haksızlık etmemeliyiz.

En önemli yanlışlarımızdan biri, hatalarımızdan ders alıp onları devamlı gündeme getirmekten kaçınmak yerine var olan yanlışı düzeltmeyip, durmaksızın tekrar ederek, unutulmasına da engel olmaktır. Biri bir yanlış mı yaptı? Bu olayı bütün televizyon kanalları, tüm yayın organları günlerce ilk haber yapmaktan, manşetlere taşımaktan asla vazgeçmiyor. O zaman haber yapılmak istenen olay da amacından çok uzaklaşıp magazinleşiyor ve ne yazık ki bir müddet sonra da ünlü olma merakındaki gençler bu yola başvuruyor. Kusurları ortaya bu kadar net dökmekle kime yaranacağız? Mühim olan o kusurları telafi etmek. Problemleri çözmeye bakmak. Okumuş, entelektüel olduğunu düşünenler, belki de Avrupalının yaptığının daha medeni ve doğru olduğunu savunabilir. Bu da bir düşüncedir. Ben buna katılmıyorum. Böyle bir alışkanlık içinde doğdum, büyüdüm. Yediğimden arkadaşıma mutlaka ikram etmem gerektiği öğretildi bana. Paylaşmanın en basit ve en kolay öğretileceği zaman çocukluktur. Türkiye'de şehrin ortasında da olsanız, köyün merkezinde de bütün annelerin çocuklarına, "Elindekinden arkadaşına da ver" dediğini duyarsınız. Bana göre medeniyet budur. Asıl medeniyet, ne yapılması gerektiğini söyleyip durmak değil, yapılması gerekeni yapmak, yaptıklarına inanmaktır.

Peki Türkiye'nin Avrupa Birliği'ne girmesindeki çıkarı nedir? Türkiye'nin dünyayı daha yakından izleme ve sahip olduğu özelliklerini geliştirme şansı olacaktır. Türkiye, dünya standartlarına uyabilmek için bu birliğe girmesinin şart olduğunu düşünmektedir. Bu düşünce bana göre de doğrudur. Öncelikle, Avrupa Birliği'nin müktesebatına uymak adına bazı kanunları yürürlüğe koyacağız. Yirmi altı devlet ne yapıyorsa biz de onu yapacağız. Bu birlik üyesi olan bir ülke, sınırları içinde yaşayan halkın yaşamındaki her ayrıntıyı kanuna bağlamış ve bir standart sağlamıştır. Hayat düzene girmiş ve birliğe üye ülkelerde her konuda kanun kontrolünde yaşamak mümkün hale gelmiştir. Kanunlar, tüm vatandaşların hakkını her konuda sonuna kadar korur ve gözetir. Yapılan doğru ödülsüz, yanlış da cezasız kalmaz. Bu da bir kalıba girmeyi, işleri bir düzen içinde yürütmeyi beraberinde getirir. En basit örnek, vaktinden önce hiç kimse çöpünü kapının önüne koyamayacaktır. Çünkü bu yanlışı yapan, bu yanlışın sonunda yüzlerce avro para ödemek zorunda kalacağını bilecektir. Yıllar önce çok yakın bir aile dostumuzun oğlu Fransa'ya okumaya gitmişti. Akşamdan kalma bir çöpü, ağzını bağlayıp okula giderken evinin yanındaki inşaat hafriyatının üstüne koymuş. Akşam eve geldiğinde kapıda bir uyarı yazısı bulmuş: "Bir kez daha aynı hatayı yapmanız durumunda hakkınızda suç duyurusunda bulunulacaktır." İşte bu kadar! Avrupa'da sizin kim olduğunuzla asla ilgilenilmez. Anlayış göstermek adına hiçbir şey yapılmaz. Her şeyi yasalar belirler ve bu konuda kimse hiçbir şekilde tartışamaz, gereği neyse onu yapar. Biz buna adapte olabilir miyiz, bilmem. Yüzyılların getirdiği alışkanlıklar peşimizi kolay kolay bırakmayacak. Çok büyük sancılar çekilecek. Nerden girdik şu birliğe denilecek ama zaman geçtikçe, hayat düzene girdikçe o sistem içinde yaşamaya alışılacak. Bu neye benzer biliyor musunuz; insan bir iş kurduğunda ortağıyla birçok sorun yaşayabilir ama düzen oturduğunda, birbirlerinin alışkanlıklarını anladıklarında bu ortaklıktan memnun olurlar. Belli bir zaman geçmesi lazım. Her yenilik, tarih içinde bir nesle belli bir zorluk yaşatır. Unutmamak gerekir ki, biz savaş görmüş ve çok büyük fedakârlıklarla devlet kurmuş bir milletiz. Biz buna alışığız. Dini azınlıklar da elbette bunu arzu etmektedir. Vakıflar ve tüzel kişilik konularıyla ilgili tüm dertler bu süreç içinde çözülecektir. Aslında Türkiye Cumhuriyeti'nin bu sıkıntıları halletmek için Avrupa'nın kanunlarına ihtiyacı yok. Bunlar çözümünün kâğıda, kaleme ve düşünmeye dayandığı dertler. Bunların çözümü, AB'ye girişimizin arkasından doğrudan gelecek. Daha Avrupa Birliği üzerinde düşünceler yeni gelişiyorken, büyük bir öngörüyle bizim vakıflarla ilgili sorunlarımızı çözmek için pek çok girişimde bulunuldu. Bu süreç, Mesut Yılmaz'ın başbakanlığı döneminden başladı. Cemaatim ona ve ekibine minnettardır.

Bir başka kolaylık da zaman akışı içinde bütün vatandaşların istedikleri ülke için rahatça vize alabilecek olmalarıdır. Bu aslında birliğe girmeden de halledilecek bir iş. Bugün bazı ülkelerin konsolosluklarından vize almak için adeta ölüm kalım savaşı veriliyor. Sabahın ilk sattlerinde kapıların önünde kuyruklar oluşuyor, saatlerce bekleniyor. Her zaman da olumlu sonuçlanmıyor bu bekleyiş. Araya tanıdıklar sokuluyor. Aslında amaç sadece bir seyahat. Başka yerleri de görmek, oradaki insanları tanımak istemekten öte bir şey değil. Hele yaşı ilerlemiş, arkadaşını ziyarete gitmek isteyen ya da seyahate gitmek için bireysel başvuran insanları yapılanları anlamak gerçekten mümkün değil. Altmış yetmiş yaşında bir kadın veya erkek o saatten sonra ne işçi olmak ne de evlenmek gibi bir dertle gider yurtdışına! Bazı konulara daha dikkatli yaklaşmak ve insani sınırları zorlamamak lazım. Bu beni isyan ettiriyor; çünkü Türk milleti bunu hak etmiyor. Avrupa'da kimse bu şekilde ikinci sınıf vatandaş olmayacak. Burada bizim toprağımızda, kendi toprağına giriş vizesi vermek için saatlerce nöbet tutturan ülkeler yine Avrupa ülkeleri. Medeniyet bu mu? Türkiye, Avrupa Birliği için bir nimet. Bu sözümün doğruluğu yirmi yıl sonra ispatlanacak. Tarih bunu mutlaka doğrulayacak. Allah Avrupa'yı sevdi. Öyle olmasa, Türkiye'nin adaylık teklifi konuşulmaya başlanmazdı. Türkiye çok iyi bir müttefik. Nankör değil. Kendine yapılanı unutmaz. Boynuna sarılırsa dostunu bir daha bırakmaz. Tarihe bakılırsa, dediklerimin en büyük ispatı orada görülür. Bütün bunlar düşünüldüğünde, bu birliğe girmek Türkiye için ne kadar önemliyse, Avrupa için de o kadar önemli. Yokuşa sürecekler. Kapıları hemen açmayacaklar ama sonunda yapacakları bir şey kalmayacak. Genç nüfus, ithalat ihracat gibi konular da düşünüldüğünde, nüfusu giderek azalan ve işgücüne her zamankinden fazla ihtiyaç duyan Avrupa, gün gelecek bu kapıları Türklere ardına kadar açmaya mecbur kalacak. Bütün bu sebeplerden dolayı, Türkiye'nin Avrupa Birliği'ne gireceğine kesinlikle inanıyorum. Süresi konusunda benim de endişelerim var ama sonuç asla değişmeyecek. AB'ye girememiş bir Türkiye bu haberi alır almaz bir bir buçuk sene bocalar. Hangi ülkelerle yakın olacağına karar vermek zorunda kalır. Türkiye'nin yakın olmayı düşündüğü tüm ülkeler Avrupa Birliği'ne girdi. Türkiye kendine "Acaba AB'ye girmeyen ülkelerle mi pakt kurmalıyım?" gibi sorular sorar ve bunlara cevap bulmaya çalışır. Belki de yanlış ortaklıklar kurar. Bu da uzun vadede Türkiye'ye bir şey kazandırmaz. Bu bakımdan ülkem, gayet doğru bir yolda. Zaman zaman Avrupa'yı şaşırtmak ve onun beklediği gibi davranmamak gerektiğini düşünüyorum. Avrupa, zamanında birçok konuda bizi tahrik etti, zor durumda bıraktı, aleyhimize ortam hazırladı, onurumuzla oynadı; bunu unutmamak lazım. "Türkiye'nin hamuru buna müsait değil, yok efendim bizim o ülkeyle frekansımız tutmaz, kültürümüz çatışır" türünden yapılan haksız yorumlar son derece kırıcıydı. Papanın veya Mitterand'ın yaptığı yorumlar da gereksiz ve ağırdı. Bu noktada insanın içinden, "Cehennem olsun Avrupa Birliği, bu kadar hakaretle yüz yüze kalacağıma, bugüne kadar nasıl yaşadıysam bundan sonra da öyle yaşarım" demek geliyor. Bir söz vardır: "Güçlü olan daima haklıdır." Bu söz ne kadar doğru bilmiyorum ama Avrupa ülkeleri, bu sözün doğru olduğunu bize ispatlamak istercesine işi ısrarla uzatıyor. Türkiye NATO'ya, Gümrük Birliği'ne üye. O zaman neden bu birliğin dışında? Müslüman olduğu için mi? Eğer cevap içten içe evetse, bu AB'nin savunduğu dünya görüşüne baştan sona ters düşen, ayrımcı bir tutum olur.

Türkiye'nin AB'ye girmesi şart mı? Bana göre hayatta hiçbir şeyin şartı yok. Bu bir talep. Değerlendirilir, bakılır ve sonunda karar verilir. Bazı yabancı ülkelere gittiğinizde Türkiye'ye hiç gelmemiş birinin Türkiye'nin nerede olduğunu bilmediğini görürsünüz. Bilseler de bizi çok ciddiye almazlar. Yabancı birinin ülkemizi ciddiye aldığı zamanlara dikkat edin. Ya turist olarak gelmiş ve birkaç gün de olsa burada yaşamıştır ya da Türk dostu vardır. Onun dışında kimse çok ilgilenmez. Avrupa Birliği'ne girmemizle birlikte herkes Türkiye'nin nerede olduğu, Türk insanının kimliği konularına mecburen kafa yoracak. Avrupa bizi yorabildiği kadar yoracak ve sabrımızı deneyecek. 59 ve 60. hükümetler bu konuda çok geniş yürekli, çok soğukkanlı ve çok aklı başında davrandı. Bu bakımdan onları kutlamak lazım. Ellerinden geleni yaptılar. Yapıyorlar da... Türkiye'nin kalkınmasında AB'nin rolü çok büyük olacak.

Türkiye'nin üyeliği, ABD'nin dünyadaki kuvvetini Avrupa'ya bir kez daha göstermiş oldu. 3 ekim 2005'te, AB müzakerelerinin en zor süreçlerinin yaşandığı dakikalarda, saat 12:00'da Alman Başkonsolosluğu'nda, Almanya'nın cumhuriyet bayramı dolayısıyla verilen bir kokteylde, ABD başkonsolosunu gördüm ve ona şöyle dedim:

"Öyle görüyorum ki, artık ABD'nin bu işe el atması ve Türkiye konusunda AB üstünde daha etkin olması gerekiyor, ne dersiniz?"

Meğer bu girişim çok önceden yapılmış. Bir gün sonra gazetede ABD Dışişleri bakanının devreye girdiğini okudum. Bu iş üstünde biraz kafa yorduğunuzda sonuçların neler olabileceğini çok rahat görebilirsiniz. İnsanlar ABD'nin bu konuda Türkiye'nin yanında olduğunu görmelidir. Bizim de kendi aramızda münakaşa ettiğimiz konular var ama aile içinde bile bazı huzursuzluklar olması normalken, ülkelerarası platformda bu kaçınılmaz. Mühim olan bunları birbirinden ayrı tutmak. Ülkemizde çok büyük bir genç potansiyel var. Bu gençliğin geleceğini düşünmek zorundayız. Bana göre torunlarımız ve onların çocuklarını daha iyi bir gelecek bekliyor.

ABD'de de Türkiye aleyhtarı bir grup yok mu, var. Türkiye'yi çekemeyenler her zaman oldu. Bundan sonra da olacak. Yine de Türkiye'ye ihtiyaç duyulduğu çok net. Bu gerçeği önce kendi aralarında yüksek sesle dile getirmeleri ve meseleye daha duyarlı bir şekilde yaklaşmaları gerekir. "Buraya gel ama ben nasıl istersem öyle gel. İşgücün lazım ama kültürünü istemiyorum. Ben senin ülkene geleyim ama sen benim memleketimde çok fazla dolaşma!" zihniyetine kimse evet demez. Bunu önce Avrupa'nın düşünmesi lazım. Bu, uzun yıllardır devam eden bir serüven. Kimi bu işe yandan, kimi önden baktı ama birliğe girmek Türk politikasında her zaman gündemde olan bir mevzu oldu. Mesut Yılmaz da, ekibi de bu konuyla yakından ilgilendi. Biz de o dönemde yurtdışına çıktığımızda Türkiye'nin tanıtımında aktif rol oynamış, payımıza düşeni yapmıştık. Yine de ülkeyi temsil yetkimizin olmaması bizi çok kısıtlıyordu. 55. Hükümet'in Başbakanı Mesut Yılmaz'a, havaalanında yaptığımız bir görüşme sırasında "Yurtdışına toplantılara, panellere gidiyoruz. Gittiğimizde bize neden bayrak koymadığımızı soruyorlar. Biz de cevap veremiyoruz. Bir izin verin de rahatça bayrağımızı koyalım" dedim. Kongrelere katılabilme ve Türk bayrağını masamızın üzerine koyabilme izni bir kararname yayınlanarak verildi. Bu, tarihimizde önemli bir ilkti ve Türkiye'yi dışarıda tanıtmak adına verilmiş akıllıca bir karardı. Türkiye, AB ile ilgili ilk adımları böyle atmaya başladı. O hükümetin ömrü çok uzun olmadı. Sonraki hükümetler AB konusunda, TÜSİAD'dan, TOBB'dan, sivil toplum örgütlerinden, bizden ve Türkiye'de etkin olabilecek herkesten yardım istedi. Biz de hemen Avrupa'daki tüm Yahudi kuruluşlarıyla temasa geçtik. Türkiye'ye bu konuda yardımcı olmalarını tam anlamıyla talep ettik. Rica ve talep ayrı şeylerdir. Bütün bunları da hiçbir zaman kapalı kapılar ardında yapmadık. Hepsini son derece açık bir şekilde gerçekleştirdik. 17 aralıktan beş ay önce, 2004 mayısında İstanbul'da, Avrupa Yahudi Kongresi'nde üst düzey yöneticiler bir araya geldi. Kapanış gecesinde Avrupa Komisyonu'nun politika danışmanı Michael Weninger'i de konuşmacı olarak davet ettik. Bu arada herkes bu beyefendiyi Yahudi asıllı zanneder, oysa değildir. Weninger, konuşmacı olarak gelmeyi kabul etti. Böyle organizasyonlarda, önemli konuşmacıların katıldığı toplantılara hükümetten de katılım olur ve bunun faydası çok büyüktür. O dönemde Kültür ve Turizm bakanı olan Erkan Mumcu, eşiyle bu toplantıya katıldı. Diğer yandan Dışişleri Bakanlığı'nın da temsilcileri vardı. O gece Türkiye'nin Avrupa Birliği'ne girmesine karşı olan ve hiçbir zaman da yeşil ışık yakmak istemeyen Dr. Michael Weninger'in düşüncelerini olumlu yönde değiştirmek adına ben de bir konuşma yaptım. Benden sonra Erkan Mumcu da bir konuşma yaptı. Bu konuşma tam anlamıyla muhteşemdi. Herkesin bildiği gibi son konuşmayı konuk konuşmacı yapar. Geldiği zaman çok mesafeli duran, bizimle konuşurken on sefer düşünen Weninger, herkesi çok şaşırtan bir konuşma yaptı. "Buraya geldiğim zaman bambaşka düşüncelerim vardı. Şimdi daha başka şeyler düşünmeye başladım. Türkiye'nin AB'ye girmesini kırk sekiz saat öncesine kadar imkânsız görüyordum ama bu iki gün zarfında gördüklerim ve dinlediklerimden sonra bu fikrim tamamen değişti. Bugünden itibaren Türkiye'nin en büyük destekçilerinden biri olacağım." Elimizi zar zor sıkan bu adam gerek benimle, gerek Erkan Bey'le ve Avrupa Konseyi başkanıyla kaç kere tokalaştı, hatırlamıyorum. Kendi kendime düşündüm. Bir fevkaladeliğimiz yoktu. Sadece bu yolda ilerlemek için bizi tanımayan, tanımamakta direnen ve bize önyargılı olan herkese kendimizi anlatmamız, ülkemizi tanıtmamız şarttı. Bu organizasyonda Türkiye Cumhuriyeti Devleti'nin duruşu çok açık ve netti.

Brüksel ve Strazburg'ta Yahudi dininin ileri gelenlerini de devreye soktuk. Fransız bir Türk âşığı olan Pierre Besnainou (Universal Capital Partners adlı şirketin yöneticisi) Avrupa Yahudi Birliği'ne henüz başkan değilken Türkiye'yi destekleme sözü vermişti. Türkiye, AB'nin

Türkiye Büyükelçisi Hansjörg Kretschmer'i ağırlıyordu. Bir davette beraberdik. Bana öyle sorular sordu ve öyle cevaplar aldı ki, sonunda, "Sen bana doğruları mı söylüyorsun, yoksa ciddi anlamda politika mı yapıyorsun?" dedi. Ona döndüm ve dedim ki: "Ekselans, ben toplumumu üç beş kişi memnun olsun diye ateşe atacak adam değilim. Gerekirse ateşe önce ben atlarım. Ben böyle yetiştim. Bana derseniz ki 'Bu ülkede sıkıntılarınız olmadı mı?' Tabii oldu. Hâlâ da var. Ama burası benim ülkem. Söyleyin bana, hangi ülke sıkıntısız? Sizin bana sorduğunuz suallere ilişkin bir sıkıntımız kesinlikle yok. Ülkemizde ibadet özgürlüğümüz var."

"Bay Pinto, sizin bu ülkede ibadet özgürlüğünüz yok."

"Var Sayın Ekselans. İsterseniz şimdi kimseye haber vermeden arabama binelim, istediğiniz bir sinagoga gidelim, oturalım. Ben dua edeyim, siz de bunun ne kadar doğal olduğunu bizzat yaşayın. Bugün bizim seçimler konusunda hiçbir derdimiz yok. Vakfımızın sayısı zaten yirmiyi geçmez. Bu da sorun yaşanmamasının en büyük etkenlerinden biri. Biz şuna da karşıyız. Hadiseleri kalkıp da televizyon kanallarında tartışmayı sevmiyoruz. Biz sorunlarımızı kendi içimizde ve devlet erkânıyla konuşarak çözüyoruz. Burası bizim ülkemiz. Kimsenin kimseyi gammazlama, kötüleme, zor durumda bırakma hakkı yok."

Bu sözlerimden sonra yüzünde beliren ifadeyi hiç unutmadım. Ondan sonra bize Avrupa Birliği'ndeki çok önemli isimlerden birinin Serge Abou olduğunu söylediler. Abou o zamanki AB Komisyonu Başkanı Prodi'nin sağ kolu, başdanışmanıydı. Aynı zamanda Yahudi'ydi. Adama telefonlar açıyor, adeta yalvarıyordum. "Eşinizi de alın, gelin. Benim davetlim olun" diyordum. Telefonlarıma cevap bile vermiyordu. Ezkaza cevap verse o zaman da kibarca geçiştiriyordu. Ne yapmam lazım diye kara kara düşünüyordum. Bu adamı Türkiye'ye getirtmek, Avrupa Birliği yolunda gerçekten de önemli adımların atılmasına vesile olacaktı. Peki bu işi nasıl yapacaktım? "Boşuna uğraşmayın, bu adam Türkiye'ye gelmez" diyorlardı. Bir gün Dışişleri Bakanı Abdullah Gül'den bir davet aldım. Feriye Lokantası'nda Sayın Prodi'ye verilecek yemeğe beni de davet etmişlerdi. Kalkıp gittim. Sayın Bakan, Prodi, gazeteciler... Çok kalabalık bir ortamdı. Oturacağım yeri öğrenmek için protokol müdürü hanımefendiye yerimi sordum.

"Adınız nedir?"

"Bensiyon Pinto."

"Efendim, siz protokol masasındasınız."

"Hanımefendi, bir yanlışlık olacak. Bana gelene kadar o masada oturacak çok kişi var."

"Hayır efendim, bendeki bilgi bu. Ankara bu şekilde yollamış."

Gittim baktım, yerim Avrupa Birliği büyükelçisinin tam yanında. Diğer yanımda da Serge Abou! Buraya gelsin diye can attığım Serge

Abou! İki yanında Abdullah Gül oturuyor. O zamanki İstanbul Büyükşehir Belediye Başkanı Ali Müfit Gürtuna, "Benim yanıma oturur musun?" dedi. "Vallahi, öyle bir yerdeyim ki kalkmasam daha iyi olacak. Galiba bilerek yapılmış bir şey bu" dedim. Yanılmamışım. Oturduk, yemek başladı. Abdullah Gül Prodi'yle tanıştırdı. Bu arada hiç kimse benim neden o masada oturduğumu anlamış değildi. Serge Abou'ya döndüm. İbranice ve Fransızcayı ortak kullanarak, "Merhaba" dedim. "Merhaba."

"Sizi o kadar davet ettim Mösyö Abou, davetimi neden kabul etmediniz?"

"Doğru zaman şimdi Mösyö Pinto. Bugün Sayın Prodi size bir mesaj verecek. Türkiye için Avrupa Birliği süreci başlamıştır. Hiçbir şey kesinlik kazanmadan gelmemin anlamı olmayacaktı. Gelip de kötü şeyler mi söyleseydim? Benim kalbim de artık Türkiye için çarpıyor."

Türkiye'nin Avrupa Birliği'ne girmesini gerçekten çok isteyen ve bu konuda çok çalışan bir cemaat başkanı olduğumu, bu konuda yaptıklarımı ve girişimlerimi bildiğini, bu konuda her zaman bana yardımcı olacağını da belirtti. Teşekkür etti. Meğer Weninger ona "Türkiye'yi sen Bensiyon Pinto'dan dinle" demiş.

Ben o sırada kim, kime, neden teşekkür ediyor diye düşünürken onun aklına 15 kasımda yaşananlar gelmiş olacak ki "Başınız sağ olsun" dedi.

Hemen düzelttim:

"Türkiye'nin başı sağ olsun. Altı Yahudi dindaşım öldüyse, elli beş de Müslüman kardeşim öldü. Kaybımız büyük ve çok acı. Bu acı hepimizin."

Bu tanışmadan sonra Serge Abou'yla sık sık görüştük ve çok yakın bir dostluk kurduk. Bayram seyran, çeşitli vesilelerle birbirimizi armaya başladık. Bir gün beni aradı:

"Bensiyon, Çin'e büyükelçi olarak gidiyorum. Türkiye'nin haklarını her zaman koruyacağımı da bilmeni istiyorum."

Serge'e 15 haziran 2004'te bir mektup yazarak, ondan Türkiye'yi AB yolunda her zaman desteklemesini rica ettim ve onu Türkiye'ye yeniden davet ettim. 1 temmuz 2004'te bana Brüksel'den gönderdiği mektupta şöyle diyordu:

Sevgili Dostum, 15 haziran tarihli mektubunuza çok teşekkür ederim. İstanbul'da Prodi'nin ziyareti sırasında karşılaşmamızı samimi bir hatıra olarak saklıyorum. Bu kadar hassas bir zamanda Türk Yahudi Cemaati başkanlığını bıraktığınız için çok üzgünüm, görevi alan kişiye de başarı dileklerimi sunuyorum. Türkiye ile ilişkilerimiz konusunda her şey doğru yolda ilerliyor ve umuyorum ki bu senenin sonunda ortak hedefimize doğru kararlı bir adım atacağız. İstanbul'a şahsi davetinizden onur duydum ve umarım tekrar çok keyif aldığım şehrinizi ziyaret etme imkânı bulacağım. Dün Avrupa Konseyi, 1 kasım 2004'ten itibaren Prodi'nin yerine M. Durao Barroso'yu atadı. Şu anda kendisi Portekiz başbakanıdır. Bu yüzden son görevimiz öncelikle Türkiye'nin raporunu sunmak olacak. Bu arada Avrupa Komisyonu beni Çin Beijing delegasyonunun başına atadı. Yani Türkiye üzerinde çalışırken kendimi bu ülkede büyükelçi olmaya hazırlayacağım. Orada sizlerde olduğu gibi organize ve etkili bir Yahudi cemaatiyle karşılaşabileceğimden emin değilim. Ancak Beijing'de bile Türkiye tutkum ve ilişkim devam edecek ve umuyorum ki kontaktta kalacağız.

Saygılarımla

Serge Abou

Bu insanlar bizim ülkemiz için her şeyden önemli. Uzun vadede kimin hangi göreve getirileceği bilinmez. Bu sebeple kişisel yakınlıkları, ülke menfaatlerini de göz önünde tutarak geliştirmek lazım. Fransız Milletvekili Pierre Lellouche da bu konudaki en önemli yapıtaşlarından biri. Lellouche o dönemde Assemblé National'in üyesiydi. Bugün Türkiye'nin en büyük dostlarından biri. O da Yahudi. Türkiye ziyareti sırasında bir milletvekili arkadaşıyla, Ankara'nın tavsiyesi üzerine Hahambaşılık'a geldi. Ben bu adamın kim olduğunu bilmiyordum. Baktım ki bir derya... Fransa'daki gücü çok yüksek. Her şeyden önemlisi de, o zamanlar Türkiye için hiç de güzel şeyler düşünmüyordu. O anlattı ben dinledim. Tam bir buçuk saat nutuk çekti.

"Sayın Lellouche, şimdi ben konuşabilir miyim?"

"Tabii."

Yarım saat de ben ona Türkiye'yi anlattım. Bitirdikten sonra ona:

"Çok yorgunsunuz. Ankara'da da temaslarda bulundunuz. Bana hemen cevap vermeyin. Ülkenize dönün, biraz zaman geçtikten sonra bana haber verin ve size anlattıklarımı düşündükten sonra haklı mı haksız mı olduğumu değerlendirin."

Hahambaşılık'ın büyük kapısından çıkmak üzereyken bana döndü:

"Sayın Başkan, haklı olduğunuz bazı yerler var."

"Şimdi bir şey söylemeyin Mösyö, düşünün."

Üç gün sonra Lellouche'tan bir mektup geldi, şöyle diyordu: "Beni ikna eden sizsiniz."

Bir gün Belçika'nın Türkiye Başkonsolosu Thomas Antoine beni aradı ve "Belçika Parlamento başkanı ile genel sekreteri Türkiye'ye geliyor ve sizinle de görüşmek istiyorlar" dedi. Geldiklerinde yanlarında başmüşavirleri Herve Hasquin ve Patrick Delodder de vardı. Başka bir gün bir toplantıda, "Benim eşimin adı Michelle Nahum, Türkiye kökenli bir Yahudi dedi. O zaman muhabbet başka bir yöne kaydı. Türk olmak, sıcak olmak, kültürüne sahip çıkmayı bilmek konularına daldık. Daha sonra Mehmet Ali Birand ve başka basın mensuplarıyla toplantılar yapacaktı. İlk toplantısına on beş dakika geç başlamak pahasına bu sohbeti sürdürdü. Çok canlı ve güzel bir toplantı oldu. Onlara yine Türkiye'yi ve Türk insanını anlattım. Bu toplantıda Belçika Parlamento Heyeti Başkanı Herman de Crod da vardı. Bana sonradan bir teşekkür mektubu yolladı. Başkonsolosa da, "Beyefendiyi keşke daha önce tanısaydım" dedi. Avrupa lobisinde çok güçlü değildik. Zamanla kuvvetlendik. Başkanlığım döneminde, ABD ile ilişkilerde lobicilikte bir yerlere geldik. Lobicilik bir çeşit halkla ilişkiler demek. Kişi veya kurumların, başka kişi ya da kurumlara mektup yazarak, telefon ederek veya onlarla görüşmeler talep ederek görüşecekleri konu hakkında açık, net ve kararlı bir tutum sergileme işi. Bunları yaparken aldatıcı olmamak ve karşı tarafı akıllıca bilgilendirmek esastır. Ülke açısından hoşa gitmeyen bir durum söz konusu olduğunda, asla sessiz kalmamak ve duruma hemen müdahale etmek gerekir. Sessiz kalmak, karşı tarafa o durumu kabullendiğimiz izlenimini verebilir. Yapılacak konuşmalar, verilecek konferanslar ya da yazılacak mektuplar tek konu üzerinde yoğunlaşmalı, olabildiğince açık olmalı, konuyla ilgili kişilerin görüşlerini de yansıtmalı. Karşı taraftan desteğini ya da görüş belirtmesini istemek şart. İş adresleriyle iletişime geçilmeli, görüşme ve yazışmalar kesintiye uğramamalı. Biriyle tanıştıktan sonra, ne olursa olsun iletişimi koparmam. İnsan tanımak önemli ve ciddi bir iş. Hele ki bu insanın ülkeme faydalı olacağını düşünüyorsam, kurduğum bağı daha da güçlendirmeye çalışırım. Yahudi dininde bir düstur vardır: "Yaşadığın ülkenin, devletine, insanına, toprağına, ekmeğine, bayrağına saygılı ol ve sahip çık." Kendi kendime hep şu cümleyi tekrarlarım: Her ülkenin bayrağı, değerleri ve hedefleri vardır; ama Atatürk'ü yoktur. Onun düşüncelerine, beklentilerine yakışır bir insan olmak için çalıştım her zaman. Dolayısıyla da kendime hep şu soruyu sordum: "Ülkeme nasıl faydalı olurum?" Bu düşünceyle insanlarla tanıştım, onların düşüncelerini anladım ve bu gidiş gelişlerle Türkiye'yi onlara nasıl daha iyi anlatabileceğimi aramaya başladım. Hiçbir zaman ezbere iş yapmadım. Zaman zaman Sayın Veissid'e, Sayın Kamhi'ye sorardım. Bana her zaman yakın davranır, fikir verir ve düşüncelerimi dinlerlerdi. Hiçbir zaman bana, "Bu iş çok para ister, sen bunun altından kalkamazsın" demediler. Lobicilik insanları davet etmeyi, onları en iyi yerlerde ağırlamayı da gerektirebilir. O zaman şikâyet etmeden gereği neyse yapmak lazımdır. Ciddi bir iştir ve tavrınız da en az savunduğunuz konu kadar ciddi ve güvenilir olmalıdır. Zamanında Kamhi de bu işe maddi manevi büyük emekler verdi. Bu işi tamamen kendi isteğiyle yaptı. Evinde her hafta üç dört yemek veren ve bu yemeklerde özellikle yabancı işadamlarına Türkiye'yi ve Türk insanını anlatan bir adamdı.

Ben Türkiye'nin uluslararası platformda hak ettiği yere gelmesi için ne yapılması gerektiği konusunda düşündüm ve çok çalıştım. Arkadaşlarımdan yardım istedim. Cemaat olarak yurtdışındaki kuvvetli kurumlarla Türkiye'nin iletişime geçmesini sağladık. Politikacıları, kurumları bir araya getirmeye çalıştık ve gururla söylüyorum, bunu başardık. Bu zaten tek kişinin yapacağı bir iş değil, bir ekip işi. Bir işte başarılı olmak için çok seslilik her şeyden önemli. Vizyon sahibi ve kuvvetli olmak, çizilecek yol konusunda iyi bir planlayıcı olmak gerekiyor. Türkiye'ye herhangi bir devlet yardımcı olacak diye düşündüğümüz bir anda o devletin aslında bizimle hiç ilgilenmediğini fark edebiliriz. Bunun tam tersi de olabilir, hiç ummadığımız bir başka devlet bizi destekleyebilir. Bu sebeple bu faaliyetlerin içinde olan, bu işe baş koymuş kişilerin çok iyi birer stratejist olmaları şarttır. Her koşulda gereken şartlara ayak uydurabilme ve harekete geçebilme becerisine de sahip olmaları önemlidir. Bu işi yapacak olanlar, yeni yetişen ve dış politika üzerinde yoğunlaşan, eğitim gören gençlerdir.

Bir gün, İstanbul'da Başbakan Mesut Yılmaz'la bir yemekteydik. Masamızda Devlet Bakanı Cavit Kavak ve ADL Başkanı Abraham Foxman da vardı. Orada farklı mesleklerden oldukça kalabalık bir grup genç de vardı. Çoğunluğu bankacı olan bu pırıl pırıl gençler beni derinden etkilemişti. Başbakana dönerek şöyle dedim:

"Başbakanım, sizin ekibinizde kaç tane bu yaşta insan var?"

"Tam olarak bilmiyorum."

"Bu gençleri danışmanlarınız veya bakanlarınız yurtdışına gittiğinde yanlarına vermelisiniz. Onlar da işi mutfağında öğrenmiş olur. Hem ülke itibar görür, hem de gençler yetişir. Bu gençler önceden araştırılsın; kimdir, nedir, işe ne kadar yarar; ama onlara hangi kökenden oldukları sorulmasın. Alın bu gençleri yanınıza. Bu çocukların hepsi sizin vatandaşınız. Hepsi bu memleketin çocukları! Onları değerlendirin. Bu çocukları lobici olarak yetiştirmek için Türkiye elinden geleni yapmalı."

Bir gün bana geniş toplumdan iki öğrenci geldi. ABD'ye vize için müracaat etmişler ve kabul görmemişler. ABD'yi aradım ve yetkililere, "Siz ayrımcılık yapıyorsunuz, Müslüman diye bu çocukları ülkenize almamak için her türlü zorluğu çıkarıyorsunuz" dedim. Senatör bana konuyu abarttığımı söyledi, kabul etmedim. Bunun üzerine "Öğrencileri gönder, ne gerekiyorsa yapalım" dedi. Bazı hedeflere ulaşmak için kararlı olmak, vazgeçmemek lazım. Kendimizi anlatmanın en doğru yolu bu. Vazgeçersek, karşı tarafı da iddialarında haksızken haklı çıkarırız. Doğru olduğunu bildiğimiz bir konuda asla ödün vermeden çalışmalıyız. Kabul ettirinceye kadar...

Devlet, sıkıntımız var, bize yardım eder vatandaşlık görevinizi yerine getirir misiniz diyerek cemaatlerden yardım istemez. Cemaatin akıllı ve takipçi olması gerekir. Devletin içinde olduğu bir sıkıntı varsa bunu kavrayıp harekete geçmek, sorunu bertaraf etmek için ne gerekiyorsa yapmak ve karşılığında teşekkür bile beklememek gerekir. Bunlar vatandaşlık görevi olduğu için yapılır. Zaman zaman AB İnsan Hakları Komisyonu'ndan temsilciler gelir. Başkanlığımın son döneminde de Markus Jaeger ile Alvaro Gil Robles gelmişti. Onlara konuştuklarımızın aramızda kalacağını, ne isterlerse sorabileceklerini, Türkiye'nin bütün gerçeklerini anlatacağımı söyledim. Türkiye'de inanç özgürlüğü olmadığı konusuna kafayı takmış durumdaydılar. Onlara özetle şunu söyledim: "Ülkenizde din ve vicdan özgürlüğü yok da ne demek? Gelin bir kafede oturalım. Fransızca, İspanyolca, İbranice, Ermenice, Rumca konuşalım. Bize dönüp bakan olmaz. Hatta buna sempati duyanlar olur. "Siz Yunanistan'dan mı geldiniz komşu?" derler. Bizimle yarenlik etmeye bakarlar. Türk insanını yanlış tanıyorsunuz. Belki de yanlış tanıtmak isteyenlere inanmayı tercih ediyorsunuz." Yarım saat için gelmişlerdi, bir buçuk saat kaldılar. Bu konuşmaların Avrupalının bizi hakiki anlamda tanıması bakımından çok önemli olduğunu düşünüyorum. Bu konuda herkes elinden geleni yapmalı. Zaman zaman insanlar, kendi dindaşlarıyla sohbet etmeyi tercih eder. Bunu da görmek ve ona göre davranmak gerektiğini düşünüyorum. Mademki işi yapmanın kolay yolu iletişimden geçiyor, o yol da denenmelidir.

Bir dergide bir röportajım yayımlandıktan sonra, bazı basın mensupları bana geldi:

"Bu röportajı siz mi verdiniz?"

"Evet."

"Avrupa'daki cemaat başkanları bile böylesine özeleştiri yapan röportajlar veremiyor. Siz nasıl verdiniz?"

"Doğruları söylerseniz mesele kalmaz."

Her zaman her konuda açık konuştum. Mesela bugüne kadar hiçbir zaman bir başbakanın çıkıp "Yahudi düşmanlığı yaparak bu ülkede prim kazanamazsınız" dediğini duymadım. Bu çok önemli bir nokta. Bunun bütün dini azınlıklara bir mesaj olduğunu düşünüyorum. Bu konuda Recep Tayyip Erdoğan'ın da fikri aynı; bunu AKP'nin yaptığı Kızılcahamam toplantılarında da, parti grup toplantısında da, İslam ülkelerinden gelen konuklar olduğu zaman da söyledi. Bu, dini azınlıklar için gerçekten önemli bir yorum ve bakış açısı. Abdullah Gül bana devlete verdiğim destek konusunda teşekkür ettiğinde şöyle dedim:

"Sayın Bakanım, ben de size teşekkür ederim. Hiç aklımıza gelmeyen yerlerde çıkıp antisemitizm aleyhinde açıklamalar yapıyorsunuz."

"Sayın Pinto, bir lider antisemitzmi yeren bir konuşmayı Avrupa'da yapabilir ama aynı konuşmayı Endonezya'da, Suudi Arabistan'da, İran'da yaparsa çok önemlidir. Biz bunun farkındayız. Tabii medya bunu görmüştür, görmemiştir, bilemem."

Yeri gelmişken medya konusuna temas etmekte yarar var. Medya insanları döver de sever de. Bununla yaşamayı bilmek lazım. Sanatçı ve politikacılar durmadan medyadan şikâyet eder, fakat onları bulundukları noktaya taşıyan da medyadır. Medya AK Parti'ye destek vermese durum böyle olur muydu? Hiç zannetmiyorum. Her görüşten medyaya saygılıyım. Aşırı sağ medyayı da anlayabiliyorum. Yalnız bir şeye karşıyım; din konusunda kimseye belden aşağı vurulmamalı. Bu doğru değil. Din hepimiz için, dünyaya geldiğimiz andan itibaren ailelerimizde gördüğümüz değerleri kapsar. Bunun nedeni, daha iyisi, daha doğrusu yoktur. İnanç, inançtır. Bu konuda kalkıp da kimseye laf edilmemelidir. Kimse kimseyi sevmek ve beğenmek zorunda değil. Biri Amerika'yı, diğeri Fransa'yı, bir başkası İsrail'i sevmeyebilir. Ancak din ve imana dokunmamak gerekir.

Prodi buraya gediği zaman verilen bir yemekte Abdurrahman Dilipak'ı gördüm, yanına gittim:

"Merhaba Hocam."

"Merhaba, buyurun..."

"Ben, Bensiyon Pinto."

"Ooo! Nasılsınız?"

"Sizin bütün yazılarınızı okurum. Bazı yorumlarınızı da hayranlıkla izlerim. Sizinle her konuda aynı görüşleri taşıdığımızı söyleyemem ama önemli olan bunları diyalogla çözmek. Cemaatimizin değerli araştırmacılarından Yusuf Altıntaş'la olan yakınlığınızı biliyorum. İnsanların inançları ne olursa olsun, bazı düşünceleri bir yana bırakarak dostluklar kurması gerektiğine inanıyorum. Sizin bunu başarmış biri olduğunuzu bildiğim için gelip elinizi sıkmak istedim."

Bunları yapmak lazım. Kavganın, savaşın insanlara faydası yok. Biz, 59. Hükümeti uluslararası platformlarda destekledik. Yurtdışında, AK Parti'ye sempati duymayan kişilere "Türkiye'de yetmiş iki milyon insan var. Türkiye sadece o parti, bu parti değil. Bugün sandıktan bu parti çıktı. İyi işler de yapmakta ama bu ülkede genç bir nesil var. Sivil toplum örgütleri var. Başka partiler, üniversiteler, yüksek düzeyde akademisyenler var. Siz Türkiye'nin bir partisini beğenmiyor olabilirsiniz, ama unutmayın ki bu ülke her şeyiyle bir bütün" dedim. Şimdi biri çıkıp bana, "Kendinizde bu cesareti nereden buluyorsunuz?" diyebilir. Cemaat başkanıyken daha dikkatliydim ama artık daha rahat konuşuyorum. Bunlar benim kişisel görüşlerim. O zamanlar, cemaat adına yaptığım açıklamalar olarak düşünülebilirdi. Şimdi böyle bir kaygım yok, çünkü tamamen kendi adıma konuşuyorum.

17 aralık 2004'te Avrupa Birliği'nde çekilen sıkıntı çok büyüktü. 17 aralıkta saat on buçukta Belçika'dan gelen telefonlarla Türkiye'ye AB yolunda yeşil ışık yakıldığını anladım. O sırada ne yazık ki kimseyle irtibat kuramıyordum. Başbakan, Dışişleri bakanı, Murat Mercan, Egemen Bağış, özel kalemler... Hepsini tek tek aradım, bu hemen verilmesi gereken bir ipucuydu ama onlara ulaşmam mümkün olmadı. Belçika'dan gelen mesaj aynen şuydu: "Sayın Başbakanınıza söyleyin, tedirgin olmasın.

Bu iş bitti. Belki biraz köşeye sıkıştıracaklar ama aslında bu iş bitti." Bu mesajı başbakana ancak saat biri yirmi geçe ulaştırabildim. AB konusunda Türk Silahlı Kuvvetleri'nin, TÜSİAD'ın, sivil toplum örgütlerinin ve diğer dini azınlıkların çok büyük emeği geçti. Herkes kendi boyuna göre bu işe katkıda bulundu. Gençler onlara şükran borçlu. Ben yaşını başını almış bir adamım. Avrupa Birliği'ne girmiş bir Türkiye görsem ne olur, görmesem ne olur? Ama ya gençlerimiz, torunlarımız, onların çocukları? Kendi adıma bu işte desteği olan herkese teşekkür ederim.

Her şey yolunda giderse 3 ekim 2005 tarihi Türkiye için AB sürecinin başlangıcı olacaktı. O günkü paniği hep birlikte yaşadık. Tahminlerime kimse inanmak istemedi ama ben sonuçtan emindim. 2 ekimde saat dördü on geçe, Avrupa'daki dostlarımdan aldığım bilgiyle, 3 ekimin kimse tarafından bozulamayacağı bilgisini aldım. Saat 16:30'da Sayın Başbakan'ın korumasına bir kısa mesaj gönderip üstü kapalı bir ipucu vermek istedim: "Sayın Başbakanım, konuşmanız beni ve cemaatimi çok duygulandırdı. Bu sözler ses getirecektir. AB işinde sorun olacağına milyonda bir ihtimal vermiyorum. Hiç merak etmeyin. Yahudi dünyasının yılbaşıyla İslam âleminin ramazanı beraber kutlanacak. Hayırlara vesile olmasını dilerim." Bu mesajın içindeki, "hiç merak etmeyin" ifadesinin Sayın Erdoğan'a bir şeyler anlatacağından emindim. Bugün ABD, Türkiye'nin Avrupa'da çok sağlam bir yerinin olmasını ve kendisine çok yakın durmasını istemekte. Türkiye'nin değerinin farkında. ABD, Türkiye'yi Avrupa normlarına doğru götürebilirse, bu her iki taraf için de büyük bir başarı olacak. Bugün dünyada büyük abi o. ABD'yi beğeniriz beğenmeyiz, severiz sevmeyiz ama işin doğrusu bu. Güçlü olanın sözü her zaman geçer. Bir davette ABD başkonsolosuna, "Türkiye'nin AB'ye girmesi konusunda ABD'nin girişimde bulunması lazım" demiştim. O da bana çok manalı bakmıştı. Bakışları "Bu adam bir şeyler biliyor olabilir mi?" diyordu. O gece, ABD'nin bir şeyler yapmak üzere olduğunu başkonsolosun konu üzerinde yorum yapmamasından anladım. Ne de olsa ilk sözü söylemek ona düşmezdi. AB yolunda başbakan ve Dışişleri bakanına çok büyük iş düştü. Herkes canla başla çalıştı ama bu konuda iki kişinin çok büyük emeği oldu: Egemen Bağış ve Murat Mercan. Benimle her zaman ayrı ayrı temas halinde oldular ve görüşmeler konusunda beni motive ettiler.

ABD'ye yaptığımız bir seyahat sırasında bir konferansta konuşma yapmam istenmişti. İsrailli komutan Uzi Narkiz de şeref konuğuydu. Konuşmamı İspanyolca yaptım. Konuşmam bitince herkes alkışlamaya başladı. Bu adam da ayağa kalktı ve herkese ayakta alkışlamaları için yerlerinden kalkmalarını işaret etti. Onun bir sözü, oradakiler için adeta emirdi. Hepsi kalktı. Fikirlerimiz pek çok konuda uyuşmasa da Sayın Yılmaz Benadrete'nin de bu konuda hakkını vermem gerekir. Orada konuşmamı isteyen ve bu işi destekleyen oydu. Hem kendi adıma, hem de

Türkiye adına ona teşekkür borçluyum. Bu gerçekten önemli bir konuşmaydı. Ardından çok enteresan gelişmeler oldu. Yahudi lobisinin ileri gelenleri benimle görüşmek istedi. Hepsi benimle temasa geçti ve toplantılar yaptık. Bu görüşmeler için resmi bir onay olmadığından biraz tedirgindim. Nerede ne zaman durmak gerektiğine kendim karar veriyordum. Bu zor bir iş. Herkes size güvenecek, siz de kendinize güveneceksiniz. Asla yanlış yapmayacaksınız. Temaslarım devam etti. 1990-1994 arasında görevde olmadığım zamanlarda da buluşurduk; cemaat yetkilileriyle onları bir araya getirirdim. 1995 yılında amatör bir ruh ve profesyonel bir bakış açısıyla Türkiye'nin menfaatleri ve insanlık adına bu işe başladım. İnsanlık adına ne demek diye düşünenler olabilir. Bu devlet Osmanlı'dan gelen kültür birikimiyle bilinçli, vakur ve egemen bir devlettir. Ortadoğu'ya çok kısa bir süre sonra ağırlığını koyabilecek ve Ortadoğu'da dökülen kanların, ağlayan anaların, bacıların, eşlerin, gençlerin gözyaşlarını silecek tek güçtür. Buna bütün kalbimle inanıyorum. Bu konuda yanılmadığımı 2005'te daha iyi anladım. Bugün Ortadoğu'daki tüm ülkelerde Türkiye'nin rüzgârı hissediliyor. Ortadoğu'dakilerle de sıcak temaslarda bulundum. Türkiye'ye davet ettim, onlara yemekler verdim. Bu tam anlamıyla profesyonel yaklaşımdır. İnsanlar bir araya gelmeli ve meseleleri pratik yöntemlerle çözmelidir. Lobicilik, karşı tarafa neyi, niçin yapmak istediğinizi doğru ve açık bir dille anlatmak demektir. Bir meseleyi, doğruları yanlışları açığa çıkararak anlatılmalı ve bunun onlara nasıl bir menfaat sağlayacağı da mutlaka söylenmelidir. Bu dünya maalesef menfaat dünyasıdır ve herkes bu çeşit işlerde kendi menfaatini her şeyin üstünde tutar. ABD'de senatör ve temsilcilerin kendi ofisleri vardır. Hepsi bağış alır. Bu da gayet normal bir işleyiştir. Burada sözünü ettiğim bağış asla rüşvetle karıştırılmamalı. Bunun resmiyeti ve içeriği bellidir. Yolsuz bir yanı yoktur. Bu halka yapılan hizmet karşılığı önceden verilmiş bir paradır. Neye ihtiyaç olursa ona harcanır ve kasada her zaman para vardır. İlişkilerin sürmesi, araya mesafe girmemesi de uzun vadeli işlerin çözümü için şarttır. Bunun dersini bana yıllar önce Bülent Akarcalı vermişti. Onu çok sever ve sayarım. Jak Kamhi'nin yaptırdığı meslek lisesinin açılışında tanıştık ve The Marmara Oteli'nde bir kahve içtik. Bana "Türkiye'deki insanlar, bir işleri olduğu zaman o iş bitinceye kadar işini yapan kişilerle gayet yakın temas halindedir. İş bitince yüzüne bile bakmaz" dedi.

"Sayın Bakanım, neden böyle söylüyorsunuz?"

"Kardeşim, ben İstanbul milletvekiliyim. Yerim yurdum belli, aldığım maaş belli. Kimse çıkıp da 'Şu işte seni destekleyelim' demiyor. Bunu anlatsan adam rüşvet istiyor derler. Biz para pul istemiyoruz. Bir projede bize destek olsunlar, o işe sponsor olsunlar istiyoruz. O zaman halka daha kolay ulaşırız. Bu işi de ben üstleniyorum deseler mesele hallolacak. Her şeyi devletten bekliyorlar."

Doğru söylüyordu. Sponsorluk, bizde bu konuşmadan çok sonra ve çok yavaş gelişmiş bir iştir. ABD'de bu işi değişik bir şekilde halletmişlerdir; bu işleri takip eden ofisler vardır. Kişi size bir iş için yanında ekibiyle gelir ve "Şu işinize sponsor olmak istiyoruz" der. Ekip de mühimdir. Bir yere tek kişi gitmek ile ekip olarak gitmek arasında dağlar kadar fark vardır. Başkanın basın danışmanı vardır, yardımcısı vardır... Bu etkileyici bir imajdır. Ben bile hiçbir gün bir yere yalnız gitmedim. Bunu bana öğreten Sayın Bülent Akarcalı'dır. Bir gün beni bir lokantada gördü. "Bana soracak yeni bir sorun yok mu?" diye şaka yaptı. "Yeter Sayın Bakanım bu taşlar çok sert geliyor" diye gülerek karşılık verdim. "Hayır" dedi ciddileşerek. "Ben herkese bir şeyler anlatmak istiyorum."

Bize dış politikada destek verecek bazı isimler de İsrail'de. Bunlardan biri Aron Liel. Ankara'daki maslahatgüzarlık görevi sırasında Türkiye'yi çok sevdi, ülkesine döndü ve kısa bir süre sonra dışişlerinde müsteşar oldu. İsrail-Türk İş Konseyi başkanlığı da yaptı. Daha sonra da başbakan adayı oldu. Hangi işi yaparsa yapsın Türkiye'yi dilinden düşürmedi ve bir yardımı varsa bunu mutlaka yapacağını çeşitli vesilelerle bildirdi. Neden? Ben Aron Liel'i hiçbir zaman ihmal etmedim. Bu adamın çevresi genişti. Amerika'da üst düzey çok yakın dostları vardı. Yarın öbür gün, Türkiye'nin menfaatine bir işte bize seve seve yardım ederdi. Yaşanmışlıklarımız vardı, sohbetimiz vardı. Bu ilişkilerin Avrupa Birliği konusunda bize faydası olacaktı. Bu yaklaşımın faydasını her yerde gördük. Bundan istifade ettik ama kimseyi istismar etmedik. İnsan, istismar ederse başkalarına zarar verebilir. Burada sadece doğru zamanda doğru kişilerle yakınlık kurma, gerektiğinde onların yardımına başvurma amacı var. Bu da sizin en doğal hakkınız, çünkü karşınızdaki yakınınız, dostunuz. Sadece yardım istemek için kapı çalmak yerine, çevrenizi geniş tutmaya özen göstermelisiniz. Ülkemizde çalışan yabancılara Türkiye'yi sevdirmek lazım. Ülkelerine gittikleri zaman Türkiye'nin yanında olurlar. Bu ülkemiz adına çok önemli bir konudur.

İsrail'den bu kadar çok söz ediyor olmamın önemli bir nedeni var. Unutulmamalı ki, İsrail'den gelen konukları biz cemaat olarak da ağırlıyoruz. Bu sırada da aramızda dostluklar oluşuyor. Zamanı gelince de onların yardımını almak ve fikrini sormak kadar doğal bir şey de yok. Uri Bar-Ner Ankara'da İsrail büyükelçiliği yapmıştı. Onu, 2005 haziranında Ceylan Intercontinental Otel'de Amerikalı bir senatörle yemek yerken gördüm. Başkanlığım süresince halkla ilişkilerde görev yapan on iki bayan arkadaşım beni yemeğe götürmüştü. On iki bayanla birlikte yemek yerken dışardan bunun nasıl göründüğüyle ilgili şakalaşırken baktım arka masamda yemek yiyor, yanındakine de, "Bakın, önümüzdeki masada oturan bey Türk Musevi cemaatinin başkanı" diyordu. O sırada Türk-Amerikan ilişkileri çok iyi değildi. Zor günler yaşıyorduk. Kızlardan izin aldım, yanına gittim.

"Uri, bak. Sen bu ülkenin insanını bilirsin. Gerçekten bu ülkeyi seviyorsan, bu konuda bir şeyler yapman lazım. Çalıştığın gazetede nasıl uygun görüyorsan öyle bir yazı yaz."

"Türkiye'yi övmemi mi istiyorsun?"

"Hayır. Yalnızca Türkiye'ye hak ettiği değeri ver. Sakın aleyhinde bir şey yazma."

Bir yazı yazdı. Gazetelerde böyle bir yazı çıksın diye birçok ülke lobilere büyük paralar öder. Bir başka önemli isim de Michael Rubin. Gazetecinin kalemine kimse dur diyemez. Bu kalem çok kutsaldır. Michael Rubin bir gün gazetesinde, AK Parti, Recep Tayyip Erdoğan ve Türkiye'yi hedef alan bir yazı yazdı. Ben de görüşmek istedim. Bir müddet sonra bizi görüştürdüler. İstanbul'da Ritz Carlton Oteli'nde akşam yemeğinde bir araya geldik. AKP Merkez Yönetimi'nin bir üyesi de o yemekte bizimle oldu. Michael Rubin yazdıklarından asla dönmek istemiyordu.

"Sen Türkiye'nin aleyhine yazdığında hem Türkiye'ye, hem İsrail'e, hem de Ortadoğu'ya zarar veriyorsun. Türkiye'nin göreceği her türlü zarardan bu ülkeler de nasibini alacak. Farkındasın, değil mi? Türkiye'nin Ortadoğu'daki rolünü ben çoktan keşfettim. Bu konuda bir düşün istersen. İster inana ister inanma, ben sana bildiğimi anlatayım. Sen de ne yazacağını düşün."

Amerikan Yahudi Komitesi İcra Direktörü Shula Bahat ve Genel Başkan Richard D. Heideman'ı 2004 ilkbaharında Türkiye'ye davet ettik, geldiler. Gelmelerini neden istedik? O günlerde ülkenin her tarafında büyük bir Amerikan karşıtlığı vardı. Irak'a asker göndermemiz için ABD bizden talepte bulunmuş, Meclis de ret cevabı vermişti. Amerika da Türkiye'ye oldukça tepkiliydi. Şans Restoran'da cemaat olarak bir yemek verdik. Mehmet Ali Bayar, o zaman Washington maslahatgüzarıydı. Gelenleri o yemekte kendisiyle görüştürdüm. Bu görüşmede ben Türkiye'nin demokratik bir ülke olduğunu, parlamentonun da bu anlayışla hür bir şekilde çalıştığını, başkanlarını, otoriteleri bir yere kadar dinlediğini; ama parlamentonun kendi özgür iradesiyle karar verip hareket ettiğini söyledim. Bu minvalde konuşurken, insanların değişen yüz ifadelerinden ve beden dillerinden bana karşı bir tepki oluşmaya başladığını anlıyordum. Sanki ben Türkiye Cumhuriyeti Devleti'ne kendimi sevdirmek, onlara hoş görünmek için bu konuşmayı yapıyormuşum gibi bir tavır takındılar. Berry Jacobs üstüme geldi, Shula Bahat üstüme geldi, baktım iş büyüyecek, konuşmayı yarıda kestim ve konuşmaya başladım:

"Bakın, ben Türkiye'nin avukatı değilim. Burada sizin bir numarada tuttuğunuz İsrail'in lehine, her yerde ve her koşulda antisemitzmi yeren, Yahudilere dininden dolayı düşmanlık yapılmamasını isteyen bir hükümetten söz ediyorum. Bu hükümet kimsenin özel isteğiyle gelmedi, halkın isteğiyle geldi. Türkiye yalnız AK Parti'nin değildir. Herkesi itham edemezsiniz. Ayrıca ben de sizin davranışınızı tasvip etmiyorum. Şımarık bir çocuk gibi istediğinizden vazgeçmiyor ve direniyorsunuz. Olacak şey var, olmayacak şey var. Evet, Sayın Başbakan gitti, 'Bu askeri yardımı alabilirim' dedi. Döndü meclise sundu ve meclis bunu ülke menfaatlerine uymadığını düşündüğü için reddetti. Ne yapabilirdi? Demokrasinin çarkları böyle döner. Dönmese 'Türkiye'de demokrasi yok' diyorsunuz. Bir olayda Türkiye'yi idama mahkûm ediyorsanız, bizim sizinle işimiz bitmiştir. Belki hatalıyız ama asıl hata sizin. Başbakan ve ekibi gidince halıları serdiniz. Şimdi işler istediğiniz gibi gitmiyor diye o halıyı ayaklarının altından çekiyorsunuz. Adam size elimden geleni yaparım dedi; yaptı da. Sonuç istediğiniz gibi olunca her şey iyi ve doğru, olmayınca yanlış demek mertliğe sığmaz. Bunlar yanlış işler. Sizden rica ediyorum. Ben bu konuda konuşma yapmak için para alan bir adam değilim. Sizden kişisel hiçbir beklentim de yok. Görevimi de üç ay sonra devrediyorum. Sizden sadece yanlış yapmamanızı rica ediyorum. Bu ülkeyi tanıyorsunuz. Ne olacak şimdi? Her şeyi sil baştan mı düşüneceksiniz? Bugün Sayın Gül her yerde antisemitizmi yeren konuşmalar yapıyor. Bunu Müslüman ülkelerde yapmak bir cesaret işi. 'Ben bunu Amerika'da, Avrupa'da yapsam ne olur? Ben bunu Arap ülkelerinde, Endonezya'da, Katar'da yapıyorum, bu iş cesaret ister. Bunları da görmezden gelmemek lazım' diyor. Bana göre de sonuna kadar haklı."

Hava birden yumuşadı. Richard Heideman bana dönerek, "Haklısın, seni çok iyi anladım. Söylediklerin doğru ve bunları unutmamak lazım" dedi. Bu adamlar bugün Amerika'da Türkiye'nin menfaatlerini koruyor. Halbuki buraya ipleri tamamen koparmaya gelmişlerdi. İşte buna lobicilik denir. Lobicilik, gereğine inanılarak yapılan iştir. İnanarak yaptığınız bir işte de başarılı olursunuz.

Bir de Natan Sharansky'yle yaptığımız sohbete değinmek isterim. Natan Sharansky, İsrail'in sembolüdür. Rus asıllıdır. Rusya'da hapse mahkûm olmuş, İbraniceyi tam bilmese de bakanlık yapan bir adamdır. Bir gün Türkiye'ye geldi. Geldiği zaman dönemin Sanayi ve Ticaret bakanı ile Swissotel'de tanışma fırsatımız oldu. Aramızda o kadar güzel ve içten bir yakınlık oldu ki, burada iki gün kaldı ve bizden kopamadı. "Sinagogları görmek istiyorum" dedi. Ona bir tur ayarladım ve öyle bir sinagog programı yaptım ki, buradan ayrılmak istemedi. Giderken şunları söyledi: "Bundan sonra Türkiye'nin avukatıyım. Türkiye'nin yaptığı her doğrunun yanındayım." Bu işte herkes görevli olmalıdır, sokaktaki simitçi de, tuvaletçi de, doktor da, öğretmen de, bakan da...

Ve Isaac Herzog... Başbakanla 1 mayıs 2005'te İsrail'e gittik. Uçağın kapıları açıldı. Yirmi yedi kişilik bir ekiptik. Uçağı hemen tahliye ettik. Çantamı aldım, arkalarından iniyordum. Baktım bir adam kapının önünde durmuş, inenlere "Siz Bensiyon Pinto musunuz?" diye soruyor. Merdivenlerin sonuna geldiğimde bana da sordu.

"Evet."

"Sizi bekliyordum, efendim. Hayim Herzog'un oğluyum. Bayındırlık Bakanı İsaac Herzog. Hayim Herzog İsrail'in eski cumhurbaşkanlarındandır. 1992'de de ülkemizi ziyaret etmişti. Benim de yakın dostumdur. 1992'de Dolmabahçe'de yapılan 500. yıl kutlamaları balosuna da katılmış, Cumhurbaşkanı Turgut Özal ve Başbakan Mesut Yılmaz'la uzun uzun sohbet etmişti. Sarıldım, iki yanağından öptüm.

"Annem, 'Bensiyon Pinto'yu bul, kim olduğunu söyle, o da sana sarılıp seni öpecek' demişti. Doğruymuş."

Başka bir İsrail gezimde İsaac Herzog bir konuşma yapıyordu. Onu dinlemek için davet almış, eşimle birlikte gitmiştim. Konuşmanın sonunda, ona anne babasının Türkiye ziyaretlerinde çekilmiş fotoğraflardan düzenlenmiş bir albüm armağan etim. Eline alınca gözleri doldu. Annesi de arayıp teşekkür etti. Bu adam şimdilerde sosyal demokratların başına geçmek için çalışıyor. Sahip olduğumuz dostlukların yarın bize getireceği olumlu sonuçlar tartışılmaz. Yakınlıkların en güzel tarafı, onlardan bir şey istediğinizde hemen yerine getireceklerini bilmenizdir. Bu çok önemlidir ve parayla pulla halledilecek iş değildir.

JOINT Doğu Avrupa ve Türkiye Genel Müdürü Ami Bergman bir mektubunda bana şöyle demişti: "Sen çok önemli bir adamsın." Diasporadaki bir cemaat başkanının en önemli görevi, milletini ve ülkesindeki dindaşlarını korumak, haklılıklarını daima savunmaktır. Bu sadece Türkiye'de olan bir durum değil. Tüm diaspora için böyledir. Fransa'da, Yunanistan'da, Belçika'da yaşayan Yahudilerin de çok problemleri var. Herkes bunun üstünü örtmeye çalışıyor. Bir başkan önce kendi ülkesindeki dindaşlarını çok iyi bir şekilde temsil edecek. Ülkesinin, Tevrat'ta yazılı olduğu gibi, menfaatlerini her şeyin üstünde tutacak. Ayrıca ülkesinin İsrail ile ilişkilerini iyi bir yere getirmesi lazım ki, dünyada antisemitist hareketler için çalışılabilsin. Ami Bergman belki de bunu anlatmak istiyordu.

2004'te başkanlığı bırakmadan evvel Budapeşte'de Avrupa ve Dünya Yahudi Kongresi'ne gittim. Bin beş yüz delege vardı. Bir konuşma yaptım. Bu konuşma öncesinde Fransa, Belçika, İsveç ve Türkiye cemaat başkanları bir masaya oturduk ve sorunlarımızı konuştuk. Fransız "Biz kipa takıp sokağa çıkamıyoruz" dedi. Belçikalı da, "Sinagoga giderken korkuyoruz. Hatta bazen Yahudi olduğumu da söylemiyorum" dedi. Düşündüm ve şöyle dedim:

"Gelin bizim ülkeye. Kipayla çıkın, Davud'un yıldızını takın. Gidin bir yerde dua edin. Kimse size bir şey demeyecek. Duanızın sonunda da "Allah kabul etsin, bize de bir dua et amcacığım" diyecek. Hani bize barbar diyordunuz ya, alın size cevap. Bu nasıl barbarlık? Siz Avrupa'nın göbeğinde bu kadar sıkılır ve zorluk çekerken, Avrupalının barbar dediği Türklerdeki anlayış ve cana yakınlık kimsede yok. Bu nasıl bir çelişki? Türkiye Avrupa Birliği'ne girecektir, girmelidir."

Genel başkana da şöyle dedim: "İslamiyeti yanlış değerlendiriyorlar. Terörle yan yana anıyorlar. Yarın öbür gün dinlerarası diyalog yapmaya kalksanız bunu kimseye unutturamazsınız. Hiçbir din, terörle yan yana anılamaz. Her dine mensup insanların doğruları yanlışları olmuştur. Bundan dolayı bütün bir dini karalamak tarihsel açıdan da, insanlık açısından da yanlış olur. Bizim işimiz İslam dünyasıyla değil, terörizmle olmalı. O teröristler hangi millettense ona bakmalı ve o milleti de bir kalemde silip atmamalı. Hiçbir millet tam olarak iyi ya da olarak kötü olamaz. Bu insan doğasına aykırı bir düşüncedir. Siz kalkıp da terörist birine Yahudi'yse 'Yahudi terörist' Müslüman'sa 'Müslüman terörist' diyemezsiniz. Terörist teröristtir. Dünya bu çeşit söylemleri reddetmelidir. Globalleşirken birbirimizi daha çok yıpratmamalıyız. Tüm dini bir suçun altında gölgelemek günahtır da. Bu kongrenin iştirakiyle dinlerarası diyalogu biz yapalım."

Başbakan daha sonra İspanyollarla dinlerarası diyalog konusunda bir zirve yapmayı tercih etti. Bu çok önemli bir adımdı. Hangi milletin insanı olursa olsun, hangi dinin insanı olursa olsun, akıldan, bilimden, insanlıktan yana olan herkesin elini sıkmak lazım. Avrupa Konseyi üyelerinin her biri Türk dostu oldu. Bunun için gerçekten büyük çabalar harcandı. Dinlerarası diyalog konusunu ortaya atan kişi olmama rağmen, bu zirvenin yalnızca iki dinle sınırlı kalmış olması beni çok üzdü. Bunu o zaman başbakana ilettim. "Haklısın, düşünemedik" dedi.

İsrail'in Türkiyeliler Birliği Başkanı Moreno Margunato'nun da Türkiye'ye özel bir yakınlığı var. Bu dernek, orada yüz yirmi bin Türk Yahudi'sine –ki İsrail'in nüfusu altı buçuk milyondur– Türkiye'den bilgi, haber aktarır. İnsanın doğup büyüdüğü ülke çok mühimdir. Bir Amerikalı Türkiye'de doğup büyüdüyse bir daha asla burayı unutmaz. Bu dünyanın neresinde olursa olsun böyledir; hele bu insan Türkiye'deyse. İnsanlara yaşadıkları ülkeyi unutturmamaya çalışıyoruz. Türkiye'den İsrail'e devlet memurları gider, bakan gider, bürokrat gider. Dernek onların İsrail'de en iyi şekilde ağırlanmasını sağlar. Türkiye'nin zaten var olan itibarını daha da artırmayı amaçlar. Giden kişinin yanına rehber verir, tercüman verir, aradaki ilişkileri sağlamlaştırır, kültürel çalışmalarda yardımcı olur. Oradan Türkiye'ye turist gelmesini sağlar. Gidenlere Türk gecesi yaparlar; Türk yemekleri yapılır, Türk müziği dinlenir. İsrail'de Batyam'da bir taksiye binin, sizi İbrahim Tatlıses, Zeki Müren, Tarkan karşılar. Batyam küçük bir İstanbul gibidir. İstanbul'dan göç etmiş ve memleket hasreti çeken Yahudilerle doludur. Bu müziği dinlediklerinde, bir sevda şarkısında hepsinin gözleri dolar. Çünkü onlar Türk'tür. Süleyman Demirel'in İsrail ziyaretinde engellerden atlamıştı insanlar, "baba" diyerek. Bu insanlar zamanında Süleyman Bey'in iktidarında yaşamış, onun vatan sevgisini, köylü aşkını, insana olan bağlılığını, baba ruhunu unutmamışlardı. Türkiye Cumhuriyeti Devleti'nin Başbakanı Tansu Çiller'i dakikalarca ayakta alkışlamışlardı. Onlar kendi başbakanlarını böyle alkışlamaz. Alkışlar Sayın Çiller'in başbakanlığından ziyade Türk olduğu, onu kendilerinden saydıkları içindi...

Bir insanın her şeyini değiştirebilirsiniz. Evini, adını, kimliğini; ama yüreğini değiştirmenizin imkânı yoktur. Onlar Türk Yahudi'sidir ve öyle kalacaklardır. Evlerinde imambayıldı, biber dolması, börek pişecektir. Lokum yiyecek ve Türk kahvesi içeceklerdir.

ABD ilişkileri

Şansımıza mıdır, düşünerek mi yapılmıştır bilmem ama, ABD Türkiye'ye her zaman çok iyi başkonsoloslar atadı. Deborah Jones, Dr. David Arnett gibi düşünce gücü yüksek insanlar geldi. Bunların en önemlilerinden biri de Frank Urbancic'ti. O kadar yakın olduk ki, mutlaka ayda bir kere bir yemek yer ve fikir alışverişinde bulunurduk. İkiz kulelere saldırının yapıldığı 11 Eylül, Yahudi takvimine göre yılbaşına çok yakındı. Bu olaydan sonra Bush bir konuşma yaptı ve İslam dinine yönelik bazı sevimsiz atıflarda bulundu. Bu konuşmanın ardından bir randevu istedim ve Urbancic'e gittim.

"Ben Yahudi'yim. Ama öyle bir Yahudi'yim ki bütün dinlere aynı şekilde saygılıyım. Her yerde ibadet ederim. Bütün ibadethaneler benim için birdir. Sayın Bush bir konuşma yaptı. Söylenmemesi gereken şeyler söyledi. İnanıyorum ki dünyada bütün savaşlar dinler arasındaki diyalog eksikliğinden, çatışmalardan, kavgalardan doğar. Bu konuşmadan sonra elbette savaş olmayacak ama ABD için hoş olmayan sözler söylenecek ve milletler arasında bir soğukluk oluşacak. Diliyorum ki on gün sonra Bush, dünyadaki Yahudi toplumunun yeni yılını kutlarken mümkün olduğu kadar İslam dininin Yahudilik ve Hıristiyanlık kadar değerli olduğundan, bu üç semavi dine gereken saygının gösterilmesinin öneminden de söz etsin. Tüm dünyaya '11 Eylül hadisesini İslam toplumuna mal edip onları küçük düşürme hakkına kimse sahip değil. Tüm dinler bizim dinimizle aynı değerdedir' desin."

"Bu söylediklerinizi Sayın Bush'a ileteceğim."

On gün sonra, Bush, Roş Aşana Bayramı'nda böyle bir konuşma yaptı. Başkonsolos aramızdaki konuşmayı ona iletmiş midir bilmiyorum, ama aklın yolu birdir. Burada önemli olan benim kişisel görüşlerimin ABD'li bir üst düzey tarafından bilinmesiydi. Nitekim Bush'un konuşması çok daha ılımlı ve aynı mesajı içeren bir konuşmaydı. En azından doğru bir iş yapmış ve içimden gelenleri bir yetkiliyle paylaşmıştım. Bu benim için çok önemli bir adımdı. Bu konuda Urbancic'in bu mesajı ne kadar dikkatli bir şekilde aldığını ve ilettiğini anlamak da çok zor değildi. Şimdi bu satırları okunurken, "Yahu adama bak, kendini ne zannediyor... Bush'a mesaj verdiğini ve onun da bu mesaja göre hareket ettiğini söylüyor. Olacak iş mi?" denebilir. Ama bu işlerde esas olan, gerekeni düşünmek ve bunu doğru kişilerle konuşmaktır. Sonra bu kişiler doğru düşünceleri ister sizin ağzınızdan, isterlerse kendi düşünceleri olarak uygun kişilere iletir. Önemli olan doğru yere ulaşmasıdır. Mesele kimin kime ne dediği değil, sonuçtur. Herkes kendine bir amaç edinirse ve doğruları iletmeye çalışırsa dünyaya barış gelir. Çıkarcı ve bireysel değil, toplumsal düşünmek bir ilke olmalıdır. Bu bakımdan biz cemaat olarak ABD ile her zaman iyi ilişkiler içinde olduk.

Mesela Robert Wexler, Yahudi bir kongre üyesidir. Buraya her gelişinde bizi mutlaka ziyaret eder ve der ki: "Sizin probleminiz yok mu? Dünyanın neredeyse her yerinde dini azınlıkların problemleri var. Sizin nasıl olmaz?" Düşündüm. Bu problemler nedir? Eğer ayakkabınızın ayağınızı vurmasını problem sayıyorsanız, problemdir. Bu değerde sorunları da sadece dini azınlıklar değil, ülkedeki tüm vatandaşlar yaşar. Sizin soruna nasıl baktığınıza bağlı bir durumdur. Bardağın dolu ve boş tarafını görmek gibi... Uğraşmak zorunda olduğumuz meselelerle bazen geniş topluma mensup vatandaş da uğraşıyor. Ne yapalım yani? Her şeyden vazgeçip karalar mı bağlayalım? Yoksa oturup yaşanan problemlere kalıcı çözümler bulmak için mi uğraşalım? Ben her zaman ikincisini seçtim. İnsan bazen ayakkabısı ayağını vursa da bununla yaşamayı öğreniyor. Bunun en iyi yardımcısı zaman. O zamana güvenir, doğru değerlendirir, inandıklarınızdan vazgeçmezseniz bir gün yepyeni bir ayakkabınız olur. Problem yaratmak isteyen, hayatı problem haline getirebilir. Yaşanan bir olaya problem diyebilmek için, onun gerçekten problem olması gerekir. Bizim toplumumuz sorunsuz yaşamayı ilke edinmiş, kendini Türk milletine adamış, o milletin bir parçası olmuş bir toplum. Diğer dini azınlıkların bini geçen tapuları olduğunu duyuyoruz. Ne güzel... Ama on ya da on beşi geçmeyen bir emlak sayısında ne kadar büyük bir sorun yaşanabilir ki? Ben bana verilmiş sözlerin er ya da geç tutulacağından eminim, çünkü burası Türkiye. Diyelim ki Amerika Birleşik Devletleri'nde yaşayan bir cemaatin iki bin tapusu var. Sorun yaşayacağı muhakkaktır. Prosedürü, tapu işleri, elektriği, suyu, vergisi, yerinden dolayı yaşabileceği sorunlar olacaktır. Bunun dışında başka sorunlar yaşnamaz mı? Yaşanır tabii ama şunu da unutmamak lazım: Herkesin aynı dünya görüşüne, aynı iyi niyete sahip olmasını dilemek çok güzel ama bunu iddia etmek ancak hayalden ibaret. Bu dünyanın her yerinde, sayıca az her toplum için geçerli. 2006'da ülkemizde görevli olan Deborah Jones adlı konsolos hanımı Türk-Amerikan Konseyi Başkanı Adnan Nas'ın yemeğinde tanımış, eşimle birlikte aynı masayı paylaşmıştık. Yemek boyunca Jones'un insanlara verdiği değeri gördüm. O zaman insan şöyle demekten kendini alamıyor:

"Demek ki Amerika boşuna Amerika olmamış."

Lobiciliğin nasıl yapıldığını bir profesör gibi anlatamayacağım kesin. Yine de kendi iş anlayışıma göre bunu nasıl yaptığımı yazmayı her şeyden çok istiyorum. Çünkü bunun bu işi bizden sonra yapacak olanlara yol göstereceğini biliyorum. Bu konuda otorite değilim ama yine de bu işte biraz başarılı olmuşsam yaptıklarımı, izlediğim yolları, bu konularda bildiklerimi anlatmayı bir görev addediyorum.

Fas seyahatimiz sırasında, Fas Yahudi cemaati bir akşam yemeğe davet etti. Cemaat Başkanı Silviyo Ovadya, Başkan vekilleri Lina Filiba ile Sami Herman da bu grubun içindeydi. Fas cemaati ve Amerikan Yahudi Kongresi'nin ortak çalışmasına bizi de Türkiye olarak kattılar. Çok yakın dostum Kültür ve Turizm eski bakanı Serge Berdugo da o oluşumun başındaydı. Çok iyi karşılandık. Bir gün sonra "Sizinle Rabat'a gideceğiz. Orada İçişleri bakanı, Dışişleri bakan vekili ve iki de devlet bakanı sizi kabul edecek" dediler. Yasmina Baddou, o dönem Fas'ın Aile ve Sosyal Yaşamı Geliştirme bakanıydı. Serge Berdugo, bu ülkenin bakanlığını yapmış bir Yahudi'ydi. Yani Fas'ta bile bu son derece normaldi. Döndükten sonra bir gün başbakana sordum:

"Sizce hangi ülke daha ilerde? Biz mi, Fas mı?"

"Bensiyon Bey bırakın, tabii ki Türkiye."

"Hayır, bence değil. Fas bir Yahudi'yi 2000 yılında bakan yapmış. Bizde böyle bir durum olduğunu düşünebiliyor musunuz? Ortalık ayağa kalkar. Kral Hasan'ın en büyük danışmanı Yahudi ama kimse ayağa kalkmıyor. Niye ayağa kalkmıyor? Çünkü herkes doğru siyaset peşinde. O odur, bu budur diye bakmıyorlar hayata. Siyasetçiler bakmayınca halk da bakmıyor ve bu alışkanlık da yerleşiyor."

Fas'taki yemek bittikten sonra onlara şöyle dedim: "Davetiniz için size çok iyi teşekkür ederiz ama sizin Türkiye diye bir kardeş ülkeniz var. Türkiye'yle niçin daha sıkı ilişkiler içinde değilsiniz?"

Bu kararları tabii ki devletler verir ama aracı olmak ve selam getirip götürmenin hiçbir zararı yoktur. Bu konuşmayı yaptığım sırada orada ABD'liler, Fransızlar ve Faslılar vardı. Böylece bir taşla üç kuş vurmuş oldum. Bana göre en önemli şey, her anı doğru ve yerinde değerlendirmektir. O gün orada herkes kendine bir pay çıkardı. İşte lobicilik budur. Bu işi doğru yapmak için insanın dersine çok iyi çalışması gerekir. Fas'ın İçişleri Bakanı El Mustafa Sahel'in verdiği gibi bir daveti bugüne kadar hiç görmedim. Bizi öyle bir ağırladı ki, kelimeler yetersiz kalır. Yirmi yedi kişilik bir yemekti. Yemeği kendi bakanlığında verdi. Bana resmen "Ben Türkiye'yi görmek istiyorum, beni davet ettirin" dedi. Ben de bunu İçişleri Bakanı Abdülkadir Aksu'ya aktardım ve o da kendisini davet etti. Fakat bakan gelmedi. Gelecek mi diye aradığımızda, Fas kralının bakanları değiştirdiği için bir haber çıkmadığını anladık.

Avrupa devletlerine de ziyaretler yaptık. Türkiye'yi Kuzey Avrupa ülkelerine anlattık. Bizi inandırıcı bulmadılar. Cemaat başkan vekili görevindeyken, 1981'de Avrupa Yahudi Topluluğu Başkanlar Toplantısı'na davet edilmiştim. Uygun lisanım olmadığı için toplantıya katılmamıştım. İngilizcemin olmaması bazen sorun olurdu. Toplantıya Nedim Yahya ve Nedim Niso Russo gitti. Türkiye'nin nasıl bir ülke olduğunu biz 80'li yıllarda Avrupa'ya anlatmaya başladık. Orada Nedim Yahya bir konuşma yapmış, konuşmanın sonunda Nedim'e "Komünist ülkeler gibi güdümlü bir ülke olarak geldiniz ve bize masal anlatıyorsunuz!" demişler. 1982'nin sonunda bu adamları Türkiye'ye davet ettim. Gezdiler, dolaştılar, bizi tanıdılar ve giderken bana "Özür dileriz Bensiyon, biz yanlış şeyler söyledik; ama dışarıdaki Türkiye imajı maalesef bu" dediler. O gün kendi kendime "Ben de Bensiyon'sam bu imajı değiştirmek için bütün ömrümü harcarım" dedim. Adamlar tanımadan bilmeden başkasının dediklerine inanmayı tercih ederek kelimenin tam anlamıyla bir duvar örmüşlerdi.

İnsanlara doğruları anlatmak için o doğruları gösterip ispatlamayı seçtim her zaman. Anlatmakla ikna edemiyorsan çağırdım, kendi görsün istedim. Fikri değişmezse kendi bilirdi ama bugüne kadar fikrini değiştirmeyenini görmedim. Kendime bir hedef koydum: "Nerede olursam olayım, hangi platformda olursa olsun Türkiye'yi tanıtacağım."

Türkiye'nin Belçika Büyükelçisi Fuat Tanlay'ı Çankaya Köşkü'nde tanıdım. O zaman protokol müdürüydü. Başbakanın da bir müddet protokol müdürlüğünü yaptıktan sonra Belçika'ya atandı. Çok beyefendi ve yurtsever bir adamdır. Bir seyahatim sırasında ona rastladım.

"Duydum ki Belçika'ya gidiyormuşsunuz. Eğer size bir konuda yardımım dokunacaksa hiç çekinmeden beni arayın. Sizin için elimden geleni yaparım. Oradaki Yahudi kurumlarıyla sizi bir araya getirebilirim."

Gittikten bir müddet sonra beni aradı.

"Bensiyon Bey, bana bir sözünüz vardı."

Derhal harekete geçtim. Ona gereken desteğin verilmesi için tüm Yahudi kurumlarını harekete geçirdim. Belçika'daki lobim çok iyiydi. Belçika'da tanıştırabileceğim kim varsa tanıştırdım. Bir müddet sonra Belçika'da cemaatleri ilgilendiren bir panel oldu. Türkiye'yi temsilen bu panele İzak Kolman katıldı. Resepsiyonda büyükelçi İzak Bey'e çok yakınlık göstermiş, özel koşer şarap getirtmiş, benimle olan yakınlığını öğrenince çok mutlu olmuş. İzak da hemen beni aradı ve telefonu Fuat Tanlay'a verdi. Konuştuk ve birbirimizin sesini duymaktan çok mutlu olduk.

Amerika'nın Türk Büyükelçisi Nabi Şensoy görevine başladığı zaman bir mektup yazdım ve elimden geleni yapacağımı ona da söyledim. Lobideki liderlere de ayrıca mektup yazdım. "Çok iyi, çok tecrübeli, başbakanlarla çalışmış ve iyi ilişkiler kuracak bir adamdır" dedim. Ben bu mektupları iyi sonuçlara vesile olsun diye yolladım. Faydası olup olmadığı gelecekte belli olacak.

Lobiciliğin nasıl yapılacağını kimseye öğretmedim. Bu işin ne kadar önemli olduğu konusunda kimseyi ikna edemedim. İddia ediyorum, bugün Türkiye'de lobicilik yok. Bu işi kimse bilmiyor. Lobicilik heyet halinde bir yere konuşmaya gitmek değil. Bilgisayar dünyasında teknoloji nasıl çok hızlı ilerliyor ve gündemi takip etmek, ondan gözünü ayırmamak gerekiyorsa, lobicilikte de bunu profesyonel bir iş olarak yapmak gerekir. Hiç bıkmadan, durmadan... Lobicilik, çok basit bir tanımla insan ilişkilerini sıcak tutmaktır. Doğru konuları doğru kişilerle, doğru bir dille ve doğru zamanda konuşabilme işidir. Siz işinizi bilebilirsiniz, ama zamanlamanız kötüyse işe yaramaz.

Bu işleri yaptığım için çok mutluyum. Zaman zaman düşünürüm... Acaba insanın yapısında "Bu işi ben başardım" deme hazzı var mıdır? Herhalde bu bir tatmin duygusudur, bir ihtiyaçtır. İyi bir şey yaptığında bunun karşılığında bir teşekkür edilmesi iyi gelir, daha büyük işler için harekete geçirir. İyi veya kötü herkes notunu kendi verir. İşi iyi yapmak için onu ciddiye almak gerekir. Bunun için de lobiciliği önce içimizde yapmayı öğrenmeliyiz. Uzlaşarak, kendimizi severek...

Şanslı bir adamım. Devlet beni yaptığı yurtdışı gezilerinde zaman zaman yanında istedi ve onurlandırdı. Bu gezilerin kendine ait farklı bir düzeni, uyulması gereken farklı kuralları ve kendine has bir enerjisi vardır. Bir başbakan ve dışişleri bakanı ile geziye gidilmişse onlar kahvaltılarını kendi odalarında yapar. Bakanlar kahvaltı salonuna inmez. Müsteşarlar salondadır. Bu kahvaltılar çok keyiflidir. Gazetecisi, bürokratı, işadamı... Çok iyi bir atmosfer olur. Sabahın ilk saatleri espriler, muhabbetler ve yurt meselelerini konuşmakla geçer. Eskiden bir uçak kalkardı, uçağın en önünde başbakan, eşi ve müsteşarları; varsa şeref davetlileri uçardı. Arkadaysa herkes sırayla otururdu. Bugüne kadar katıldığım gezilerde, biri hariç, her zaman ben de önde, onların yanında oturdum. Hiçbir zaman ayrı bir yer göstermediler. Havaalanında törenle karşılama yaparlar. Protokol listesindeyseniz –ki bu listede işadamı ve korumalar değil, sadece devletle ilişkili kişiler yer alır– bu da önemlidir. Yurtdışı gezilerine şimdi iki uçakla gidiliyor. Biri başbakan veya Dışişleri bakanı için, diğeri de bürokrasinin önde gelenleri, işadamları ve basın mensupları için. Bu grup bölündüğü zaman heyet bir otelde kalıyor, işadamları başka bir otelde kalıyor. Medya da lider nerede kalıyorsa orada kalıyor. Protokoldeki kişiler yemekten yemeğe gezer. Ben bugüne kadar her zaman protokole dahil edildiğim için bu yemeklere katıldım. İkili, üçlü veya daha kalabalık resmi görüşmelerin ardından ne kadar resmi olursa olsun, yemek ortamında devlet büyüklerinin bir şeyler paylaşması çok daha sıcak bir atmosferin oluşmasını sağlıyor. İnsan onları birer devlet adamı olarak değil, birer insan olarak görme şansına sahip oluyor. Görevimiz ne olursa olsun hepimiz insanız. Her zaman iyi niyet ve dostluk çerçevesinde iş yapmak, sorunları beraber görmek ve çözmek için uygun ve samimi ortamlara ihtiyaç duyarız. Bana göre cumhurbaşkanları ve başbakanların verdikleri yemekler çok önemli. Yemekten otele dönünce bir grup hangi şehirdeysek oranın görülmeye değer yerlerini gezmek için dışarıya çıkarken, bir grup da dinlenmeyi tercih ediyor. Ben daha çok otelin lobisinde arkadaşlarımla oturup günün yorumunu yapmayı tercih ederdim. Saat on bir gibi de odamda olurdum. Çünkü özellikle yurtdışı gezileri son derece yorucu olur. Dönüş yolculuğu, uçakta büyük bir hareketlilik içinde geçer. Gezide odak noktasındaysanız ve konulara hâkimseniz sizin de fikrinizi alırlar. Yok değilseniz, sıradan bir davetli olarak gidip gelmiş olursunuz. Ben o sıradan davetlilerden hiç olmadım. Bu gezilerin en önemli davetlileri hiç şüphe yok ki basın mensuplarıdır. Onların, dünyada olup biteni anında bize ulaştırmak, doğru yorumlarda bulunabilmek, bir yetkiliye bir şey sorabilmek için nasıl yorulduklarını ilk gördüğümde, bir gazeteci hakkında olumsuz eleştiri yapacağım zaman iki kere düşünmek için kendi kendime söz verdim. Basın olmazsa, haber gerçeği ortadan kalkar. Yine de medya vasıtasıyla devletle pazarlık edenlere her zaman çok karşı çıkmışımdır. Hangi konuda olursa olsun, parti liderleri karşıt görüşe sahip olabilir. Bundan daha doğal bir şey yoktur. Zaten politikanın ana ekseni budur. Bence bize düşen görev onları medya yoluyla eleştirmek olmamalıdır. Ne söyleyeceksek uygun bir üslupla kendilerine anlatmamız gerekir. Bu insanlar bizim yurdumuzun insanları değil mi? Biz bu insanlarla aynı dili konuşmuyor muyuz? Aynı menfaatler için mücadele etmiyor muyuz? Aynı tarihe sahip çıkmıyor muyuz? O zaman neden medyayı aramıza engel yapalım?

Vakıflar konusunda MHP de CHP de karşıt fikirler ileri sürdü. Biz hiçbir zaman bunu medya aracılığıyla eleştirme yolunu seçmedik. Yeri geldi, gittik kendimiz anlattık. Bence konuşarak çözülemeyecek hiçbir mesele yok. Açıklık, en doğru davranış. Bir derdim olduğunda cumhurbaşkanına kadar çıkabilirim. Biliyorum ki beni dinler. Son yirmi yılda Türkiye'de bu konuda çok şey değişti. "Benim bir derdim var" dediğinizde sizi dinleyecek insanların olduğunu bilmek kadar insanı rahatlatan bir şey yok. Devletle ilk yakınlaşmalarımız Turgut Özal dönemine rastlar. Bu konulara gerçekten önem veren biriydi ve o dönemden sonra politik kulvarda bu anlamda çok şey değişti. Dokuzuncu Cumhurbaşkanı Süleyman Demirel'le birlikte İsrail'deydim. King David Oteli'nde oturuyorduk. İsrail'in o dönemde Dışişleri bakanlığını yapan Şimon Peres, cumhurbaşkanımızdan randevu istedi. O zaman da cemaat başkanlığını Rıfat Saban yapıyordu. Saat altıya randevu verildi. Saat üç buçukta otelin kapısından Şimon Peres, arkasında bir kadın ve bir çocuk otele girdi. Dışarıda da Ürdün'den gelmiş, çok sevdiğim Fenerbahçe'nin eski başkanlarından Yüksel İnşaat'ın bir numarası Güven Sazak duruyordu. Ben Şimon Peres'le konuşurken içimden de "Güven Bey'i Şimon Peres'le tanıştırsam mı acaba? Bu adam Türkiye'nin en büyük inşaatçısı" diye geçiriyordum. Şimon Peres'e dönerek "Ekselans, beş dakikanızı alacağım. Bakın ne büyük tesadüf, burada Türkiye'nin çok önemli bir inşaatçısı var. Çok sevdiğim, cemaatime çok yakın biri. Seni onunla tanıştırmak isterim" dedim.

"Güven Abi, gel seni biriyle tanıştıracağım."

"Kiminle?"

Ayağa kalktım, yanına gittim.

"Gel abi, seni Şimon Peres'le tanıştıracağım."

"Bırak Bensiyon yahu, dalga geçme benimle."

"Gel, bir kahve içelim beraber."

Kolundan çekerek götürdüm. Şimon Peres'i görünce çok şaşırdı. Oturduk, kahve içtik. Keyifli ve uzun bir muhabbet ettik. Peres dedi ki: "Dünya, hayal içinde yaşıyor, Filistin'le barış yapmak için onlara bazı haklar vermek lazım. Bu amaçla ben bir vakıf kurdum. Buna herkesin yardım etmesi lazım. Bu vakıf Filistinli çocuklara, gençlere aş, iş, eğitim sağlayacak bir sistem. Filistin mutlaka gelişmeli, ama bunun için yüz milyar dolar para lazım." Ben de dedim ki: "Sayın Peres, bildiğim kadarıyla dünya yılda bir trilyon doları mühimmata harcıyor. Beş senede otuzar milyar dolar Ortadoğu'ya gelse, burası kurtulmaz mı?"

"Tabii kurtulur. İnsanlar ekonomik olarak rahatsa, eğitim almışsa o zaman oturup düşünür ve kendine bir gelecek hazırlama kaygısına düşer. Bir insanın kaybedecek bir şeyi yoksa, ona değer verilmemişse her şeyi yapabilir.

Bu bir dersti. Son derece zor bir işten konuşuyorduk ama imkânsız değildi. Şimon Peres büyük düşleri olan bir adamdır ama kimse onun bu projesine düşlerindeki gibi bir cevap vermedi. Ben nasıl öğrenci okutma projemi denize attıysam, o da bu projeyi denize atmak zorunda kaldı. İnsanların desteği olmadan, tek başına bu kadar geniş kapsamlı projelerin yürümesini beklemek hakikatten hayal. Süleyman Bey'in babacanlığı, Şimon Peres'in rahatlığı... O gün ikisine de ayrı ayrı hayran oldum. Beni bir politikacıda ya da devlet adamında en çok etkileyen şey özgüvenidir.

Cumhurbaşkanı Sayın Süleyman Demirel'le iki seyahat yaptık. Sıcak tavrıyla, baba sıfatını tam anlamıyla hak eden bir insan olduğunu o zamanlar daha iyi anladım. Dini azınlıklara yakınlığıyla bilinen bir insandır. 1992 yılında Dolmabahçe Sarayı'nda Türk Musevilerinin 500. yıl kutlamalarında, bir zamanlar onun DTP'de müsteşarlığını yapmış Turgut Özal cumhurbaşkanı, Süleyman Demirel de başbakan olarak hazır bulunmuşlardı. Ben yapım gereği insanları izlemeyi çok severim. O davette cemaatte faal bir görevde olmadığımdan olsa gerek, kenarda bir yerde bana ayrılmış masada oturmuş, etrafı seyrediyordum. Bir ara gözüm Başbakan Sayın Süleyman Demirel'e takıldı. Olanca sıcaklığıyla herkesle sohbet ediyor, samimiyetiyle herkesi kendine hayran bırakıyordu. Onun hakkında duyduklarımı düşündüm. Yakın dostum İhsan Vardal bana şöyle demişti: "Herkes yurtdışı gezilerinden kendine farklı farklı şeyler alır getirir, Süleyman Bey'se yalnızca kitap alır." Bunu bana söylediğinde sene 1965'ti. Aradan seneler geçmişti ve Süleyman Bey, hayat tecrübesine kim bilir neler katmış, kendini nasıl geliştirmişti. Tanışmamızsa çok enteresandır. 1995'te görevde olduğum sırada cemaatin antisemitizm konusunda yaşadığı sıkıntıların çok büyük olduğunu ve bu meseleyi devlet büyüklerine taşımak gerektiğini hissediyordum. O zamanlar bir cumhurbaşkanından nasıl randevu alınır, onunla nasıl görüşülür haberim olduğu söylenemezdi. O tarihlere kadar cemaatimizin devletle çok sıkı bir bağının olduğu da söylenemezdi. Bu sebeple böyle büyük bir mercie ulaşmaya cesaretim de yoktu.

Bu cesareti kendimde bulduğum bir gün Cumhurbaşkanlığı'na telefon açtım. Cumhurbaşkanın özel kaleminden bir randevu istedim. Bana temmuz ayının ortasında bir cumartesi günü, saat 14:30 için üç dakikalık bir randevu verdi. Sadece üç dakika!

Düşünüyordum, Büyükada'dan İstanbul'a inecek, havaalanına gidecek, köşke çıkacaktım ve ben daha kim olduğumu bile söyleyemeden randevu bitecekti. Oysa konu antisemitizm gibi tehlikeli, birçok boyutu olan önemli bir konuydu.

Köşkü tekrar aradım: "Ben üç dakika için hiç gelmeyeyim" dedim. Özel kalem, tüm nezaketi ve tecrübesiyle "Bensiyon Bey siz gelin lütfen" dedi. "Halledeceğiz."

Randevu günü tek başıma kalkıp Ankara'ya gittim. Valizim bile yoktu. Nasılsa üç dakikalık bir görüşme yapıp alana geri dönecektim. Köşkte beni Necati Özdoğan karşıladı. Bir oğlun babaya yaklaşımı kadar sıcak bir tavırla beni salona aldı. Bu arada gelenler gidenler vardı. Zamanı gelince "Sayın Pinto, buyurun, siz geçin lütfen" diyerek beni Süleyman Bey'in makamına aldı.

Ben içeri girer girmez Sayın Süleyman Demirel yüzünde sımsıcak bir gülümsemeyle "Hoş geldin!" diyerek makamından kalkıp yürüyerek elini uzattı. Nasıl bir samimiyet, nasıl bir yakınlıktı bu! İçim hemen rahatlamıştı. "Nasılsın, cemaat nasıl, her şey yolunda mı, bir sıkıntınız var mı?" diye sordu. "Var efendim" dedim, "konu antisemizm".

Koltuğunu çekti, karşıma oturdu ve "Anlat" dedi. Her şeyi dinledikten sonra "Bak" dedi. "1934'te, 1940'larda, 1955'te olanlar bu memlekette bir daha olmayacak. Sana bu güvenceyi ben veriyorum."

Ben iki buçuktaki randevuma bir saat ertelemeyle üç buçukta alınmıştım ve saat üç otuz üçte çıkmam gerekiyordu. Ama tam tam kırk beş dakika sonra Süleyman Bey'in elini sıkıyor ve her şey için teşekkür ediyordum. İlk fırsatta İsrail'e bir seyahat yapacağını ve o seyahatte bizi cemaat olarak yanında görmek istediğini söyledi.

Üç dakikalık randevu kırk beş dakikaya uzamıştı; çünkü Süleyman

Bey protokole göre değil, meseleye göre hareket eden bir cumhurbaşkanıydı.

İsrail'e her gidişimizde özellikle Batyam şehri "Baba!" diye ayağa kalkmıştır. Türkiye'den göç eden binlerce insan, Süleyman Bey'i gözleri yaşlı karşılamıştır. Sayın Ezer Weizman'la kardeşten ileri bir yakınlıkları vardı. Aralarındaki iletişim görülmeye değerdi.

2000'de cumhurbaşkanlığını bıraktıktan dört ay sonra, kendilerini Ankara'daki evlerinde ziyaret etmiştik. İçerde en az altmış kişi vardı. Süleyman Bey salona geldi, bize sarıldı, hoş geldiniz, dedi. Oturdu ve oradakilere tek tek sormaya başladı: "Senin köyün yolu ne oldu?" "Mahsul eskisi gibi mi, yoksa daha mı iyi bu sene?" "Senin köyün su işi tamam mı?" Süleyman Bey'in bu memleketi köy köy, adım adım bilen neredeyse tek adam olduğunu o gün daha iyi anlamıştım.

Her zaman onu ararım, gördüğüm zaman elini öpmek isterim, son derece değerli ve kendisinden feyz alınacak bir devlet adamıdır. Benim için yeri çok ayrıdır.

Moşe Katsav'la hukukumuz bambaşkadır. İsrail cumhurbaşkanıydı. Yıldızımız başından beri barışıktı. Bunun Türkiye-İsrail ilişkilerinde çok olumlu etkileri oldu. Moşe Katsav Turizm bakanıyken Abdülkadir Ateş'in davetlisi olarak Türkiye'ye gelmişti. Çok sıcak bir atmosfer yaşanmış, Türkiye'yi çok sevmişti. Bunun en önemli sebeplerinden biri Moşe Katsav'ın Seferad Yahudisi olmasıydı. İran'dan göç etmiş bir ailenin oğluydu. Türk insanı gibi sıcakkanlı, samimi, hemen dostluk kurabilen bir yapısı vardı. Onu ağırlamak için elimizden geleni yaptık ve Türkiye'den çok memnun ayrıldı. Ne zaman onunla bir yerde bir araya gelsek, ülkemiz insanının misafirperverliği ve cana yakınlığını önüne gelene anlattığına şahit oldum. Son İsrail seyahatlerimizde Abdullah Gül ve Recep Tayyip Erdoğan'a da son derece sıcak davrandı. İnsan ilişkileri, ülke ilişkilerinin temelidir. Bu sebeple liderlerin sıcak ilişkilerine her zaman önem verilmesi gerektiğini savunurum. Erdoğan'la protokol toplantısı otuz beş dakikaydı, tam bir saat elli beş dakika görüştüler. Bütün protokol altüst oldu.

Bünyamin Netenyahu'yla ise tanışıyor olmama rağmen, Mesut Yılmaz'ın İsrail seyahatinde tokalaşma şansım bile olmadı. Bir ara Netenyahu protokolü bir kenara bırakarak mikrofona geldi ve "Biz Sayın Berna ve Mesut Yılmaz'la çok iyi anlaştık. Herkesin yüksek müsaadeleriyle kahvelerimizi konutta içeceğiz" deyip gittiler. Çok da iyi oldu. Aradan altı ay geçtikten sonra Sayın Demirel'le İsrail'e yeniden gittiğimde ikisi de başbakanlığı bırakmıştı. Netenyahu'ya tüm personeliyle birlikte yaşayacağı ve misafirlerini kabul edeceği bir daire tahsis etmişlerdi. Oraya gittim. Konuşurken "Yeniden başbakan olma ihtimalin var, ama bu hırçınlığı bırakman lazım. Dünya, insanları tatlı, yumuşak, cana yakın ifadelerle karşısında görmek istiyor. Kararlı olabilirsin ama ifade şekli çok önemli. Ülkenin politikasını sen bilirsin ama insanlarla konuşurken daha samimi olman gerektiği kesin. Dünyaya çok büyük katkın olabilir" dedim. Bana ekonomik bakımdan neler yapılacağını anlattı. Çok iyi fikirleri vardı ama sonraları rakibini devirmeyi başaramadığı için başbakan olamadı. İnsanlar ihtiraslarına yenildiği zaman kaybeder. Dünyanın, geleceği için iyi işler yapacak liderlere ihtiyaç var, ama ne yazık ki o liderler önceliği dünyaya vermiyor.

ABD'nin Türkiye Büyükelçisi Marc Grossman beni çok etkileyen adamlardan biridir. Gerçekten çok sıcak ilişkilerimiz oldu. Sonradan Amerika Dışişleri bakanı birinci yardımcısı oldu. Görevden ayrılmadan bir yıl evvel aramızda bir konuşma geçti. "Siz bir müddet sonra ülkenize döneceksiniz. Dışişleri bakanı olur musunuz, olmaz mısınız bilmiyorum; çünkü o politik bir makam ama dışişlerinin en kuvvetli isimleri arasında olacağını biliyorum. Çok kuvvetli bir adamsınız. Rica ediyorum, bu ülkede yaşadıklarınızı ve bu ülkenin size gösterdiği sıcaklığı unutmayın. Çünkü bu ülke sizi seviyor" dedim. Bu insanların sevgisini kazanmak bizim için çok önemlidir. Özel yakınlıklar bizim işlerimizi kolaylaştırmada en etkin yoldur. Hiçbir şey olmasa bile dostluk kazanmış oluruz.

Bunu rahmetli Turgut Özal'dan öğrendim. Onunla her zaman çok yakındık. Ben İstanbul Sanayi Odası'nda 17. Grup'un on sekiz yıl başkanlığını yaptım. O grupta Ali Coşkun, Emin Cankurtaran, İbrahim Yaşar Türker gibi hepsi birbirinden değerli pek çok önemli isim de vardı. Bazı önemli toplantılara Sayın Turgut Özal da katılırdı. İstanbul Sanayi Odası Genel Sekreteri İhsan Vardal'dan onun yabancılarla nasıl dostluk kurduğunu, nasıl samimi olduğunu duyardım. O zaman DPT'de müsteşardı. Üstün bir zekâsı vardı, herkesten farklı bir düşünce yapısına sahip olduğu kesindi. İlk başbakan olduğu zaman bizi kabul etti. Benim ilk başbakan ziyaretim, Sayın Özal'a yaptığım ziyarettir. Değerli büyüğüm Hayim Kohen ve arkadaşalarım da benimleydi. Turgut Özal, bizi eski dostlarını karşılar gibi karşıladı: "Hoş geldiniz, şeref verdiniz" dedi. Kazım Oksay'ı, Ali Tanrıyar'ı da yanımıza çağırdı, salona samimi bir sohbet havası hâkim olmuştu. Sohbetimiz tam iki saat sürdü. Bir başbakanın yanında iki saat kalmak imkânsızdır. Bu, Turgut Bey'in fevkaladeliğiydi. Bu sohbet sırasında, ben New York'ta filancayı tanıdım, şununla görüştüm, dediğinde o kişileri tanıdığımı söyledim. "Bakın Bensiyon Bey" dedi. "Bu kişilerle iletişimi hiçbir zaman kesmemek lazım. Bu insanlar bizim için, dışişlerimiz için çok önemlidir. Her zaman onlarla diyalog halinde olamız gerekir. Siz de cemaat olarak bir şeyler yapın lütfen, artık ülkemizin yeni bir vizyona ihtiyacı var. Bu da iletişimden geçecektir" dedi.

Lobiciliğin önemini o gün kavramıştım.

Bir yıl sonra bir davette karşılaşmıştık. Karşıdan beni gördü ve ne yapıyorsunuz, işler nasıl gidiyor, der gibi bir işaret yaptı. Gülümseyerek, iyi gidiyor dedim. Gel yanıma, diye elini sallayarak beni yanına çağıdı. Gidip gitmemek konusunda tereddüt ettim. Neticede o başbakandı. Evet, yanında iki saat kalmıştık ama yine de bu rahatlığı gösterip göstermemekte kararsızdım. Israrı karşısında yanına gittim. Elini omzuma attı, "Anlat" dedi, "her şey iyi mi, var mı bir sıkıntı?" Başbakanın kolunun altındaydım. Etrafına ben bu cemaatin yanındayım mesajı veriyordu. Kendi kendime işte, demiştim, devlet adamı olmak budur. Cumhurbaşkanı olduğunda kendilerini tebriğe gitmiştik. Korkunç bir kar vardı. Hava muhalefetinden uçuşumuz iptal edilmişti. Mecburen trenle gitmiştik. Bu benim köşkü ilk ziyaretimdi. Hava yüzünden randevular tamamen kaymıştı. Sayın Özal da o zaman bir gece sanatçılara, bir gece bilim adamlarına davetler veriyor, onları daha yakından tanıyordu. O akşam da böyle bir daveti vardı. Saat beşte odasından çıktı, "Kusura bakmayın" dedi, "sizi çok beklettik." Koskoca cumhurbaşkanı bize kusura bakmayın, diyordu. İçeri girdik, çaylarımız geldi. O ıhlamuru tercih etmişti. Bir ara baktım, elindeki galetayı ıhlamura batırıp öyle yiyor. Ben de aynısını yaptım, bir yandan da düşündüğümü hatırlıyorum. "Ne şanslı adamım" dedim kendi kendime. "Memleketimin cumhurbaşkanı bizden biri, o kadar bizden ki onun yanında istediğim gibi davranabiliyorum!" Ona "Siz yepyeni bir Türkiye yarattınız, herkese bir şey öğrettiniz. Ben lobiciliğin ne demek olduğunu sizden öğrendim" dedim. "Bensiyon Bey" dedi. "Herkesin başkasından öğreneceği bir şeyler vardır. Ben de milletimden her gün bir şey öğreniyorum."

O gün bir kez daha anlamıştım: Özal bizden biriydi.

Ecevit de öyleydi. Bizden biri...

Bülent Ecevit, yengem Sonya Pinto'nun Robert Kolej'den sınıf arkadaşıydı. Yengem daha öğrencilik yıllarında onun ne kadar nazik, ne kadar beyefendi bir çocuk olduğunu anlatmıştı bize. Personeline, yakın çevresindeki yardımcılarına nasıl davrandığına seneler sonra şahit oldum. Tüm isteklerini kibarlığından asla taviz vermeden ve kendine has otoriter bir nezaketle rica etmesini biliyordu. Bir lokma bir hırka felsefesiyle yaşadı. Onunla tanışma şansını 1999 depreminden sonra, İsrail'in Türkiye'ye yardım çerçevesinde yaptığı konutların anahtar teslim töreni sırasında elde etmişim. Anlattıklarımı her zaman can kulağıyla dinlemiştir. Nezaketinin altındaki o sıcacık samimiyetini bize her zaman hissettirmiştir.

Bir şansım daha oldu Bill Clinton'la da başkanlığı sırasında tanışma şansı elde ettim. Başkanlığı bıraktıktan sonra Çırağan Sarayı'na bir konferans vermek için gelmişti. Daha sonra yemekte beni yanına çağırdı ve konuşmak istedi. Mesut Yılmaz tanıştırdı. Çok az olan İngilizcemle onunla konuşma şansı elde ettim. Çok nazik ve sıcak bir insandı. Bizim insanımıza yakın bir karakteri vardı. Sevecen, adeta Akdenizli bir adamdı. Yıllar sonra Türkiye'ye yaptığı NATO konulu bir ziyaret sırasında cemaat başkanı olarak George W. Bush'un da elini sıkma ve kısaca konuşma şansı buldum. Biz Türkler için bu tür tanışma ve konuşmalar mühimdir. Herkes için mühimdir ama bizim mühimlik yaklaşımımız biraz farklıdır. Ben, Bensiyon Pinto, Kuledibi'nde Binyamin Pinto'nun büyük oğlu olarak doğmuş, büyümüş bir çocuktum. Allah bana yıllar sonra cemaat başkanı olmayı, memleketimin cumhurbaşkanlarının, başbakanlarının elini sıkmayı nasip etmişti.

Tzipi Livni, İsrail Dışişleri bakanı da çok etkileyici, çok bilgili, az konuşan, gözleriyle karar veren bir kadındır. Türkiye'ye sevgisi ve hayranlığı çok büyüktür. Sayın Abdullah Gül'le çok iyi anlaşmışlardır ve her ikisi de bunu sıcak bir dille ifade etmiştir. Bu hanımefendiyi tanımam da çok ilginçti. İsrail Başbakanı Ariel Şaron Ankara'ya geldiğinde, Türk Yahudi cemaatini de tanımak istemiş. Bizi Ankara'ya davet ettiler. Türkiye ile ilgili düşüncelerini anlattığında inanamadık. Bize yalan borcu yoktu tabii ama o günlerdeki politikasını düşündüğümde başka şeyler duyacağımı zannediyordum. Tam tersiyle karşılaşmış olmak beni ve arkadaşlarımı şaşırttı. Türkiye'nin Ortadoğu için ne kadar önemli bir ülke olduğunun altını önemle çizdi. Orada da sarışın bir hanım vardı. Hiç konuşmadan duruyordu. Konuşmaların bitmesine yakın bize yanındakileri tanıştırdı. "Bu bakanım, bu müsteşarım, bu hanımefendi de iki kuşak politikacıdır. Babası da bakanımdı, Tzipi Livni" dedi. Şöyle bir süzdüm kadını, döndüm şöyle dedim:

"Kızım sen Eytan'ın kızı mısın?"

"Evet, siz nereden biliyorsunuz?"

"Baban benim arkadaşımdı."

Hikâyemizi anlattım. Ağlamaya başladı. Sonra aramızda bir aile muhabbeti başladı. Şaron'un da politikacı zırhını çıkararak o konuşmaya katıldığını görmek beni hakikatten çok etkiledi. Gazetelerde okuduğumdan çok farklı bir adam gördüm. Umumiyetle böyle değil midir zaten? İnsanları tanımak, hakikaten tanımak için onlarla oturmak, konuşmak, onları yakından tanımaya çalışmak lazım. Maalesef siyaset denen şey buna izin vermiyor ya da siyasete bulaşan siyaset yapmaya kalktığında kişiliğini bir yana bırakarak hareket etmek zorunda kalıyor. Bunun cevabını tam olarak verebilmek ne yazık ki mümkün değil.

Ezer Weizman, özel yaşamında çok cana yakın bir adamdı; ama karşıt bir fikir ileri sürenin sözünü üç yüz kişi içinde bile bıçak gibi kesip onu bozabilirdi. Ben bunu bizzat yaşadım. İsrail'e yaptığım özel bir seyahat sırasında Weizman'ın Türkiye ziyaretinin kasetini götürmek için eşimle beraber cumhurbaşkanlığı köşküne gittim. Bardaktan boşanırcasına yağmur yağıyordu. Ayakkabılarımız su içinde kaldığı için bizi bir odaya aldılar. Ayakkabılarımızı çıkardık. Biraz kuruyalım da cumhurbaşkanıyla öyle görüşelim diye beklerken kapı açıldı, Ezer Weizman içeri girdi. Durumumuz çok tuhaftı. İsrail cumhurbaşkanının karşısındaydık ve ayakkabısızdık! Halimize gülerek "Hiç sıkılmayın, oturun, dinlenin" dedi. "Ben içerde üniversitelilerle bir toplantı yapıyorum, basın da var. Onlar gittikten sonra rahat rahat oturur konuşuruz." Odadan çıktı. Cumhurbaşkanlığı sarayında, ayakkabı ve çorapsız cumhurbaşkanıyla konuşan herhalde ilk ve son çift bizdik. Sonra büyük salona geçtik. Bizi başköşeye aldılar. Biri söz aldı. Salondaki herkesi selamladı. Konuşmaya başlar başlamaz cumhurbaşkanı onun sözünü kesti ve bize hoş geldiniz demediği için konuşmacıyı azarladı. O da hemen özür diledi ve bizi selamladı. Kendisi mikrofona geldiğinde de, "Türkiye Cumhuriyeti Devleti'ne, cumhurbaşkanına, başbakanına ve değerli Türk halkına" diyerek sevgi ve selamlarını iletti. Yağmura rağmen onu ziyaret ettiğimi, hatta ıslandığım için bir başka odada ayakkabılarımı çıkardığımı da anlattı ve konuşmasını bitirip kürsüden indi. Tam o sırada bir gazeteci kız ona: "Ezer..." diyerek sorusunu sormaya girişti. Cumhurbaşkanı hemen sözünü kesti:

"Sen bana Ezer diyemezsin. Ben hava kuvvetleri komutanlığı yapmış, cumhurbaşkanı olmuş bir adamım. Bana 'Sayın Cumhurbaşkanı' diyeceksin. Benimle bu kadar kolay konuşamazsın!" dedi.

Son derece sert ve netti. Halbuki İsrail'de unvanlar cumhurbaşkanı bile olsa pek kullanılmaz. Belki o güne kadar bu konuda kimse bu kadar büyük bir tepki vermemişti. Gazeteci kız kıpkırmızı oldu ve soru bile soramadan sustu. Özel yaşamında bu kadar cana yakın birinin protokol kabulünde bu kadar sert bir karaktere bürünmesine çok şaşırmıştım. Onun yerinde olsam, kızın sorusunu sormasına müsaade eder, sonra bir kenara çeker ve protokole uygun davranmak gerektiğini anlatırdım.

Ülkemi çok seviyorum. Bu sevgi benim içimde evlat sevgisi gibi hiç azalmayan, çoğalmayan, kendimi bildim bileli var olan bir sevgi. "Bu ülkeyi neden çok seviyorsunuz?" Bu soruyu bana yüzlerce kere sordular. "Bir kere bu memleket benim memleketim de ondan" dedim. "Bu ülkeden birçok kişi kalkıp gidiyor, siz neden gitmediniz" dediler. Gittim. İçimde vatan sevgisini de beraber götürerek. Ekmeğini kokusunu, denizinin kokusunu özleyerek... Sonra kendimi okumaya verdim. Önce dünya Yahudilerinin hayatlarını okudum. Gördüm ki bu insanların çektikleri sıkıntılar, uğradıkları zulümler hep Batı'da... Engizisyonlar, kıyımlar bir felaket! Ülkeme baktım. Trakya'dan sürüldük. Varlık Vergisi'ni, 6-7 Eylül Olayları'nı yaşadık. O zaman muazzam ikilemler yaşandı. Malını mülkünü almak isteyenlerle ona karşı çıkan halk da vardı. Ama insanlık da vardı. Komşusunun kapısına Türk bayrağı astıran da, dostlarının malını mülkünü koruyanlar da... Bugün düşündüğümde altı milyon Yahudi'nin öldürülme olayında beyin Almanya olmasına rağmen, ben tüm Avrupa Birliği devletlerini suçluyorum. Almanlar bu görüşü savunmuş ve o dönemde bunun için harekete geçmiş olabilir. Peki, herkes üzerine düşen görevi niye yapmadı? Gemiyle kaçan Yahudileri niye hiçbir ülke kabul etmedi? Amerika olaya neden müdahale etmedi? Afrika ülkeleri neden seyirci kaldı? Neden İngilizler Filistin'e kaçanların gemilerini batırdı? Bunun olmasını sanki herkes istiyor gibiydi. Altı milyon Yahudi'nin öldürülmesinde bütün dünya suçlu. Bir buçuk milyon çocuk gaz odalarına götürülürken, gelecekleri karanlığa gömülürken dünya neredeydi? İnsan hakları neredeydi? Bugün insanlığa gerçekten zarar vermiş, dünya barışına gölge düşürmüş insanlar için dahi yaşam hakkı varken, bu çocuklara neden yaşama hakkı verilmedi? Neden Türkiye'ye bu yolcuları almaması için dış güçler tarafından sürekli baskı yapıldı? Aynı savaşın içinde bir de Türk büyükelçiler vardı. Sahte pasaport hazırlama riskini göze alarak, Türkiye'den nüfus kayıtları göndererek o insanları kurtarmaya çalışan Türkler... Türkler başkaydı...

Bugünkü AB'nin de din ayrımcılığı yaptığından eminim. İngiltere biraz daha anlayışlı davranıyor ama hepsi o kadar. 15 kasım patlamalarından sonra İngiltere Dışişleri bakanıyla tanıştım. Konuştum, gözlerine baktım ve bu adamın Türkiye'ye inandığını anladım. İfadesi son derece ortadaydı. Diğerleri için aynı şeyi söyleyemem. Tarihe bakarsak, Avrupa'nın Müslüman'ı sevmediği gibi Yahudi'yi de sevmediğini görürüz. Aynı şekilde biz İspanya'dan kovulurken bizimle birlikte Müslümanlar da çıkmıştı oradan. Bu durumda tarihten intikam almak yerine, geleceğe bakmanın daha doğru bir karar olduğu kanaatindeyim. Din ayrımcılığı son derece tehlikeli bir tutum ve insanlığı felakete sürükler.

Seyahatlerimizde çok insan tanıdık, çeşit çeşit insan manzaralarıyla yüz yüze geldik. Bir keresinde yakın arkadaşım ve cemaate sayısız emeği geçmiş Makro Fermon'la Yunanistan'daydık. Teyzesi bir Rum'la evlenip Yunanistan'a yerleşmişti. Kuzenleri de orada yaşıyordu. O seyahatte Türkiye'den Yunanistan'a giden Rumlar tanıdım. Bana çok enteresan bir şey söylediler: "Abi biz de şaşırdık. Türkiye'de Rum'duk, buraya geldik Türk olduk. Kimseye yaranamadık. İnsan gelenek göreneğ içinde büyüyormuş. Biz Rum'uz, ama İstanbul Rum'u olmak başka şey... Buraya çok zor alıştık." Ben de "Türkiye artık eski Türkiye değil. Bugün artık bunları neredeyse hiç duymazsın" dedim. Biz de türlü zorluklar yaşadık ama gidenler olanları daha zor unuttu. Yaşananların izlerini onların zihinlerinden silmek çok zor bir iş. Oysa burada yaşayanlar yaralarını daha kolay sardı. Evlerindeydiler ve hayat devam ediyordu. İşleri vardı, çoluk çocukları, onlar için planladıkları bir gelecek vardı. Hayat ümitli bir şeydir. Birilerinin yaptığı yanlışlardan onların çocuklarını da sorumlu tutmak kincilik olur. Bu dünyanın şiddetle ihtiyaç duyduğu tek ilaç, barıştır. Bütün dünya bu tür mevzulardan dolayı çok yorgun. Artık herkesin güzel şeyler duymaya, görmeye, yaşamaya ihtiyacı var. İşte bu yüzden televizyonlarda dizi filmler daha çok izlenmeye, başkalarının hayatları daha çok merak edilmeye başlandı. Çünkü dünyanın gerçek yüzüyle kimse karşılaşmak istemiyor. Savaşlar, küresel ısınma, doğanın yavaş yavaş yok olduğunu görmek, nükleer silahlanma... Bunlardan haberdar olmak yerine, belgeseller veya magazin programlarına, sinemalara döndü insanlar. Hakikatleri duymak istemiyor.

Tarafsızlık

18 ekim 2002 tarihinde Hahambaşılık bir basın bildirisi yayınladı. Bu bildiride cemaatin tarafsızlığından söz ediliyordu:

Son günlerde bazı basın kuruluşları Türk Musevi cemaatinin bazı partileri destekleyeceği iddiasında bulunmuştur. Yerel veya genel her seçim döneminde çeşitli partilere ait adayların Hahambaşılık'ı ziyaret ettikleri ve cemaatin ileri gelenleriyle görüştükleri bir gerçektir. Ancak bu görüşmeler Türk Musevi cemaati yöneticilerinin veya basındaki tabirle Musevilerin herhangi bir parti veya o partinin adayını destekleyecekleri anlamını taşımamaktadır. Türkiye Hahambaşılığı ve Türk Musevi cemaati yönetimi, özellikle seçim döneminde kendisine siyasi parti yönetici adayları tarafından talepte bulunulan görüşmeleri yapmakta, ülkemizin bu müstakbel siyasi yöneticileri veya yerel idarecileriyle fikir alışverişinde bulunmaktadır. Ancak Türk Musevi cemaati ve yöneticileri, hiçbir partiyi desteklemediği gibi, her siyasi parti ve görüşe de eşit mesafede yer aldığını kamuoyuna duyurur.

Dünyada cemaatler, sivil toplum örgütleri bir partiyi destekleyebilir ve aleni şekilde bunu ortaya koyabilir. Bunda da hiçbir mani yoktur. ABD veya Avrupa'nın herhangi bir ülkesine bakıldığında bunun değişik zamanlarda sayısız örneklerini görmek mümkün. Nüfusumuz altı milyon olsaydı ve seçimin kaderini ciddi bir biçimde etkileyecek bir oy potansiyeli oluştursaydı, belki o zaman cemaatimiz de tarihsel yapısına bakarak ve bu topraklardaki uzun geçmişinin verdiği tecrübesine dayanarak bir karar alır, bunu ilan ederdi. İlke ve hedeflerimin benden önceki büyüklerimin ilke ve hedefleriyle aynı olduğunu görüyorum. Bu, iki şekilde gerçekleşir: Birincisi, tamamen taklit ve kurulu düzeni bozmama endişesiyle taş üstüne taş koymayarak ilerleme sonucunda, insan kendinden öncekiler gibi düşünebilir. İkincisi, gerçekten aynı yoldan yürür ve bunun doğru olduğuna inanır. Bir dini azınlığın bir partiyi tutması ve bunun için propaganda yapması bana göre yanlış. Çünkü biz bir sivil toplum kuruluşu değiliz, bir sendika da değiliz. Bir hükümet işbaşına geldiği zaman onun karşısındaki siyasi oluşumlara kendine bağlı olanlar kadar yüz vermez. Bu insanın doğasında vardır. Üstelik bu alışkanlık, tek bir partiye ait bir eğilim değildir, hepsi için geçerlidir. Dünyanın her yerinde böyledir. Taraf olursunuz. Size yakın olanın yanında durursunuz. Zaman içinde büyüklerimiz bize şunu öğretti: Türk Musevi cemaatinin her mensubu kendi vicdanıyla hareket eder ve oyunu kendine göre kullanır. Çünkü Türk Musevi cemaatine ait her birey, aynı zamanda Türkiye Cumhuriyeti'nin bir vatandaşıdır. Geniş toplumdaki vatandaşlar gibi, diğer dini azınlıktaki vatandaşlar gibi... Herkesin kendine ait bir dünya görüşü, devletten kendine ait beklentileri vardır. Seçim öncesinde siyasi partilerin liderleri meydanlara çıktıklarında o meydanları dolduran, tuttuğu partinin liderini saatlerce ayakta dinleyip onun görüşlerine destek veren ve onu alkışlayan milyonların içinde nasıl ki Ahmet, Mustafa, Mehmet varsa Moris de var, Yorgo da var, Agop da var. Bu vatandaşların söz hakkı herkes gibi sandıktır. Bir cemaat olarak hiçbir zaman, parti işaret etmek gibi bir eğilimimiz olamaz. Bu her şeyden önce demokratik bir tutum değildir ve tabiatımıza aykırıdır. Ülkesini çok seven ve ülkesine her türlü yardımı gözü kapalı yapmış biri olarak, Yahudileri ısrarla öteki olarak göstermek isteyen kesimin beklentisinin bu olduğunun farkındayım. Biz "öteki" değiliz, berikiyiz. Bizim farklı bir mahallenin çocukları gibi davranmamızı, bir hedef göstermemizi, sanki memleket içinde başka, bambaşka bir grupmuşuz gibi hareket etmemizi bekleyenler her zaman oldu. Maalesef yine olacak. Fakat bu görüş ve beklentiler bizim tavrımızı ve memlekete bağlılığımızı hiçbir zaman değiştirmedi. Bundan sonra da değiştirmeyecek. Türkiye Cumhuriyeti var oldukça, Türk Musevi cemaatinin tüm üyeleri onun vatandaşı olmaya, özgür iradeleriyle kime kızmak istiyorlarsa ona kızmaya ve kime güvenmek istiyorlarsa ona güvenmeye devam edecekler. Cemaatimden bir arkadaş "Başkan, bu seçim cemaat seçimi değil, genel seçim. Allah aşkına, hangi partiye oy vereceğini söyle" dediğinde bu soruyu hiçbir zaman cevaplamamış ve nedenlerini anlatmışımdır. Tabii tüm bunların neticesinde insan düşünmeden edemiyor... Ali Bey, Necati Bey'e hangi partiye oy vereceğini söylese mesele olmuyor. Moris Bey de, Jak Bey'e hangi partiye oy vereceğini söylese mesele olmuyor; fakat Bensiyon Bey hangi partiye oy vereceğini kime söylerse söylesin mesele oluyor. Çünkü Bensiyon Bey cemaat başkanı ve sıradan bir vatandaşın ettiği sohbetleri edemez. Kişisel düşüncelerini herkes kadar çabuk ve net ortaya koyamaz. Çünkü onun devletine, cemaatine, çevresine, her şeyden önemlisi kendine karşı sorumlulukları var. Sorumluluğunuz büyükse her şeyi söyleyemezsiniz. Çok düşünmeniz ve öyle hareket etmeniz gerekir.

Hiç unutmam, bir davetteydim. O zaman ülke seçim arifsindeydi. Arkadaşlarla ayaküstü sohbet ederken bana yönelen sorulara şakayla karışık: "Kim kimin gözüne bakarsa, onun hangi partiye oy vereceğini anlar" dedim de bu cümle bile cemaate olay oldu. Neticede bunun şakasını bile yapamazsınız. Oturduğunuz koltuğun buna müsaadesi yoktur. Bazı parti ileri gelenleri, seçim öncesi yaptıkları nezaket ziyaretleri sırasında elbette, "Lütfen oyunuzu bize verin" diyorlar. Ben de onlara her zaman şöyle derim: "Bakın, biz her zaman memleketimize hizmet ederiz. İktidardaki parti hangi parti olursa olsun, biz o partiyle birlikte ülke menfaatleri için el ele gönül gönüle çalışırız." Hizmet hükümetlere değil, devletedir. Kamuoyu bir partiye iktidar olma hakkı verdiyse, o iş bitmiştir. Ondan sonra elbirliği içinde devletimiz için çalışmak gerekir. Sen ben kavgası orada biter. Bir hükümet, Türkiye Cumhuriyeti için, Atatürk'ün ilke ve devrimleri için, Türk milletinin huzur ve refahı için çalışıyorsa, ben o hükümete neden destek vermeyeyim? Tabii veririm, çünkü o artık benim hükümetimdir.

Bana birçok partiden üye olmam için teklif geldi. Siyasete girmeme kararını 1989 yılında cemaat işlerine girdiğimde verdim. Sahip olduğum dünya görüşü ve almış olduğum sorumluluklar dahilinde bu şekilde hareket etmem lazımdı. Bir cemaatin on üç buçuk yıl başkanlığını ve ondan sonra da en az onun kadar önemli olan onursal başkanlığını yapan bir adama yakışan buydu. Bunun şahsi bir sebebi de vardı. Ben kimseye "Başüstüne kumandanım" diyemem.

Dokuzuncu Cumhurbaşkanı Süleyman Demirel'le, başbakanlığı döneminde Tansu Çiller'le, Hikmet Çetin'le, Mesut Yılmaz'la, Abdullah Gül'le, Tayyip Erdoğan'la farklı zamanlarda yurtdışı seyahatlerinde bir arada oldum. Gördüm ki milletvekilleri, hatta bakanlar, başbakanlarının yanında esas duruşa yakın bir şekilde duruyor. Bu bir tarzdır elbette ama bana çok ters gelir. Ben bazen üst düzey bir devlet büyüğümle bile konuşurken "siz" kelimesini bir tarafa bırakıp ona "sen" diye hitap ederken bulurum kendimi. Mesafe koruma gereği duymayan, biraz samimi bir yapım olduğu için ne anlatacaksam doğal bir şekilde anlatmayı seviyorum. Onun karşısında ayakta duracağıma, onunla koltuklara karşılıklı oturup meseleleri olduğu gibi konuşmayı seviyorum. Bana göre bu beni başarısız ya da saygıda kusur eden bir insan yapmaz. Aksine, bütün devlet büyükleri benim bu yaklaşışımı samimiyet olarak gördü ve gereksiz tavırlara girmememden dolayı memnun oldular. Onlar da kendilerini rahat hissetti, bana da öyle hissettirdiler.

Sayın Tansu Çiller'e bir İsrail seyahatimiz esnasında programı hazırlayanlar, Yahudi dini gereği sosyal aktiviteler yapılamayacağından cuma akşamı ve cumartesi günü için program yapılmadı. İki gün boyunca başbakan otelde mi oturacaktı? Havadan sudan muhabbet mi edecektik? Türk Musevi cemaati olarak Tel Aviv Hilton Oteli'nde bir yemek verdik. Dört yüz kişi davetliydi. Davet cuma gecesi yapıldı. İsrail'in önemli isimlerine "Türk Musevi cemaati başkanı olarak sizi ben davet ediyorum, geleceksiniz" dedim. İsrail'de kimse cuma gecesi yemeğe gelmez. O gece hepsi geldi. İstediğim tanıtımı da yapmış oldum. Hatta Hilton gibi tam anlamıyla koşer olan, cuma gecesi elektrik kullanmayan bir otelde, pil yardımıyla o gece mikrofon bile çalıştırdık. Her dini kural, mutlaka insanlığı terbiye etmek ve bir düzene sokmak için vardır. Ama böylesi özel ve önemli durumlarda bir idarecinin bazı kararları verme inisiyatifi ve cesareti de olmalıdır. Zaman zaman bu sınırları zorlamayı sevdim. Birine bağlı olsaydım, bu kararları almak için onun fikrine ihtiyacım olacaktı. Ben kimseye kafa sallayamam. O gece yemekte Tansu Hanım'ın sağında Mümtaz Soysal, solunda da ben oturuyordum. Henüz konuşmalar başlamamıştı. Bir ara Tansu Hanım'a döndüm:

"Sayın Başbakanım sana bir şey anlatmam lazım."

"Anlat bakalım."

"Senin başbakanlığın bu ülke için bir nimet, ama unutma ki bu görev de senin için bir nimet. Sakın ha, 'Tabii efendim, aman efendim' diyenleri dinleme. Senin fikirlerine karşı çıkan, onları terbiye sınırlarını aşmadan eleştirenleri dinle."

Siyasetin içinde olsam, bu sözleri başbakana söyleme hakkım olmazdı. Ben onun o anda sadece dostuydum. Samimiyetim çerçevesinde her şeyi söyleyebilirdim. Bu sebeple bir partinin üyesi olmaktansa tüm partilerin mensuplarıyla ve liderleriyle dost olmayı tercih ettim ve bu dostluklarım hâlâ sürmekte. Türkiye Cumhuriyeti'nin menfaati için başımdaki hükümet hangi partiden olursa olsun bir şey talep ettiğinde bunu görev telakki eder, iki elim kanda olsa koşar, bir vatandaş olarak elimden gelenin en iyisini yaparım.

Mesut Yılmaz da benim için son derece önemli bir insandır. Onu çok yakından ve hayranlıkla izledim. Dostluğumuz devam etmektedir ve düşünceleri benim için her zaman önemli olmuştur. Aile kompozisyonunu, eşini, çocuklara yaklaşımını çok beğenirim. İnsan olarak, dünya görüşü olarak kendime çok yakın bulurum. Gerektiği yerde de tartışabilirim. Deniz Baykal'ı da son derece takdir eder, beğenirim. Bağdaş kurar otururuz ama yeri gelir tenkit de edebilirim. Bütün bu yakınlıklarıma bakanlar; beni bir gün DYP'li, öbür gün ANAP'lı, bugün CHP'li mi zannediyor, diye çok düşünmüş, hatta gülmüşümdür. İşini kim iyi yaparsa her seçmen gibi gidip oyumu ona veririm. Gerektiğinde hükümeti, gerektiğinde muhalefeti eleştiririm. Alparslan Türkeş'in hayranıydım. Siyasi görüşü bana en uzak partilerinden birinin genel başkanı olmasına rağmen, insan olarak beni gerçekten çok etkilemişti ve aramızda sapasağlam bir dostluk yaşanmıştı. Oğlu Tuğrul Türkeş'i de evladım gibi severim. Yıllar önce bir gün, Alparslan Türkeş'in rahatsızlığını gazetelerden öğrendim. Ayaklarında ve dizinde problemler vardı. Hemen Şevket Bülent Yahnici'yi aradım:

"Sakın sayın başkanı dışarıya götürmeye kalkmayın. İsrail'de sürekli savaş ortamı içinde olmasından dolayı ortopedi üzerine uzmanlaşmış, otorite olmuş çok sayıda doktor var. Arzu ederseniz en iyi doktoru getirip onu muayene ettiririm.

Birkaç gün sonra Sayın Türkeş, Ankara Sheraton Otel'in VIP katında Prof. Dr. Harojovsky'ye muayene oldu. Neticesinde ameliyat olması icap ettiğini, isterlerse kendilerini GATA'da ameliyat edebileceklerini ya da özel bir uçakla İsrail'e gidip bu ameliyatı orada gerçekleştirebileceklerini söyledi. Maalesef Sayın Türkeş'in ömrü bu ameliyata vefa etmedi. Madem bu kadar samimi ve rahat bir insanım, siyaset bana göre olabilir miydi? Evet, aslında tam bana göreydi. Siyaset yapsam, hakkını vererek yapacağıma inanıyorum. Ne var ki bu kadar yakın dostlar edinemez, bu kadar mutlu bir adam olamazdım. Ben Bensiyon Pinto'yum. Saydığım tüm devlet ve hükümet adamlarının dostu olmuş ve cemaatine başkanlık yapmış Bensiyon Pinto! Bundan daha güzel bir onur var mı? Siyaseti ülkem için yapıyor ve diyorum ki: "Türkiye gerek genç nüfusu, gerek işgücü, gerek kültür zenginliği, gerekse stratejik durumuyla çok mühim bir ülkedir ve onunla iyi ilişkiler kurmak diğer ülkelerin menfaatinedir."

Bana, "Siz Kuranıkerim'i neden kabul etmiyorsunuz?" diye sorarlar. Benim inanan bir Musevi olarak İslamiyet'i reddetmem söz konusu değildir. Hak dinler, insanlığı iyiye, güzele ve doğruya sevk etmek için gelmiştir. Hak dinlerden birine inanmış bir insanın diğerini tanımaması, görmezden gelmesi olacak iş mi? Ben camiye gidiyorum, mevlitlere gidiyorum, oralarda dua ediyorum. Allah'ın adının anıldığı her yer kutsal mekândır. Bunun ayrımcılığı olur mu? İnkârı olur mu? İslam dinine yapılan saldırıları nefretle kınıyorum. Allah'ın insanlığa göndermiş olduğu dini tenkit etmek kimin haddine düşer? Resmedilmesi yasaklanmış bir peygamberin karikatürlerini yapmak kimin haddine düşer? Bunlar, insanları birbirine düşürmek için planlanmış işler. Bunlara asla izin vermemek lazım. Bu oklara hedef olmamak için tüm dünyanın bu insanlara birlik ve beraberlik mesajlarını durmaksızın tekrar etmesi lazım. Ancak o zaman bunun işe yaramayacağını, insanları dinleriyle birbirlerine düşüremeyeceklerini anlayacaklar. Din, dokunulmazlığı olan, saygı isteyen ve bunu hak eden bir değer. İnsanları bir araya getirme ve Allah'ı tanıtma amacı güden, iyilik dolu bir bütünün düşmanlık için kullanılması bana göre en büyük günah. Bir dinin adının sonuna terör sözcüğünün eklenmesi de öyle. Biz affedebiliriz belki ama Allah affetmeyecektir. Ben Müslüman arkadaşlarımla beraber büyüdüm. Onların bayramlarında benim de mendillerim para doldu. Bu dinin de sıcaklığını bilirim. Türk toplumunun İslam'ın hakkını nasıl verdiğini, onu başının üstünde nasıl taşıdığını da bilirim... Başka milletlerin İslam anlayışı ile Türklerinkini birbirine karıştırmamak lazım. Türk insanı bütün dinleri kucaklayan bir anlayışla yetişir. İslam'ın, "Allah'ın kitaplarını, peygamberlerini tanıyacaksın" emrine en güzel şekilde yaklaşan millettir Türkler. Zaten, Kuranıkerim'in bu emirlerinin tam olarak yerine gelmesi evrenselliği yakalamak demektir ve benim milletim bunu başarmıştır. Her milletin içinde farklı düşünenler çıkabilir. Dünyanın düzeni böyledir ama bütüne bakmakta ve doğruları görmekte her zaman fayda vardır. Söz konusu olan inançsa, "Bu benim iç işim" diyemezsiniz.

Ehud Olmert 2007'de Türkiye'ye yaptığı ziyarette, Ankara'da başbakanın onuruna verdiği yemekte, "Müsaade ederseniz, konuşmamda bir değişiklik yapmak istiyorum" deyip, yanındaki büyükelçiden söyleyeceklerini tercüme etmesini istedi. İbranice konuşuyordu. Aynen şöyle dedi: "Ben burada Sayın Başbakan'la baş başa yaptığım görüşmelerde çok büyük bir fikir birliğine vardığımı ve buradan çok mutlu ayrıldığımı söylemek istiyorum. İkimiz de birbirimizi çok iyi anladık. Her konuda mutabık kaldık. Haremüşşerif konusunda da fikir birliğimiz var. Gereken neyse yapılacaktır." Yemeğin ilerlediği saatlerde bir ara yerinden kalktı, yanıma geldi.

"Hatırlıyor musun Bensiyon, bir zamanlar bana sen başbakan olacaksın demiştin, bak işte oldum."

Düşündüm, haklıydı. Ben bu sözü ona söylediğimde Kudüs Belediye başkanıydı. Onun ve eşinin onuruna yüz kişilik bir kahvaltı vermiştik. "Gelecek sefere seni başbakan olarak karşılayacağız" demiştim. Tahminim tutmadı, ikinci gelişinde sanayi bakanıydı. Ali Coşkun'un verdiği yemekte beraberdik. Bir dahaki sefere başbakan olarak geleceğinden emindim. Öyle de oldu.

Bu tür kabullerde olup bu konuşmalara bire bir şahit olmak da ayrı bir onur. Devlet beni hiçbir zaman bir davetten ayırmadı, kişiliğime ve mevkiime gereken saygı ve ehemmiyeti her zaman gösterdi. Bunun için de ayrıca şükran borçluyum. Bu tavır benim kendimi her zaman saygın ve değerli hissetmemi sağladı, devlete hizmetimde sahip olduğum dostluklar beni daha çok çalışmaya teşvik etti.

Bir defa daha böyle bir tahminde bulunmuştum. 2001 yılının sonlarına doğru Recep Tayyip Erdoğan'la Hıdiv Kasrı'nda bir yemek yemiştik. Yemek bittikten sonra, yardımcılarıma dönerek "Hadi önce siz tebrik edin başkanı, çünkü bir yıl sonra bu ülkenin başbakanı olacak" demiştim. Oldu da. Ehud Olmert'in başbakan olarak başkenti ziyaretinde, yemeğin sonunda konuklar gitmişti, biz dört beş kişi kaldık. Başbakan, bakanlar, herkes bizi dış kapıya kadar uğurladı, arabamızın gelmesini bekledi ve sonra içeri girdiler. Hatta başbakan bize, "Biraz daha oturun, daha erken, sonra gidersiniz" dedi. Ev sahibinin misafirlerine farklı bir yakınlık göstermesi budur. Bizi diğer konuklardan ayırmıştı. Bu ifadeler sıradan gibi görünse de, her kelimenin kendi içinde bir zenginliği ve doluluğu vardır. Bu bize gösterilen nezaketin en güzel örneklerinden biriydi. Bu noktada Hikmet Bulduk'un adını anmadan geçemem. Ne zaman başbakanı arasam, konuşmamızı sağlar ya da söylediklerimi hemen ulaştırır. Başbakanın etrafında gerçekten son derece saygıdeğer, bilgili, az konuşan, çok dinleyen, tecrübe biriktiren ateş gibi genç bir ekip var. Mücahit Aslan, gözleriyle konuşan, insanları çok iyi anlayan, gözünü başbakandan ayırmayan tam bir sağ kol. Akif Beki; zeki, insan ilişkileri sıcak, medya kökenli olmasının getirdiği rahatlığı davranışlarına yansıyan pırıl pırıl bir adam. Dr. Yalçın Akdoğan Mücahit ise çok çalışan, çok dinleyen, dinlediği fikirleri değerlendiren, partisinin siyaset felsefesini yazmış değerli bir insan. Akif Çağatay Kılıç, kültürlü, altyapısı sağlam ve gelişmeye tutkun bir genç. Başbakan onlarla toplantılar yapar ve onların görüşlerini dinler. Recep Tayyip Erdoğan'la dünya görüşlerimiz bazı konularda farklı olmasına rağmen, onun kişilik özelliklerini, zekâsını, konulara yaklaşımını, olanı biteni tartma gücünü kendi gençliğime benzetiyorum. Zaman zaman ortaya çıkan samimi, zaman zaman da sinirli ifadeler, düşündüğünü karşısındakinin anlamamasına verdiği tepkiler. Bir nevi delikanlılık hali. Delikanlılık yalnız yirmili yaşlara has bir tavır, anlayış değildir. İş yapma isteği, şevk ve gayret... Ellili yaşlarda insanın en verimli dönemi başlar. Ben başbakanda bunu görüyorum ve bana çok tanıdık geliyor. Hayata bakışı onu ilgilendirir, fakat bu ülke için nasıl çalıştığını biliyorum. Bunu birebir görme şansını elde ettim. Başbakanlık kim olursa olsun, hangi partiden olursa olsun zor bir iş; sorumlulukların en büyüğü. Yıllar onları başkalarına göre daha çabuk yaşlandırıyor. Dünyanın hızla değişen dinamiklerini ülkeye bir zarar getirmeden takip etmek, insanın ömründen ömür alır. Ülkenin başında kim olursa olsun, bizim millet olarak her konuda onları eleştirmek kadar onlara destek olma zorunluluğumuz da var.

Yaşadığım müddetçe elimden geldiğince herkesi dinledim. İnsanlara benden daha fazla bildiklerine inanarak yaklaştım ve hiç kaybetmedim. Çok dost, çok anı, çok tecrübe biriktirdim. Bu kitapta da gençleri yönlendireceğime inandığım ne varsa içimden geldiği gibi anlattım. Cemaat başkanıyken hiçbir zaman kendim için bir şey yapma amacında olmadım. Birinci amacım cemaatimi geliştirmekti, ikincisiyse Türkiye'yi, Avrupa ve ABD'de hakkı olduğu yere taşımaktı. Her zaman, herkese dürüst oldum; çünkü ülke söz konusu olduğunda kişiler, tüm işlerinde ve çalışmalarında dürüst olmalı, yüz yıl sonra bile alnı ak olarak söylediklerinin arkasında durabilmeli. Bugün ne yurtiçinden ne de yurtdışından hiç kimse çıkıp "Bensiyon Pinto bana şu konuda yalan söylemiştir" diyemez. Çünkü söylemedim. Kazanamayacağım seçime girmedim. Karşı tarafın hakkını yemedim. Memleketimin hakkını kimseye yedirmedim. Haktan yana olmak, hem özel işimde, hem başkanlığımda benim için bir düstur oldu. Bu sayede de hep sevilip sayıldım.

Yaşamım güzel bir öykü... Bu öykü, bu memlekette yazıldı. Bu memleket olmasaydı, yarının gençliğine anlatılacak hiçbir anım olmazdı. Bu anıların içinde doğru yerlere doğru noktalama işaretleri konmazdı. Başka Türkiye yok. Vazgeçmeyeceğimiz tek yol var: İletişim. Her şeyin başı bu sözcük. Dünya barışı ancak iletişim yoluyla gelecek. İnsanlar birbirleriyle konuşabildiklerinde, birbirlerine sabır gösterebildiklerinde, kendilerini değil de gençleri düşünmeye başladıklarında; konuları masaya yatırma cesaretini kendilerinde bulduklarında, karşılarındakine kızmamayı becerebildiklerinde ve yarınlardan ümitli olduklarında, bu dünya daha yaşanır bir yer olacak. Bunu yapmayı denemeliyiz. Kendimiz için değil, gençler için... Onların çocukları için. Unutmayalım ki, bu dünya bizimle birlikte yok olmayacak. Yine günler doğacak, yine yağmurlar yağacak ama gençler her zaman var olacak. Onlar en büyük hazinemiz...

Bütün bunları yaparken de hayatın ne kadar güzel ve yaşanır olduğunu bilerek, yollarımız farklı da olsa aynı güce inandığımızı unutmayarak, Türk Musevi cemaatinin adındaki Türk sözcüğünün gerçekliğini ve değerini anlayarak yaşamalıyız. Dini kimlikler ile vatandaşlık kimliklerini birbirine karıştırmayı bıraktığımız ve bunların ayrımına vardığımız gün çağdaşız diyebiliriz. Bu cemaat, bu memleketin cemaati. Bu cemaatin başkanlığını yapmış bir insan olduğum için bahtiyarım.

7. bölüm: Konuşma çizgisi

Yalnızca anlatmak yetmez, dinlemek de önemlidir.
Anlatılanlar bir gün belki unutulabilir;
ama bizim için söylenenleri akılda tutmak lazım.
Anlattıklarım sizin, söylenenler benimdir.

BAŞBAKAN

Sayın Bensiyon Pinto;

Ülkemizde yüzyıllar boyunca kilise ve sinagoglar, camilerle yan yana var olmuş, farklı din ve kültürden insanlar barış içerisinde bir arada yaşamıştır.

Tarih boyunca, dünyanın birçok yerinde baskı ve katliama maruz kalan Museviler de, bu topraklarda güvenli bir hayata kavuşmuştur. Sefaradlar, Eşkenazlar, Karaimler ve en son II. Dünya Savaşı'nın korkunç günlerinde Avrupa'nın dört bir köşesinden Museviler, huzur ve emniyeti burada buldular. Birçokları da, Türkiye'yi vatan edindiler. Milletimizin hoşgörü ikliminde kimliklerini koruyarak, dillerini, dinlerini, kültürlerini bugünlere taşıdılar.

Türk Musevi Cemaati'nin uzun yıllar başkanı, şimdi de onursal başkanı olarak vatan ve millet sevgisiyle ülkemize yaptığınız hizmetleri takdirle karşılıyor, bundan sonra da içeride ve dışarıda Türkiye'nin menfaatlerini savunmaya devam edeceğinize inanıyorum.

Kaleme aldığınız anılarla yansıtacağınız tecrübe ve birikimlerinizin de, toplumsal barışımıza, birlikte yaşama kültürümüze katkıda bulunacağını düşünüyor, çalışmalarınızda başarılar diliyorum.

Size ve ailenize sağlıklı, mutlu bir hayat temennisiyle;

Recep Tayyip ERDOĞAN
Başbakan

308

CUMHURİYET HALK PARTİSİ   GENEL BAŞKANLIK

Sayın Bensiyon PİNTO
Türk Musevi Cemaati Başkanı

Bensiyon Pinto, siyasetin inişli çıkışlı günlerinde bir arkadaş, dost sıcaklığı içinde, daima iyi duygularını, iyi dileklerini yansıtarak umut ve cesaret veren olumlu bir insan olarak hafızamda yer tutmuştur.

Türkiye'nin çok önemli bir cemaatinin başkanlığını, o cemaate yakışan ve cemaatini Türkiye'de toplumumuzun her kesimiyle olumlu ilişkiler, iyi duygular içinde tutmayı başararak, örnek yönetici olduğunu kanıtlamış bir insandır.

Aile geleneklerini ve düzenli aile yemeklerini sürdüren bir baba olarak ailesinin her ferdiyle sıcak, yakın ilişkisini, koruyucu şefkatini anlattığı güzel sohbetlerimizdeki lezzeti zevkle hatırlıyorum.

İyi bir aile reisi, iyi bir cemaat başkanı, iyi bir vatandaş olarak ülkemizin değerli bir evladıdır.

Bu düşüncelerimi biraz geç de olsa paylaşmaktan mutluluk duyuyorum.

Size sağlık, barış ve mutluluk içinde yaşayacağınız nice yıllar diliyorum.

Sevgi ve dostlukla.

Deniz BAYKAL
Genel Başkan

Anadolu Bulvarı No:12 Söğütözü 06520 Ankara Tel: 0312. 207 40 00 - Fax: 0312. 207 40 93
dbaykal@chp.org.tr www.chp.org.tr

Deputy Prime Minister
and
Minister of Foreign Affairs

Ankara, 31 Ekim 2006

Bu topraklarda müşterek bir kaderi paylaştığımız kadirşinas Musevi vatandaşlarımız, Türk milletinin hoşgörü ve inançlara saygı gibi iki temel erdeminin yarattığı ortamda bu ülkenin eşit vatandaşları olarak ülkelerine katkıda bulunmuş, toplumdaki yerlerini korumuşlardır. Türk Musevi Cemaati'nin Onursal Başkanı Bensiyon Pinto ile bu değerler etrafında gerçekleşen temas ve görüşmelerimizi hoş birer anı olarak hatırlayacağız.

Sayın Pinto, Başkanlık görevi sırasında Musevi vatandaşlarımızın Türk toplumundaki konumunu daha da pekiştiren çalışmalarda bulunmakla kalmamış, Türkiye'nin yurt dışında tanıtımına ve Türkiye'nin uluslararası ilişkilerine katkıda bulunmuş önde gelen bir dostumuzdur. Sayın Pinto bu bağlamda Bakanlığımızla yakın işbirliğinde bulunmuştur.

Türk Musevi Cemaati'nin Onursal Başkanı sıfatınızla, şahsınızda ülkemizi her bakımdan zenginleştiren tüm Musevi vatandaşlarımıza içten selam ve sevgilerimi sunarım.

Abdullah GÜL

30 Ekim 2006

Adalet Bakanı
ÖZEL

Sayın Bensiyon PİNTO

Türk Musevi Cemaati Onursal Başkanı

İlmek ilmek dokunmuş Anadolu kiliminin güzel bir motifi olan Türk Musevi Cemaati'nin önde gelen isimlerinden birisisiniz. Görevinizi uzunca sayılabilecek bir süre başarıyla yürüttünüz. Yaşamınız boyunca Ülkemizin birlik ve beraberliğini destekleyici tutum ve davranışlarınız takdire şayandır. Bu tutum ve davranışlarınızdan dolayı size şahsi teşekkürlerimi bir borç bilirim.

Dünyamız, inanç temelli çatışmaların ekseninde, çok kritik bir süreçten geçmektedir. İnsanlığın evrensel barışın özlemini en derinden hissettiği günümüzde, Bensiyon Pinto gibi "hoşgörü önderlerine" ihtiyaç duyulmaktadır.

Uzlaşıyla, kardeşlikle ve dostça, birlikte yaşama kültürünü geliştirmiş, toplumumuzun önemli bir parçası olan Musevi Cemaatimizin kanaat önderlerinden Zat-ı Âlinizin, tarihe bir not düşmek üzere kaleme aldığı, içinde çok değerli hatıralarınızı barındıran bu kıymetli eserden istifade edileceği düşüncesindeyim.

Bu düşüncelerle, kitabınızın hayırlara vesile olmasını temenni eder, selâm ve saygılarımı sunarım.

Cemil ÇİÇEK

Adalet Bakanı

(ÖZEL)

Bensiyon PİNTO Musevi Cemaati'nin Başkanlığı'nı ve Onursal Başkanlığı'nı yaptığı uzun yıllar boyunca pek çok önemli icraata imzasını atmıştır.

Ticaret ve gazetecilik hayatında prensipli, çalışkan, dürüst olması ve hakkaniyetli tutumu Sayın PİNTO'nun herkes tarafından bilinen en belirgin özelliklerindendir.

Kültürleri yaşatma adına yaptıkları ve dostluk mesajları yüklü birçok çalışması takdire şayandır.

Türkiye Musevileri ve Müslümanları arasındaki dostluk ve kardeşlik köprülerini sağlamlaştıran ve vatanına ve milletine çalışmakla ömrünü geçiren Sayın PİNTO'nun kaleme aldığı yaşam öyküsü bütün insanlığa örnek olacaktır.

Türkiye'nin de tarihi sayılabilecek yarım asırdan fazla bir sürede yaşanan olayların yer alacağı kitap hem çok kıymetli bir belgesel hem de genç beyinlerimize bir başucu kitabı olacaktır.

Böylesi kıymetli bir eseri bizlere sunacağı için Sayın PİNTO'yu en samimi duygularımla kutluyor ve ömür boyu sağlık, mutluluk ve başarılar diliyorum.

Abdülkadir AKSU
İçişleri Bakanı

312

SANAYİ VE TİCARET BAKANLIĞI
(ÖZEL)

Bensiyon PİNTO

Son yıllarda ülkemiz ekonomisi mevcut birikimlerin üzerinde sanayi ağırlıklı ve özel sektör öncülüğünde sürdürülebilir bir büyüme sürecinde gelişmektedir.

Sanayi sektörünün tarihçesine bakıldığında İstanbul Sanayi Odasının çok önemli bir yeri olduğu görülür.

Türkiye'nin sanayileşmesi çile dolu bir mücadeledir. Ben de diğer değerli sanayiciler gibi bu çileyi genç yaşta 1970'li yıllarda Oda' nın 17. meslek komitesine seçilerek yaşamış birisiyim. O mücadeleli yıllar bizim için aynı zamanda okul olmuş yetişmemizin yanı sıra çok değerli dostlar kazandırmıştır. Onlardan biri de Sayın PİNTO'dur.

Evet o yıllar ekonomimizin krizli dönemleri, piyasanın yoklar, karaborsa yıllarıdır. Çok büyük ölçüde döviz bunalımı vardır. Yatırımlar durmuş, sanayici üretim için bile en zaruri ara malını ve yedek parçasını teminde zorluklar çekiyor. Kendi dövizini kandin bul dönemi, ya yok pahasına ihracat yapacak, ya da dövizi olan bir sanayiciden yan sanayici kapsamına girip tahsis satın alacaksın. Her şey kotalara, tahsislere bağlı, sanayicinin cebinde bir dolar olsa kaçakçı durumuna düşülen yıllar. İşçi-işveren ilişkileri de işin başka cephesi. Servet ve kazanç düşmanlığının yaşandığı yıllar.

Bu dönemde İstanbul Sanayi Odası yönetim kurulunda değerli arkadaşım Orhan DEMİRTAŞ ile birlikte başkan yardımcısı görevini yürütüyoruz ve tahsislere bakıyoruz.

Bir atasözü vardır: "İnsanların hakiki karakterleri menfaatleri çarpıştığı zaman meydana çıkar".

Menfaatlerin çarpışması da yoklukların yaşandığı sıkıntılı günlerde ortaya çıkar. Sayın PİNTO'nun kendi meslek camiasının haklı ihtiyaçlarını takipte onlara nasıl yardımcı olabilirm çırpınışına şahit oldum. Dürüstlüğü, fedakarlığı ve çalışkanlığı uzun yıllardır süregelen dostluğumuzun temel taşları oldu.

Sonraki yıllarda O'nu Musevi Cemaati Başkanlığında ülkesine bağlı, milletimize saygılı, sorumlu bir Türk vatandaşının samimi davranışları ile tanıdık.

Sayın Bensiyon PİNTO'nun dolu dolu yaşanmış hayatının önemli safhalarını kitaba dökme arzusunu bildiren yazısını aldığımda cidden memnun oldum. Bu arzusunun başarıyla gerçekleşmesi ve özellikle gençlere örnek olması temenilerimle, bundan sonraki yaşantısında sağlık, huzur ve mutlu yıllar dilerim.

Ali COŞKUN
Sanayi ve Ticaret Bakanı

Mehmet ÇİÇEK
Yozgat Milletvekili

Sayın Bensiyon Pinto Beyefendi'yi mukaddes ve mükemmel bir mekanda, müstesna bir toplulukta tanıdım. Mekân mukaddesti, İstanbul Sultanahmet Camii idi. Bu mekân mükemmeldi. Sultanahmet Camii Dünya'da cami mimarisinin en müstesna örneği, sanat şaheseridir. Sihirli ve insanları ruh dünyasında yakalayıp,Yüce Allah'ın sonsuzluk muhitinde gezintiye götüren bir şaheser.O gün İsrail Cumhurbaşkanı Sn. Weizman'ın Türkiye ziyareti Dünya'da büyük yankılar uyandırmıştı. Ziyaret,Türkiye ve Dünya basınının manşetlerinde yer bulmuştu. Sn. Weizman'ın İstanbul'da Sultanahmet Camii'ni ziyareti birçok ülkeye naklen yayınlanıyordu.

Sayın Pinto'yu tanıdığımda o gün de çok mutlu olmuştum;Bu gün de mutluluğum her geçen gün artarak devam ediyor.

Çünkü;Bu güzel ortam bana çok kıymetli bir dost,yeri doldurulamayacak bir arkadaş,ülke sorunlarını birlikte sırtlanıp çözme mücadelesinde bir sırdaş kazandırmıştır.

Evet,Bensiyon bey çok az insanda bulunan müstesna özelliklere sahip bir gönül dostudur. Onun gönlü ummanlar kadar geniştir. Her türlü kötü meziyetleri yutup kaybetmiş tertemiz bir kalbe sahiptir. Anahtar adamdır. Yurt içinde ve dışında her türlü problemin çözümünde anahtar görevini yapar. Açmadığı kapı yoktur. İnsanlar üzerinde oluşturduğu sınırsız güven onu bu konuda daha da başarılı hale getirmiştir.

Liderlik doğuştandır. Allah vergisi bir kabiliyettir. Bilgi ve eğitim bu kabiliyeti zirveye taşır. Bensiyon bey liderlik kabiliyetini teorik bilgileri ile pratikteki sınırsız tecrübelerini bir araya getirerek mükemmelleştirmiştir. Olaylara teori ve pratikteki manevra kabiliyeti ile müdahalede oldukça başarılıdır. Toplumun her kesimindeki gönül dostları,onun bitmeyen hazinesidir. Sayın Pinto ihtiyacı olan herkese uzanan merhamet elidir.

400 küsur yıllık Türkiye'de yaşayan aile geleneği ile övünen, bu öğüncünü Türk Milleti ile iç içe gönülden yaşadığı güzel hayata bağlayan; Türk Milletinin ve Türkiye Cumhuriyeti Devleti'nin ebediyete kadar yaşaması için var gücü ile gayret sarf eden bir vatanperver; Odasının duvarlarını süsleyen özlü sözleri hayatında uygulayan disiplinli bir düşünce adamıdır Pinto.

Bu başarılı hayatın planlamasında muhtereme eşleri Eti hanımın ışığını görmemek mümkün değildir. Bay-Bayan Pintolar sanki elmanın iki yarısı gibidir.

Değerli dostum Bensiyon beyle ilgili daha çok şey yazabilirdim. Bana ayrılan yerin sınırı ne yazık ki bu kadarına izin verdi.

Bensiyon beyin bu eserinin bizden sonraki nesillere ışık tutacağından eminim. Ömrünün sağlıklı, huzurlu ve mutlulukla geçmesini; daha nice yıllar ülkemize, milletimize, devletimize,dünya insanlığına hizmette daim olmasını diliyorum.

Bu müstesna insana saygılar sunuyorum. / Aralık 2006.

MEHMET ÇİÇEK

Doç. Dr. Murat MERCAN
AK Parti Eskişehir Milletvekili
Avrupa Konseyi Parlamenter Meclisi
Türk Delegasyonu Başkanı

16.07.2007

Bensiyon Pinto'yu yıllardır tanırım. Tanıştığımız ilk günden bugüne kadar geçen sürede birçok defa bir araya gelip, sohbet etme fırsatımız oldu. Bu görüşmelerimizde inanın sadece ve sadece Türkiye'yi konuştuk. Bu nedenle eğer Bensiyon'u bir tek cümleyle özetleyecek olursam belki şöyle söylemem gerekir: "Kendisini Türkiye'ye adamış bir vakıf insanı"

Eminim kendisi için söylenecek çok şey var. Eşi için, çocukları için, dostları için çok daha farklı şeyler ifade edebilir. Ama benim için Bensiyon önce Türk vatandaşı ve sonra Musevi cemaatinin bir üyesidir. Türkiye'nin uluslar arası arenada karşılaştığı zorlukları aşmasına katkıda bulunmak için nasıl çaba harcadığına, dünyadaki dostlarını arayıp Türkiye'nin pozisyonunu anlatırken kimi zaman gözlerinin yaşlandığına şahit oldum. 1 Mart tezkeresi sonrası gerginleşen Türk Amerikan ilişkilerini düzeltmek için harcadığı çaba dün gibi hafızamda. Avrupa Birliği'ne geçiş sürecinde sessizce Avrupalı dostlarını aramasını, Türkiye'ye gelen yabancı dostlarını ağırlamasını hiç unutamam. Son olarak sözde Ermeni soykırımı tasarısının ABD Temsilciler Meclisi'nde kadük olması için tüm dostlarını seferber etmesi kendisinin ne kadar Türkiye aşığı bir insan olduğunun en açık delilidir.

Bensiyon'u ben hiçbir zaman karamsar görmedim. Bu ülkeye, bu ülke insanlarına hep çok güvendi. Etrafındaki insanlara hep umut aşıladı. Bu yaşına rağmen enerji verdi. Bana sorarsanız Bensiyon, Türkiye'yi eşinden ve ailesinden daha çok seviyor, daha çok düşünüyor.

İnsanları olduğu gibi kabul etmesi, herkesle çok iyi diyaloglar kurması, tüm dünyada tanıdıkları ve dostları olması O'nun en büyük özelliklerinden birisidir. Annemin uzun süren ameliyat sürecinde İstanbul'da bizleri her gün ziyaret etmesini de hiç unutamam.

Bensiyon bir dost, bir ağabey benim için. Ben öyle inanıyorum ki ülkemize daha da çok hizmetleri olacaktır. Türkiye'nin Bensiyon gibi insanlara çok ihtiyacı var. Keşke daha çok Bensiyonlarımız olsa.

Allah uzun ömür versin. Ailesi ile birlikte mutlu ve huzurlu bir yaşam nasip etsin.

Doç. Dr. Murat Mercan

Egemen BAĞIŞ
İstanbul Milletvekili, Başbakan Dış İlişkiler Danışmanı,
Türkiye - ABD Parlamentolar Arası Dostluk Grubu Başkanı
NATO Parlamenterler Asamblesi, Türk Grubu Başkan Yardımcısı

*Member of the Turkish Parliament Representing Istanbul
Foreign Policy Advisor to the Prime Minister
Chairman of the Turkey - USA Interparliamentary Friendship Caucus
Deputy Chairman of the Turkish Delegation to the NATO Parliamentary Assembly*

AK PARTİ
Adalet ve Kalkınma Partisi
Justice and Development Party

Türk Musevi Cemaati'nin Onursal Başkanı Sayın Bensiyon Pinto'nun anı kitabına bu mesajımla katkıda bulunmak benim için bir mutluluk ve onur vesilesidir. Sayın Pinto, gerçekten bu ülkeyi seven, bu ülke için çabalayan ve çok önemli katkıları olan bir insan, çok önemli bir Türk, çok önemli bir vatandaşımız.

Ben çok anekdot yaşadım kendisiyle ama birini bu kitabı okuyanlarla paylaşmak istiyorum. Avrupa Birliği ile müzakerelere başlamamızdan evvel 6 Kasım ilerleme raporu yayınlanacak, yıl 2004. 6 Kasım'da rapor ilan edilecek, o rapora dayanarak 17 Aralık zirvesinde Türkiye'nin Avrupa Birliği üyeliği için müzakerelere başlayıp başlamaması kararlaştırılacak ve müzakerelere başlama tarihimiz belirlenecek. Yani meşhur 3 Ekim tarihinin verilmesi için ilk ve en önemli adım olan 6 Kasım.

6 Kasım Raporu'nun yayınlanmasına saatler kala Strazburg'da Avrupa Konseyi Parlamenterler Meclisinde Sayın Başbakan'ımızın bir konuşması var. Konuşma öncesi diğer temasları gerçekleştirdiğimiz Parlamento'da Dışişleri Bakanı'mız ve Başbakan Yardımcı'mız Sayın Abdullah Gül'den bir mesaj geldi. Bunun üzerine Başbakan'ımız rapordaki Kürtler ve diğer azınlıklar ibaresinin Lozan Anlaşması'na aykırı olduğunu anlatmak için ve elimize taslağı geçen bu raporun ibarenin düzeltilmesi için temasta bulunmak üzere Avrupa Komisyonu'nun o zamanki başkanı Sayın Prodi'yi aradık. Ama Sayın Prodi ile komisyonun tüm üyeleri toplantıdadır. Sayın Dışişleri Bakanı'mız ve Başbakan Yardımcı'mız da Sayın Verheugen'i arar. Onlar da aynı toplantıdadır ve ulaşmakta ciddi sıkıntı yaşanır. Bu arada bu ibarenin düzeltilmesi için aklımıza Prodi'nin Musevi asıllı olan danışmanı Sayın büyükelçi Serge Abou geldi ve ben Serge'i aradım. Kendisine bu ibarenin son derece büyük bir hata olacağını; hem bizi sıkıntıya sokacağını hem de Avrupa Birliği Komisyonu'nu Lozan Anlaşması'na aykırı bir metin yazmış durumuna sokacağını söyledim. Serge ise "Çok geç kaldınız Egemen, bunun düzeltmem imkânsız, bu noktada yapabileceğim hiçbir şey yok, zaten komisyon toplantıda," diyerek bana son derece negatif bir tutum sergiledi. Bunun üzerine Sayın Başbakan'ımızın da iznini alıp Bensiyon Pinto'yu aradım. "Bensiyon Ağabey böyle böyle, Türkiye'ye bir hizmet vermen lazım, bu işi ne yap et bastır," dedim. Aradan bir yarım saat geçtikten sonra Bensiyon aradı, "Egemen, Sayın Başbakan'a söyle, o iş tamamdır," dedi. Ben yine de emin olmadım, Sayın Sergen Abou'yu aradım. Önce telefonuma çıkmadı. Bir 15-20 dakika sonra kendisi beni aradı. "Egemen, biz o işi hallettik, tamam, düzelttik," dedi. Şimdi Bensiyon Pinto'nun o gün yaptığı o girişim bile Türkiye için çok ama çok önemli bir girişimdir. Birçok vatandaşımızın ömür boyu Türkiye'ye yaptığı katkılardan daha büyük bir katkı olarak değerlendirilebilir. Kendisinin buna benzer çok çok önemli çalışmaları olmuştur. Daha da uzun yıllar kendisinin ülkemize hizmet etmesini umuyorum.

Bu vesileyle Bensiyon Pinto gibi gerçek bir vatansever'in hatıralarının yer aldığı bu kitabı okuyanlara saygılarımı sunarım.

Egemen BAĞIŞ

AK PARTİ

Değerli Dost Bensiyon Pinto,

Sizi en iyi ve en anlamlı şekilde ifade edecek bir anı yazmak için, hangisi sizi okurlarınıza daha iyi anlatır, diye düşündüm .Şahsınızı , tecrübe ve vizyonunuzu en iyi anlatacak şu anıyı yazmayı uygun buldum:

Bu anı, başka bir yönden de , yıllarca yaptığınız Musevi Cemaati Başkanlığı' nızla, liderlik pozisyonu ve vasfınızın en uygun şekilde nasıl birleştiğinin de bir göstergesidir. Bir liderde olması gereken hissetme ve değerlendirme vasıflarının sizde nasıl bir bütün haline gelmiş olduğunu ifade etmesi bakımından da bu anının önemli olduğunu düşünüyorum.

İki İsrail askerlerinin kaçırılması olayının hemen ardından ; siz, bize başvurarak bu konuda acil aracılık yapılması ve konuya dahil olunması gerektiğini büyük bir ısrarla ve büyük bir heyecanla istemiş , bu talebi defalarca yinelemiş , aksi halde bu konunun çok ciddi sonuçlara, büyük olaylara ve hareketlere yol açabileceğini iletmiştiniz.

Bu olayın arkasından İsrail, askerlerinin kaçırılması olayını ileri sürerek Lübnan'a girdi. Bu , birçok asker ve masum insanın da ölümüne yol açtı. Dünya barışına bir kez daha gölge düştü.
Bu menfur kaçırılma olayının önemini ve stratejik anlamı ile yol açabileceği tüm sonuçlarını , askeri harekat öncesi algılayarak, liderlik sorumluluğuna yakışır şekilde takip etmeniz ve konudaki ısrarınız benim , sizin vizyonunuz ve tecrübelerinizin liderlik vasfınızla ne kadar güzel örtüştüğünü ve sorumluluk bilincinizin ne kadar yüksek olduğunu çok açık ve unutulmaz bir şekilde anlamamı sağlamıştır.

Sayın Pinto, gerek Musevi Cemaati Başkanlığı sürecinizde gerekse daha sonraki onursal başkanlığınız döneminde , yalnız cemaatinize ait sorunlarla yetinmeyip herkesin meseleleri ile yakından ilgilenmeniz ve bunlara çözüm üretme yolunda inisiyatif kullanmanız , ağırlığınızı koyma geleneğiniz , insanlık vasfınız ve yardımseverliğiniz ; size başvuran kişiler tarafından bizlere de sıkça iletiliyor ve eminim bu kişiler yardımlarınızı hiçbir zaman unutmayacaktır.

Bunun yanında ,hükümet olduğumuz dönem içinde Türkiye ilgili meselelerde , dünyadaki Musevi Cemaati ve tanıdığınız kişiler nezdinde yapmış olduğunuz girişimler ve gösterdiğiniz tüm çabalar ile ülkemizin dış meselelerinin çözümünde emeğinizin bulunması size başka bir teşekkür vesilesidir.Emeklerinizin tüm güzel örnekleri ,unutulmaz girişimler olarak hafızalarda , tarih yapraklarında kalacak ve bir itibar anıtı olarak yerini alacaktır.

Değerli Dost,
Yazımı nihayet sonlandırırken sizin el sıkışınız , tatlı şakalarınız ve samimiyetinizle sıcak dostluğunuzun da benim için çok önemli bir husus olduğunu belirtmek istiyorum.
Hafızalarda ve hafızamda sevgi ve dostluğunuzun ebedi kalacağını bilmenizi isterim.
Sağlık , esenlikler dilerim.

Şaban Dişli
AK Parti Sakarya Milletvekili
Genel Başkan Yardımcısı

Kadir TOPBAŞ
İstanbul Büyükşehir Belediye Başkanı

Sayın Bensiyon PİNTO
Musevi Cemaati Onursal Başkanı

İstanbul tarih boyunca kendisiyle yaşayan milyonlarca insanın evi olmuş, o eski yaşamlardan kalan dostluklar İstanbul'un ruhuna işlemiştir.

Değişik kültürler, dinler ve anlayışların hepsi İstanbul paydasında buluşmuş, bu şehrin halkı, dünyanın en eşsiz şehrini yaratmak için anlayışı, hoşgörüyü, dayanışmayı, dostluğu üst üste koymuştur.

Bu kentin tarih sayfalarında, böyle dostluklar ve dayanışmalar hala tazeliğini korurken bazı insanlar bu yolda verdikleri hizmet ve gösterdikleri çabalarla daha parlak bir yıldız olmuşlardır.

Sevgili Pinto, işte bu yıldızlardan biridir benim için. Çocukluğumun geçtiği Beyoğlu'nun eşsiz mozaiğinin bir parçasıdır Bensiyon Pinto.

Dostum Bensiyon Pinto'nun kaleme aldığı bu eser, İstanbul'un eski yaşamını ve dostluk anlayışının çok hoş anılarla yeniden anlaşılmasını sağlayacak ve İstanbullu olan herkes burada kendinden bir şeyler bulacaktır.

Çok özel dostluğuyla hem benim hem de İstanbul'un kalbinde yer almış olan Bensiyon Pinto'yu sevgiyle kucaklıyor, kendisine sağlıklı ve mutlu bir yaşam diliyorum.

Kadir TOPBAŞ
İstanbul Büyükşehir Belediye Başkanı

318

(E) Org. NECDET TİMUR

BENSİYON PİNTO :

Kadıköy/ İSTANBUL 11.Mart.2007

Üstlendiğim en zor görevlerden biri de güven ve dostluğunu kazandığım dostlarım hakkında düşüncelerimi aktarmak. Bunun iki nedeni olsa gerek :Ya çok sevdiğim için duygularımın yoğunluğu kalem oynatmamı zorlaştırıyor ya da kelimeler duyguların düzeyini aktaramıyor.Şimdi böyle bir an yaşıyorum. Bilmem ki nereden başlayayım.

Bensiyon PİNTO' yu yıllar önce basından tanır , Türkiye ve İsrail için değerli hizmetler yaptığını duyar ve okurdum. Ülkemize ilişkin önemli ve ciddi sorunların yol açtığı zor anlarda yapılan uluslararası girişimlerde adı ön planda geçer, devlet ve hükümet adamlarından onu yakın tanıyanlara kadar herkes onun bir şeyler yapmasını bekler ve bir şeyler yapacağına inandıkları gibi bir izlenimim olmuştu..

2000 yılında 1'inci Ordu komutanlığına atandığımda her üst düzey görevlinin yaşayacağı gibi tanışma ve hoş geldin ziyaretine gelenler oldu. Ne var ki uzun süre randevu isteyenler arasında Bensiyon' un ismini göremiyordum. Bir süre daha geçmişti. Bir gün ortak dostlarımızdan biri Sayın Bensiyon PİNTO'nun bana gelmek istediğini randevu talebinin olduğunu söyledi.Ne kadar sevindiğimi anlatamam.Özel Kalem Müdürü'me kendisini arayıp bulmasını ve davet ettiğimi söylemesini ilettim. Bir gün sonra Türkiye Musevi Cemaati Başkanı Sayın Bensiyon PİNTO ve Musevi Cemaati' nin seçkin yöneticileri ile birlikte geldiler.

Karşımda birbirinden zarif üç İstanbul beyefendisi vardı: Başkan PİNTO ve yardımcıları iş adamı Sami Herman ve Avukat Nedim Karako. Doğrusunu söylemem gerekirse; bilmesini istemediğim bir sohbet başladı. Konudan konuya geçiyorduk. Bir daha ve çok yakın bir zamanda yemeğe gelmelerini, daha uzun sohbet önerimi kabul ettiler. Uğurladıktan sonra emir subayım : " Komutanım ilk kez sizi ilk ziyarete gelenlerle bu kadar uzun zaman geçirdiniz." deyince ne kadar sürdüğünü sordum. Cevabı tam doksan dakika oldu. Gerçekten de öyle idi. Demek ki zamanın nasıl geçtiğini fark edememişim. Keyif aldığım bir tanışma sohbeti yaşamıştım.

Bensiyon' un bende bıraktığı ilk izlenim fevkalade olumlu idi. Üzerine aldığı Musevi Cemaati Başkanlığı'nı salt bir görev olarak tanımlamıyor, cemaatine ve ülkemize hizmet sorumluluğu olarak değerlendiriyordu. Konuştukça anlattıkları ile düşüncelerinin bu tanımlama ile ne kadar örtüşük olduğunu anlıyordum. Çok kısa bir süre sonra aynı heyetle ve kararlaştırdığımız tarihte ordu karargâhında çalışma arkadaşlarımın itina ile hazırlamış oldukları masanın etrafında öğle yemeği için buluştuk. Daha sıcak, daha içtenlikli bir dost meclisinin devamı için güzel bir başlangıç oldu. Konuşmalar sırasında hedeflerini, hizmet anlayışının detaylarını, oldukça mütevazı bir tonlamayla; fakat altını çizerek ifade ettiği kelimelerle çok anlamlı olduğun anlaşılan çalışmalarına değindi. Bu suretle eskiden kulak dolgunluğu şeklinde bildiğim kimi konuları bizzat kendisinden dinlemiş oldum. Uluslararası platformların Türkiye yararına yönlendirilmesi için yaptıklarını daha detaylı bir şekilde dinledikçe içimdeki sevgi ve saygı yumağının arttığını hissettim.

1

(E) Org. **NECDET TİMUR**

Daha sonra ailece dostluğumuz gelişti. Eşi Eti PİNTO Hanımefendi ile eşim Nezihe Timur da birbirlerine bizler kadar ısındılar. Ev ziyaretlerimiz başladı. Her buluşmamız bitmemesini istediğimiz bir zaman dilimi oldu. Emekliye ayrıldıktan sonra daha çok buluştuk. Sivil toplum örgütlerinde birlikte görev aldık.Seminerlerde, panellerde aktif konuşmacı olarak kimi kez farklı görüşleri de Savunduğumuz oldu Her ikimiz de bu farklılaşmaları dostluk. bağlarımızın güçlendirici unsurları olarak algıladık.

Hasta ve düğün ziyaretlerine birlikte katıldık. Anılar, ortak düşünceler çoğala çoğala bugünlere geldik. Tanrı'nın bağışladığı ömür sürdükçe de bu böyle devam edecek.

Bensiyon' un ülkemize yaptığı hizmetlerini anlatma görevini üstlenemem. Onun kişiliğinin pırlanta yönü olan alçak gönüllülüğü buna uygun düşmez. Belki de bu görevi, ilerde tarihçiler üstlenirse daha iyi olacak.

Bensiyon çok yorulduğunu gerekçe göstererek cemaat liderliği görevini genç ve güvendiği bir arkadaşa devretti; fakat beyni ve gönlü Türkiye sevdası ile şekillendiği için ülke sorunlarına karşı olan duyarlılığı artarak devam etti. Türkiye'yi yöneten tüm liderler hala ona başkan olarak bakarlar. Sıcaklığı, sevecenliği, serinkanlı analizleri, Fransızca ve İngilizce kadar Türkçe ve İbraniceye olan vukufiyeti onun uluslararası tanınmışlığını ve etkisini sürdürmeye devam ediyor. Katma değeri yüksek bir insan olarak yaşamayı tercih eder. Bana sorarsanız on en en iyi böyle anlatılabilir.

Bensiyon beş yüzyılı aşkın bir süreden beri Türkiye'yi anavatan olarak seçen Musevi kökenli bir Türk vatandaşıdır. O, konuşmalarında . "Ne demek Türk vatandaşı! Ben Musevi kökenli Türk'üm!" diyerek ülkesine olan bağlılık ve sevgisini ifade eder, bunu söylerken de samimiyeti gözlerinde ışıldar.

Bensiyon herkese karşı sevecen ve yardımseverliği ile tanınır. Üzerine aldığı işi tamamlamadan rahat etmez. Sohbetinde ve dostluğunda oldukça ağdalıdır. İyi bir vatandaş, iyi bir lider ve iyi bir babadır. Vefa düzeyi hep yüksektir. Zor durumlarda kaldığı zaman özverili olup elini taşın altına koyabilen bir cesaretin sahibidir. Fakir insanla, zengin insan arasında fark gözetmez. "Önemli olan insan olmak ve insancıl davranmak ve gönül zengini olmaktır." der. Göründüğü gibi davranır, davrandığı gibi görünür. Hep ama hep yapmacıksız hareket eder. Dostluğunda oldukça güçlü bir manyetik alan vardır. Ne zaman ne yapıyor diye aklımdan geçirip aramak istesem, bir süre içinde ben arayamadan o arar. "Ne var ne yok? Herkes iyi mi?" diye sorar. Aman iyi olun, der ve kapatır. Gerçekten dostluğu şarap gibidir, yıllandıkça değerini arttırır.

Amacım Bensiyon' u tanıtmak değil. Onunla dost olma mutluğunu yaşayan bir kişi olarak onun daha nice yıllar sağlık ve esenlik içinde ailesi, dostları, Türkiye ve İsrail için olan önemini paylaşmaktır. Türkiye Bensiyonsuz , Bensiyon Türkiyesiz kalmamalı.

İnancım odur ki Pinto ailesi dünya durdukça Bensiyon' lar yetiştirmeye devam edecektir.

Ona ve sevgili eşi Eti'ye sağlık ve esenlikler diliyorum.

Necdet TİMUR
(e) Orgeneral

320

Mesut Yılmaz

Göçer bir İmparatorluğun mirasçısı olan Türkiye Cumhuriyeti kuruluşundan günümüze kadar çok sayıda uluslararası sorunla boğuşmak zorunda kalmıştır. Büyük kısmı geçmişten kaynaklanan bu sorunlarda ülke menfaatlerini savunurken devletimize en önemli katkı sağlayan kesimlerden birisi de Türk Musevi Cemaati olmuştur. Dışişleri Bakanlığı ve Başbakanlık görevlerim sırasında bu anlamlı katkılara bizzat yakından tanık olma olanağını buldum.

Türk Musevi Cemaati Başkanı Sayın Bensiyon Pinto benim için bu katkıların simge isimlerinden birisidir. Kendisi ile yirmi yılı aşkın bir dostluğumuz oldu. Bu süre içinde onun vefalı kişiliğini de, bu ülkeye yararlı olmak için nasıl çırpındığını da takdirle izledim.

Yurtdışındaki Musevi lobilerinin etkili isimlerinin ülkemize gelmelerinde ve bizlerle görüşmelerinde aracılık ederek, bazen yurtdışı ziyaretlerinize eşlik ederek bu lobilerin Türkiye lehine harekete geçirilmesinde çok önemli bir rol oynamasına rağmen kamuoyu onun bu çabaları konusunda çok az bilgi sahibidir. Bunun nedeni de Sayın Pinto'nun yaptıklarıyla övünmekten, kişisel reklamdan kaçınan mütevazi kişiliğinde gizlidir.

Musevi göçünün 500. Yıl kutlamalarında ve bu kapsamda ülkemize bir müze kazandırılmasında da lokomotif rolü üstlenmiş olan Sayın Pinto'nun yaptıklarının bu saydıklarımla sınırlı kalmayacağına inanıyor ve kendisine sağlıklı ve mutlu bir yaşam diliyorum.

Mesut Yılmaz

20. 01. 2007

Çöken bir imparatorluğun mirasçısı olan Türkiye Cumhuriyeti, kuruluşundan günümüze kadar çok sayıda uluslararası sorunla boğuşmak zorunda kalmıştır. Büyük kısmı geçmişten kaynaklanan bu sorunlarda, ülke menfaatlerini savunurken devletimize önemli katkı sağlayan kesimlerden birisi de Türk Musevi Cemaati olmuştur. Dışişleri Bakanlığı ve Başbakanlık görevlerim sırasında bu anlamlı katkılara bizzat yakından tanık olma olanağını buldum.

Türk Musevi Cemaati Başkanı Sayın Bensiyon Pinto, benim için bu katkıların simge isimlerinden birisidir. Kendisi ile yirmi yılı aşkın bir dostluğumuz oldu. Bu süre içinde onun vefalı kişiliğini de, bu ülkeye yararlı olmak için nasıl çırpındığını da takdirle izledim.

Yurtdışındaki Musevi lobilerinin etkili isimlerinin ülkemize gelmelerinde ve bizlerle görüşmelerinde aracılık ederek, bazen yurtdışı ziyaretlerimize eşlik ederek bu lobilerin Türkiye lehine harekete geçirilmesinde çok önemli bir rol oynamasına rağmen kamuoyu onun bu çabaları konusunda çok az bilgi sahibidir. Bunun nedeni de Sayın Pinto'nun yaptıklarıyla övünmekten, kişisel reklamdan kaçınan mütevazı kişiliğinde gizlidir.

Musevi göçünün 500. Yıl kutlamalarında ve bu kapsamda ülkemize bir müze kazandırılmasında da lokomotif rolü üstlenmiş olan Sayın Pinto'nun yaptıklarının bu saydıklarımla sınırlı kalmayacağına inanıyor ve kendisine sağlıklı ve mutlu bir yaşam diliyorum.

Mesut Yılmaz
20.01.2007

322

İstanbul 02Kasım 2006

Azizim, Sevgili Dostum Bensiyon ;

Bu seslenişlerin ikisine de herkesten çok hakkım olduğunu, başka türlü bir seslenişe içimdeki duyguları sığdıramayacağımı düşünüyorum. Tüm samimiyetimize dayanarak size "sen" demeyi ve duygularımı bu dille ifade etmeyi de doğru buluyorum.
Seninle olan yakınlığımız , Hahambaşı- Cemaat Başkanı iletişiminin çok öncesinde başlayan ve bunun çok ama çok ötesinde bir mahiyeti olan farklı bir dostluktur. Çoğu zaman içimdeki "Ben"e hep bu soruyu sormuş, hep de aynı cevabı almışımdır. Her zaman beraberdik, bir şekilde karşılaşıyorduk hayatın bir yerinde, nasıl oluyordu bu? Belki de ta çocukluk günlerimizden bu yana yaşam çizgilerimizi sürekli olarak kesiştiren Tanrı' nın bunu yaparken özel bir amacı olsa gerekti.
Cemaatin hangi kademesinde olursa olsun birçok işte beraberdik. Hepsini tek tek sayamasam da biliyorum ki her konuda o kadar içe içe ve gönül gönüle, birbirimize o kadar inanarak ve güvenerek çalışıyorduk ki bu bundan daha büyük bir onur ve mutluluk olamaz iki insan için. "Uzadıkça kısalan tek şey ömürdür." demiş ermişlerimiz.
Sen de ben de belli bir yaşı aşmış olmamıza , torun sahibi olmuş olmamıza rağmen, hayatımızın bilançosunu çıkarmaya daha epey zamanımız vardır diye düşünüyorum ve öyle olmasını temenni ediyorum.
İkimizin beraberliği için bir bilanço çıkarırsam , bunun sonunda da : "İyi ki varsın Bensiyon" diye yazar, altına 'ir çizgi çekerdim; çünkü bu ifadenin dışında söylenecek çok da fazla bir şey olmazdı.
Biz çalışırken aynı fikirleri paylaşmadığımızda, olaylara farklı yönlerden baktığımızda, sorunlara yaklaşım biçimimiz ayrı olduğunda , her şeyi masaya yatırıp tartışabilmeyi başarmış iki kişi olduk. Sen her zaman dürüst olmayı, düşüncelerini rahatça açığa vurmayı, gönülleri fethetmeyi de iyi bilen bir dost ve çalışma arkadaşı oldun.
Şartlar ne olursa olsun güvenebileceğim, hatta başvuruya bile gerek kalmadan yardımını ,desteğini anında yanımda bulabileceğim bir "Bensiyon" un varlığının benim için ne demek olduğunu umarım az da olsa ifade edebilmişimdir. Senin duygularına, düşüncelerine ve ileri görüşlülüğüne, desteğine her zaman ihtiyacımız olacaktır.Bazı insanlar yüz yılda ,bin yılda bir yetişir , sen de ben ve cemaatimiz için böyle bir isim ve yüreksin.
Türk Musevi Cemaati, Bensiyon Pinto' nun varlığına çok şey borçludur.
Sana uzun, mutlu ,sağlıklı ve güzellikle dolu bir yaşam dilerim Sevgili Dostum.

Rav İsak HALEVA
Türkiye Hahambaşısı

Bensiyon Pinto, her şeyden önce, "Ben insanlar arasında ayrım olduğuna inanmıyorum. Bu benim şahsi görüşüm. Müslüman bir çocuk acı çekiyorsa, bir Musevi, bir Hıristiyan çocuk acı çekiyorsa benim için aralarında fark yoktur. İnsanlara sarılmak, sevmek lazım." diyen bir dosttur. Aynı zamanda, kendi inanç değerlerine sahip çıkmanın yanında, "Bir daha dünyaya gelsem yine Türkiye'de yaşamak isterim." diyen bir yurtseverdir. Bardağın boş ve dolu olan kısımlarını aynı zamanda görebilen, ama, boş olan kısmın olumsuzluklarını öne çıkartmak yerine, önceliğini dolu olan kısmı artırmaya veren sakin bir filozoftur.

Pinto, sahip olduğu bu nitelikler itibariyle, bu ülkenin, bu coğrafyanın değerlerine sahip çıkan, acılarını dindirmeye, sevinçlerini artırmaya her an için hazır, paylaşımcı bir insandır. Umuyorum ki tanıyanların onu tanımaktan duydukları keyif, kitabını okuduktan sonra o güne kadar tanımayanlar tarafından da aynen paylaşılacaktır.

Prof. Dr. Tansu Çiller

05. 12. 2006.

Bensiyon Pinto...

İlk karşılaşmamızda ben dört köşeli bir cemaat temsilcisi ile karşılaşmayı bekliyordum. Karşımda; her tarafı insan, her yanı hayat bir adam buldum.

Onunla tanıştığınızda sanki yeni tanışmıyorsunuz. İçinizde, görüşmeyeli çok olmuş, o yüzden onu çok özlemişsiniz gibi sıcacık bir duygu... İnsanda çoktandır tanıyormuşluk, epey eski bir dostluğu zaten yaşıyormuşluk duygusu uyandıran bir adam..

Sizinle konuşurken bir *"insan"* konuşuyor.

"İnsanca" konuşuyor.

*"İnsan halleri"*ni konuşuyor.

Ben onu dedikodu yaparken, başkalarını çekiştirirken, ümitsiz sözler söylerken hiç görmedim.

Ben onu dinlerken bir yapaylık, sahici olmama duygusuna hiçbir zaman kapılmadım.

Bensiyon Pinto'yu bir cemaat lideri olarak tanıdım; ama ben onu hep Türkiye'yi düşünürken, Türkiye'yi konuşurken gördüm.

Bir cemaati temsil ettiğinde hiç kuşku yoktu.

Ama o hep büyük insanlık ailesi içinde Türkiye'yi konuşuyordu.

Samimi, önyargısız ve her zaman gayretli kişiliğine hayranım. Dostluğuna minnettarım.

Ömrüne ve muhabbetine bereket diliyorum.

Erkan MUMCU
Anavatan Partisi
Genel Başkanı

Mizacı itibariyle sevgi dolu, cana yakın, iyiliksever, alçak gönüllü, açık sözlü, gerçek bir dost...

Genç yaşından beri topluma hizmet etmeyi bir misyon saymış. Museci Cemaati başkanlığını üstlendiği uzun yıllar boyunca yenlikçi, yaratıcı, birleştirici bır aksyon adamı olarak kendini gösterdi. Halen de onursal başkan olarak, aynı vizyon ve kararlıkla, katkılarını sürdürüyor.

Bensiyon'un sayısız katkılarından biri de, Türk Musevi cemaatinin gerek Türkiyede,gerekse dış dünyada saygınlığını ve etkinliğini arttırmasıdır. Kendisi zaman zaman adeta çekirdekten yetişmiş bir diplomat gibi, Türkiyenin ulsuslararası ilişkilerinde faal bir rol oynamıs, Türk resmi makamları ile elele vererek ABD^den AB'ye ve Orta Doğuya kadar dünyada milli davalarımızın duyurulmasına,savunulmasına ve destek sağlanmasına büyük katkıkda bulunmuştur. Gerçekten Bensiyon Pinto adı, Washington, Strasbourg, Brüksel, Paris, Kudüs ve diğer önemli merkezlerde, çok yakın ve samimi ilişkiler kurmayı başardığı siyasi ve diplomatik çevrelerde,ağırlığıı olan bir referans olmuştur..

Bensiyon Pinto'nun geniş kapsamlı calışmaları ve katkıları, toplunun çeşitli kesimlerinin, sivil toplum kuruluşlarının ve de kendisi gibi dinamik ve becerikli bireylerin, ülkeye neler kazandırabileceğinin güzel bir örneğini veriyor.

Sevgili dostum Bensiyona bu faaliyetini daha uzun yıllar sürdürmesini diliyorum.

Sami Kohen
Milliyet gazetesi yazarı

Y. Tuğrul TÜRKEŞ

07 Kasım 2006

Sayın Bensiyon PİNTO

Yurt dışına gittiğim zamanlar kitapçıları gezerken biyografi kitaplarının çokluğu hep dikkatimi çekmiştir. Ve hep düşünmüşümdür ülkemizde bu konuya neden fazla eğilinmediğini.

Nazik mektubunuzu aldığımda öncelikle bu konular aklıma geldi; ve niyet ettiğiniz ve başladığınız bu çalışmanızın ülkemizde çokca eksik olan bu alanda önemli bir kilometre taşı olacağı ve sadece bu gün için değil yarınlarda da günümüze ışık tutacağı kesindir.

Sizin ile ilgili bir şeyler yazmak niyeti ile bilgisayarın başına oturduğumda düşünmeye başladım fakat sizin ile ilk tanıştığımız yılı tam olarak hatırlayamadım. 1994-95 diye düşünüyorum. Emin Cankurtaran ağabey ile bir öğle yemeği idi. Ülkedeki siyasi ve ekonomik gelişmeleri ve o günün konuları ile alakalı hoş bir sohbetti.

Daha sonraları da çok sık olmasa da ya yine yemeklerde veya ofisinizde veya resepsiyonlarda bir çok kere karşılaştık. O ilk görüşmenin ardında en fazla dikkatimi çeken husus yapılan konuşmaları dikkatle takip etmeniz ve karşınızdaki insana ve fikirlerine verdiğiniz değer olmuştur.

Siyasi bir konuda yaptığım değerlendirme ile alakalı olarak iki yıla yaklaşan bir sürenin ardından başka bir karşılaşmamızda söylediklerimi hatırlıyor olmanız ve ayni tahlili yaptığımı hatırlatmanız beni çok şaşırtmıştı.

Babam merhum Alparslan Türkeş ile temasınızın hep sevgi saygı çerçevesinde ama resmiyetten öte Türkiyenin kalkınması ve huzurlu yaşanası bir ülke olması için farklı pozisyonlarda çaba veren insanların birbirine duyduğu sevgi çerçevesinde olduğunu düşünmüşümdür.

Babamın Musevi Cemaatini ziyareti esnasında ona hazırladığınız sürpriz (1944 de Yüzbaşılığında yanında askerliğini yapan Leon Menase'yi yıllar sonra karşısında bulması) gerçekten insan ilişkilerine verdiğiniz değer açısından fevkalade dikkat çekici bir örnektir.

Y. Tuğrul TÜRKEŞ

Ben bu meseleyi sadece Türkeş'in Türk Musevi Cemaatine yaptığı bir ziyarette yıllar öncesinden tanıdığı biri ile buluşturmak ve sempatik bir hava yaratmak olarak değerlendirmiyorum. Bence bu konu; genellikle kamuoyunda radikal fikirleri olduğu ifade edilen ve medya vasıtası ile tanıyanların biraz da yanlış tanıdığı ve bu yanlış imajdan sebep ürktüğü Alparslan Türkeş'i doğru tanıtmak için iyi düşünülmüş bir jest olduğu kanaatindeyim. Onu yıllar öncesinden tanıyan ve gençliğinde yanında bulunan ve onun 1944 şartında genç bir yüzbaşı iken ülke meselelerine nasıl baktığını ve İnanç farkı olsa da bu ülkenin insanlarına karşı tavrını ve yaklaşımının altını çizen çok nazik bir jest olduğunu düşünüyorum. İnsani ilişkilerin gitgide zayıfladığı ve insanı tanımak yerine duyumlarla kişilerin değerlendirildiği ve maalesef kararların bu eksik bilgilerle verildiği günümüzde bu jestinizin bir çok insana ders olması gerektiği kanaatindeyim.

Yaptığınız bu çalışmada lütfedip bana da yer ayırdığınız için teşekkürlerimi yinelerken, bu çalışmanızın da bir çok insana yapılması gerekenler noktasında ışık tutacağını umuyorum.

Sağlıklı ve başarılarınızın daim olduğu bir hayat dileği ile,

Saygılarımla;

Y.Tuğrul Türkeş

Birlik Mahallesi 7. Cadde No:5/1
Çankaya Ankara

Tel: 0312 495 7272
Fax: 0312 4957258

ytugrulturkes@ttnet.net.tr

Tanıdığım Bensiyon PİNTO

Ömer KAYIR

Bugün geriye dönüp baktığımda görüyorum ki Bensiyon PİNTO'yu tanımakla, sadece şahsını ve temsil ettiği cemaati değil, onun ötesinde dostluk, nezaket ve vefa dolu yeni bir dünyayı tanımışım.

O dünyanın içindeki Bensiyon Beyi tarif etmek bir hayli zor... Usta bir diplomat, başarılı bir lobici, iyi bir toplum önderi, tam bir İstanbul beyefendisi ve hepsinden öte her birinin yerini ayrı tutarak bütün dostları için özel olmayı başarabilmiş özel bir insan...

Onu tanımayanlara tanıtmak için üzerimde kalıcı etki bırakan yaşanmış iki olayla başlamak galiba en doğrusu....

Bensiyon Bey, kaybettiğimizin farkına bile varmadığımız geleneksel değerlerimize titizlikle sahip çıkmanın ötesinde bizzat yaşayan bir kişidir. Cumartesiye rastlayan bir İstanbul yolculuğunda görüşmek istediğimizde hemen kabul etmiş, ancak "birlikte Or-Ahayim Hastanesine uğrayabilirmiyiz, yolda da konuşuruz" demişti. O günü hiç unutamayacağım... Bensiyon Beyin oldukça yaşlı olan ve kimseyi tanımayan babasının odasına "Pam-pa-pam-pa-pam" diye bir melodi tutturarak girişine, hiç kimseyi tanımayan babasının da o melodiyi hafifçe mırıldanarak oğlunu tanıyışına şahit olduk. Ardından ziyaret sebebimiz anlaşıldı... Bensiyon Bey annesinin vefatının ardından uzun yıllar kendi evinde babasına bizzat bakmıştır. "Ben ondan önce ölürsem babamın hali ne olur" diyerek, babasının nesi var nesi yok satarak bankaya yatırmış ve huzurevi olarak da hizmet veren Or-Ahayim'e yerleştirmiştir. Orada babasıyla özel olarak ilgilenilmesine rağmen kendisi dışarıdan maaş vererek Ali isminde özel bir erkek bakıcı tutmuştur. O gün tatile rastlamasına rağmen Ali'nin maaş günüdür. Maaşın iki gün sonra ödenmesinde de bir mahzur yoktur. Ancak Bensiyon Bey: "O benim babama bakıyor... Maaşını gününde vereyim ki babama daha iyi baksın" diyerek Or-Ahayim'e koşup gelmiştir. Babayla el ele sadece "Pam-pa-pam-pa-pam" diye karşılıklı tempo tutularak iletişim kuruldu. Baba memnun edildi. Ali'nin maaşı verildi, o memnun edildi. Başhekiminden hemşiresine kadar herkesle ilgilenildi ve herkes memnun edildi. Çevremizdeki yaşlıların sıkıntılı hallerine elden ayaktan düşen yaşlılarımızla çocuklarının her iki tarafa da büyük sıkıntılar yaşatan ilişkilerine tanık olduktan sonra o gün orada etrafa yayılan pozitif enerjiyi görmek benim için çok öğreticiydi.

Her şeyiyle tam bir İstanbul beyefendisi olan Bensiyon Beyin içinde yaşadığı Türk toplumunun inanç ve değerlerine saygısı kimi zaman başına belalar açacak kadar büyüktür. 1999'da Bodrum Yalıkavak'taki tatili sırasında camiye yakın bir lokantanın bahçesinde eşiyle birlikte yemek yerken okunan ezanla alay eden yan masadakileri ezana saygılı olmaya davet etmesinin ardından sopa yemekten zor kurtulması unutulacak gibi değildir.

Bensiyon Bey denilince Maryo Frayman ve Sami Herman'ı anmadan olmaz. Ülke olarak Bensiyon Bey, Sami Bey ve Aşkenaz Musevi Cemaatinin onursal başkanı Maryo Bey başta olmak üzere yerleri doldurulması imkansız bir nesle tanıklık ettiğimizin acaba ne kadar farkındayız.

Bensiyon Bey hizmet insanıdır. Hizmeti sadece bir cemaate değil bütün ülkeyedir.

Bensiyon Beyin ABD ve İsrail ile problem yaşanan dönemlerde kimsenin talep etmesini beklemeden elindeki bütün imkanlarla Türkiye'nin yardımına koşmasına kaç defa şahit olmuşuzdur. Elindeki bütün imkanları zorlayarak aynı şeyi Avrupa platformlarında da yapmıştır.

O, yurt içinde ve dışında her platformda ve her zaman Türk tezlerini ve çıkarlarını ABD ve İsrail çıkarlarıyla çok ustaca mezcederek başarıyla savunmuştur. Ülke çıkarına bir iş havale ettiğinizde ne kadar zor olursa olsun inatla ve büyük bir inançla işi takip edip netice alacağından emin olabilirsiniz.

Başta ABD olmak üzere dünyanın dört bir tarafından siyasetçi, devlet adamı, kanaat önderi, gazeteci, diplomat pek çok kişiyi defalarca Türkiye'ye davet edip bir yandan onları en iyi şekilde ağırlarken diğer yandan da onların desteğine ihtiyaç duyulan konularda en usta lobiciden daha ustaca Türk tezlerini onlara anlatmış, pek çoğuna da benimsetmiştir..

Anti-semitik bir havada Bensiyon Beye sataşanlara baktığımda ondan daha yerli, ondan daha fazla bu ülkenin değerlerine saygılı ve bu ülkeye yararlı hizmetler vermiş birisini göremediğimi belirtmek isterim.

Ülke olarak Bensiyon Beyin daha fazla hizmet etmesini sağlayacak bir müşavirlik ve özel görevli elçilik görevini ondan niye esirgediğimizi hala anlayabilmiş değilim. Allah uzun ömür versin ama yokluğunda kıymetini anlamanın kimseye faydası olmayacaktır.

Bensiyon abi hayattır...

Tanıdığım ve gerek kendi toplumu gerekse Türkiye için yaptığı fedakarlıkları, yaşadığı zorlukları, yediği kazıkları, sevinç ve hüzünlerini yakından bildiğim için Bensiyon abiyi, hayatın ta kendisine benzetirim.. Onun bütün bu yaşadıkları bana "Bensiyon abi hayattır" dedirtti.

Yıllar ve yıllar önce başlayan dostluğumuz sürecinde pek çok acı ve tatlı şey paylaştık.. Bensiyon abi benim yanımda olduğu kadar, ben de hep onun yanında oldum ve onun Türkiye için, Türkiye'nin çıkarları için verdiği mücadelelerde omuz verdim.. Amerika'daki Yahudi lobisi ile Türkiye'yi desteklemeleri için nasıl dişe diş mücadele ettiğine tanık oldum Onun ülkemizde yaşayan Türk Yahudileri için de neler yaptığını, fakirler için nasıl çırpındığını birebir yaşadım.. Sadece kendi cemaatindeki fakirler için değil ama okumak isteyen fakir Müslüman çocukların okutulması için de kendi cemaati içinde verdiği mücadeleleri ve kaç tane Müslüman Türk çocuğunun okumasını sağlamasını yaşadım Hayatımın bir kabusa dönmüş olan çok zor dönemlerinde o hep benim yanımda olduğu gibi, ben de onun sıkıntılarında hep yanında durdum..

Bu beraberlik bize "gerçek anlamda dostluğun ne kadar kıymetli olduğunu" öğretti. Günümüzde sırtını rahatlıkla dönebileceğin insan bulmaktaki zorlukları düşünürseniz bana hak vereceksiniz..

Bensiyon abi artık uzun yıllardır sürdürdüğü Cemaat başkanlığı'ndan emekli.. Geçenlerde bir yemekte onun anlattıklarını dinlerken, bana görevlerini bırakacağını anlatıp "Artık dinleneceğim Sedat abi" dediği günlerde, gerçekte emekli olmadığını, olmasına imkan olmadığını, bir kere daha anladım.. Yaşı 70'e dayanmış olan Bensiyon abi hala o coşkulu, hala insanlar için dili ve dini ne olursa olsun, iyi bir şeyler yapmaya çalışan Bensiyon abi idi.. İşte bütün bunlardan sonra bu saygın ağabeyim için ve de işte bu yüzden "Bensiyon abi hayattır" dedim..

Allah uzun ömürler versin Bensiyon abi.. Daha yapacak çok iş, yardım edilecek çok insan var... Daha omuz omuza yapacak çok işimiz olacak.. Eti yine "rahat bırakın biraz dinlensin" diyerek bize kızacak ama, biz Bensiyon ağabeyi asla bırakmayacağız.. Gençlerin ondan öğrenecekleri daha pek çok şey var..

Sedat Sertoğlu

31 Ekim 2006, İstanbul.

13 Temmuz 2007

Bensiyon Pinto, Bir Türkiye Sevdâlısı...

Hintliler'in millî lideri Mahatma Gandhi, "Vatanperverlik, din ve îmandan yücedir." demiş. İşte bu tesbit ışığında, vatan sevgisinin anlamına ve önemine, 12 Mart 1996 Salı günü bu defa İsrail'de tanık oldum. Ama bu sevgi, o tarihte ziyaret etmekte olduğumuz ülkeye yönelik bir sevgi değildi.

Türkiye Cumhurbaşkanı Sayın Süleyman Demirel, 11 Mart 1996 Pazartesi günü resmî bir ziyarette bulunmak amacıyla İsrail'e gidiyor, programının ikinci gününde de Akdeniz sahilindeki Bat Yam şehrini ziyaret ediyordu. Sayın Demirel çiftine, bu gezi sırasında ev sahibi Cumhurbaşkanı Sayın Ezer Weizman ile Bayan Weizman da eşlik etmekteydi.

Ortadoğu'da, yaklaşık yarım asır içerisinde yoktan var edilen İsrail'in Bat Yam şehrine giderken, çok değişik duygular içerisindeydim. Çünkü, bu gideceğimiz yöride, Türkiye'den İsrail'e göç etmiş Museviler yaşamaktaydı.

Güzel bir ilkbahar sabahında, kutsal Kudüs şehrinden hareket ederek, yaklaşık bir saatlik bir yolculuktan sonra Bat Yam kentine ulaştık. Şehrin girişinden itibaren muhteşem bir görüntüyle karşı karşıya kaldık. Sanki, 29 Ekim Cumhuriyet Bayramını kutlayan bir Anadolu şehrine gelmiştik. Her taraf Türk bayraklarıyla donatılmış, kentliler sokaklara dökülmüş, ellerinde bizim bayraklarımızla konvoyu selamlıyorlardı.

Bat Yam'ın şehir merkezine gelince, heyecanımız doruğa ulaştı. Meydanın çevresindeki evlerin balkon ve pencerelerinden aşağı doğru sarkan insanlar, "Hoşgeldin Baba, Yaşasın Türkiye!" diye çılgınca tezahürat yapıyorlardı.

Cumhurbaşkanı Sayın Demirel, Atatürk Anıt Parkı'nın açılışını yaparken, İstiklal Marşı'nı dinleyen yerli halktan kadın ve erkeklerin gözyaşı döktüklerine tanık oldum. Bu, inanılmaz bir manzara idi. Anlatılması güç, çünkü yaşamak gerekiyordu. İşte böyle bir heyecanı yaşadığım için bugün çok mutluyum.

Bu insanlar, bizim insanlarımızdı. Daha düne kadar onlarla birlikte yaşıyorduk. Gün geldi, İsrail'e göç ettiler; ama, akılları fikirleri hep Türkiye'deydi. Tatillerini Türkiye'de geçiriyorlardı. İsrail'de de olsa, Türk gibi yaşıyorlardı. Türkiye'nin Cumhurbaşkanını bir anda karşılarında görünce, ilk vatanları Türkiye sevgisi içerisinde gözyaşı döküyorlardı.

Bat Yam'lıların tezahüratı bununla da bitmedi, Sun Oteli'nde Bat Yam Belediye Başkanı Yehoshua Saguy tarafından, Türkiye Cumhurbaşkanı onuruna düzenlenen resepsiyonda da devam etti. Salon, "Türkiye... Türkiye..." sloganlarıyla inliyordu. İsrail Cumhurbaşkanı Sayın Weizman, Türkiye Cumhurbaşkanı Sayın Demirel'e, "Buradan aday olsanız, mutlaka seçim kazanırsınız." esprisini yapıyordu.

***

Sayın Bensiyon Pinto'yu, 11 yıl önce yaşadığım ve çok duygulandığım böylesine görkemli bir manzara ortamında tanıdım. Sayın Pinto, Türk-Musevi Cemaati Başkanı sıfatıyla, Türkiye Cumhurbaşkanı'nın İsrail'i resmî ziyareti sırasında, Türk heyetinde yer alıyorlardı.

Evet, Sayın Pinto ile dostluğumuz, o gün bugün güçlenerek devam etti. Bunun, sürekli olacağı konusunda inancım tamdır. Kısacası Sayın Pinto, iyi insan, iyi vatandaş ve değerli bir dosttur. Bu değerli dost, anılarını kitaplaştırıyor. Eminim ki bu, tarihçilerimize önemli bir kaynak oluşturacak. Çünkü Sayın Pinto, yakın siyasi tarihimizde çok önemli olaylara tanıklık etmiş bir kimliğe sahip.

Sayın Bensiyon Pinto, bir Türkiye sevdâlısıdır. Türkiye vatandaşlığına başkaldıran insanların türemeye başladığı bir ortamda, Sayın Pinto, bence "örnek" bir vatandaştır.

Hulûsi Turgut

332

Jak V. Kamhi
Yönetim Kurulu Başkanı

Sayın Bensiyon Pinto
Yıldız Posta Cad.
Sinan Apt. No: 36 D:16
Gayrettepe

27 Ekim 2006

Sevgili Bensiyon Pinto, Sayın Başkan, Kıymetli Dostum,

Hatıralarınızı yazma girişiminizi içtenlikle kutlarım. Şüphesiz vücuda getireceğiniz önemli eser öncelikle bir ömre ne büyük hizmetlerin sığdırılabileceği hususunda gençlerimize örnek teşkil edecektir.

Bana 'dost nedir, kimdir' diye sorulsa tereddütsüz Bensiyon Pinto derim.

Çok uzun bir geçmişe dayanan ve bence kardeşlik olarak nitelendirilebilecek dostluğumuz ve neredeyse 40 yılı aşkın münasebetimiz boyunca ben sizin idealist ve teşkilatçı yönünüzü hem tanıdım hem de sizden çok şey öğrendim.

İstanbul Sanayi Odası seçimlerinde mesleki dayanışmanın çok ötesinde bir anlam ifade eden desteğinizden güç aldım.

Başkanlığını üstlendiğim ve ülkemizin imajının yükseltilmesini, gerçeklerin dünyaya hatırlatılmasını amaçlayan 500. Yıl Vakfı'na çok değerli desteğiniz sayesinde birlikte ülkemize borçlu olduğumuz hizmeti verebilmenin huzurunu yaşadık.

Siz tüm bu çalışmalarda ve özellikle de cemaat başkanlığımızı deruhte ettiğiniz dönemde, gazetecilik kökeninden gelmenin de etkisiyle güçlü iletişim yeteneği ve uzlaştırıcı kişiliğiniz sayesinde pek çok sorunu çatışmaya dönüşmesine izin vermeden çözüme kavuşturdunuz, gerek yurtiçi gerek yurtdışında cemaatimizi en iyi şekilde temsil ettiniz.

Size ne kadar teşekkür etsek azdır.

Son olarak belirtmek isterim ki bu kitap çalışmasının sizin için bir son teşkil etmeyeceğinden, cemaat ve ülkemiz için faydalı uğraşlarınızın devam edeceğinden eminim ve bu çalışmanın bir külliyatın ancak ilk cildini oluşturacağını düşünüyorum.

Bu duygu ve düşüncelerle şimdiden nice başarılı öykülerle dolu ikinci, üçüncü ciltler diliyor, daim dostlukla en içten sevgi ve saygılarımı sunuyorum.

Jak V. KAMHİ

RIFAT SABAN
AVUKAT

İSTANBUL:........./........./........

Bensiyon'u okul yıllarında tanıdım. Küçük yaştan itibaren lider ruhuna sahipti. Gençlik derneklerinde tekrar buluştuğumuzda, Bensiyon' da topluma hizmet için kaynayan, inançlı, herkesi motive eden, dinamik ve sevecen bir arkadaş buldum.

1983 yılından bugüne dek hizmet yolunda birbirimizden hiç ayrılmadık. Cemaat Başkanlığı altında uzun yıllar çalıştık. Başkanlığımda mentorum olarak sonsuz feyiz aldım.

Bensiyon, tüm Cemaat bireylerine fert düzeyinde, ilgi gösteren, hizmeti tabana indirilmesini sağlayan, yardım severliği belirli kişiler dışına taşıyarak genelleştiren eşsiz bir lider, unutulmaz bir başkandır.

Bu vasıfları ile Bensiyon, Türk Musevi toplumuna çağdaş bir yönetim getirmiş, Cemaatin gelişmesinde ve geniş toplumda önemli yer tutmasında, ayrıca ülkemizin şerefle temsilinde, önemli etken olmuştur.

Şükran ve sonsuz sevgilerimle.

İstanbul, 27 Aralık 2006

Av. Rıfat SABAN
Türk Musevi Cemaati
(1998-2000 Dönemi Başkanı)

BAY PİNTO

"Pinto" ismi benim hayatıma babamın İstanbul seyahatleri dönüşünde anlattıklarıyla girdi. İzmir Musevi cemaati başkanı olarak İstanbul'da toplantılara katılırken o dönem de İstanbul başkanı olan Bensiyon Pinto ile çok sıcak olduğunu bildiğim bir ilişki kurmuştu. "Pinto"nun beceremeyeceği iş, altından kalkamayacağı sorun, dilbazlığıyla açamayacağı kapı yoktu babama gore. "Çok becerikli adam"dı Pinto ve iyi işler yapıyordu. Çeşitli vesilelerle "Pinto"yu tanıma fırsatı bulan annem de babamı yürekten destekliyordu ki bu da başlıbaşına olay sayılabilecek bir durumdu. Tabii ki babam benim de Pinto ile tanışmamı istiyordu. Sonunda günün birinde babamla İstanbul'a gittiğimde o zamanlar Karaköy'de olan işyerine gittik.

Doğrusu "Pinto" ile tanışmaya giderken kafamda canlanmış bir tip de yoktu. Nihayet tanıştığımızda da zaten çoktandır tanıdığım, bildiğim ve gıyabında sevdiğim birisiyle yeniden tanışmışım gibi hissetmiştim kendimi.

Yıllar içinde benim Bensiyo Pinto ile kendi ilişkim gelişti. Bana, beni uzaktan izlediğini hep hissettirdi. Hatta beni kolladığını da sanıyorum. Kimilerine sivrilik gibi gelen siyasi pozisyonlarımdan dolayı bana yönelen eleştirileri sanırım yumuşatırdı ya da beni sakınırdı. Beni anlamaya çalışır, kendince çaktırmadan beni doğru yola da çekmeye bakardı. Buluşmalarımız genelde öğle yemeğinde oldu. Her buluşma benim için bir keşif de sayılırdı. Son dönem başkanlığında gündelik hırgürümün içindeki en keyifli saatleri yaşadığım cemaat ileri gelenleriyle birlkte yediğimiz yemeklerin düzenleyicisi de oydu. Tüm bu birliktelikler hem bu çekirdekten politikacıyı daha iyi tanıma fırsatıydı benim için hem de, babam öldükten sonra kulandığım bir miras gibi hissederdim varlığını. Kimbilir belki de ben ona babamın mirasıydım.

Bensiyon Pinto artık yenisi kolay yetişmeyecek bir tür İstanbul Musevisi. Tarzı var, herhalde palavrası da var ama hayli gerçek ve bir hayata birkaç hayat ve epeyce yeniden eğitim sığdırmış. Kelimenin tam anlamıyla çelebi bir adam. Cemâatinin içinde derin kökleri olan ama etrafındaki toplumun da tanımlayıcı niteliklerini iyi bilen, ondan kopuk yaşamayan bir şahsiyet/karakter bana göre. Yoksa gördüğü itibar yalnızca İstanbul cemaatinin devletin işlerini çözmedeki becerisiyle açıklanamazdı bence. Aslında o konuların detaylarını da ben zaten pek bilmem. Anlatılmadıkça sormadım da.

Babam, sonuçta pek çok başka konuda olduğu gibi haklıydı. Beni "Pinto" ile tanıştırmak istemesine evet demekle kendime de aslında nasıl bir kıyak geçtiğimi son onbeş yılda iyi anladım. Kendisine özel bir konudaki yardımı nedeniyle minnet borcum da var. Ama sanırım asıl borcum, hiç hissettirmeden, fazla abanmadan, ağırlık oluşturmadan bana verdiği eğitimedir. Oğluma, "ben de 'Pinto'nun rahle-i tedrisinden geçtim" diyebileceğim. Az sevinç değil.

Soli Özel

URAL ATAMAN

20.11.2006

Sevgili Dostum,

Hatırlarsın "Readers Digest" aylık mecmuasında "The most unforgettable person I have met in my life" Yani " hayatımda en unutulmayacak kişi" diye bir yazı dizisi vardı. Benim için işte sen "Hayatımda asla unutamayacağım, en değişik, en güzel insansın".

Nereden başlayayım ki, kalbi insan sevgisi ile dolu, hiçbir menfaat beklemeksizin herkese ama herkese canı gönülden yardım için senin kadar uğraşan insan çok nadirdir.

Cemaati nasıl yücelttiğini ve Türkiyemizde hak ettiği yere gelmesi için gece gündüz nasıl çalıştığını sanırım bilmeyen, takdir etmeyen yoktur. Herkesin hafızasında kalan ne güzel sözler buldun; "Biz azınlık değil, bu memleketin has Türk çocuklarıyız" demen gibi.

Her yerde, cemaatin üzüntüsünde, sevincinde orada idin. Turkiyenin dış politikalarında elinden gelen yardımı nasıl yaptığının ben şahidiyim. Her zaman Türkiye'nin ve Turk insanının menfaatlerinin koruyucusu oldun.

Gelelim özel hayatına. İstediğine sor, senin gibi BABA az bulunur. Ailen daima birinci planda oldu, onlar için hiç durmadan çalıştın.

Benim senden ne zaman bir ricam oldu ise, o dakika " halledilmiştir " dedin. Hatırlarsın bir tavsiye mektubuna ihtiyacım olmuştu. Yüksek makama gidince, sekreteri benim geldiğimi toplantı odasına bildirmiş, Ticaret ve Sanayi Odası Başkanı toplantıyı bırakıp beni kabul edince, ben daha konuşmaya fırsat bulmadan " Mademki Bensiyon sizi tanıyor, işte buyrun mektubunuzu " diyerek hazırladığı mektubu şaşkınlığım arasında bana vermişti.

Bütün bunların yanında bir de hiçkimsenin bilmediği bir yanın vardır; Sinirlenince ve yüzün biraz beyazlaşınca yapılacak tek şey, derhal orayı terk etmektir. Sevgili Dostum, güzel kardeşim, sen hiç bir zaman emekli falan olamazsın, köşeye çekilemezsin. Onun için bu guzel çalışmalarının uzun ve sağlıklı bir ömür boyu devam etmesini diler, gözlerinden öperim. Yazacağın kitabı merakla bekliyorum, "Best Seller" olursa hiç şaşmam.

Ural Ataman

23.07.2007
İstanbul

Kitap, bir insanın en yakın dostu ve bir milletin de kültürüdür.

Sayın Bensiyon Pinto, anılarını yazmaya başladığını ve bazı dostlarının satırlarını da bu kitapta görmek istediğini söylediğinde çok sevindim.

Ben Bensiyon' la görevim icabı muayenehanemde tanıştım. Aramızdaki yakınlık, önce hekim hasta ilişkisiydi; sonra zamanla arkadaşlığa ve nihayet çok yakın ve güvenilir bir dostluğa dönüştü. Bu otuz sekiz yıllık dostluk ; kökleri toprağa sımsıkı tutunmuş, koca bir çınar gibi büyüdü ve bizi de gölgesine aldı.

Yaşadığımız bu güzelliği dostluğumuzun hiçbir menfaat içermemesine, karşılıklı sevgi ve saygı anlayışlarımıza borçluyuz. Otuz sekiz yıldır bir gün bile birbirimize kırıldığımızı hatırlamıyorum.

Galatasaray yenildiğinde ben onu üzmemişimdir, Fenerbahçe yenildiğinde de o beni hiç üzmemiştir. Bu her zaman aramızda tatlı bir rekabet olsa da birbirimizin duygularına her zaman saygı göstermişizdir.

Bensiyon Pinto' ya bir hekim ve bir dost olarak uzaktan ayrı ayrı bakarsam; rengarenk bir kişilik görüyorum.

Hekimi olarak otuz sekiz yıldır doktoru olduğum bir adamın, otuz sekiz yaşında bir sıhhati taşıyor olması onu olduğu kadar beni de çok mutlu ediyor.

Dostu olarak baktığımda ise dinamik, dışa dönük, cemiyetçi, zeki, sözünün arkasında duran, seveçen bir insan görüyorum.

Bana göre Bensiyon' un en önemli özelliği büyük küçük demeden herkesin yardımına koşan, derdine çare arayan, iyiliksever, insan sevgisiyle dolu, güvenilir ; kısacası hakiki bir dost ve insan olmasıdır.

Bu satırları okuyanlar, Bensiyon Pinto' yu hiç tanımayan biriyse, muhtemelen bu kadar güzel sıfatların arka arkaya sıralanmış olmasının bu kitaba yakışır ifadeler olsunlar diye özellikle seçildiklerini bu abarttığımı düşüneceklerdir; ama tanıyanlar, bu sözlere eminim yenilerini eklemek isteyeceklerdir.

Sevgili dostum Bensiyon' a, sağlık, huzur, mutluluk dolu uzun bir yaşam diliyorum.

Dr. Öznur Kuşakçıoğlu
M.D.F.A.C.G. Dahiliye- Gastroenteroloji Uzmanı

338

מדינת ישראל
دولـة اسـرائيل
STATE OF ISRAEL

رئيس الدولة
THE PRESIDENT

Jerusalem, 26ᵗʰ October, 2006
4ᵗʰ Heshvan, 5767

Mr. Bensiyon Pinto
Honorary President
Jewish Community of Turkey
Yemenici Sok. No.23
34430 Beyoglu - Instanbul
Turkey

Dear Mr. Pinto,

RE: <u>**Your Letter dated 15ᵗʰ October, 2006**</u>

I wish to commend you on your many years of fruitful undertakings on behalf of the Jewish Community of Turkey and the strengthening of the relations between Turkey and the State of Israel.

Your many activities, sensitivity and leadership have earned you the esteem and appreciation of the leaders of Israel and Turkey.

During the meetings we held during my State Visit to Turkey, on the invitation of the President of Turkey, Ahmet Sezer and your visits in Israel, I was very impressed by your pleasant personality, your great patriotism, your extensive connections and by your concern for Jewish education for the young generation and fir safeguarding the heritage and tradition of our fathers.

I wish you many years of good health and successful activities on behalf of the Jewish Community of Turkey, the people of Israel, Turkey and the State of Israel

Yours sincerely,

Moshe Katsav

İSRAİL DEVLETİ

CUMHURBAŞKANLIĞI

Kudüs, 26 Ekim 2006
4 Heşvan 5767

Sn. Bensiyon Pinto
Türkiye Yahudi Cemaati
Onursal Başkanı
Yemenici Sok. No. 23
34430 Beyoğlu - İstanbul
Türkiye

Sayın Pinto,

İlgi: 15 ekim 2006 tarihli yazınız

Türkiye Yahudi Cemaati adına yıllardır gerçekleştirdiğiniz başarılı girişimleriniz ve Türkiye ile İsrail Devleti arasındaki ilişkileri güçlendirdiğiniz için size övgülerimi sunmak istiyorum.

Gerçekleştirdiğiniz çok sayıdaki etkinlik, duyarlığınız ve liderliğiniz size, İsrail ve Türkiye liderlerinin saygı ve takdirlerini kazandırdı.

Türkiye Cumhurbaşkanı Ahmet Sezer'in daveti üzerine Türkiye'ye yaptığım resmi ziyaret ve sizin İsrail'e ziyaretleriniz sırasında yaptığımız görüşmelerimizde, cana yakın kişiliğinizden, büyük yurtseverliğinizden, geniş bağlantılarınızdan ve genç kuşağa sunulan Yahudilik eğitimi ile atalarımızın miras ve geleneklerinin korunmasına verdiğiniz önemden çok etkilendim.

Size sağlıklı ve Türkiye Yahudi Cemaati, İsrail halkı, Türkiye ve İsrail Devleti adına başarılarla dolu olarak yaşayacağınız uzun ve sağlıklı bir ömür diliyorum.

Saygılarımla,
Moşe Katsav

לשכת נשיא המדינה

לשכת נשיא המדינה
מזכירות צבאית
ירושלים, ח' חשון תשס"ז
30 אוקטובר, 2006

בן ציון פינטו
יקיר הקהילה היהודית בטורקיה

כאיש צבא – בצבא ההגנה לישראל למדתי כי אישיותו של מנהיג – ראש הקהילה והינך בן
ציון הקשור בטבורו לציון לישראל - הוא מתחיל במנהיגות כשלך מר בן ציון פינטו.

היכרותנו מקרוב החלה למעלה מעשור שנים במהלך ביקור הנשיא המנוח עזר ויצמן ז"ל
שראה בטורקיה נכס אסטרטגי ליחסי המדינות ובהמשך בביקורי הגומלין של נשיא טורקיה
דמיראל בישראל. בביקורים רמי דרג של שרים ממשלת טורקיה ומנהיגות יהודי טורקיה
בלטת במנהיגותך הבעת סולידריות בביקורי עם ישראל בנסיבות האירועים הזמן והמצב
הביטחוני.

באותה מידה היה לנו הקשר לשורשי משפחתי לשפת "הלאדינו" ממגורשי ספרד – שעברו
דרך טורקיה בעלייתם ארצה ולעדכון בחים השוטפים באירועים בחיי הקהילה בטורקיה
במוקדים היהודיים באסטנבול איזמיר ואנקרה, ביחסי הגומלין בין הקהילה והשלטון
המרכזי וביחסי ישראל – טורקיה.

בבן ציון ישנם תכונות מעלות והוכחות כאיש ביצוע משכמו ומעלה. בן ציון בהחלט יכול
להביט אחורה בגאווה על עשיית רבת שנים למען כלל הקהילה בטורקיה ובקהילה היהודית
בפרט. אדם השוקל את הבעיות באופן אובייקטיבי בלי לחשוב על כך שהמצוות מפריעות
לתאוות ולאינטרסים שלו. כל פועלו כטורקי גאה, בן לאומה החילונית הדמוקרטית,
האיסלמית הגדולה באזורינו, העושה מלאכת מתוך ראיה וחזון לחיזוק מעמדה של טורקיה
בקרב הכפר הגלובלי העולמי – נושא שהיה קרוב לליבו כיצד לקדם יחסי טורקיה וארה"ב
להעלותם על פסים הראויים למעצמה כארה"ב, לא חסך במחשבה להתקרבות עמו מולדתו
טורקיה עם ארה"ב, אף שהיא נעשית באמצעות ארגוני היהודים בארה"ב שקרא להם לדגל
לשת"פ אסטרטגי ויציב במזה"ת.

בבן ציון הציוני הרצון להעמקת שיתוף הפעולה בין המדינות בתחומי הביטחון, הכלכלה –
המסחר, התרבות, החקלאות והתיירות וככזה הפך הדוחף לצד שגרירות ישראל באנקרה
כחוליה מקשרת מגשרת ומסייעת בתוך הקהילה הטורקית הטורקית היכרה שהכירה ביתרונה של ישראל

כמדינה המובילה בתחומי ההיי-טק והטכנולוגיה.

אלברט איינשטיין אמר "בתיאורה הכל, אבל כמעט שום דבר אינו עובד כך, בפועל הכל עובד אבל לא ממש יודעים למה".

כזה יקירנו בן ציון פינטו שהפך "מורה דרך", "מוסד" בפני עצמו ובזכות אישיותו הכריזמטית הנוכחות שבו הפך למקובל בקרב המי ומי בטורקיה.

ולסיום בדבריו של החזון אי"ש בספר קטן - הכמות וגדול האיכות "אמונה וביטחון" – "אם האדם הוא בעל נפש... חופשי מרעבון תאוזני ועיני מרהיבה ממחזה שמים לרום והארץ לעומק. הוא נרגש ונדהם כי העולם נדמה לפניו כחידה סתומה, כמוסה ונפלאה".

ובכך העביר הוא את השרביט לאלה שידעו מה התרחש כאן ומדוע חייבים לפנות המקום לאלה שיודעים מעט.

כל הכבוד יישר כוח והמשך דרך צלחה.

ב ב ר כ ה

שמעון חפץ – תא"ל
מזכיר צבאי לנשיא המדינה

Devlet Başkanı Ofisi

Devlet Başkanı Ofisi
Askeri Sekreterlik
Yeruşalayim 4 Heşvan 5767
26 ekim 2006

Bensiyon Pinto
Türkiye Yahudi Cemaatinin değerli kişisi.

Bensiyon, İsrail Savunma Ordusu'nun bir askeri olarak; sizdeki gibi Yönetici ve Cemaat Başkanı kişiliğinin senin Başkanlığınla başladığını öğrenmiş bulunuyorum. Yakından tanışmamız bir on yıl önce, merhum İsrail Devlet Başkanı Ezer Weizman'ın Türkiye'ye ve Türkiye Devlet Başkanı Demirel'in İsrail'e karşılıklı ziyaretleri süreçlerinde ve Türkiye Hükümeti Bakanlarının çeşitli seviyelerdeki ziyaretleriyle, Türkiye Yahudileri yöneticilerinin bazı olaylar ve güvenlik durumları vesilesiyle İsrail halkı ile dayanışma gösterdikleri ziyaretler sürecinde başladı.

Keza aynı şekilde İspanya'dan Türkiye'ye sürülenlerin dili olan "Ladino" ile de aile köklerimize ilişkin, Türkiye'deki cemaatin ortak yaşamına, İstanbul ve Ankara'da cemaatin merkezi yönetimle ve İsrail'le Türkiye ilişkilerine dair bağlarımız oluştu.

Bensiyon çok üstün meziyetleri olan etkin kişiliğiyle kendini kanıtlamış bulunmaktadır. Bensiyon muhakkak ki geriye dönüp yıllar boyu Türkiye cemaati için ve özellikle Yahudi Cemaati adına yaptıklarına gururla bakabilecektir. O durumların kendi kişisel yararlarına zarar verip vermediğini düşünmeksizin sorunları nesnel bir biçimde değerlendiren bir insandır.

Yakından ilgilendiği konu; bölgemizdeki büyük demokratik ve laik Müslüman Türk ulusunun onurlu evladı olarak, ülkesi Türkiye'nin küresel dünya köyü içindeki yeri ve özellikle Türkiye ve ABD arasındaki ilişkilerin, Amerika Birleşik Devletleri gibi bir kudretle uyumlu bir seviyeye nasıl ulaştırılacağıydı ve bu yakınlaşma da, kendisinin işbaşına çağırdığı ABD'deki Yahudi kuruluşları aracılığıyla gerçekleştirilmişti.

Vatansever biri olarak Bensiyon'nun özlemi; güvenlik, ekonomi, ticaret, tarım ve turizm konularında iş birliğini derinleştirmek olmuştur. Bu itibarla High-Tech teknolojisine sahip olan cazip bir ülke olarak, İsrail'in artılarına Türk halkının dikkatini çekerek tanıtan, bağlantılayıcı ve destekleyici bir halkasını oluşturması için çabalarını Ankara'daki İsrail Büyükelçiliği'ne yöneltmiştir.

Albert Einstein "Teoride her şeyi biliyoruz, fakat nerdeyse hiçbir şey öyle işlemiyor. Fiilen her şey çalışıyor ama neden olduğunu tam olarak bilemiyoruz" demiş.

Böylece değerli dostumuz Bensiyon Pinto, bizzat kendisi bir "rehber" ve bir "kurum" olan kanıtlanmış kişiliği ve karizması sayesinde Türkiye'deki herkes için makbul olan bir kişilik olmuştur.

Son olarak; "Hazon İş"in niceliksel bakımdan küçük, niteliksel bakımdan büyük "İnanç ve Güven" adlı kitabındaki şu sözleriyle bitireceğim: "Eğer insan heves ve ihtirastan uzaksa... Gözleri göklerin yüceliğindeki ve yeryüzünün derinliklerindeki sihirli manzaradan büyülenir. Evrenin, önünde muhteşem ve sihirli, esrarengiz bir bulmaca gibi durmasına şaşar ve heyecanlanır." Böylece o; buralarda neler olduğunu ve neden daha az bilenlere yer açmak gerektiğini bilmesi gerekenlere iktidar asasını devretti.

Doğruluk yolunda güç ve başarı dileklerimle.

Saygılarımla
Şimon Hafets-TAL.
İsrail Devlet Başkanı Askeri Sekreteri

Mr. Bensiyon Pinto
Istanbul, Turkey

Dear Bensiyon:

It is a pleasure to be able to write to you about one of my favorite subjects: the important role you have played in Turkish-Jewish relations.

During the more than 15 years I have known you, I have always respected your devotion and dedication to solidifying relations between Jewish leaders abroad and the Turkish Jewish community. We have learned much from you and your stewardship of this historic and important community, especially about the role it has played over the centuries -- and especially at present -- in the cultural and communal life of your country.

Beyond that, you have also been an important bridge in helping us to understand the importance of Turkey's role in the region. In that context, your efforts to strengthen ties between Turkey and the United States, and Turkey and Israel, are especially noted. Indeed, we are able to see the fruits of your labor in these endeavors in many places and in many ways.

I have always looked forward to my visits to Turkey, knowing that among the first persons I would be meeting, would be you. The time, energy and resources you have devoted to bringing us closer to Turkey are appreciated by many. I look forward to our continued association, as we work together on a mutual agenda that means so much to each of us.

With warm wishes,

Dan Mariaschin
Executive Vice President
B'nai B'rith International

Sn. Bensiyon Pinto
İstanbul, Türkiye

Sevgili Bensiyon,

En çok sevdiğim konulardan biri hakkında sana yazıyor olabilmek benim için bir zevk; bu konu, Türk-Yahudi ilişkilerinde oynadığın önemli rol. Seni tanıdığım on beş yılı aşkın süreden beri, yurtdışındaki Yahudi liderleri ile Türkiye Yahudi cemaati arasındaki ilişkileri pekiştirmeye olan bağlılık ve kararlılığına hep saygı duymuşumdur. Senden ve senin bu tarihi ve önemli cemaat içindeki yöneticiliğinden, özellikle de bu cemaatin, ait olduğun ülkenin kültürel ve toplumsal yaşamında yüzyıllardır – ve özellikle günümüzde – oynadığı rol hakkında çok şey öğrendik.

Tüm bunların ötesinde, sen aynı zamanda, Türkiye'nin bölgedeki önemini anlamamıza yardım eden önemli bir köprü de oldun. Bu bağlamda, Türkiye ile Birleşik Devletler arasındaki ve Türkiye ile İsrail arasındaki bağları güçlendirmeye yönelik çabaların özellikle dikkate değer. Gerçekten de, bu çabalardaki emeğinin meyvelerini birçok yerde ve birçok şekilde görebilmekteyiz.

Bir araya geleceğim ilk kişiler arasında senin de bulunacağını bildiğimden, Türkiye'ye yaptığım ziyaretlerimi hep sabırsızlıkla beklemişimdir. Bizi Türkiye'ye yakınlaştırmaya adadığın zaman, enerji ve olanaklar pek çok kişinin takdirini kazanmıştır. Her birimiz için çok şey ifade eden ortak bir gündem üzerinde birlikte çalıştığımızdan, birlikteliğimizin kesilmeden sürmesini umuyorum.

En sıcak dileklerimle,
Dan Mariaschin
B'nai B'rith International
Murahhas Başkan Yardımcısı

A tribute to Bensiyon Pinto

« I have met Bensiyon Pinto in 2000 or 2001 as he was completing his mandate as President of the Jewish Community of Turkey. It was during one of my visits to Istanbul and he asked me to speak about the situation in France before the Board of his organization. From this very first encounter, not only did I become his friend, but even more so he quite naturally became a member of my own family. Several years later, he came to meet my son, who equally liked him immensely and instantly called him his "grandfather". For Bensiyon Pinto is first and foremost a wonderful human being, someone who cares about others, who immediately offers anything in his power to help others around him : his time, his belongings. He is more than a friend, he is the living idea of a father figure. No wonder, then, why his popularity runs throughout the Jewish Community of Turkey, but also in all sectors of Turkish society, and beyond.

The other aspect that strikes me in Bensiyon Pinto is that while his commitment to Israel is a fundamental aspect of his action, he is also fully and totally a Turk, proud to be a citizen of the Turkish Republic, constantly working for the good of his country. He is one of the greatest supporters of Turkish evolution towards Europe and modernity, and a relentless advocate of Turkey abroad, with the very impressive connections he has throughout world leadership in many countries. I have tried to help him to support this important evolution of Turkey on the way to Europe, and I know how efficient he is as a facilitator between the Turkish authorities and many countries around the world.

In short, I have the greatest esteem and fondness for a fine human being, a highly successful businessman, family man - also community leader, who has worked all his time for the sake of the Jewish Community of Turkey, Turkish-Israeli relations, the modernization of Turkey and its full participation in the European endeavor. It is therefore with great pleasure that I bring this short testimony to the reader, a testimony that falls well short of describing the depth of his person, and contribution. »

Pierre LELLOUCHE

Bensiyon Pinto'ya bir övgü:

Bensiyon Pinto'yla 2000 ya da 2001 yılında, Türkiye Yahudi Cemaati Başkanlığı görevini tamamlamakta olduğu sırada tanıştım. İstanbul'a yaptığım ziyaretlerden birindeydim ve benden, kuruluşunun Yönetim Kurulu huzurunda, Fransa'daki durum hakkında bir konuşma yapmamı istemişti. Bu ilk karşılaşmadan itibaren kendisi yalnızca bir dostum olmakla kalmadı, bunun çok ötesine geçerek, adeta ailemden biri haline geldi. Birkaç yıl sonra tanışmaya geldiği oğlum, kendisine aynı benim gibi, derinden bir sevgi duymuş ve ona birden "dede" demeye başlamıştı. Çünkü Bensiyon Pinto her şeyden önce, başkalarını düşünen, çevresindekilere yardımcı olabilmek için tüm varlığını; zamanını, eşyasını hiç duraksamadan sunan harika bir insan. O bir dosttan çok daha fazlası, o, baba imajının canlı bir örneği. Bu nedenle, yalnızca Türkiye Yahudi Cemaatinin tamamında değil, aynı zamanda Türk toplumunun her kesiminde ve hatta daha da ötesinde bu denli sevilen bir kişi olması hiç de şaşırtıcı değil.

Bensiyon Pinto'nun beni etkileyen diğer bir yönü de, İsrail'e olan bağlılığı, yaptıklarının temel bir özelliği olmakla birlikte, kendisinin aynı zamanda, Türkiye Cumhuriyeti'nin bir yurttaşı olmaktan gurur duyan, durmaksızın ülkesinin iyiliği için çalışan, tamamen ve eksiksiz bir Türk de olmasıdır. Dünya çapında birçok ülkenin önde gelenlerini kapsayan çok etkileyici bağlantılarıyla o, Türkiye'nin Avrupa ve çağdaşlığa yönelik evriminin en büyük destekçilerinden biri ve Türkiye'nin yurtdışındaki yılmaz bir savunucusu. Türkiye'nin Avrupa yolundaki bu önemli evriminde ona yardım etmeye çalışmaktayım ve Türk makamları ile birçok dünya ülkesi arasında bir arabulucu olarak ne denli etkili olduğunu bilmekteyim.

Sözün kısası, tüm zamanını, Türkiye'deki Yahudi Cemaati, Türk-İsrail ilişkileri, Türkiye'nin çağdaşlaşması ve Avrupa'ya tam olarak katılması uğruna çalışarak geçirmiş yüksek nitelikli bir insana, çok başarılı bir işadamına, bir aile babasına ve aynı zamanda bir cemaat liderine duyulabilecek en büyük saygı ve sevgiyi duyuyorum. Bu nedenle, bu satırların okuyucusuna bu kısa açıklamayı, bu insanın gerçek derinliğini ve dünyamıza kattıklarını anlatmakta çok yetersiz de kalsa, büyük bir keyifle yaptığımı belirtmek istiyorum.

Pierre LELLOUCHE

Liberté • Égalité • Fraternité
RÉPUBLIQUE FRANÇAISE

AMBASSADE DE FRANCE EN TURQUIE

Ankara, le 28 novembre 2006

Peu de temps après mon arrivée en Turquie, j'ai souhaité saluer la communauté juive d'Istanbul. A cet effet, j'ai été reçu dans le courant de l'année 2006 par un certain nombre de personnalités éminentes de la communauté, dont M. Bensiyon PINTO.

Il m'a été donné de le rencontrer à plusieurs reprises et de m'entretenir en différentes occasions par téléphone : j'ai découvert au travers de sa personnalité, si attachante et si remarquable, la très belle histoire de cette communauté juive de Turquie, arrachée il y a cinq siècles à une rive de la Méditerranée pour trouver refuge sur une autre, fidèle à ses racines, à sa langue, à sa culture et à sa religion mais, en même temps, attachée indéfectiblement à la Turquie et à son destin.

Mais si Bensiyon PINTO est un fidèle citoyen de la Turquie, un amoureux d'Istanbul, il s'est révélé à moi en sa qualité d'ami de la France, ayant de sa culture et de sa langue une connaissance encyclopédique. Laissez-moi terminer en remerciant Bensiyon d'être un interlocuteur et un ami cultivé, toujours dévoué et dont la sagesse est toujours empreinte d'humour, de bonne humeur et d'une extrême gentillesse.

qu'il trouve ici le témoignage et l'hommage de mon respect comme de mon amitié !

Paul POUDADE
Ambassadeur de France en Turquie

M. Bensiyon PINTO
Président Honoraire de la Communauté Juive
ISTANBUL

Türkiye'ye geldikten kısa bir süre sonra, İstanbul Musevi cemaatini selamlamak istedim. Bu amaçla, 2006 yılında, cemaatin seçkin şahsiyetlerinden bazılarına konuk oldum; Bensiyon PİNTO da onlardan biri. Sn. PİNTO benimle birçok kez bir araya gelme ve çeşitli vesilelerle telefonda görüşme inceliğini gösterdi: onun, son derece etkileyici, son derece sıra dışı kişiliği aracılığıyla, beş yüz yıl önce sığınacak bir yer bulmak için Akdeniz'in bir kıyısından diğerine savrulmuş olan; köklerine, diline, kültürüne ve dinine sadık ve aynı zamanda Türkiye'ye ve Türkiye'nin kaderine sıkı sıkıya bağlı bu Türkiye Musevi cemaatinin muhteşem tarihini keşfettim.

Evet, Bensiyon PİNTO sadık bir Türk yurttaşı, bir İstanbul âşığı, ama bana, Fransız kültürüne ve diline ilişkin engin bilgisiyle aynı zamanda Fransa'nın da dostu olduğunu gösterdi. Sözlerimi, Bensiyon'a, her zaman özverili ve bilgeliğine her zaman mizahın damgasını vurduğu, neşeli ve son derece kibar bir kişiliğe sahip, kültürlü bir muhatap ve dost olduğu için teşekkürlerimi sunarak bitirmek istiyorum.

Paul POUDADE
Fransa'nın Türkiye Büyükelçisi

Sn. Bensiyon PINTO
Musevi Cemaati Onursal Başkanı
İSTANBUL

November 13, 2006

The Jewish Community of Turkey
80050 Beyoglu Instanbul
Turkey

Bensiyon is one of the most dedicated Jewish communal leaders I have met in my travels on behalf of the Anti-Defamation League throughout the Jewish communities of the world. Through the years, his wisdom and strength have been especially important as the vibrant and thriving Turkish Jewish community has faced challenges and opportunities in recent times.

Bensiyon has and conveys his deep connections to the worldwide Jewish community. During his years as president and leader of the Turkish Jewish community he was committed to remaining in contact with Jewish communities around the world and we would always try to see one another on his visits to the US and mine to Turkey. His leadership was most evident during the most difficult periods facing the Turkish Jewish community following the bombings of the synagogues in Istanbul. Bensiyon has been a clear voice of the Jewish community and a model for us all to emulate. It has been my honor and privilege to have worked closely with him. I know his wealth of experience will continue to be an asset to his Jewish brothers and sisters everywhere.

Proud citizen of Turkey, proud advocate of strong Turkish-Israeli friendship, a proud supporter of strong Turkish-US relations, a Turkish citizen and a proud Jew.

I am proud he is my friend.

13 kasım 2006

Türkiye Yahudi Cemaati
80050 Beyoğlu İstanbul
Türkiye

Bensiyon, dünyadaki tüm Yahudi cemaatlerine, Karalama Kampanyalarıyla Mücadele Birliği'ni (ADL) temsilen yaptığım gezilerde tanıştığım, görevini en çok sahiplenmiş Yahudi cemaati liderlerinden biridir. Enerjik ve başarılı Türkiye Yahudi cemaatinin önüne son zamanlarda bazı zorluklar ve fırsatların çıkması ile birlikte, Bensiyon'un bilgeliği ve dayanma gücü yıllar sonra özel bir önem kazanmış bulunuyor.

Bensiyon köklü bağlantılara sahip ve bu bağlantılarını dünya genelindeki Yahudi cemaatine de taşımakta. Türkiye Yahudi cemaatinin başkanlığını ve liderliğini yaptığı yıllarda dünyadaki Yahudi cemaatleriyle hiçbir zaman temasını kesmemiş olan Bensiyon'la, gerek onun ABD'ye yaptığı ziyaretler gerekse benim Türkiye'ye yaptıklarım sırasında mutlaka birbirimizi görmeye çalışırdık. Liderlik yeteneğinin en çok ortaya çıktığı zaman, Türkiye Yahudi cemaatinin, İstanbul'daki sinagogların bombalanmasının ardından yaşadığı o en güç dönemlerdi. Bensiyon, Yahudi cemaatinin berrak bir sesi ve hepimiz için öykünülecek bir model oldu. Onunla yakın bir mesai arkadaşlığı yapmış olmak benim için gerçek bir onur ve ayrıcalık kaynağıdır. Biliyorum ki kendisinin deneyim zenginliği, her yerdeki Yahudi kardeşleri için değerli bir varlık olmayı sürdürecektir.

Türkiye'nin bir yurttaşı olmaktan gurur duyan, güçlü Türk-İsrail dostluğunu gururla savunan, güçlü Türk-Amerikan ilişkilerini gururla destekleyen, hem bir Türk yurttaşı, hem gururlu bir Yahudi.

Dostum olduğu için gurur duyuyorum.

Abraham H. Foxman
Karalama Kampanyalarıyla Mücadele Birliği

It has been my enormous pleasure to know Mr. Bensiyon Pinto in my capacity as Consul General of the American Consulate General in Istanbul during the three-year period of 2002-2005. When I first arrived in 2002, he was the official head of the Jewish Community in Turkey. By the time I left in 2005, he had retired from that position, but his efforts on behalf of the Community and strong Turkish-American relations never wavered. I knew without question that I could always come to him for counsel and support. I cannot adequately describe the warmth of friendship that he offered to me and the great wisdom that he imparted to me personally and through me to my government. We shared together the enormous pain of the terrorist bombings in Istanbul of November 15, 2003, against the Neve Shalom and Beth Israel synagogues. Yet, even in the midst of the pain and the horror, Bensiyon stood as a rock of stability and lasting faith for everyone. I can honestly say that the joy and strength of community that I experienced at the reopening of the Neve Shalom synagogue on October 11, 2004, was one of the peak experiences of my life. Through good times and bad, Bensiyon has stood as a Turkish patriot who has dedicated his life to supporting the Jewish Community in Turkey, working on behalf of the Community with the Turkish government, and reaching out in friendship to the international community, including the United States. I thank him from my heart for his friendship and kindness. Shalom.

Davit Arnett
Consul General of US in İstanbul

Amerika'nın İstanbul Başkonsolosluğu'nda, 2002-2005 yılları arasındaki üç yıllık dönemde Başkonsolos olarak görev yaptığım sırada Sn. Bensiyon Pinto'yu tanımak benim için çok büyük bir zevk oldu. 2002 yılında ülkeye ilk kez ayak bastığımda, kendisi Türkiye Yahudi cemaatinin resmi başkanı idi. 2005 yılında ayrılırken ise, bu görevden emekli olmuştu, ancak cemaate ve güçlü Türk-Amerikan ilişkilerine yararlı olmaya yönelik çabaları hiçbir duraksama olmadan sürmekteydi. Görüş ve desteğini almak için kendisine her zaman başvurabileceğimden hiç kuşkum yoktu. Bana sunduğu dostluğun sıcaklığını ve gerek bizzat bana gerekse benim kanalımla hükümetime ihsan ettiği büyük bilgeliği anlatmaya kelime dağarcığım yetmez. 15 kasım 2003 tarihinde İstanbul'da, Neve Şalom ve Bet İsrail sinagoglarına teröristlerce düzenlenen bombalı saldırıların derin acısını birlikte paylaştık. Ama tüm o acı ve dehşetin ortasında bile, Bensiyon bir kararlılık abidesi gibi dimdik ayakta duruyor ve tüm insanlara olan inancını kaybetmiyordu. Cemaatin, Neve Şalom Sinagogu'nun 11 ekim 2004 tarihinde düzenlenen yeniden açılış töreninde tanık olduğum sevinç ve metanetinin, yaşamımdaki en sıra dışı deneyimlerden biri olduğunu tüm içtenliğimle söyleyebilirim. İyi günde de kötü günde de, Bensiyon, ömrünü Türkiye'deki Yahudi cemaatini desteklemeye, ccemaat adına Türk hükümetiyle çalışmaya ve Birleşik Devletler de dahil, uluslararası topluluğa dostluk duyguları içinde ulaşmaya adamış bir Türk yurtseveri duruşu sergilemiştir. Kendisine, dostluğu ve inceliği için yürekten teşekkür ediyorum.

Şalom.

David Arnett
ABD İstanbul Başkonsolosu

From: Barry Jacobs [mailto:jacobsb@ajc.org]
Sent: 26 October 2006 17:02
To: 'Lina Filiba'
Cc: Bensiyon Pinto
Subject: [spam] Jacobs' revised response

From: Barry Jacobs
To: 'Bensiyon Pinto'
Sent: Wednesday, October 18, 2006 10:44 PM
Subject: Jacobs' response

Through my friend Bensiyon Pinto I have come to know the Jewish community of Turkey. We have always conversed in an ad hoc mixture of Spanish and Ladino, but we have always understood ourselves because we have conversed through the heart.

Bensiyon gives flesh to the word "gentleman." He is a natural diplomat and politician who has used these skills on behalf of his co-religionists and for the interests of his beloved Turkish homeland. He has dedicated much of his adult life to helping, securing and advancing the cause of a democratic and secular Turkey and as the home of its vibrant Turkish Jewish community.

Bensiyon has had many titles in his life; Turkish patriot, friend; successful businessman; loyal Jew, community leader – and more. But the one that I will claim – and most cherish – is that Bensiyon Pinto is my friend.

Barry B. R. Jacobs
Director, Strategic Studies
American Jewish Committee

Gönderen: Barry Jacobs [mailto: jacobsb@ajc.org]
Gönderim: 26 ekim 2006 17:02
Kime: 'Lina Filiba'
Suret: Bensiyon Pinto
Konu: [spam] Jacobs'un revize edilmiş yanıtı

Gönderen: Barry Jacobs
Kime: 'Bensiyon Pinto'
Gönderim: Çarşamba, 18 ekim 2006 20:44
Konu: Jacobs'un yanıtı

Dostum Bensiyon Pinto vasıtasıyla Türkiye'deki Yahudi cemaatiyle tanıştım. Hep gelişigüzel İspanyolca ve Ladino karışımı bir dille konuşurduk, ama birbirimizi her zaman anlardık, çünkü yüreğimizden konuşurduk. Bensiyon, "centilmen" sözcüğünün ete kemiğe bürünmüş halidir. O, bir diplomat ve siyasetçi olarak doğmuş ve bu becerilerini dindaşları adına ve gönülden bağlı olduğu Türk yurdunun çıkarları için kullanmıştır. Yetişkin yaşamının büyük bir kısmını, enerjik Türk Yahudi cemaatinin yurdu olan demokratik ve laik Türkiye davasına yardımcı olmaya, bu davayı teminat altına almaya ve ileri götürmeye adamıştır.

Bensiyon yaşamı boyunca birçok unvan edinmiştir: Türk yurtseveri, dostu; başarılı işadamı; sadık Yahudi, cemaat önderi ve daha niceleri. Ama benim söyleyeceğim ve benim için en önemli olan unvanı şudur, Bensiyon Pinto benim dostumdur.

Barry B. R. Jacobs
Amerikan Yahudi Cemaati
Stratejik Etütler Direktörü

354

Mr. Ben Zion Pinto
President of the Jewish Community of Turkey
Istanbul, Turkey

Dear Ben Zion,

I am honored to extend to you my heartfelt best wishes and congratulations on your efforts on behalf of the Jewish community of Turkey and for Turkey.

First and foremost as a proud Turk you have always advocated for your country, always pursued promoting its interests and underlining its importance within the context of the relations of the United States, Israel and Turkey. As a champion of peace and humanity and a staunch believer of empowerment, you personify a great leader.

In the years JDC has been involved in Turkey, I have seen you work tirelessly and selflessly on behalf of your community. Your vision, devotion, and love for this community are unmatched. Your leadership has guided the community through easier and more difficult times – but the community remains strong, with dedicated and devoted volunteers and professionals who have learned not only by your words but most importantly by your example.

As a born leader, you motivated people to follow your path of volunteerism with dedication and devotion. The community is now a model of the spirit of volunteerism and cooperation for many Jewish communities around the world.

The leadership skills you display begin with the imaginative vision, continue with the strategic implementation, and culminate with innovative and outstanding results.

I am honored to be your colleague and friend and I wish you much continued success.

Sincerely,

Ami Bergman
JDC Country Director for Turkey

Sn. Bensiyon Pinto,
Türkiye Yahudi Cemaati Başkanı
İstanbul, Türkiye

Sevgili Bensiyon,
Türkiye'deki Yahudi cemaatinin ve Türkiye'nin yararına yönelik çabaların için en içten dilek ve tebriklerimi sunmaktan onur duyuyorum.

Her şeyden önce ve en önemlisi, onurlu bir Türk olarak hep ülkenin savunuculuğunu üstlendin, hep onun çıkarlarını desteklemeye ve Birleşik Devletler, İsrail ve Türkiye ilişkileri bağlamındaki öneminin altını çizmeye çalıştın. Bir barış ve insaniyet savunucusu ve sadık bir yetkilendirme taraftarı olarak, büyük bir lider örneğisin.

Ortak Dağıtım Komitesi'nin Türkiye ile ilgilendiği yıllarda, cemaatin adına yorulmak bilmeden ve cansiperane çalıştığını gördüm. Bu cemaate yönelik vizyonun, bağlılığın ve sevgin benzersizdi. Liderliğin, cemaate hem kolay hem güç zamanlarda yol göstermekte – ama cemaat, yalnızca senin sözlerini ezberlememiş, ama en önemlisi seni örnek almış, davalarını sahiplenmiş ve kendilerini o davaya adamış gönüllüler ve profesyonellerle hep güçlü kalmakta.

Doğuştan lider bir insan olarak, insanları, senin açtığın gönüllülük yolunu, bağlılık ve kararlılıkla izlemeye motive ettin. Cemaatin bugün, dünya genelinde birçok Yahudi cemaati için, gönüllülük ve yardımlaşma ruhu açısından bir model oluşturuyor.

Sergilediğin liderlik becerileri, hayal gücünle başlamakta, stratejik uygulama yeteneğin ile devam etmekte, yenilikçi ve olağanüstü sonuçlarla doruğa çıkmakta ve meyvelerini vermektedir.

Meslektaşın ve dostun olmaktan gurur duyuyor ve başarılarının çok uzun süre devam etmesini diliyorum.
Saygılarımla,

Ami Bergman
JDC Türkiye Ülke Müdürü

For Bensiyon Pinto,
Honorary President
The Jewish Community of Turkey

Contribution of Pierre Besnainou
President of the European Jewish Congress

In a life time, people have sometimes the opportunity to meet outstanding personalities whose behaviour will ever be a reference. I must confess that I had such an opportunity when I met Bensiyon Pinto.

I met him for the first time in 2002, during a trip to Istanbul. He was the head of the Turkish Jewish Community and we tried to promote a cross-religion dialogue. During our conversation there, I remember how enthusiastically Bensiyon told me about his will to bridge the gap between the Jewish and the Muslim communities, according to his conviction that a respectful dialogue is a source of mutual enrichment.

Bensiyon Pinto is not only a personal friend but also an example to follow as a Jewish leader. He indeed succeeds in combining a strong attachment to Israel with a daily involvement in the public affairs of Turkey.

In 2003, after the awful suicide bombings that struck Istanbul, and especially 2 synagogues, I went there to pay tribute to the victims and to support the Jewish community. I really admired Bensiyon's reaction and dignity. As a Turkish citizen, he was hurt by the attacks against his country and suffered for every victim whatever their religion may be. His immediate comments were strong and full of humanity.

As a western European, I would very much like to express endless gratitude to Bensiyon Pinto who has dedicated his life to the reconciliation of the western values and the Turkish tradition. In today's world, so confused and worrying, it seems that his laudable and precious work is as needed as ever.

Bensiyon, may you carry on leading us along this path steep but essential !

Sn. Bensiyon Pinto
Türkiye Yahudi Cemaati
Onursal Başkanı

Pierre Besnainou'nun katkısı
Avrupa Yahudi Kongresi Başkanı

İnsanlar, yaşamları içerisinde bazen, davranışları sonsuza kadar sürecek bir referans oluşturacak çok seçkin şahsiyetlerle tanışma fırsatı bulurlar. Bensiyon Pinto'yla tanıştığımda benim de böyle bir fırsat yakalamış olduğumu itiraf etmek zorundayım. Onunla ilk kez 2002 yılında, İstanbul'a yaptığım bir gezi sırasında karşılaştım. Türk Yahudi Cemaati'nin başkanıydı ve biz dinlerarası bir diyalog başlatmaya çalışıyorduk. O zamanki görüşmemiz sırasında, Bensiyon'un bana, Yahudi ve Müslüman cemaatleri arasındaki boşluğu doldurma isteğini, inancına göre, karşılıklı saygıya dayanan bir diyalogun iki tarafa da zenginlik getirecek bir kaynak olduğunu nasıl büyük bir coşkuyla anlattığını anımsıyordum.

Bensiyon Pinto yalnızca kişisel bir dost değil, aynı zamanda bir Yahudi lideri olarak izinden gidilecek bir örnektir. İsrail'e yönelik güçlü bir bağlılığı korurken, Türkiye'nin ulusal işlerinden bir gün bile kopmamakta gerçekten başarılı olmaktadır.

2003 yılında, İstanbul'u ve özellikle iki sinagogu vuran korkunç intihar bombacısı eylemlerinden sonra, kurbanlara saygımı sunmak ve Yahudi cemaatine destek vermek amacıyla oraya gittim. Bensiyon'un tepkisine ve vakarına gerçekten hayran oldum. Bir Türk yurttaşı olarak, ülkesine karşı yapılan saldırılardan yaralanmıştı ve hangi dinden olursa olsun her kurban için acı çekiyordu. Olaydan hemen sonra bildirdiği görüşler çok güçlüydü ve insan sevgisiyle doluydu.

Bir Batı Avrupalı olarak, yaşamını Batı değerleriyle Türk geleneğini uzlaştırmaya adamış olan Bensiyon Pinto'ya sonsuz minnettarlığımı önemle dile getirmek istiyorum. Bu denli karmaşık ve endişe verici günümüz dünyasında, övgüyü hak eden çok değerli çalışmalarına her zamankinden daha çok ihtiyaç var. Bensiyon, bize bu sarp ama zorunlu yolda önderlik etmeyi sakın bırakma!

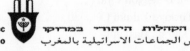

Le Secrétaire Général

A Mon ami Bensiyon,

Dès ma première rencontre avec mon ami Bensiyon Pinto, j'ai eu l'impression immédiate que je l'avais toujours connu tant il représentait à mes yeux l'archétype du dirigeant communautaire, totalement dévoué à sa communauté au point de la personnifier. Bensiyon Pinto a toujours défendu les valeurs de la Communauté Juive Turque qui sont celles du monde Sépharade, valeurs faites de tolérance, et de traditions ancrées dans un environnement musulman ouvert et modéré.

Il n'a eu de cesse de promouvoir le dialogue entre musulmans et juifs en Turquie dans un contexte quelque fois difficile. Il s'est fait le chantre de la diversité, ressentie comme source d'enrichissement et a su préserver dans la dignité et la justice les droits et les valeurs de sa communauté dans une Nation tournée vers la démocratie.

Si la défense des intérêts de son pays a été une de ses préoccupations majeures, son soutien au judaïsme n'a jamais été pris en défaut.
C'est dans cet équilibre vertueux que Bensiyon Pinto a mené sa magnifique communauté. Mais mieux que beaucoup de dirigeants communautaires, il a su avec abnégation et élégance quitter le devant de la scène pour permettre aux générations montantes de prendre les rennes et de perpétuer les acquis et les percées de sa communauté.

C'est un honneur de saluer aujourd'hui un dirigeant communautaire qui a su accomplir avec succès et abnégation le seul dessein qui vaille la peine : « *servir son prochain* ».

Serge Berdugo
Ambassadeur Itinérant de
Sa Majesté Le Roi Mohammed VI

Le 25 Janvier 2007

FAS YAHUDİ CEMAATLERİ KONSEYİ

Genel Sekreter

Dostum Bensiyon'a,

Dostum Bensiyon Pinto ile ilk karşılaştığım anda, karşımda, kendini temsil ettiği cemaatine tüm benliğiyle adamış, tam anlamıyla bir cemaat lideri olmak için doğmuş bir insan görüp, sanki onu hep tanıyormuşum duygusuna kapılmıştım. Bensiyon Pinto her zaman, Türk Yahudi cemaatinin, Sefarad dünyasına ait değerlerini, dışa açık ve ılımlı bir Müslüman çevre içine kenetlenmiş geleneklerden ve toleranstan oluşan değerleri savunmuştur.

Türkiye'de, ara sıra güçleşen bir genel ortam içerisinde, Müslümanlar ile Yahudiler arasındaki diyalogu teşvik etmeyi hiçbir zaman bırakmamıştır. Bir zenginlik kaynağı olarak hissedilen çeşitliliğin savunucusu/sözcüsü olmuş ve yönünü demokrasiye çeviren bir ulus içerisinde, cemaatinin haklarını ve değerlerini, haysiyet ve adaletle korumasını bilmiştir.

Ülkesinin çıkarlarını savunmak en önem verdiği konulardan biriydi, evet, ama Yahudiliğe olan desteği de hiçbir zaman yadsınamaz.

Bensiyon Pinto, muhteşem cemaatine işte bu erdemlilikle kurulmuş denge içerisinde liderlik etti. Ama çoğu cemaat liderinin aksine, görevi ele almalarına ve cemaatin kazanım ve başarılarını sürdürmelerine olanak sağlamak için, sahneyi, arkadan gelen kuşaklara büyük bir özveri ve zarafetle bırakmayı da bilmiştir.

Bugün, "insanlığa ve ardından gelenlere hizmet etmek" olan tek amacına ulaşmayı başarı ve özveriyle gerçekleştirebilmiş bir cemaat liderini selamlamak gerçek bir onurdur.

Serge Berdugo
Majesteleri Fas Kralı VI. Muhammed'in
Gezici/Geçici Büyükelçisi

25 ocak 2007

Sonsöz

Hayat bir yazıysa, insan o yazıda doğru yerlere doğru noktalama işaretlerini koymalıdır. Ömür boyu pek çok ayrıntı yaşarız. Bazen karşımıza seçenekler çıkar ve başına iki nokta koyup seçim yaparız. Bazen hayat bizi durdurur, rüzgârların dinmesini bekleriz. Doğru kararlar alabilmek için kendimize zaman veririz. Bazen sonuçlar çıkar karşımıza, bocalarız. Cevap bulamaz, şaşırır, ünlemlere ihtiyaç duyarız. Tanrı'nın benim için yazdığı bu güzel yazıda doğru yerlere doğru işaretleri koyduğuma inanıyorum. O zaman bu doğrular bende kalmamalı. Onları gençlerle paylaşmalıyım. Gençlik derken, sadece Yahudi cemaatine ait gençlikten söz etmiyor; tüm Türk gençliğini kastediyorum. İnsanı insan yapan dili, dini, ırkı değil; aklı ve yüreğidir. Anılarımı bu gerçekten yola çıkarak yazdım.

Ben bir film artisti değilim. Ünlü bir siyaset adamı da değilim. Olmayı çok istedim ama meşhur bir futbolcu hiç değilim. Ben kimim? Ülkesini canı kadar seven, bu ülkeye hizmet etmek için çırpınan "Türk oğlu Türk" bir adamım.

Babayım.

Dedeyim.

"Eş"im.

"Kardeş"im.

"Dost"um.

Onursal Başkanım.

Türk'üm,

Musevi'yim,

İnsanım.

Yaşadım ve anlattım.

Yaşadıklarımın sonuna asla nokta koymadım...

Dizin

364

Tülay Gürler

1971'de İstanbul'da doğdu. Ortaöğrenimini Bakırköy Lisesi'nde tamamladı. 1992 yılında Mimar Sinan Üniversitesi Fen Edebiyat Fakültesi Türk Dili ve Edebiyatı Bölümü'nü bitirdi. Aynı yıl Özel Uğur Lisesi'nde öğretmenliğe başladı. Mesleğine 1995 yılından itibaren Ulus Özel Musevi Okulları'nın lise bölümünde devam etti. Halen bu lisenin Türkçe-Edebiyat Bölüm başkanlığını ve Kariyer Ofisi koordinatörlüğü görevlerini yürütmektedir.

Selim Pinhas'la *Omuz Omuza* ve *İzi Erbeş Kültür Sanat ve Etkinlikleri'nde On Yıl* adlı derleme çalışmaları yapmıştır.